숲은 생각한다

HOW FORESTS THINK

숲의 눈으로 인간을 보다

숲은
생각한다

에두아르도 콘 지음

차은정 옮김

사월의책

숲은 생각한다

1판 1쇄 발행 2018년 5월 20일
1판 5쇄 발행 2024년 10월 30일

지은이 에두아르도 콘
옮긴이 차은정
펴낸이 안희곤
펴낸곳 사월의책

편집 박동수
디자인 김현진

등록번호 2009년 8월 20일 제2012-118호
주소 경기도 고양시 일산서구 중앙로 1388 동관 B113호
전화 031)912-9491 ｜ 팩스 031)913-9491
이메일 aprilbooks@aprilbooks.net
홈페이지 www.aprilbooks.net
블로그 blog.naver.com/aprilbooks

ISBN 978-89-97186-73-0 93300

*책값은 뒤표지에 있습니다.

나의 할머니 코스탄차 디 카푸아를 기억하면서.
그녀는 가브리엘레 단눈치오의 말을 빌려서 내게 이렇게 말하곤 했다.
"내가 갖고 있는 건 내가 선물했던 것이란다."

그리고 이 선물을 주는 법을 가르쳐준 리사에게.

서론

루나 푸마

아, 이 야생의 숲이 어찌나 가혹하며 완강했는지
얼마나 말하기 힘든 일인가
단테 알리기에리, 『신곡: 지옥편』

수마코 화산 기슭에 있는 사냥 캠프의 초가지붕 아래서 엎드려 누워 있
는데, 후아니쿠가 내게 다가와 경고했다. "반듯이 누워 자! 그래야 재규
어가 왔을 때 그 녀석을 마주 볼 수 있어. 재규어는 그걸 알아보고 너를
괴롭히지 않을 거야. 엎드려 자면 재규어는 너를 **아이차**aicha[먹잇감, 케추
아어를 직역하면 "고기"]로 여기고 공격한다고." 후아니쿠의 이 말은 재규어
가 우리를 마주 응시할 능력이 있는 존재—재규어 자신과 같은 하나의
자기, 즉 '너'—로 본다면, 우리를 가만히 놓아둔다는 뜻이다. 그러나 재
규어가 우리를 먹잇감—'그것'—으로 보게 된다면, 우리는 죽은 고기나
다름없다.[1]

　다른 부류의 존재들은 우리를 어떻게 볼까? 이 문제는 중요하다.
다른 부류의 존재들이 우리를 본다는 것은 우리가 처한 상황이 변한다
는 것이기 때문이다. 재규어 또한 우리를 표상한다면—그것이 우리의
생사를 가를 수 있다면—인류학은 다양한 사회의 사람들이 어떻게 다
른 부류의 존재들을 그처럼 표상하게 되었는지를 탐구하는 것에만 머

무를 수 없다. 이와 같이 다른 부류의 존재들과의 만남을 통해 보는 것과 표상하는 것, 그리고 아는 것과 사고하는 것까지도 인간만의 전매특허가 아니라는 사실을 우리는 인정해야 한다.

이 깨달음을 받아들일 때 사회와 문화, 그리고 우리가 살아가는 세계에 대한 이해의 폭은 얼마나 달라질까? 그것은 인류학의 방법과 시야, 실천과 전망을 어떻게 변화시킬까? 나아가 그보다 중요한 것이 있다. 우리가 오로지 우리 자신만의 특성이라고 여겨온 것들이 인간적인 것 너머에 있는 저 세계에서도 나타난다면, 인류학의 대상—"인간적"인 것the "human"—에 대한 우리의 이해는 어떻게 바뀔까?

재규어가 세계를 표상한다고 할 때 이 말은 재규어가 반드시 우리처럼 세계를 표상한다는 것을 뜻하지 않는다. 그리고 이 사실은 인간적인 것에 대한 우리의 이해 또한 바꾸어 놓는다. 인간적인 것 너머에 있는 저 영역에서는 표상과 같이, 우리가 한때 아주 잘 이해한다고 생각했거나 지극히 익숙한 것으로 보였던 과정들이 불현듯 낯설어지기 시작한다.

먹잇감이 되지 않으려면 재규어의 시선을 되돌려주어야 한다. 그런데 이 만남 속에서 우리 자신이 변하지 않을 수 없다. 우리는 어쩌면 새로운 무언가, 새로운 부류의 "우리"가 될 수도 있다. 우리를 포식자로 여기고 다행히 죽은 고기로 보지 않은 저 포식자와 어떤 식으로든 동렬에 놓임으로써 말이다. 에콰도르의 아마존 강 상류 유역에는 케추아어를 쓰는 루나족의 마을, 아빌라Ávila가 있다(그날 밤 우리가 긴장 속에서 똑바로 누워 잤던 임시 은신처로부터 하루 종일 걸으면 당도하는 마을이자 후아니쿠가 사는 곳이기도 하다). 아빌라의 주변 숲에는 그러한 만남들이 가득하다.[2] 그 숲은 루나 푸마runa puma, 내가 변신하는 '인간-재규어' 혹은 '재규어-인간'이라고 부르는 것들로 넘쳐난다.

케추아어로 루나runa는 "사람"을 뜻하고, 푸마puma는 "포식자" 혹은 "재규어"를 뜻한다. 이 루나 푸마들—자신들이 재규어에게 동료 포식자로 여겨진다는 것을 알고 있을 뿐 아니라, 때로는 재규어처럼 다른 인간을 먹잇감으로 여기는 존재들—은 멀리 나포 강까지 드나든다고 알려져 있다. 내가 1980년대 후반에 조사했던 나포 강 상류 연안에 있는 루나족의 한 주거지인 리오 블랑코Río Blanco의 샤먼들은 아야 우아스카aya huasca[환각제의 일종]에 이끌린 환상 속에서 이 재규어-인간들을 보곤 했다.[3] "이 주변의 숲을 거니는 루나 푸마는 아빌라에서 왔어." 샤먼들은 내게 그렇게 말했다. 그들은 이 위풍당당한 루나 푸마들을 하얀 모피를 두른 자들로 묘사한다. 샤먼들의 말에 따르면 아빌라의 루나족은 재규어로 변하는 하얀 재규어-인간, 즉 유라 루나 푸마yura runa puma이다.

아빌라는 나포 강 상류에 있는 루나족 공동체 중에서도 명성이 자자한 곳이다. 사람들은 내게 이렇게 충고해 주곤 했다. "아빌라까지 갈 생각이라면 조심하세요. 특히 그곳에서 벌어지는 술자리를 조심하세요. 볼일 보러 잠깐 나갔다 오는 사이에 주인집 사람들이 재규어로 변해 있을지 몰라요." 1990년대 초반, 나포 지방의 중심 도시인 테나Tena에서 나는 친구와 함께 그 지역의 선주민 연맹 단체인 FOIN의 몇몇 지도자를 따라 임시로 만든 술집인 칸티나cantina에서 술을 마신 적이 있다. 저마다 자신의 용맹을 뽐내는 와중에—누가 공동체의 지지를 가장 많이 받을 수 있는가? 누가 NGO에서 고액의 수표를 가장 잘 뽑아낼 수 있는가?—그날의 이야기는 샤먼의 힘이라는 더욱 구체적인 주제로 옮겨갔고, 그러한 힘의 본거지, 즉 FOIN이 지닌 힘의 원천이 진정 어디에 있는가를 논하게 되었다. 그날 밤 어떤 이들이 주장했듯이, 나포 강 남부에 있는 아라후노Arajuno일까? 이 마을은 동쪽과 남쪽에 걸쳐 우아오라니족Huaorani과 접해 있는 루나족의 주거지로, 우아오라니족은 많은 루나족들이 공포와 경외, 모멸이 뒤섞인 시선으로 "야만인"이라 부르는 집단이다(야만인은 케추아어로 아우카auca이며, 따라서 루나족은 그들을 아우카족 Auca이라는 경멸적인 종족명으로 부른다). 그곳이 아니라면, 수많은 루나 푸마들의 본거지인 아빌라일까?

그날 밤 칸티나의 탁자 주변은 아라후노를 밀어내고 힘의 중심을 차지한 아빌라에 관한 이야기로 떠들썩했다. 이 마을의 첫인상으로 말하자면, 아빌라는 재규어의 형상을 가진 샤먼의 힘을 보여주기에는 적절치 않은 선택지 같았다. 아빌라의 주민들은 조금도 "야생적"이지 않기 때문이다. 아빌라 사람이라면 누구나 예외 없이 그렇게 말한다. 그들은 예나 지금이나 변함없이 스스로를 루나—문자 그대로 "인간적인 사람들"—로서 표명한다. 이것은 그들이 항상 자신들을 기독교도이자 "문명화된" 사람들이라고 여긴다는 뜻이다. 심지어 어떤 이는 스스로를 "백인"이라고 말하기도 한다(이는 중요하지만 복잡한 이유에서 그러한데, 그 이유에 대해서는 마지막 장에서 살펴보겠다). 그러나 그들 중 또 다른 이들은 그에 못지않게—진정으로—푸마이다.[4]

샤먼의 힘의 본거지로서 아빌라의 위상은 아빌라의 숲이 지닌 어떤 야만성과의 관계뿐만 아니라 식민지의 긴 역사 속에서 아빌라가 점하는 독특한 위치에서 유래한다(그림 1 참조). 아빌라는 아마존 강 상류 지역에서 가톨릭 선교와 스페인 식민화가 가장 먼저 이뤄진 곳 중 하나

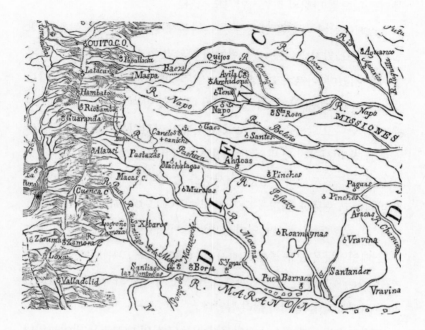

그림 1. 여기에 복제된 18세기 지도에서 볼 수 있는 것처럼(대략 현재 에콰도르의 안데스 지역과 아마존 지역에 해당한다), 아빌라(상단 중앙)는 선교의 중심지였다(그래서 십자가로 표시되어 있다). 아빌라는 아르치도나와 같은 또 다른 선교의 중심지들은 물론이고, 배가 운항할 수 있는 나포 강(아마존 강의 지류), 그리고 키토[Quito, 에 콰도르의 수도](상단 왼쪽)와도 도보길(점선 표시)을 통해 연결되어 있었다. 키토와 아빌라 사이의 직선거리는 약 130킬로미터이다. 이 지도는 아빌라를 둘러싸고 있는 식민지 시대 네트워크의 역사적 유산 중 일부를 보여준다. 물론 길의 경관이 바뀌지 않은 것은 아니다. 아빌라에서 동쪽으로 약 25킬로미터 떨어진 곳에 위치한 주요 개척민 도시인 로레토는 아빌라 루나족의 삶뿐만 아니라 이 책에서 중요한 부분을 차지하지 만 이 지도에는 전혀 나타나 있지 않다. 출처는 레케나(Requena 1779 [1903]). 저자의 소장품.

이다. 또한 이곳은 16세기 후반 스페인인에 대항해 지역적으로 조직된 봉기를 일으킨 반란의 진원지이기도 하다.

스페인인에 대항한 반란은 날로 가혹해지는 세금 징수로 인해 발발한 측면도 있지만, 식민지 문헌들에 따르면 두 샤먼의 예언이 반란의 불씨를 지폈다. 아르치도나Archidona 지방의 베토Beto는 "그와 이야기를 나누고 (…) 그에게 기독교도들의 신이 이 땅에 있는 스페인인들에게 매우 화가 났다고 말해준" 소를 보았다. 아빌라 지방의 과미Guami는 "이 세상에서 잠시 사라진 닷새 동안 웅장하고 아름다운 사물들을 날마다 보았으며, 기독교도들의 신은 모든 사람을 죽이고 집과 작물을 깡그리 태워버리라고 주문한 후 그를 다시 보내주었다"(de Ortiguera 1989 [1581–85]: 361).[5] 이 문헌들에 따르면, 잇따른 반란 속에서 아빌라 주변의 인디오들은 스페인인들을 모두 죽이고(한 사람은 살려두었는데 그녀에 대해서는 3장에서 자세히 다룬다) 그들의 집을 파괴했으며, 오렌지와 무화과나무를 비롯한 모든 외래 작물을 땅에서 뿌리 뽑았다.

이 모순들—루나족의 샤먼들이 기독교 신의 메시지를 받아들인다는 점, 아빌라 주변의 숲을 배회하는 재규어-인간이 백인이라는 점—은 내가 아빌라에 이끌린 이유 중 하나이다. 아빌라의 루나족은 아마존이 갖는 무구無垢의 혹은 야생의 어떤 이미지와도 거리가 멀다. 그들의 세계는 물론이고 그들의 존재 자체가 오랜 세월에 걸쳐 역사의 지층을 형성해온 식민지의 역사에 의해 강하게 영향을 받았다. 그리고 오늘날 그들의 마을은 성장하고 있는 번화한 개척민 도시인 로레토Loreto와 단 몇 킬로미터의 거리를 사이에 두고 있으며, 로레토와 에콰도르의 다른 지역을 효율적으로 연결하는 확장 중인 도로망과도 수 킬로미터밖에 떨어져 있지 않다. 그러나 여전히 그들은 아빌라 주변의 숲을 배회하는 모든 부류의 실재하는 재규어들, 즉 백인인 재규어들, 루나인 재규어들, 얼룩무늬가 확연한 재규어들과도 친밀하게 살아가고 있다.

이 친밀함은 먹는 것뿐만 아니라 먹히는 것의 실제 위험과도 밀접하게 얽혀 있다. 내가 아빌라에 머무는 동안 재규어가 아이를 죽인 적이 있다. (죽은 아이는 이 장의 맨 앞에 실린 사진 속에서 딸과 함께 포즈를 취하고 있는 여성의 아들이었다. 이 사진은 딸의 목숨도 언제 어떻게 될지 모르니 딸과의 추억을 남기고 싶다는 그녀의 요청으로 촬영된 것이다.) 그리고 뒤에서 다시 논하겠지만 재규어는 내가 아빌라에 있을 때 몇 마리의 개들도 죽였다. 그렇지만 재규어는 우리에게 먹을 것을 나눠주기도 했다. 재규어-인간이 우리에게 일종의 선물로 숲 속에 남겨주어 우리의 끼니가 된 아구티agouti[들쥐의 일종]와 파카paca[기니피그의 일종]의 반쯤 먹다 남은 잔해를 나는 몇 번이나 보았다. 이처럼 고기를 가져다주는 선심 좋은 루나 푸마를 비롯한 모든 부류의 고양이과 동물들은 때로는 루나족의 사냥감이 되기도 한다.

먹는다는 것은 또한 숲을 집으로 삼는 수많은 다른 부류의 비인간 존재들과의 친밀한 관계로 사람들을 끌어들인다. 내가 아빌라에서 조사한 4년 동안 마을 사람들은 로레토에서 많은 것들을 사들였다. 산탄총, 탄약, 의복, 소금, 두 세대 전까지만 해도 손수 제작했을 수많은 가정용품, 그리고 카치우아cachihua라고 하는 사탕수수로 만든 밀주를 그들은 대량으로 사들였다. 그들이 사지 않은 것은 식량이었다. 그들이 서로 나누고 내게도 나누어 주었던 거의 대부분의 음식은 텃밭과 인근의 하천과 숲에서 나는 것들이었다. 사람들은 수렵, 어로, 채집, 재배를 통해서 그리고 갖가지의 생태적 집합체들을 조율하면서 음식을 손에 넣고, 이를 통해 세계에서 가장 복잡한 생태계—상호 작용하며 상호 구성하는 상이한 부류의 존재들이 기막힌 방식으로 배치되어 꽉 들어차 있는 생태계—와 긴밀하게 뒤얽힌다. 그리고 사람들은 그 속에서 살아가는—재규어뿐만 아니라—무수한 창조물들과 매우 밀접한 관계를 맺게 된다. 바로 이 관계가 사람들을 숲의 삶으로 이끈다. 나아가 이 관계는 저 숲의 삶과 우리가 "너무나 인간적"이라고 여기는 세계를, 즉 우리 인간이 창조한 도덕적 세계를 서로 얽히게 만든다. 그러한 도덕적 세계는 우리의 삶을 관통할 뿐만 아니라 저 숲의 삶 속에 깊숙이 침투하고 영향을 미친다.

소의 신체를 통해 말하는 신, 재규어의 신체 속에 있는 인디오, 백인의 의복을 걸친 재규어, 루나 푸마는 이러한 것들을 한데 겹쳐 놓는다. 우리 인류학자들—우리 인간이 창조한 세계이자 특유의 의미들로 가득하고 도덕으로 넘쳐나는 세계(이 우주에서 우리만은 예외라고 느끼게 만드는 독특한 세계)에 관한 민족지적 기록 작성에 능통한 우리들—은 이처럼 낯설고 '인간적이지 않은' 창조물을 그러나 동시에 '너무나 인간적인' 창조물을 어떻게 이해해야 할까? 우리는 이 아마존의 스핑크스에 어떻게 접근해야 할까?

이 창조물을 이해하기 위해서는 또 다른 스핑크스의 시험에 도전해야 한다. 이것은 오이디푸스가 테베로 향하는 도중에 마주친 스핑크스의 시험과 다르지 않다. 스핑크스는 오이디푸스에게 물었다. "아침에는 네 발, 점심에는 두 발, 저녁에는 세 발로 걷는 것은 무엇인가?" 이 시험에서 살아남기 위해 오이디푸스는 우리 사냥 동료들이 그랬듯이 어떻게 해야 올바로 응답하는 것인지를 알아내야 했다. 스핑크스가 (약간이나마) 인간적인 것을 넘어선 위치에서 물었던 이 수수께끼에 대해 오이디푸스는 "인간"이라고 답했다. 이것은 스핑크스의 질문에 비추어 우리로 하여금 '우리는 무엇인가?'를 묻게 하는 응답이다.

그 비인간성에도 불구하고 우리가 시선을 맞추고 응답해야 하는 '인간적이지 않은' 스핑크스는 인간적인 것에 대해 우리가 알고 있다고 생각하는 바를 의문시하도록 만든다. 나아가 스핑크스의 질문은 우리의 답에 대해 무언가를 드러낸다. 처음에는 네 발, 다음에는 두 발, 그다음에는 세 발로 걷는 것은 무엇인가라는 그 질문을 통해서 우리는 우리의 네 발 달린 동물성과 우리를 특징짓는 이족보행의 인간성이라는 두 가지 유산을 상기할 뿐만 아니라, 유한한 삶을 더듬거리며 헤쳐가기 위해 우리가 만들어내고 우리 자신의 일부로 편입시키는 온갖 종류의 지팡이들을 떠올리게 된다—카자 실버만(Silverman 2009)이 말했듯이 우리의 삶이 유한하다는 사실이 궁극적으로 다른 모든 유한한 존재들과 우리를 연결시킨다.

잘 걷지 못하는 사람의 발이 되어주고, 눈이 보이지 않는 사람의 길잡이가 되어주는 지팡이는 죽을 운명의 연약한 자기self와 그 앞에 펼쳐진 세계를 매개한다. 그리하여 지팡이는 자기에게 세계의 무언가를 어떤 식으로든 표상한다. 이처럼 누군가에게 세계의 무언가를 표상해 준다는 점에서, 수많은 부류의 자기들에게 지팡이가 되어주는 수많은 존재들이 있다. 이 모든 존재들이 인공물인 것도 아니며, 이 모든 부류의 자기들이 인간인 것도 아니다. 유한성과 마찬가지로, 우리가 재규어를 비롯한 여타의 살아있는 자기들—박테리아, 꽃, 균류, 동물—과 공유하는 것은, 우리가 주변 세계를 표상하는 방식이 어떤 식으로든 우리의 존재 자체를 구성한다는 사실이다.

지팡이는 또한 우리가 그 견고한 몸체를 따라서 나아갈 때 정확히 "어디서 '나'라는 것이 시작하는가?"(Bateson 2000a: 465)라는 질문을 그레고리 베이트슨과 함께 풀어보기를 요청한다. 그리고 이와 같이 표상의 모순적 성질—자기인가, 세계인가? 사물인가, 사고인가? 인간적인가, 그렇지 않은가?—을 조명하는 가운데 지팡이는 스핑크스의 질문에 대한 숙고가 오이디푸스의 답을 좀 더 포괄적으로 이해할 수 있게 한다는 것을 가르쳐준다.

이 책은 아마존에서 일어나는 '인간적이지 않은' 일련의 만남들을 민족지적으로 주시함으로써 스핑크스의 수수께끼에 대해 숙고하려는 하나의 시도이다. 인간적인 것 너머에 있는 존재들과 우리가 맺는 관계에 주목할 때 우리는 인간적인 것에 관한 우리의 잘 정돈된 답들에 의문을 던지게 된다. 여기서 목표는 인간적인 것을 폐기처분하자는 것도 아니며 되새김질하자는 것도 아니다. 단지 그것을 열어 놓자는 것이다. 인간적인 것을 다시 사고하면서 우리는 또한 이 과제에 부응할 수 있도록 인류학을 다시 사고해야만 한다. 다양한 형식을 갖춘 오늘날의 사회문화적 인류학은 인간 특유의 속성—언어, 문화, 사회, 역사—을 다뤄왔으며 또 그것들을 활용해서 인간을 이해하는 도구를 마련해왔다. 그러나 이 과정에서 분석 대상은 분석 도구와 동일한 구조를 갖게 된다. 그 결과 우리는 폭넓은 생명의 세계와 사람들이 연결되는 무수한 방식을 알아볼 수 없게 되고, 이 기본적인 연결이 어떻게 인간적인 것의 의미를 바꾸는지도 이해할 수 없게 된다. 바로 이 점이 민족지를 인간적인 것 너머로 확장해야 하는 이유이다. 인간만을 다루거나 동물만을 다루는 민족지가 아니라 인간과 동물이 어떻게 관계 맺는지를 다루는 민족지는 인간 특유의 속성에만 의지하여 인간적인 것을 이해하고자 할 때 우리가 갇히게 되는 순환적 폐쇄성을 부수어 연다.

인간뿐만 아니라 비인간을 포괄할 수 있는 분석적 틀을 만들어내는 것은 과학기술학(특히 Latour 1993, 2005), "다종적"multispecies 또는 동물적 전회(특히 Haraway 2008; Mullin and Cassidy 2007; Choy et al. 2009; 리뷰로는 Kirksey and Helmreich 2010), 그리고 들뢰즈(Deleuze and Guatari 1987)의 영향을 받은 학자들(예컨대 Bennett 2010)의 주요 관심사였다. 나는 사회과학의 가장 중요한 공헌—사회적으로 구성된 실재라는 분리된 영역에 대한 인식과 경계설정—이 최악의 저주이기도 하다는 기본적인 신념을 이 접근법들과 공유한다. 이와 더불어 나는 이 문제를 뛰어넘는 길을 찾아내는 것이 오늘날 비판적 사고가 직면한 가장 중요한 도전이라는 것도 절감한다. 특히 나는 다른 부류의 창조물들과 맺는 우리의 일상적인 교류가 관계와 소통의 새로운 가능성을 열어준다는 도나 해러웨이의 신념에 큰 감흥을 받았다.

이들 "포스트휴머니즘"은 비판과 가능성을 위한 공간으로서 인간적인 것 너머의 영역에 초점을 맞춰왔고 두드러진 성공을 거두고 있다. 그러나 이 영역에 대한 그들의 생산적이며 개념적인 개입은 표상의 성질에 관하여 인류학과 사회이론이 광범위하게 공유하는 어떤 전제들에 의해 방해받고 있다. 게다가 표상에 관한 이 전제들이 야기하는 장애를 드러내고자 할 때, 그들은 인간과 다른 부류의 존재 간의 구분뿐만 아니라 자기와 객체 간의 구분을 무화하는 환원주의적인 해법을 취하려고 하는 경향이 있다.

『숲은 생각한다』에서 나는 비인간 존재와 인간이 맺는 관계를 이해하기 위한 더욱 강고한 분석 방법을 개발함으로써, 인간을 예외적인 것으로—그리하여 나머지 세계와 근본적으로 분리된 존재로—취급해 온 방식을 비판하는 이들 포스트휴먼적 비평에 기여하고자 한다. 이를 위해서 나는 '숲은 생각한다'고 말하는 것이 과연 무엇을 의미하는지를 성찰해 보고자 한다. 다시 말해 나는 (모든 사고의 기초를 형성하는) 표상 과정들과 살아있는 과정들 간의 연결고리를 포착하고자 하며, 이러한 연결고리는 인간적인 것 너머에 놓여 있는 것들을 민족지적으로 주시할 때 서서히 드러나기 시작한다. 그리하여 나는 표상의 성질에 관한 우리의 전제를 다시 사고하게 해주는 시야를 먼저 장착하고, 다음으로 그러한 새로운 시야가 우리의 인류학적 개념들을 어떻게 바꾸어 놓는지를 탐구할 것이다. 나는 이러한 접근법을 "인간적인 것을 넘어선 인류학" anthropology beyond the human이라고 부르겠다.[6]

이 시도에서 내가 참조하는 것은 19세기 철학자 찰스 샌더스 퍼스 (Peirce 1931, 1992a, 1998a)의 연구, 특히 그의 기호학(기호가 세계의 사물을 표상하는 방식에 대한 연구)이다. 나는 특히 그중에서도 언어인류학자 알레한드로 파스가 "기괴한" 퍼스라 칭한 것을 불러들이고자 한다. 여기서 기괴함이란 우리 인류학자들로서는 소화해내기 어려운 퍼스 저술의 어떤 측면을 말하는데, 퍼스는 우리 인간이 그로부터 비롯된 광대한 비인간적 우주의 작동과 논리 속에 표상 과정을 위치시킴으로써 인간적인 것 너머로 나아간다. 나는 또한 퍼스의 기호학을 생물학뿐만 아니라 "창발"emergence이라 불리는 문제에 대단히 창조적으로 응용하는 테렌스 디콘의 연구에도 크게 빚지고 있다(Deacon 2006, 2012).

숲이 어떻게 생각하는가를 이해하기 위한 첫 단계는 무언가를 표상한다는 것의 의미에 대한 지금까지의 사고의 관성을 끊어내는 데 있다. 우리의 전제와는 반대로, 표상은 관습적·언어적·상징적인 것 이상의 어떤 것이다. 안데스의 결승문자結繩文字가 보여주는 표상적 논리에 관한 프랭크 살로몬의 선구적 연구(Salomon 2004)와 아마존의 소리 이미지에 관한 재니스 눅콜스의 연구(Nuckolls 1996)에서 영감과 용기를 얻은 이 민족지는 언어 너머의 표상 형식들을 탐구한다. 그러나 이를 위해서는 인간적인 것 너머로 나아가야 한다. 비인간적인 생명-형식들life-forms 또한 세계를 표상하기 때문이다. 하지만 우리의 사회이론이—휴머니즘적이든 포스트휴머니즘적이든, 구조주의적이든 포스트구조주의적이든—표상과 언어를 혼동하는 탓에 우리는 표상에 대한 이와 같은 폭넓은 이해를 받아들이기가 어렵다.

우리는 인간 언어의 작동 방식에 관한 우리의 전제를 바탕으로 표상의 작동 방식을 사고하는 경향이 있는데, 바로 이 때문에 표상과 언어를 혼동하게 된다. 언어적 표상은 관습적이고, 체계적으로 상호 연관되며, 지시대상과 "자의적으로" 관계 맺는 기호들에 기초하고 있다. 그래서 우리는 모든 표상 과정이 이러한 특성을 지닌다고 가정하곤 한다. 그러나 ('개'라는 단어처럼) 관습에 기초하는 그러한 "상징적"symbolic 기호들은 인간 특유의 표상 형식이자 인간 언어를 가능케 하는 특성을 지닌 것으로서, 실상은 그와 다른 표상 양식들에서 창발하며 다른 표상 양식들과 연관되어 있다. 퍼스의 용어로 말하자면, 이와 같은 다른 표상 양식들은 "아이콘적"iconic(표상하는 사물과 유사성을 공유하는 기호로 이뤄진) 표상 양식이거나 "인덱스적"indexical(표상하는 사물에 의해 영향을 받거나 표상하는 사물과 상관관계에 있는 기호로 이뤄진) 표상 양식이다. 우리 인간은 상징적 기호를 사용할 뿐만 아니라 이와 같은 다른 기호 양식들을 그 밖의 비인간적 생물체들과 공유한다(Deacon 1997). 이러한 비상징적 표상 양식들은 살아있는 세계—인간적인 세계이자 비인간적인 세계—에 널리 퍼져 있으며, 인간 언어를 특별한 것으로 만드는 특성들과는 상당히 구별되는, 이제까지 거의 탐구되지 않은 특성들을 지니고 있다.

퍼스가 말하는 기호들 전반을 연구하기 위해 상징적인 것 너머로 나아가는 인류학적 접근법들이 있기는 하지만, 그들은 그러한 기호들을 오로지 인간적 틀의 범위 안에서만 연구한다. 따라서 이러한 접근법들에서는 기호의 사용자가 인간으로 이해되며, 비록 기호들이 언어 바깥의 것이라 하더라도(그 결과 언어가 상징적인 것 이상의 어떤 것으로 다뤄진다고 하더라도) 그러한 기호들을 유의미하게 만드는 맥락은 여전히 인간적이고 사회문화적이다(특히 Silverstein 1995; Mannheim 1991; Keane 2003; Parmentier 1994; Daniel 1996; "맥락"에 관해서는 Duranti and Goodwin 1992).

이 접근법들이 간과하는 것은 기호가 인간적인 것 너머에서도 존재한다는 사실(또한 그것이 인간의 기호작용에 대한 우리의 사고방식까지 바꾼다는 사실)이다. 생명은 구성적으로 기호적이다. 다시 말해 생명은 처음부터 끝까지 기호 과정의 산물이다(Bateson 2000c, 2002; Deacon 1997; Hoffmeyer 2008; Kull et al. 2009). 생명이 활기 없는inanimate 물리적 세계와 구별되는 것은 생명-형식들이 이러저러한 방식으로 세계를 표상한다는 사실 때문이며, 이러한 표상들은 생명-형식들의 존재에 본질적이다. 우리가 살아있는 비인간적 창조물들과 공유하는 것은 우리가 가진 신체성(현상학적 접근법의 특정 조류가 주장하는 것처럼)이 아니라, 우리 모두가 기호와 더불어 그리고 기호를 통해서 살아간다는 바로 그 사실이다. 우리는 우리에게 여러 방식으로 세계의 일부를 표상해주는 "지팡이"로서 기호를 사용한다. 그럼으로써 기호는 우리를 우리로서 존재하게 한다.

인간 특유의 표상 형식과 그 밖의 여타 표상 형식들 간의 관계를 이해하는 것은 인간과 비인간을 근본적으로 분리하지 않는 인류학을 실천할 길을 찾기 위한 열쇠이다. 기호작용-semiosis(기호를 창출하고 해석하는 과정)은 살아있는 세계에 널리 퍼져 있으며 살아있는 세계를 구성한다. 다수의 종들 간의 관계가 가능하고 또한 그러한 관계를 분석적으로 파악할 수 있는 것은 바로 우리가 기호적 성향을 부분적으로 공유하고 있기 때문이다.

기호작용에 대한 이러한 이해 방식을 통해 우리는 인간이 표상하는 세계들로부터 인간을 분리해서 묘사하는 이원론적인 인류학적 접근법을 넘어 일원론적인 접근법으로 나아갈 수 있다. 그리고 이를 통해 인간이 재규어를 표상하는 방식과 재규어가 인간을 표상하는 방식을 하나의 단일하고 열려 있는 이야기의 상호 교환될 수 없는 구성 요소들로 이해할 수 있게 된다. 우리 주변에서 빠르게 증식해가는 다른 부류의 생명-형식들—반려동물, 잡초, 해충, 공생 생물, 신종 병원균, "야생" 동물, 과학기술적 "돌연변이"—과 더불어 살아가는 법을 배워야 하는 시련이 우리 앞에 놓여 있기에, 인간적인 것이 그 너머에 있는 것과 구분되면서도 동시에 어떻게 그 너머와 연속되는지를 분석하는 정확한 방법을 발전시키는 것은 시의적절할 뿐 아니라 중대한 사안이다.

이 연구는 인간적인 것 너머에 있는 것들, 특히 세계의 일부를 이루는 살아있는 것들과 우리가 맺는 관계에 주목하려는 시도이기 때문에 존재론적 주장—즉 실재의 본성에 관한 주장—을 피해갈 수 없다. 예를 들어 재규어가 어떤 식으로든 세계를 표상한다는 사실은 세계의 존재 방식을 새롭게 바라보는 일반적인 설명을 요구한다—이러한 통찰은 우리가 비인간들과 맺는 관계를 주시함으로써 얻어지는 것이기에 비인간을 이해하는 어떤 특정한 인간적인 체계에 갇히지 않는다.

최근의 논쟁에서 분명히 밝혀졌듯이(Venkatesan et al. 2010), 인류학 분야에서 회자되고 있는 존재론ontology이라는 용어는 다루기가 쉽지 않다. 한편에서 이 용어는 궁극적인 진리 탐구와 부정적으로 연관되곤 한다—너무나도 다양한 행위 방식 및 관점들에 대한 민족지적 기록이 궁극적인 존재론을 쉽게 논파할 수 있다는 것이다(Carrithers 2010: 157). 다른 한편에서 이 용어는 문화를 대체하는 유행어에 불과한 것처럼 보인다. '우리의 존재론 대 그들의 존재론'을 대조시킬 때처럼 소유대명사가 그 말 앞에 나올 때는 특히나 그렇다(Holbraad 2010: 180).

아마존의 민족지를 통하여 존재론적으로 사고하기 위해서, 나는 내 연구에 지대한 영향을 끼친 두 명의 걸출한 인류학자, 필리프 데스콜라Philippe Descola와 에두아르두 비베이루스 지 카스트루Eduardo Viveiros de Castro를 떠올린다. 나는 두 사람의 동료이다. 그들의 작업이 인류학 분야에서 영향력을 얻은 것은 존재론을 문화로 바꾸지 않은 채 '복수의 존재론'을 제시했기 때문이다. 즉 상이한 세계관들worldviews이 아니라 상이한 세계들worlds이 있다(Candea 2010: 175). 그러나 다수의 실재들에 대한 인정은 다음의 질문을 여전히 회피하고 있다. 과연 인류학은 세계의 존재 방식에 관해 일반적인 주장을 할 수 있을까?[7] 일반적인 주장이 적지 않은 문제들—다양한 상대주의자들이 기를 쓰고 저지하려는 문제들—

을 만들어냄에도 불구하고 나는 인류학이 그렇게 할 수 있다고 생각한다. 나아가 나는 인류학이 세계에 충실하기 위해서는 그러한 주장을 만들어내는 방법을 찾아내야 한다고 생각한다. 뒤에서 보게 되겠지만 그 한 가지 이유는 일반성generality 자체가 세계의 특성이며 그저 우리 인간이 세계에 부과하는 것이 아니기 때문이다. 그러나 표상에 관한 우리의 전제에 갇혀 있는 한, 그러한 주장을 전개하기는 어렵다. 이 책은 바로 이 교착상태를 넘어서고자 한다.

하지만 나는 인간적인 것에서 존재론적인 것으로 방향을 틀기를 원치 않는다. 나의 목표는 특정한 장소나 시간 속에서 수확해낸 존재론적 명제들의 배치를 격리시키는 것이 아니다(Descola 2005). 오히려 나는 한층 더 기초적인 수준에 잠입하려고 한다. 그리고 그 수준에 머물러 있을 때 우리가 무엇을 배울 수 있는지를 알아보고자 한다. 나의 질문은 이러하다. 다양한 존재들, 역동성들, 특성들의 면면을 드러내는 저 세계의 일부와 우리가 관계하는 특정한 측면에 주목할 때, 세계의 본성에 관해서 과연 어떤 종류의 통찰이 나타나게 될까?

요컨대 인간적인 것을 넘어선 인류학은 부득이하게 존재론적이다. 다시 말해 우리는 비인간을 진지하게 고려함으로써, 특정한 시간과 장소의 인간이 비인간을 이해하는 특수한 방식에만 관심을 두는 인류학 연구의 인식론적 제약으로부터 벗어날 수 있다. 존재론적인 시도로서 인간적인 것을 넘어선 인류학은 우리가 사용하는 인식론적 개념들을 다시 사고할 뿐만 아니라 새로운 개념들을 전개하는 특별한 위치로 우리를 이끈다. 메릴린 스트래선의 표현을 빌리면, 이러한 인류학의 목적은 "새로운 사고의 조건을 창출하는 것"이다(Strathern 1988:20).

그러한 시도는 인류학적 논증과 통찰의 기반인 민족지적 경험이 수행되는 좀 더 평범한 세계로부터 이탈된 것으로 보일 수도 있다. 그러나 이 프로젝트, 그리고 그러한 민족지적 경험을 공정하게 다루려는 이 책은, 장기간의 밀도 높은 현지조사 과정에서 경험한 수없이 다종다양한 만남들로부터 그 문제의식들이 형성되었다는 점에서, 엄밀한 의미에서 경험적이다. 이 문제의식들을 따라가면서 나는 그러한 만남들이 일반적인 문제들의 표현임을 알게 되었고, 아빌라 사람들과 다른 부류의 존재들 간의 관계 방식에 민족지적 관심을 쏟음으로써 그러한 일반적인 문제들을 더욱 상세히 서술하고 가시화할 수 있게 되었다.

이처럼 인간적인 것을 넘어서려는 이 인류학은 하나의 장소와 그곳에서 삶을 일구는 사람들과의 깊고 지속적인 관계로부터 나온 것이다. 나는 아빌라와 그 환경을, 그리고 아빌라에서 살아온 사람들을 인간의 한 세대만큼 알고 있다. 1992년에 처음으로 아빌라를 방문했을 때 내가 소개받은 아이들은 마지막으로 방문한 2010년에는 젊은 부모들이 되어 있었다. 그들의 부모들은 지금 조부모들이 되었고, 이 새로운 조부모들의 부모들 중 몇몇은 이미 세상을 떠났다(그림 2 참조). 나는 에콰도르에서 4년간(1996~2000) 지내면서 아빌라에 정기적으로 방문해 현지조사를 수행했다.

이 책의 경험적인 토대는 무척 다양하다. 루나족의 사냥꾼들과 함께 숲 속을 거닐 때 우리는 다른 부류의 존재들과 아주 중요한 만남들을 가졌다. 나 홀로 숲 속에 남겨졌을 때에도 그런 만남들이 있었다. 사냥꾼들은 사냥감—사냥감은 돌고 돌다가 내가 있는 곳으로 돌아오곤 했다—을 쫓는 동안에는 때로는 몇 시간이나 나를 숲 속에 내버려두기도

그림 2. 아빌라. 1992년경. 저자 촬영.

했다. 또 해질 무렵 집 주변에 있는 마니옥manioc[남아메리카 원산의 뿌리식물] 밭 근처 숲 속을 유유자적하게 산책하는 동안에 일어난 중요한 순간도 있다. 그곳에서 나는 숲의 수많은 창조물들이 잠자리에 들기 전에 취하는 마지막 순간과 마주쳤다.

　　나는 종종 한 손에 녹음기를 들고서 사람들의 이야기를 청취하는데 많은 시간을 보냈다. 일상생활의 맥락 속에서 사람들이 다른 부류의 존재들과의 경험을 어떻게 이야기하는지 궁금했다. 사람들은 친척들이나 이웃들과 함께 마니옥 맥주를 마시거나 혹은 한밤중에 화덕 주위에 앉아 **우아유사**huayusa 차를 들이키면서 대화를 나누곤 했다(그림 3 참조).[8] 대화하는 이들은 보통은 인간이었고 대개는 루나족이었다. 그러나 가

그림 3. 맥주를 마시는 모습. 저자 촬영.

끔찍 "대화"는 다른 부류의 존재들을 끌어들이기도 했다. 집 주변을 날아다니며 지붕 아래에서 벌어지는 대화의 흐름을 근본적으로 변화시키는 다람쥐뻐꾸기들, 때때로 사람들이 하는 일을 이해시켜줄 필요가 있는 보초견들, 숲 속에 사는 양털원숭이들과 강력한 힘을 지닌 영靈들, 그리고 선거철마다 마을을 순회하는 정치가들도 있다. 아빌라 사람들은 이 모든 존재들과 소통할 수 있는 통로를 찾기 위해 애쓴다.

나는 또한 루나족이 속한 생태적 그물망을 구체적으로 감지할 수 있는 증거를 찾기 위해 수백 개의 민족생물학적 표본들을 채집했다. 그 표본들은 전문가의 검증을 거쳐 현재 에콰도르의 주요 식물표본실과 자연사박물관에 수장되어 있다.[9] 이 수집품들을 모으면서 나는 숲과 그 수많은 창조물들에 관한 실마리를 매우 빨리 손에 넣을 수 있었다. 또한 이를 통해 생태적 관계에 대한 사람들의 이해에 첫 발을 내딛었고, 반드시 특정한 인간적 맥락에 구획되지 않고서도 이러한 이해와 숲의 세계에 관한 다양한 지식들을 연결 짓는 방법을 발견할 수 있었다. 그렇지만 수집은 그 자신의 구조를 숲의 관계들에 부과한다. 나는 확고한 지식을 탐구한다는 것의 한계—그리고 동기—를 자각하고 있었고, 수집가로서 나의 노력이 몇몇 중요한 측면에서 숲의 존재들과 교류하는 루나족의 방식과는 상당히 다르다는 사실도 인지하고 있었다(Kohn 2005).

나는 또한 현실에 기반을 두지 않은 또 다른 무대에서 울려 퍼지는 숲의 경험들에도 주의를 기울이고자 노력했다. 아빌라의 일상생활은 잠자기와 꿈꾸기라는 제2의 생활과 얽혀 있다. 아빌라에서 잠자기는 우리에게 보통 그러하듯이 굳어 있고 고립되어 있으며 감각적으로 박탈된 활동이 아니다. 잠—전등도 없이 바깥에서 훤히 들여다보이는 오두

막 한가운데에서 많은 사람들에게 둘러싸여 자는 잠—에는 수면과 각성이 단속적으로 교차한다. 사람들은 한밤중에 잠에서 깨어 불 옆에 앉아 한기를 쫓거나 김이 오르는 우아유사 차가 가득 담긴 표주박잔을 받아들거나 만월을 바라보며 쏙독새 소리에 귀 기울이거나 또 때로는 저 멀리서 들려오는 재규어의 울음소리를 듣는다. 한밤중에 들려오는 이 소리들에 대해 사람들은 즉석에서 논평을 하고, 다른 사람들은 이 이야기 소리에 잠을 깨기도 한다. 이 끊임없는 간섭 덕분에 꿈은 각성으로, 각성은 꿈으로 서로가 서로를 얽어 나간다. 꿈—나의 꿈, 나와 동거하는 사람들의 꿈, 우리가 공유하는 기이한 꿈, 그리고 개가 꾸는 꿈—은 특히나 숲에 사는 창조물들이나 영들과 자주 연관되기 때문에 나의 민족지적 관심의 상당 부분을 차지하게 되었다. 꿈도 경험적인 것의 일부이며, 하나의 현실이다. 꿈은 세계로부터 비롯되며 세계에 대해 작동한다. 그 특별한 논리들과 그 효과의 섬세한 형식들에 익숙해지는 것은 인간적인 것 너머의 세계를 드러내는 데 도움을 준다.

이 책에서 사고thinking는 그 자체로 이미지images를 통해 작동한다. 이 책에 나오는 몇몇 이미지들은 꿈의 형식을 취하지만, 이 외에도 예시, 일화, 수수께끼, 의문, 언어유희, 섬뜩한 병치, 그리고 사진으로도 나타난다. 그런 이미지들을 그 자체로 놓아둔다면 이미지들은 우리에게 작용할 수 있다. 여기서 나의 목표는 이러한 사고를 가능하게 하는 데 필요한 조건들을 만들어내는 것이다.

이 책은 하나의 만남과 마주하여 그러한 마주침을 마주 보고, 루나 푸마가 우리에게 던지는 질문과 직면하여 하나의 응답을 직조하려는 시도이다. 그 응답이란—퍼스가 완성하지 못한 책의 제목을 빌려 말

32

하면(Peirce 1992b)—스핑크스가 제기한 "수수께끼를 푸는 것"이다. 스핑크스의 질문이 인간적인 것을 어떻게 재구성하는지를 민족지적으로 주목함으로써 우리는 스핑크스의 수수께끼를 푸는 법을 배울 수 있다. 인류학에서 인간적인 것에 관해 질문하고 인간적인 것을 넘어서 주장하는 것은 몹시 위험한 일인데, 왜냐하면 우리 인류학자들은 숨어 있는 맥락에 호소함으로써 허황된 논변을 무너뜨리는 전문가들이기 때문이다. 이것은 숙련된 인류학자라면 누구나 소매 끝에 숨겨 놓는 분석상의 비장의 카드이다. 그런 의미에서 이 책은 흔치 않은 프로젝트이며, 독자인 여러분에게 약간의 선의와 인내심, 의지를 요구한다. 여기서 이뤄지는 작업이 당신을 통해 작동되도록 애써주기를 당부한다.

이 책은 비인간에 대한 인류학적 접근법들의 보증수표가 되어온, 뒤죽박죽 얽히고설킨 "자연-문화적" 세계들(Latour 1993) 속으로 지금 당장 독자를 밀어 넣지는 않을 것이다. 오히려 이 책은 일종의 성장하는 사고 안에 좀 더 완만하게 몰입하려고 한다. 우리는 매우 단순한 문제로 시작해서 복잡성, 맥락, 얽힘이 민족지적 분석의 당연한 조건이 아니라 그 자체로서 민족지적 분석의 대상이 될 수 있음을 밝혀낼 것이다.

그래서 이 책의 전반부는 루나족의 존재 방식을 속속들이 말해주면서 복잡하고 역사적이며 권력에 짓눌린 맥락에 대한 해설—민족지라면 응당 기대되는 해설—을 제공해주는 것과는 전연 동떨어진 것처럼 보일 수 있다. 그러나 내가 여기서 시도하는 것은 정치적으로 중요한 문제이다. 루나족이 다른 부류의 존재들과 맺는 관계 방식에 주목함으로써 우리는 그로부터 생겨나는 도구들을 통해 정치의 가능성과 그 현실화를 기존과 다르게 사고할 수 있기 때문이다. 바라건대 이것이 가산 하게(Hage 2012)가 말한 "또 하나의 정치"alter-politics가 될 수 있기를 희망한다. 즉 현행 시스템에 대한 반대나 비판은 아니지만 또 다른 존재 방식에 주목함으로써 생겨나는 정치이자, 다른 부류의 살아있는 존재들을 포함하는 정치 말이다.

그 점에서 이 책은 하나의 분석 방법analytic을 발전시키려는 시도이다. 이를 통해 인류학을 "인간적인 것 너머"로 이끌면서도 우리가 "너무나 인간적"이기도 하다는 결코 무시할 수 없는 존재 방식을 그리고 이것이 삶에 미치는 영향을 시야에서 놓치지 않으려 한다. 이 시도로 나아가는 첫 단계이자 첫 장의 주제는 "열린 전체"이다. 1장 "열린 전체"에서는 인간 언어를 처음부터 다시 사고하고, 우리가 비인간 존재들과 공유하는 다른 형식의 표상들과 인간 언어가 맺는 관계를 숙고하고자 한다. 명시적으로 진술하든 그렇지 않든, 우리의 수많은 사회이론들에 따르면 언어와 그것이 지닌 독특한 특성이 우리를 규정한다. 사회적이거나 문화적인 체계들, 혹은 "행위자-네트워크들"까지도 궁극적으로는 우리의 언어 체계와 유사한 특성을 갖는 것으로 이해된다. 언어의 단어들과 마찬가지로, 그러한 체계들의 "관계항들"—역할들, 관념들, "행위소들"—은 체계 속에서 또 다른 관계항들과 맺는 상호 구성적인 관계들에 앞서 존재하지 않으며, 이 사실로 인해 체계는 반드시 어떠한 순환적 폐쇄성을 드러낸다.[10]

그러한 폐쇄성의 원인이 되는 독특한 유사 언어적 현상들의 인식을 강조하는 수많은 사회이론을 고려하면서 내가 탐구하려는 것은, 각기 다른 특성을 지닌 더 넓은 표상 형식들 안에 언어가 내포되어 있는 방식들 덕분에, 실제로 우리가 우리 주위의 창발하는 세계들에 대해 얼마나 열려 있게 되는가 하는 점이다. 단적으로 말해, E. B. 타일러(Tylor 1871)의 기초적인 정의(문화적 관념과 사회적 사실이 그것들을 지탱하는 사회문화적 체계의 맥락에 의해 상호 구성된다는 점을 지적하는 정의)가 말하듯이, 문화가 "복합적 전체"complex whole라고 한다면, 그와 동시에 문화는 "열린 전체" open whole이기도 하다는 것이 나의 주장이다. 그리하여 1장은 인간적인 것 너머의 기호들에 관한 일종의 민족지를 구성한다. 이는 인간과 비인간이 어떻게 반드시 상징적이지 않은 기호들―즉 관습적이지 않은 기호들―을 활용하는지에 관한 민족지적 탐구이며, 이를 통해 이러한 기호들이 어째서 상징적인 것에 의해 전적으로 제약될 수 없는지를 보여줄 것이다.

상징적 폐쇄성이라는 확고한 사실에도 불구하고 어떻게 그러한 틈새가 실존하는지를 탐구함으로써 우리는 인류학의 기초 개념인 맥락에 관한 우리의 전제를 다시 사고하게 된다. 우리의 목표는 관습적인 기호가 어떻게 여러 기호 양식들 중 하나에 불과한지를 드러냄으로써 그것을 낯설게 만들고, 기존 인류학적 분석에서 상징적인 것에 의해 가려지고 왜곡되었던 여타 기호 형식들의 다양한 비상징적 특성들을 탐구하는 데 있다. 많은 측면에서 인간적인 것을 넘어선 인류학은 인간적인 것이 어떻게 인간적인 맥락 너머에 놓여 있는 것의 산물이기도 한지를 이해하려는 시도이다.

비인간에 관심 있는 이들은 상징적인 인간적 의미의 영역과 무의미한 객체의 영역을 구분하는 잘 알려진 데카르트적 이분법을 극복하기 위하여 두 영역을 혼합하거나―**자연-문화적** 혹은 **물질-기호적** 등의 용어가 이를 보여준다―한쪽 극을 다른 한쪽 극으로 환원하는 식의 시도를 하곤 했다. 반면 1장 "열린 전체"의 목적은 표상 과정을 생명 고유의 것으로서, 그리고 어떤 의미에서는 심지어 생명과 동의어인 것으로서 바라보는 관점을 제시하는 데 있다. 이는 인간 특유의 존재 방식을 더 넓은 살아있는 기호적 영역으로부터 창발하는 것이자 그와 연속되는 것으로 볼 수 있도록 해준다.

내가 주장한 대로 상징적인 것이 "열려 있다"면, 그것은 정확히 무엇에 열려 있는 것일까? 상징적인 것 너머의 기호들에 대한 탐구를 통해 상징적인 것을 열어젖힐 때, 우리는 "실재"the real라는 말로 우리가 무엇을 의미하는지를 곰곰이 숙고하게 된다. 기존 인류학에서 실재가 가졌던 안정된—"객관적"이고 맥락에 의해 구성된—기반이 인간적인 것 너머의 세계에서는 창발하고 성장하며 순환하는 기호들의 낯설고 숨겨진 논리들에 의해 불안정해지기 때문이다.

2장 "살아있는 사고"는, 비인간적인 것들을 포함한 모든 존재들이 구성적으로 기호적임을 밝혔던, 1장에서 제기된 주장의 함의를 고찰한다. 요컨대 모든 생명은 기호적이며 모든 기호작용은 살아있다. 따라서 중요한 측면에서 생명과 사고는 완전히 동일하다. 즉 생명은 사고하며 사고는 살아있다.

이것은 "우리"가 누구인가를 이해하는 것에 대하여 함의를 갖는다. "살아있는 사고들"이 있는 곳에는 "자기"self도 있다. "자기"란 가장 기본적인 수준에서 기호작용의 산물이다. 자기는—맹아에 불과하고 덧없기 그지없다 해도—살아있는 역동성의 처소locus이며, 자기의 활동에 의하여 기호들은 이 살아있는 역동적 과정의 결과로 창발하는 "누군가"에게 주변 세계를 표상하게 된다. 그리하여 세계는 "활기에 넘친다"animate.

36

"우리"는 유일한 부류의 **우리**가 아니다.

세계는 또한 "주술화되어 있다"enchanted. 이 살아있는 기호적 역동성 덕분에 **의미-화**mean-ing(예컨대 수단-목표 관계means-ends relations, 유의미성 significance, "관여성"aboutness, 목적성telos)는 세계의 구성적 특징을 이루며, 단지 우리 인간이 세계에 부과하는 것이 아니다. 이런 식으로 생명과 사고를 파악하는 것은 자기에 관한 우리의 이해를 크게 변화시킨다. 즉 자기들이란 무엇인지, 자기들이 어떻게 창발하고 소멸하는지, 나아가 자기들이 다른 존재들과 상호작용함으로써 어떻게 새로운 부류의 **우리**로 합류하는지를 새롭게 이해하도록 하는 것이다. 이처럼 열대우림을 삶의 터전으로 삼는 존재들은 내가 "자기들의 생태학"ecology of selves이라 칭하는 복합적 관계망 속에서 살아간다.

루나족이 이러한 자기들의 생태학을 이해하고 그 속에 들어가려고 애쓰는 방식은 살아있는 사고들을 관계 맺는 연합association의 기이한 논리를 증폭시키고 분명하게 드러내준다. 스트래선(Strathern 1995)이 논한 것과 같이, 인류학이 기본적으로 "관계"를 주제로 삼는다면, 이 자기들의 생태학에서 창발하는 연합의 낯선 논리들을 이해하는 것은 우리의 학문 분과에서 중요한 함의를 갖는다. 앞으로 보게 될 것처럼, 연합의 논리는 무분별indistinction이 어떻게 관계 맺기에서 핵심적 역할을 하는지를 밝혀준다. 이는 관계성relationality에 대한 우리의 이해를 변화시킬 것이며, 차이difference는 더 이상 우리의 개념적 틀을 이루는 기반이라는 지위를 그렇게 쉽게 차지하지 못할 것이다. 나아가 이는 타자성alterity이 우리의 학문 분과에서 차지하는 중심적 역할에 대한 우리의 사고방식도 변화시킨다. 무분별(본질적인 유사성과 혼동해서는 안 된다)이 작동하는 이 살아있는 기호적 역동성에 초점을 맞춤으로써 우리는 "부류들"kinds이 어떻게 인간적인 것 너머의 세계에서 창발하는가를 이해할 수 있다. 부류들은 그저 인간의 정신이 만들어내는 선천적이거나 관습적인 범주들이 아니다. 부류들은 존재들이 어떤 혼동을 겪으면서도 자기들의 생태학 속에서 서로 관계 맺는 방식으로부터 생겨난다.

이 거대한 자기들의 생태학을 살아가는 다양한 존재들과 관계를 맺는 일은 실용적인 동시에 실존적인 과제를 제기한다. 3장과 4장에서는 루나족이 그러한 과제를 어떻게 풀어나가는지를 민족지적으로 검토하며, 나아가 이로부터 우리가 무엇을 배울 수 있는지를 보다 일반적으로 성찰한다.

3장 "혼맹"Soul Blindness에서는 죽음이 어떻게 삶에 내재하는가에 대한 일반적인 문제를 다룬다. 사냥하고 물고기를 잡고 덫을 놓음으로써 루나족은 자기들의 생태학을 이루는 수많은 존재들과의 특별한 관계 속에 위치하게 된다. 이 활동들을 통해 루나족은 자신들의 관점을 지니게 되고, 그들이 사냥하는 모든 창조물들은 물론이고 그처럼 사냥감이 되는 동물들이 관계 맺는 다른 창조물들까지도 관점을 지니고 있음을 실제로 인식하게 된다. 그리하여 루나족은 이 창조물들이 관계들의 네트워크 속에서 살아간다는 것을, 나아가 이 관계망의 구성원들이 살아있고 사고하는 자기들이라는 사실을 인정하게 된다. 루나족은 이 자기들의 생태학에 하나의 자기로서 진입한다. 이 관계들의 그물망에 진입하는—다른 자기들을 알아채고 그들과 관계 맺는—루나족의 능력은, 그들이 이 생태학을 이루는 다른 존재들과 자기라는 특성을 공유한다는 사실에 기반하고 있다.

세상cosmos에 살아가는 수많은 존재들의 자기성selfhood을 알아채는 데에는 특별한 시련이 주어진다. 루나족은 사냥을 하기 위해 숲의 자기들의 생태학에 진입하는데, 여기서 사냥이란 타자들을 비-자기들로 바꿔놓기 위해 타자들을 자신들과 같은 자기들로서 인식해야 한다는 것을 뜻한다. 따라서 대상화objectification는 애니미즘animism의 이면으로서, 그것은 결코 수월한 과정이 아니다. 더욱이 다른 자기들을 파괴하는 능력은 그 능력을 가진 자가 덧없는 자기―속절없이 끝나버릴 수 있는 자기―라는 사실에 기반하며 또 그 사실을 두드러지게 한다. "혼맹"魂盲이라는 표현이 말해주듯이, 이 장에서는 언제 어디서 다른 자기들을 인식하는 능력이 상실되는지 그리고 그 결과로서 세상을 구성하는 자기들의 관계적 생태학으로부터 떨어져 나갈 때 어떻게 그 능력의 상실이 일종의 모나드적 소외에 이르게 되는지를 추적하여 기록한다.

죽음이 삶에 내재한다는 것은 코라 다이아몬드(Diamond 2008)가 "현실의 곤경"difficulty of reality이라고 부른 것에서 그 전형을 드러낸다. 그것은 그 불가해성으로 우리를 압도할 수 있는 근본적인 모순이다. 코라 다이아몬드가 강조하듯이, 이 곤경은 또 다른 곤경에 의해 더욱 가중된다. 즉 그러한 모순은 때때로 어떤 사람들에게는 전혀 눈에 띄지 않는다. 여기서 창출되는 분리의 느낌 또한 현실의 곤경의 일부이다. 이 거대한 자기들의 생태학 속에서 사냥은 그러한 곤경을 전면에 내세운다. 사냥꾼은 수많은 다른 부류의 자기들과 관계를 맺으면서도 그들을 죽여야 하는 하나의 자기로서의 입장을 고수해야만 한다. 그리하여 세상 전체는 삶 본래의 모순으로 울려 퍼진다.

이와 같이 3장은 삶 속의 죽음을 논한다. 특히 스탠리 카벨이 "일상생활"의 "작은 죽음들"(Cavell 2005: 128)이라고 부른 것을 다룬다. 실로 죽음의 종류와 규모는 다양하다. 우리 앞에는 자신과 서로에 대해 자기이기를 멈추는 수많은 길들이 놓여 있다. 관계로부터 밀려나오는 수많은 길들이 있으며 관계를 무시하거나 심지어 관계를 죽이는 수많은 일들이 있다. 요컨대 탈주술화의 수많은 양식들이 있다. 때로는 우리가 실존한다는 이 일상적인 사실에 대한 공포가 우리의 삶 안으로 밀려들어 와서 현실의 곤경을 조장하기도 한다. 또 때로는 그것이 단순히 무시될 때도 있다.

4장 "종을 횡단하는 피진"Trans-Species Pidgins은 이 거대한 자기들의 생태학 속에서 수많은 부류의 자기들과 관계 맺는 삶과 그로부터 제기되는 과제를 다루는 두 번째 장이다. 이 장에서는 세상에서 살아가는 수많은 부류의 존재들과 어떻게 안전하고 순조롭게 의사소통하는가라는 문제에 집중한다. 인간의 언어로는 제대로 파악할 수 없는 존재들을 어떻게 이해할 것이며 또 그러한 존재들로부터 어떻게 이해될 것인지는 그 자체로 쉽지 않은 문제이다. 게다가 이 존재들과의 의사소통이 성공한다 해도 그것은 또다시 불안정해질 수 있다. 의사소통은 항상 어느 정도의 교감communion을 필요로 한다. 즉 타자와의 의사소통 행위는 해러웨이(Haraway 2008)가 타자와 "함께 되기"becoming with라고 칭한 어떤 조치를 수반한다. 이것은 존재 방식의 더 넓은 확장을 약속하지만, 인간 특유의 자기 감각을 크게 위협할 수도 있다. 그래서 루나족은 그러한 확장을 열망하면서도 현 상태를 유지하려고 애쓴다. 그리하여 아빌라 사람들은 너무 과도할 수 있는 이런 일탈적인 과정들에 제동을 거는 한편 다른 존재들과의 소통 경로를 열어두는 창조적인 전략을 찾아낸다.

4장의 많은 부분에서는 개를 이해하고 또 개에게 이해를 구하려는 인간의 시도에 대한 기호학적 분석에 집중한다. 예를 들어 아빌라 사람들은 개의 꿈을 해석하려고 애쓰며, 개에게 조언을 하기 위해—예기치 않은 특성을 지닌 종-횡단적 피진으로 옮겨가는 과정의 일환으로서—환각제를 주기도 한다.

인간-개 관계는 그것이 다른 관계들과 연결되는 방식의 측면에서 특별하다. 개와 더불어 그리고 개를 통해서 사람들은 숲이 지닌 폭넓은 자기들의 생태학뿐만 아니라, 아빌라를 비롯한 그 주변 숲들 너머로 뻗어 있으며 식민지적 유산의 지층들을 담고 있는 '너무나 인간적인' 사회적 세계와도 연결된다. 4장과 그 뒤로 이어지는 5장과 6장에서는 이처럼 확장된 의미에서 관계성을 고찰한다. 즉 루나족이 숲의 살아있는 창조물들과 어떻게 관계 맺는지를 다룰 뿐만 아니라, 루나족이 숲의 영들은 물론이고 그 경관 속에 족적을 남겨온 수많은 힘 있는 인간들과 어떻게 관계 맺는지도 다룰 것이다.

루나족이 그들이 키우는 개들, 숲의 살아있는 창조물들, 이 세상에 속하지 않지만 실재하는 영들, 그리고 오랜 세월에 걸쳐 루나족의 세계에서 숨 쉬는 다양한 타자의 형상들—지주, 사제, 개척민—과 어떻게 관계 맺는지를 풀어내기란 쉽지 않다. 그들은 모두 루나족을 루나족으로서 존재하게 만드는 생태학의 일부이다. 그렇더라도 나는 이 관계적인 매듭을 환원 불가능한 복잡성으로 다루려는 유혹을 떨쳐내겠다. 우리는 다른 부류의 존재들과의 의사소통에서 시도되는 특수한 양식들을 신중하게 다룸으로써 이 모든 관계들—더 넓게는 관계성—에 관해 무언가를 배울 수 있다. 소통을 위한 이런 노력들은 관계가 갖는 어떤 형식적인 특성들—모종의 연합 논리, 일련의 제약조건—을 밝혀준다. 그러한 형식적 특성들은 지상의 생명 활동이나 인간의 역사가 만들어낸 우연의 산물이 아니다. 관계의 형식적 특성은 지상의 생명 활동과 인간의 역사 속에서 예시화instantiate되어 있으며 이것들에 형태를 부여한다.

여기서 가장 흥미로운 특성은 위계hierarchy이다. 기호들의 삶은 한쪽 방향으로 겹겹이 내포되는 다수의 논리적인 특성들—지극히 위계적인 특성들—에 의해 특징지어진다. 그러나 우리가 가꾸어 가려는 희망찬 정치에서는 위계보다는 정점 없는 병렬구조, 즉 수목형이 아닌 리좀형에 특권을 부여한다. 그리고 그러한 수평적 과정들이—유전자의 수평적 전파, 공생, 편리공생처럼—비인간적인 살아있는 세계 속에서 발견된다는 사실을 축복한다. 나는 이것을 정치의 기초로 삼는 것은 잘못된 방식이라고 믿는다. 상징적인 것과 마찬가지로, 도덕성은—그 너머가 아니라—인간적인 것 속에서 창발한다. 우리의 도덕성은 평등을 정당하게 특권화한다. 그러나 논리적이고 존재론적이지만 도덕적이지 않은 성질을 지닌 연합들이 한 방향으로 겹겹이 내포되어 구성되는 관계의 풍경에 이러한 도덕성을 투사하는 것은 인간적인 것 너머의 저 세계의 특성을 무시하는 인간중심주의적 자기애의 한 형식일 뿐이다. 그 결과 우리는 인간적인 것 너머의 특성을 정치적으로 활용할 수 없게 된다. 그리하여 4장에서는 그러한 내포된 관계들이 도덕적 세계의 산물이 아님에도 불구하고 어떻게 도덕적 세계에 사로잡혀 활용되는지를 추적하여 기록하려 한다.

5장 "형식의 노고 없는 효력"Form's Effortless Efficacy에서는 형식이 갖는 인류학적 중요성에 관한 이러한 설명—이제까지 내가 암시해왔던 것—에 살을 붙인다. 다시 말해 가능성에 대한 특수한 한계들의 배치가 이 세계 속에서 창발하는 방식, 이러한 잉여성redundancy들이 퍼져가는 그 특유의 방식, 그리고 그것들이 인간들과 아빌라 주변 숲의 생명들을 좌우하는 방식을 다룬다.

　형식form은 인류학에서 다루기가 어렵다. 정신도 메커니즘도 아닌 그것은 우리가 계몽주의 시대 이래 계승해온 이원론적 형이상학—오늘날까지도 우리가 알아챌 수 없는 방식으로, 인과적 메커니즘의 관점에서 또는 인간적인 것의 영역으로 귀속되는 의미, 목적, 욕망의 관점에서, 양자택일적으로 원인을 이해하도록 우리를 유도하는 형이상학—과 쉽게 합치되지 않는다. 이제까지 이 책의 대부분은 이 이원론의 지속적인 유산 가운데 일부를 해체하는 데 관심을 기울여왔고, 이를 위해 보다 폭넓게 규정된 의미가 인간적인 것 너머의 살아있는 세계의 일부분임을 인정할 때의 함의들을 추적해왔다. 이와 대조적으로, 5장에서는 인간적인 것뿐만 아니라 생명까지도 넘어섬으로써 이 기획을 한층 더 밀어붙이고자 한다. 즉 형식적 패턴이 생명에 의해 활용되고 성장하고 증폭된다는 사실에도 불구하고 생명을 넘어서서 확산된다는 그 기이한 특성을 다루려고 한다. 생명의 수많은 형식들이 넘설대는 열대우림에서는 이러한 패턴들이 전례를 찾아볼 수 없을 만큼 증식한다. 숲의 관점에서 숲과 관계하고 숲의 관계적인 논리 속으로 진입하며 숲의 사고와 더불어 생각하기 위해서는 바로 이 점에 익숙해져야 한다.

　여기서 "형식"이라는 용어가 가리키는 것은 우리 인간이 세계를 파악하기 위해 사용하는 개념적 구조—선천적이든 후천적이든—도 아니고 플라톤의 이데아적 영역도 아니다. 오히려 그것은 패턴을 생산하고 전파하는 기이하지만 그럼에도 불구하고 세속적인 과정, 즉 디콘(Deacon 2006, 2012)이 "형태역동적"morphodynamic이라고 묘사한 과정을 가리킨다—이는 그 특유의 생성적 논리가 패턴을 활용하는 살아있는 존재들(인간과 비인간)에게 스며드는 과정이기도 하다.

형식은 정신도 아니지만 사물 같은 것도 아니다. 형식이 표준적인 민족지적 대상이 가진 실체적 타자성을 결여한다는 점은 인류학에 있어 또 하나의 곤경이다. 우리가 형식 안에 있을 때 거기에는 밀어낼 만한 것이 아무것도 없다. 즉 형식은 저항하는 방식으로 규정되지 않는다. 형식은 만져보기(촉진)와 같은 앎의 방식을 통해 다룰 수 없다. 또한 형식은 유약하고 덧없는 것이기도 하다. 물살 빠른 아마존 강 상류에서 종종 형성되는 소용돌이의 형식처럼, 그것을 떠받치는 특수한 기하학적 제약조건이 사라지면 형식도 덧없이 사라진다. 요컨대 형식은 우리의 표준적인 분석 양식들로부터 대개 숨겨져 있다.

나는 숲의 몇몇 동물들 및 그들을 통제하는 영적인 주재자들과 내가 맺은 관계에 관해 꾸었던 나의 수수께끼 같은 꿈을 풀어보려고 다양한 민족지적, 역사적, 생물학적 사례들을 수집했다. 이 장에서는 그 사례들을 음미함으로써 형식의 몇몇 특유한 속성을 이해하고자 한다. 문제는 다음과 같다. 형식은 인과적 시간성에 대하여 무엇을 어떻게 행하는가? 그리고 형식은 우리를 통해 스스로를 전파하면서 그 자신의 "노고 없는 효력"effortless efficacy을 어떻게 드러내게 되는가? 내가 무엇보다 여기서 관심을 갖는 것은 형식의 논리가 살아있는 사고의 논리에 영향을 주는 방식이다. 사고가 그 자체의 의도로부터 자유로워질 때, 즉 레비-스트로스의 표현대로라면 우리가 사고에 어떤 대가도 바라지 않을 때(Lévi-Strauss 1966: 219), 사고에는 무슨 일이 일어날까? 어떤 생태학의 사고가 울려 퍼질까? 또 이 과정에서 어떤 새로운 부류의 관계들이 가능해질까?

한편 이 장에서는 형식 안으로 들어가서 형식과 더불어 무언가를 행하는 매우 실천적인 문제에도 관심을 기울인다. 숲의 부富—그것이 사냥감이든 채취한 상품이든—는 패턴화된 방식으로 축적된다. 그것을 손에 넣기 위해서는 이러한 패턴의 논리에 진입하는 방법을 찾아내야 한다. 따라서 이 장은 샤먼과 여타 루나족 사람들이 이에 진입하기 위해 사용하는 다양한 기술들에 대해서도 추적하고 기록한다. 나아가 거대한 힘과 부의 저장고로 기능하는 그 수많은 새로운 형식들에 진입할 수 없을 때 루나족이 느끼는 소외의 고통에도 주목한다.

형식을 통해 원인을 다시 사고함으로써 우리는 행위주체성agency에 관해서도 다시 사고하게 된다. 전혀 아무것도 하지 않으면서 무언가를 달성하는 이 기이한 방식은 대체 무엇인가? 연합을 창출하는 이 독특한 방식을 통해 어떤 종류의 정치가 출현할 수 있을까? 형식이 숲 속에서 그리고 그와 관계 맺는 생명들—강돌고래든 사냥꾼이든 고무 채집꾼의 우두머리든—속에서 어떻게 창발하고 전파되는지를 파악하는 것, 즉 형식의 노고 없는 효력을 이해하는 것은, 다수의 차이들로는 만들어지지 않는, 인간과 비인간을 포괄하는 생명의 중심에 놓인 수많은 과정들에 주목하도록 인류학을 진전시키기 위한 핵심이다.

『숲은 생각한다』는 궁극적으로 사고thought에 관한 책이다. 비베이루스 지 카스트루를 인용하면, 이 책은 인류학을 "사고의 영속적인 탈식민화"(Viveiros de Castro 2009: 4)로 이끄는 하나의 실천으로 만들자는 요청이다. 나의 주장은 우리가 관계성에 관한 특정한 사고방식으로 식민화되어 있다는 것이다. 우리는 인간 언어를 구조화하는 연합의 형식에 관한 우리의 전제를 통해서만 자기들과 사고들이 연합을 형성하는 방식을 상상하고 있을 뿐이다. 그처럼 우리는 종종 의식하지도 못한 채 그러한 전제를 비인간에게 투사하고 있다. 미처 깨닫지도 못한 채 우리는 우리 자신의 특성을 비인간에게 부여하고 있으며, 설상가상으로 우리 자신에 대한 교정된 거울상을 비인간이 가져다줄 것을 기대하며 자아도취에 빠져 있다.

그렇다면 우리는 어떻게 숲과 함께 생각해야 하는가? 비인간적 세계의 사고가 우리의 사고를 해방시키도록 하기 위해 우리는 무엇을 해야 하는가? 숲은 생각하기에 좋다. 왜냐하면 숲은 스스로 생각하기 때문이다. 숲은 생각한다. 나는 이 점을 진지하게 받아들이고 이렇게 질문해 보고 싶다. 우리 너머로 확장되는 세계 속에서 인간적이라는 것은 어떤 의미일까? 그리고 이를 이해하기 위해 숲은 생각한다고 주장하는 것에는 어떤 함의가 있을까?

아니, 어떻게 해서 숲은 생각한다는 주장까지 할 수 있을까? 왜 우리는 아빌라 사람들이 어떻게 숲은 생각한다고 생각하는지만을 물어서는 안 되는 것일까? 나는 이렇게 하지 않는다. 대신 나는 도발하겠다. 내가 보여주고 싶은 것은, 숲은 생각한다고 우리가 주장할 수 있다는 사실이 기이하게도 숲은 생각한다는 사실의 산물이라는 점이다. 이 두 사항—숲은 생각한다는 주장 자체와 우리가 그런 주장을 할 수 있다는 주장—은 연관되어 있다. 즉 우리가 인간적인 것을 넘어서 생각할 수 있는 이유는 사고 자체가 인간적인 것을 넘어서 확장하기 때문이다.

그리하여 이 책의 목적은 우리 인간을 예외적인 것으로 만드는—그 외의 모든 것을 무시하는—우리의 배타적인 관심의 결과로서 축적되어왔던 과도한 개념적 수하물로부터 우리의 사고를 해방시키는 것이다.『숲은 생각한다』는 인간적인 것 너머의 세계에서 우리가 민족지적으로 발견한 뜻밖의 특성들로부터 새로운 개념적 도구를 연마하는 길을 열어준다. 그럼으로써 우리 자신의 정신적 폐쇄성으로부터 우리를 해방시키고자 한다. 우리가 인간적인 것 너머에 놓인 것에 민족지적으로 주의를 기울이는 법을 습득할 때, 어떤 기이한 현상들이 느닷없이 전면에 등장하여 우리가 살아가는 세계의 몇몇 일반적인 특성들을 증폭시키고, 이 과정을 통해 그 특성들을 예증하게 될 것이다. 이러한 분석 형식을 통해 이 현상들을 한층 더 증폭시키는 방법을 찾아낼 수 있다면, 우리는 그 방법을 개념으로서 갈고 닦아 도구로서 활용할 수 있을 것이다. 바꿔 말하면, 비교나 환원이 아닌 증폭amplification에 방법론적인 특권을 부여함으로써 우리는 조금은 다른 인류학을 만들어낼 수 있다. 이러한 인류학은 우리가 다른 부류의 생명들과 공유하는 이 세계 속에서 더 나은 삶을 살아갈 수 있는 방법을 이해하는 데 기여할 수 있을 것이다.

　　살아있는 역동성의 논리와 그 부수적인 현상은 처음에는 기이하고 반직관적으로 보일 수 있다. 그러나 앞으로 보이고자 하듯이 이 논리와 현상은 우리의 일상생활에도 스며들어 있기 때문에, 우리가 그것들에 귀 기울이는 법을 배울 수만 있다면 그것들은 우리의 삶을 다르게 이해하도록 도와줄 것이다. 낯설게 보기defamiliarization에 관한 이러한 강조—익숙한 것을 낯설게 보는 것처럼 낯선 것을 익숙한 것으로 보기—는 (역사적, 사회적, 문화적) 맥락에 대한 검토가 어떻게 해서 자연적이고 불변적인 존재 양식으로 여겨진 것을 불안정하게 하는지에 초점을 두는 오랜 인류학적 전통을 상기시킨다. 그러나 보다 전통적이고 해방적인 민족지적 혹은 계보학적 실행과 결부된 거리두기의 실천과 비교해보면, 인간적인 것을 약간이나마 인간적인 것 너머에서 보는 실천은 단지 자명하게 여겨진 것들을 뒤흔들기만 하는 것이 아니다. 그것은 또한 분석과 비교의 용어 그 자체를 바꾸어 놓는다.

인간적인 것 너머로의 이 발돋움은, 맥락과 같은 기초적인 분석 개념뿐만 아니라 그 외에도 표상, 관계, 자기, 목적, 차이, 유사성, 생명, 실재, 정신, 인격, 사고, 형식, 유한성, 미래, 역사, 원인, 행위주체성, 위계, 일반성 등의 개념에 대한 우리의 이해를 변화시킨다. 이는 이 용어들로 우리가 의미하는 바와 이 용어들이 지시하는 현상들이 놓인 곳을 바꾸어 놓을 뿐만 아니라, 우리가 거주하는 살아있는 세계 속에서 그러한 현상들이 갖는 효과에 대한 우리의 이해도 바꾸어 놓는다.

마지막 장 "살아있는 미래(그리고 가늠할 수 없는 죽은 자의 무게)"는 이 책에서 전개한 숲과 함께 생각하는 방법을 확립하기 위해 또 하나의 불가사의한 꿈을 주제화한다. 이 예지몽 속에서 사냥꾼은 자신이 (백인 경찰관으로 나타나는) 욕망에 가득 찬 포식자인지 아니면 무력한 먹잇감인지를 확신하지 못한다. 이 꿈이 제기하는 해석상의 딜레마와 그것이 폭로하는 실존적이며 심리적인 갈등은, 자기들의 생태학—인간적인 것 너머에 닿아 있지만 또한 여기저기 뻗어 있는 넝쿨 속에서 너무나 인간적인 과거의 잔해마저 고스란히 주워 올리는, 숲의 영역에 굳게 뿌리내린 생태학—속에서 살아가는 루나족이 하나의 자기로서 연속적으로 이어지는 방식과 그 연속성이 의미하는 바에 영향을 미친다. 더 포괄적으로 말하면, 이 장은 생존survival을 다룬다. 즉 연속성과 성장이 부재absence와 맺는 관계를 논한다. 생존의 문제에 관한 민족지적 관심은, 루나족이 살아가는 식민지적으로 특이하게 굴절된 자기들의 생태학 속에서 우리에게 다음과 같은 보다 일반적인 무언가를 말해준다. 부재와의 관계 속에서 우리는 어떻게 새로운 부류의 **우리**가 될 수 있을까? 해러웨이(Haraway 2008)의 용어를 빌리자면, 이 과정에서 "우리"는 어떻게 "번영한다"는 것일까?

이 꿈을 이해하는 것 그리고 이 꿈이 생존에 관해 우리에게 말해주는 것을 이해하는 것은 인류학의 대상—인간적인 것—의 전환뿐만 아니라 인류학의 시간적 초점의 전환을 요구한다. 이로부터 우리는 생명—인간과 비인간—이 현재에 작용하는 과거의 무게의 산물일 뿐만 아니라 미래가 현재에 미치는 복잡하고 기묘한 방식의 산물이라는 점을 한층 더 일반적으로 인정하게 된다.

다시 말해 모든 기호 과정은 기호들이 미래를 가능한 사태로 표상한다는 사실을 둘러싸고 조직된다. 미래는 살아있는 사고를 좌우한다. 미래는 모든 부류의 자기가 갖는 구성적 특징이다. 이 때문에 기호들의 삶은 현재뿐만 아니라 모호하지만 가능한 미래 속에도 존재한다. 미래의 기호들이 있음직한 사태와의 관계를 있음직하게 표상할 수 있는 길로 기호들은 방향지어진다. 따라서 자기들selves은 퍼스가 "**미래에 있는 존재**"being *in futuro*(CP 2.86) 혹은 "살아있는 미래"living future(CP 8.194)라 칭한 것으로 특징지어진다.[11] 미래가 기호를 매개로 현재에 영향을 미치는 이 특이한 종류의 인과관계는 생명 고유의 특성이다.

기호들의 삶에서 미래는 또한 부재와도 긴밀히 연관된다. 모든 종류의 기호는 현전하지 않는 것을 어떤 식으로든 재-현전시킨다re-present. 나아가 모든 성공적인 표상에는 그 밑바탕에 또 다른 부재가 있다. 즉 성공적인 표상은 그 무언가를 그만큼 정확하게 표상하지 못한 다른 모든 기호 과정의 역사의 산물이다. 따라서 하나의 기호학적 자기로 존재하는 것은 구성적으로 그 자신이 아닌 것과 연관되는 것이다. 자기의 미래는 부재하는 역사들의 특수한 기하학과의 관계 속에서 그로부터 창발한다. 살아있는 미래들은 자신을 에워싼 죽은 자들에게 항상 "빚져 있는" 것이다.

생명이 그 모든 과거와의 부정적이면서도 구성적인 관계 속에서 미래를 창출하는 이러한 방식은, 어떠한 수준에서든 모든 기호 과정이 갖는 특징이다. 그러나 상호 구성적인 표상 관계들의 그 유례없이 풍부한 지층들과 더불어 열대우림에서는 역동성이 더욱 증폭된다. 루나족은 보다 먼 미래까지도 창출해내는 이처럼 복잡한 자기들의 생태학에 관여하고 있다.

그리하여 6장은 이러한 미래의 어떤 특정한 현현manifestation을 주요하게 다룬다. 즉 죽은 자들이 거주하고 숲의 동물들을 통제하는 영적인 주재자들이 살고 있는 숲 속 깊은 곳에 위치한 사후afterlife의 영역이 이 장의 주된 관심사다. 이 영역은 눈에 보이지 않는 미래들이 삶을 가능하게 하는 죽은 자들의 고통스러운 역사들과 맺어야 하는 관계의 산물이다. 아빌라 주변에서 이 죽은 자들은 재규어-인간, 주재자, 악마, 그리고 스페인 점령기 이전과 식민지 시대와 공화정 시기 동안 켜켜이 쌓인 과거의 수많은 유령들의 형상을 하고 있다. 이것들 모두가 그 나름의 방식으로 살아있는 숲에서 끊임없이 출몰한다.

6장에서는 이 영묘한ethereal 미래의 영역이 루나족이 실존하는 일상의 구체적인 영역과 어떻게 연관되는지를 추적한다. 숲의 거대한 자기들의 생태학과의 관계 속에서 살아가는 루나족은 또한 **미래에** 한 발을 걸친 채 자신들의 삶을 살아간다. 다시 말해 루나족은 숲의 관계망에 정박해 있는 미래들과 과거들에 관여하는 방식 속에서 창발하는 산물인 영적인 영역에 한 발을 걸친 채 삶을 살아가고 있는 것이다. 이와 같은 또 다른 종류의 "너머", 즉 **사후의-삶**after-life 혹은 **초-자연**super-nature 이 정확히 자연적인(혹은 문화적인) 것은 아니지만, 그럼에도 불구하고 그것은 실재한다. 그것은 어떠한 미래의 현전 속에서 그 자신만의 뚜렷한 특성과 실체적 효력을 지니는, 환원 불가능한 실재이다.

범속한 현재와 모호한 미래 간의 분열적이면서도 불가결한 관계는 루나족에게서 특수하고 고통스러운 방식으로 전개된다. 리사 스티븐슨 (Stevenson 2012; Butler 1997)이라면 이를 자기들의 생태학에 깊이 연루되어 있고 또 그에 의해 형성되는 루나족의 자기self가 갖는 정신적 삶이라고 부를 수도 있겠다. 루나족은 영적인 세계에 속해 있음과 동시에 그로부터 소외되어 있다. 그리하여 생존하기 위해서는 누군가의 미래의 자기—숲의 주재자들의 영적인 영역에서 미약하게 살아가고 있는 자기—가 어쩌면 응답할지도 모른다는 희망을 가지고 그 자신의 범속한 부분을 되돌아보고 불러낼 수 있는 길을 갈고 닦아야 한다. 이 영묘한 연속성과 가능성의 영역은 종을 횡단하고 역사를 횡단하는 무수한 관계들 속에서 창발하는 산물이다. 그것은 하나의 살아있는 미래를 가능하게 하는 수많은 죽은 자들의 가늠할 수 없는 무게의 산물이다.

하나의 '나'로서 생존해야 하는 사냥꾼의 시련은, 그의 꿈에서 계시되고 자기들의 생태학에서 펼쳐지는 것처럼, 타자들—인간일 수도 비인간일 수도 있으며, 육체를 가질 수도 가상일 수도 있는 타자들—에게서 그가 어떻게 일컬어지는가에 좌우된다. 그것은 또한 그가 어떻게 응답하는가에 달려 있기도 하다. 과연 그는 두려울 정도로 피에 목말라 하며 루나족의 이웃들을 위협하는 백인 경찰관일까? 무력한 먹잇감일까? 그도 아니면 루나 푸마, 즉 재규어의 시선을 되돌려줄 수 있는 재규어-인간은 아닐까?

루나 푸마를 내버려 두라! 우리이면서도 우리가 아닌 존재를, 이 "가혹하며 완강한" 숲—어떻게 표현할 길 없는 이 "야생의 숲"—을 헤매는 우리의 안내인, 단테의 베르길리우스와 같은 존재를. 루나 푸마여, 이 야생의 땅에 거하는 자기들의 수많은 삶에 귀 기울이고 응답하는 또 다른 방법을 우리 또한 배울 수 있다는 희망으로 우리를 이끌라!

1장

열린 전체

내가 느낌feeling이라는 말로 의미하는 것은 다른 어떤 것과도 상관없이 그 자체로 자명한 것으로 존재하는 의식의 요소의 한 사례이다. (…) 느낌은 절대적으로 단일하며 부분을 갖지 않는다—분명한 점은 느낌이 다른 어떤 것과도 상관없이, 따라서 전체가 아닌 그 어떤 부분과도 상관없이 존재한다는 것이다.

찰스 퍼스, 『저작집』(1.306-10)

어느 날 밤, 어른들이 마니옥 맥주를 마시면서 화덕 주변에 모여 있을 때였다. 막시Maxi는 집 한편의 조용한 구석에 기대앉아 이웃인 10대의 루이스Luis와 나에게 최근에 일어난 예기치 않은 모험과 불운한 사건에 대해 이야기하기 시작했다. 열다섯 살에 즈음하여 이제 막 자력으로 사냥을 시작했을 무렵의 어느 날, 막시는 숲 속 한가운데에서 세상이 멈춘 것처럼 한참 동안 무슨 일이 일어날 것만 같은 기운에 휩싸였다. 그때 그는 갑자기 덤불숲을 돌아다니는 한 무리의 목도리페커리들이 지척에 와 있음을 깨달았다. 깜짝 놀란 막시는 작은 나무 뒤의 안전한 장소로 몸을 숨기고 방아쇠를 당겨 그중 한 마리를 맞췄다. 총에 맞은 짐승은 강으로 도망가고… **"추푸"**.

추푸tsupu. 나는 이 말을 일부러 막시의 발음 그대로 옮겨 적는다. 이 말은 대체 무엇을 의미할까? 이 말은 어떻게 들릴까?

추푸, 혹은 때때로 마지막 모음이 거센소리로 길게 늘어져 **추푸우우**tsupuuuʰ로 발음되는 이 말은 어떤 것이 물에 맞닿은 후 물의 표면을 뚫고 들어가는 모습을 가리킨다. 이를테면 연못에 던져진 무거운 돌덩이나 물웅덩이로 뛰어드는 상처 입은 페커리의 탄탄한 살덩이를 생각해 보라. 추푸라는 말에서 그런 이미지가 즉시 떠오르지는 않을 것이다(물론 당신이 에콰도르 저지대의 케추아어를 모른다면 말이다). 그러나 그것이 무엇을 묘사하는지를 알게 된다면, 그때 당신은 무엇을 느낄까? 내가 사람들에게 추푸가 무엇을 의미하는지를 설명하고 나면, 그들은 그 말이 주는 느낌을 갑작스레 경험하곤 한다. "아아, 그래, 추푸!"

이에 반해 오랜만에 누군가와 만날 때 사용하는 인사 표현인 "카우상기추"causanguichu의 경우, 이 말의 의미가 "너 아직 살아있니?"라는 것을 당신이 배운다 해도 당신은 이 말이 주는 느낌을 제대로 느낄 수 없다고 나는 감히 말하겠다. 케추아어를 쓰는 원어민은 분명 카우상기추의 의미를 문자 그대로 느낀다. 나도 오랜 세월이 지나 이제는 그 느낌을 알 수 있다. 그러나 추푸는 케추아어를 모르는 많은 사람들에게도 그 의미를 매우 분명히 느끼게 해준다. 이것은 대체 무엇을 말해주는 것일까? 추푸는 어째서인지 강물 속으로 뛰어드는 멧돼지처럼 느껴진다.

어떻게 추푸는 의미를 갖는가? 카우상기추 같은 말은 언어라는 저 특유의 인간적인 의사소통 체계 속에서 역사적으로 우연히 얽힌 문법적·통사적 관계들을 통해 그 말이 다른 말들과 불가분하게 결합되는 방식 덕분에 의미를 갖는다는 것을 우리는 이미 알고 있다. 또한 우리는 그 말의 의미가 언어 자체가 속해 있는 더 넓은 사회적·문화적·정치적 맥락들에 달려 있다는 것도 알고 있다. 그러한 맥락들 역시 언어처럼 역사적으로 우연한 체계적 특성들을 공유한다. 카우상기추라는 말이 주는 느낌을 제대로 느끼기 위해서는 그 말이 속해 있는 상호 연관되는 단어들의 네트워크가 지닌 어떤 전체성을 파악해야 한다. 또한 그 말이 과거에서 현재까지 쓰여 왔던 더 넓은 사회적 맥락도 파악할 필요가 있다. 이처럼 변화하고 있을 뿐 아니라 우리가 만들고 또 우리를 만들어내는 맥락들 내부에서 우리가 어떻게 살고 있는지를 이해하는 것은 오랜 기간 인류학의 중대한 목표 가운데 하나였다. 인류학에서 "인간적"인 것, 즉 하나의 존재이자 지식의 대상으로서 "인류"란, 이러한 인간 특유의 맥락들—문화에 대한 E. B. 타일러(Tylor 1871)의 고전적 정의가 일컫듯 "복합적 전체들"—에 우리가 어떻게 뿌리박고 있는지를 주시할 때 비로소 드러난다.

그런데 **카우상기추**가 확고하게 언어 안에 있는 것이라면, **추푸**는 어째서인지 언어 바깥에 있는 것 같다. **추푸**는 언어에 대하여 일종의 준언어적 기생물이며, 언어는 다소 무심하게 이 기생물을 품고 있다. 퍼스의 말을 빌리면, 어떤 면에서 **추푸**는 "다른 어떤 것과도 상관없이 그 자체로 자명한 것"이다. 이 낯설고 짤막한 유사 단어가 전적으로 언어적 맥락에 의해 만들어진 것이 아니라는 이 당연하고도 사소한 사실은 맥락을 통해 인간적인 것을 이해한다는 인류학적 기획을 흔들어 놓는다.

카우상기추causanguichu에서 어근인 어휘소 **카우사**causa-를 떼어내서 살펴보면, 이 어휘가 인칭을 표시하고 있으며 의문형 접미사에 의해 어형이 굴절되어 있음을 알 수 있다.

causa-ngui-chu

live-2-IN [살다-2인칭-의문형 접미사][1]

너 아직 살아있니?

문법적 어형변화를 통해 **카우상기추**는 케추아어의 다른 단어와 불가분하게 연관된다. 이에 반해 **추푸**는 다른 단어와 전혀 상호작용하지 않으며 따라서 그런 가능한 관계들을 반영하도록 변형될 수도 없다. "그 자체로 자명한 것"이기 때문에 **추푸**는 문법적으로 부정될 수조차 없다. 그렇다면 추푸란 대체 어떤 부류의 것일까? 단어이기는 할까? 언어 속에서 **추푸**가 갖는 변칙적 위상은 언어에 대해 무엇을 드러낼까? 그리고 그것은 언어적 맥락뿐 아니라 사회문화적·역사적 맥락이 인류의 생활양식에 있어 가능성의 조건을 형성하는 다양한 방식들을 파악하려는 인류학적 기획에 대해 무엇을 말해줄까?

비록 엄밀한 의미에서 단어는 아니지만 **추푸**는 틀림없이 기호이다. 즉 **추푸**는 철학자 찰스 퍼스가 말한 것처럼 "무언가를 어떤 측면이나 능력에서 대신해 누군가에게 나타내는 것"(CP 2.228)이다. 이것은 우리 인류학자들에게 좀 더 친숙한, 소쉬르(Saussure 1959)의 보다 인간주의적인 기호론과는 전혀 다르다. 소쉬르에게 인간 언어는 모든 기호 체계의 모범이자 모델이다(Saussure 1959: 68). 이에 반해 기호에 대한 퍼스의 정의는 기호가 무엇인지 그리고 어떤 부류의 존재들이 기호를 사용하는지에 대해 훨씬 더 불가지론적인 입장에 서 있다. 즉 퍼스에게는 모든 기호가 언어와 유사한 특성을 가지는 것이 아니며, 또 앞으로 살펴보겠지만 기호를 사용하는 존재는 인간만이 아니다. 주지하다시피 기호에 대한 이처럼 보다 폭넓은 정의는 기호가 인간적인 것 너머에서 영위하는 삶에 익숙해지도록 우리를 도와준다.

추푸는 강물 속으로 뛰어드는 멧돼지의 모습을 어떤 특정한 방식으로 얼마간 포착해낸다. 그럼으로써 케추아어 원어민뿐만 아니라─기묘하게도—그 언어에 전혀 익숙하지 않은 우리마저 어느 정도는 그 모습을 파악하게 된다.[2] 이 전혀-단어-같지-않은-부류의-기호에 주의를 기울임으로써 과연 무엇이 드러날까? "다른 어떤 것과도 상관없이 그 자체로" **추푸**를 느끼는 것은 언어의 본성에 대하여 그리고 세계 "그 자체"를 향해 예기치 않게 열리는 언어의 틈새에 대하여 중요한 무언가를 말해준다. 그리고 이를 통해 기호가 인간적 맥락에 제약되는 방식뿐만 아니라 또한 그러한 맥락 너머로 확장되는 방식을 우리가 이해할 수 있다면, 다시 말해 기호가 어떻게 우리 역시 느낄 수 있는 여타 감각적 세계들 안에 있고 그에 속하며 또한 그에 관한 것인지를 밝힐 수 있다면, **추푸**는 우리가 만들고 또 우리를 만들어내는 "복합적 전체"라는 관점에서 인간적인 것을 이해하는 기존 방식 너머로 나아갈 수 있는 길을 우리에게 열어줄 것이다. 요컨대 인간적인 것 너머로 확장되는 것에 열려 있는 세계들 속에서 "산다는 것"(케추아어로 카우사-응가파causa-ngapa)의 의미를 이해할 수 있다면, 우리는 조금 더 "세속적"worldly으로 살아갈 수 있을 것이다.[3]

세계 안에 있으며 세계에 속해 있는

"추푸"라는 말을 내뱉으면서 막시는 숲에서 일어난 일을 집으로 가져왔다. 루이스 혹은 나 혹은 당신은 추푸를 느끼는 만큼 물웅덩이로 뛰어든 상처 입은 멧돼지 옆에 있었던 막시의 경험을 이해하게 된다. 이제 우리는 그날 숲에 없었다 해도 그 느낌을 가질 수 있다. 이런 의미에서 추푸뿐만 아니라 모든 기호는 어떤 식으로든 세계에 관한 것이다. 기호는 "재-현전시킨다"re-present. 기호는 바로 옆에 있지 않은 무언가에 관한 것이다.

그러나 기호는 또한 어떤 식으로든 세계 안에 있으며 세계에 속해 있다. 내가 방금 묘사한 것과 같이 어떤 사건을 표상하기 위해 기호가 사용되는 상황을 우리가 떠올린다고 해도 기호의 이 성질을 파악하기란 쉽지 않을 수 있다. 초가집의 어두운 구석에 앉아 숲에서 일어난 일에 관한 막시의 이야기를 듣는다고 해서 멧돼지가 강물 속으로 뛰어든 그때 그 자리로 갈 수 있는 것은 아니다. 이렇듯 세계와의 "근본적인 불연속성"이 기호의 또 다른 중요한 특징은 아닐까?[4] 기호가 자신이 표상하는 실체에 대해 직접적이고 절대적이며 확실한 어떤 단서도 제공하지 않는다면 물론 그렇다. 그러나 기호는 항상 매개한다는 이 사실이 기호가 또한 반드시 (인간) 정신 내부의 어떤 분리된 영역에 존재해야 하며 기호가 자신이 표상하는 실체와 단절되어야만 한다는 것을 의미하지는 않는다. 후술하듯이 기호는 세계에 관한 것만이 아니다. 기호는 또한 중요한 방식으로 세계 안에 있다.

이렇게 생각해보자. 일라리오Hilario와 그의 아들 루시오Lucio 그리고 나는 숲 속을 하루 종일 돌아다닌 끝에, 지붕처럼 우림을 덮고 있는 우거진 수풀the canopy 사이로 움직이는 한 무리의 양털원숭이들을 만난 적이 있다. 그때 루시오가 방아쇠를 당겨 그중 한 마리를 맞췄고 나머지는 도망갔다. 그런데 어린 원숭이 한 마리가 무리에서 떨어져 나왔다. 이 원숭이는 홀로 남겨진 것을 알아채고는 우거진 수풀 가운데 높이 솟은 거대한 붉은 나무의 가지 사이로 몸을 숨겼다.[5]

일라리오는 아들이 원숭이를 잘 보고 쏠 수 있도록 원숭이가 깜짝 놀라 더 눈에 잘 띄는 곳으로 움직이길 기대하면서 근처에 있는 야자나무를 쓰러뜨리려 했다.

잘 봐!
타타ta ta
나무를 푸오pu oh 하게 할 거야.
조심해![6]

타타와 **푸오**는 추푸와 마찬가지로 그것들이 의미하는 모습과 유사한 소리를 지닌 이미지들이다. **타타**는 탁탁처럼 나무를 벨 때 나는 음향적 이미지다. **푸오**는 나무가 쓰러지는 과정을 포착한다. 나무가 부러지기 시작해서 우거진 수풀 사이로 소리를 내며 자유낙하하고 마침내 땅에 부딪칠 때의 충격음과 그 메아리 등의 모든 사태가 이 음향적 이미지 속에 담겨 있다.

그런 다음 일라리오는 예고한 대로 야자나무 쪽으로 다가가 도끼칼machete로 나무를 리드미컬하게 베기 시작했다. 그날 오후에 숲에서 녹음한 오디오테이프에는 나무줄기를 칼로 자르는 소리가 선명하게 남아 있다(타타타타…)—야자나무가 쓰러지는 소리도 들린다(푸오).

저지대 케추아어에는 **타타, 푸오, 추푸** 같은 "단어"가 수백 개 있다. 이 말들은 세계 속에서 펼쳐지는 행동의 이미지를 음향적으로 전달하는 방법을 통해 의미를 갖는다. 루나족의 일상 대화 속에서, 특히 숲과 관련된 대화 속에서 이런 말들을 흔하게 들을 수 있다. 언어인류학자 재니스 눅콜스(Nuckolls 1996)는 책 한 권에 걸쳐 이 말들을 주요하게 다루면서—책의 제목은 적절하게도 『생명과 닮은 소리』*Sounds Like Life*이다—루나족의 세속적 존재 방식에서 이 말들이 갖는 중요성을 잘 보여준다.

추푸와 같은 "단어"는 그것이 표상하는 모습과 닮아 있다. "기호 매체"(즉 기호의 역할을 하는 것, 여기서는 **추푸**의 음향적 성질)[7]와 대상(여기서는 이 "단어"가 흉내내는 강물-속으로-뛰어듦) 간의 차이가 간과되는 방식 덕분이다.[8] 퍼스는 이러한 닮음의 기호를 "아이콘"icon이라고 불렀다. 아이콘은 기호에 관한 그의 세 가지 개괄적 분류 가운데 첫 번째에 해당한다.

일라리오의 예상대로 야자나무가 쓰러지는 소리는 원숭이를 겁주어서 숨어 있던 곳에서 뛰쳐나오게 했다. 이 사건 자체도—그 사실에 앞서 일어난 모방 행위처럼—일종의 기호로 간주될 수 있다. 이 사건 또한 "무언가를 어떤 측면이나 능력에서 대신해 누군가에게 나타내는 것"이라는 의미에서 하나의 기호이기 때문이다. 여기서 이 기호의 수신자가되는 "누군가"는 인간이 아니다. 야자나무가 쓰러지는 소리는 원숭이에게 무언가를 나타낸다. 우리만이 기호를 해석하는 유일한 자들이 아니기 때문에 유의미성significance은 인간의 전용 구역에 놓일 수 없다. 다른 부류의 존재들이 기호를 사용한다는 사실은 인간의 정신 및 인간의 의미체계 너머의 세계 속에서 표상이 실존하는 방식을 보여주는 하나의 예다.

야자나무가 쓰러지는 소리는 이를 모방하는 **푸오**와는 다른 방식으로 의미를 갖게 된다.[9] **푸오**는 그 자체로 대상과 어떤 측면에서 닮아 있다는 점에서 아이콘적이다. 즉 **푸오**와 그것이 표상하는 사건 간의 차이를 우리가 알아채지 못할 때 **푸오**는 이미지로서 기능한다. 이처럼 **푸오**

는 차이에 대한 주의의 부재로 인해 의미를 갖는다. 어떠한 것을 고유하게 만드는 무수한 특성을 간과함으로써 매우 제한된 일련의 특성이 증폭되는데, 여기서는 행동을 흉내내는 소리 또한 이러한 특성을 공유하게 된다는 사실 때문에 그러한 증폭이 일어난다.

쓰러지는 야자나무 자체는 또 다른 능력을 통해 원숭이에게 무언가를 의미하게 된다. 야자나무가 쓰러질 때 나는 충격음은 기호이긴 하지만, 아이콘처럼 그것이 표상하는 대상과 유사한 기호는 아니다. 대신 그 충격음은 다른 무언가를 지시한다. 퍼스는 이와 같은 기호를 "인덱스"index라고 부른다. 인덱스는 기호에 관한 그의 개괄적 분류 가운데 두 번째에 해당한다.

인덱스를 더 파고들기 전에, 나는 "상징"symbol—기호에 관한 퍼스의 분류 가운데 세 번째에 해당한다—을 간략하게 소개해두고자 한다. 살아있는 세계에서 모든 표상의 기초를 이루는 아이콘적 및 인덱스적 지시 양식과 달리, 상징적 지시는 적어도 이 지구상에서 인간만의 독특한 표상 형식이다. 그래서 인간적인 것을 다루는 우리 인류학자들은 그 특유의 속성에 매우 친숙하다. 상징은 단순히 아이콘의 유사성이나 인덱스의 지표성만을 통해서 지시하지 않는다. **카우상기추**라는 단어에서처럼 상징은 다른 상징과 체계적으로 연관되는 방식을 통해 대상을 간접적으로 지시한다. 상징은 규약convention을 수반한다. 이것이 바로 **카우상기추**가 케추아어의 다른 단어들과 맺는 확립된 관계 체계를 통해서만 의미를 갖는—그리고 그 의미를 느끼게 하는—이유이다.

일라리오가 그날 오후 쓰러뜨린 야자나무는 원숭이를 겁주었다. 하나의 인덱스로서 그것은 원숭이에게 비록 무슨 일이 일어났는지는 불분명하지만 여하간 무슨 일이 일어났음을 알려준다.[10] 아이콘은 무자각을 수반하는 반면, 인덱스는 주의를 집중시킨다. 아이콘이 그것이 표상하는 실체의 유무와 상관없이 "그 자체로" 무엇이라면, 인덱스는 사실fact "그 자체"를 수반한다. 누군가가 거기서 그것을 듣든 말든, 원숭이가 있든 말든, 혹은 그 일에 대해 다른 누군가가 그 의미를 놓고 왈가왈부하든 말든 야자나무 자체는 이미 쓰러진 것이다.

대상과 공유하는 유사함을 통해 표상하는 아이콘과 달리, 인덱스는 "대상과의 실재하는 연결을 통해" 표상한다(Pierce 1998c: 461; CP 2.248). 우거진 수풀의 여기저기 뻗어 있는 나무덩굴과 넝쿨식물의 가지를 세게 잡아당기는 행위는 나무에 몸을 숨긴 원숭이를 위협하는 또 다른 전략이다(1장 서두의 사진 참조). 그러한 행위가 원숭이를 위협할 수 있는 것은 전혀 별개의 것들을 이어주는 "실재하는 연결"의 연쇄가 있기 때문이다. 즉 사냥꾼의 잡아당기는 힘은 착생식물과 덩굴식물, 이끼와 잔해물이 뒤엉킨 넝쿨을 타고서 원숭이가 숨어 있는 나무 꼭대기까지 전달된다.

혹자는 사냥꾼의 잡아당기는 힘이 넝쿨을 통해 전파되어 문자 그대로 원숭이의 안전 감각을 뒤흔들었다고 말할 수도 있다. 그러나 원숭이가 이 잡아당김을 어떻게 하나의 기호로 받아들이는지는 원인과 효과의 결정론적 연쇄로 환원되지 않는다. 원숭이가 나무 꼭대기의 흔들림을 반드시 어떤 것의 기호로 인지할 필요는 없기 때문이다. 따라서 원숭이가 그것을 기호로 인지한다면, 이때 원숭이의 반응은 넝쿨줄기를 따라 전파된 잡아당기는 힘의 효과 이상의 어떤 것일 것이다.

인덱스는 기계적 효율성 이상의 무언가를 포함한다. 그 이상의 무언가는 역설적으로 그 이하의 무언가이다. 즉 부재이다. 다시 말해 인덱스가 감지되려면 해석자가 어떤 사건과 아직 일어나지 않은 또 다른 잠재적 사건을 연결해야만 한다. 원숭이는 나무 꼭대기의 움직임을 기호로서, 즉 그것이 나타내는 다른 무언가와 연결된 것으로서 받아들인다. 그 움직임은 현재의 안전 감각과는 다른 위험한 무언가와 연결되어 있다. 어쩌면 원숭이가 앉은 나뭇가지가 꺾일 것이다. 어쩌면 재규어가 나무를 오르고 있을 것이다…. 무슨 일이 일어날 것만 같다. 그래서 원숭이는 뭐라도 해야만 할 것 같다. 인덱스는 그와 같은 부재하는 미래에 대한 정보를 제공해준다. 인덱스는 우리에게 지금 일어나고 있는 일과 잠재적으로 일어날지도 모를 일을 연결하라고 부추긴다.

살아있는 기호들

기호가 **추푸**처럼 소리 이미지를 포함하는가, 아니면 기호가 야자나무의 쓰러짐처럼 사건을 통해 의미를 갖는가, 아니면 기호의 의미가 이 책의 지면을 채우는 단어들의 상호 연관된 네트워크처럼 보다 체계적이고 분산된 방식을 통해 드러나는가에 관해 질문함으로써, 우리는 실체적 성질의 차이라는 관점에서 기호를 생각해볼 수도 있다. 그러나 기호는 사물 이상의 것이다. 기호들은 소리들, 사건들, 단어들 속에만 상주하지 않는다. 신체들 속에 혹은 심지어 정신들 속에만 존재하는 것도 아니다. 기호들은 현재진행형의 관계적인 과정들이기 때문에 그런 방식에 정확히 들어맞을 수 없다. 기호들은 그 감각적 성질들을 통해 세계 속에 나타나고 성장하며 효과를 발휘하지만, 그러한 감각적 성질들은 기호적 역동성의 한 부분일 뿐이다.

달리 말해 기호들은 살아있다. 쓰러지는 야자나무—기호로 받아들여지는—는 성장할 수 있는 한 살아있다. 그것은 가능한 미래로 확장되는 기호적 연쇄 속에서 후속 기호에 의해 해석되는 한 살아있다.

놀란 원숭이가 더 높은 나무 꼭대기로 뛰어오르는 것은 이 살아있는 기호적 연쇄의 일부이다. 원숭이의 점프 행위는 퍼스가 "해석체" interpretant라고 부른 것으로서, 이것은 선행 기호와 그 대상의 관계 방식을 해석하는 새로운 기호이다.[11] 해석체는 기호를 생산하고 해석하는 연속적인 진행 과정을 통해 한층 더 특화될 수 있는데, 이는 세계에 관하여about 무언가를 점차 파악함으로써 해석하는 자기interpreting self가 이 관여성aboutness에 점차 적응하는 과정이다. 기호작용semiosis은 이 살아있는 기호 과정을 가리키는 이름이다. 이 살아있는 기호 과정을 통해 하나의 사고가 또 하나의 사고를 낳고, 또 하나의 사고는 순차적으로 또 다른 사고를 낳으며, 그렇게 해서 기호작용은 잠재적인 미래로 이어진다.[12] 이것은 살아있는 기호들이 지금 여기에 존재하는 방식뿐만 아니라 가능성의 영역에 존재하는 방식까지도 담아낸다.

기호작용은 기계적 효율성 이상의 어떤 것이지만, 그렇다고 해서 사고가 관념의 따로 떨어진 어떤 영역에 한정되는 것은 아니다.[13] 기호는 효과를 가지며, 정확히 이것이 해석체가 의미하는 것이다. 즉 해석체는 "기호가 생산하는 고유한 의미생성 효과"(CP 5.475)이다. 쓰러지는 야자나무에 대한 반응으로 촉발된 저 원숭이의 점프는 위험의 선행 기호에 대한 해석체에 해당한다. 해석체는 모든 기호 과정의 특징인 활력적인 구성요소를 가시화할 뿐만 아니라 순수하게 "정신적인" 것으로 여겨지는 과정들까지도 가시화한다.[14] 기호작용은 활력성과 물질성 이상의 어떤 것이지만, 모든 기호 과정은 결국 세계 속에서 "일을 한다"do things. 이것이야말로 기호작용을 살아있게 만드는 중요한 부분이다.[15]

기호들은 정신에서 유래하지 않는다. 오히려 그 반대이다. 우리가 정신 혹은 자기라 부르는 것은 기호작용의 산물이다. 쓰러지는 야자나무의 의미를 파악하는 "누군가"는, 그가 인간이든 비인간이든, 이 기호 및 다른 많은 기호들의 "해석"interpretance을 위한—그러나 덧없는—처소가 되는 방식 덕분에 "시간의 흐름 속에서 때마침 삶을 시작하는 자기"(CP 5.421)이다. 사실상 퍼스가 **해석체**라는 까다로운 용어를 만들어낸 것은 "호문쿨루스의 오류"(Deacon 2012: 48), 즉 자기를 일종의 블랙박스(우리 내부의 난쟁이, 호문쿨루스)로 여기는 오류를 피해가기 위해서이다. 이러한 오류에서 자기는 기호들의 해석자일 뿐, 그 자신이 그러한 기호들의 산물은 아니다. 그러나 인간이든 비인간이든, 단순하든 복잡하든, 자기들은 미래의 자기를 낳는 새로운 기호 해석의 출발점일 뿐 아니라 기호작용의 결과물이기도 하다. 자기들은 기호 과정의 경유지이다.

이처럼 "때마침 삶을 시작하는" 자기들은 세계로부터 분리되어 있지 않다. 또한 정신 "내부에서" 일어나는 기호작용은 정신들 사이에서 일어나는 기호작용과 본질적으로 다르지 않다. 숲 속에서 쓰러진 야자나무는 이 살아있는 세속적 기호작용이 서로 다른 방식으로 창발하는 자기들의 생태학에 뿌리박고 있다는 것을 실증한다. 쓰러지는 야자나무에 대한 일라리오의 아이콘적 모방은 그가 실제로 쓰러뜨린 야자나무에서 실현될 가능한 미래를 보여준다. 곧이어 야자나무가 쓰러지는 충격음은 또 다른 존재에 의해 해석되며, 이 충격음을 행동해야 할 무언가의 기호로 받아들이면서 그 존재의 삶은 변화해간다. 여기서 창발하는 것은 고도로 매개되어 있으면서도 결코 끊어지지 않는 연쇄이다. 이 연쇄는 인간 발화의 영역으로부터 인간의 신체 및 행동의 영역으로, 이 신체적 영역으로부터 나무를 쓰러뜨리는 것과 같이 구체화된 현실적 의도가 실현되는 세계-내-사건으로, 그리고 이 사건으로부터 나무 꼭대기에 있는 또 다른 부류의 영장류에게서 이 사건의 기호적 해석이 불러일으키는 물리적 반응으로 나아간다. 쓰러지는 야자나무와 그것을 쓰러뜨린 인간은 원숭이로부터 물리적으로 떨어져 있음에도 불구하고 원숭이에게 영향을 미치게 된다. 기호는 물리적 인과관계로 환원되지 않으면서도 세속적 효과를 갖는 것이다.

　　그처럼 열대에서 일어나는 종-횡단적인 의사소통의 시도는 기호작용의 살아있는 세속적 본성을 드러낸다. 모든 기호작용(더 나아가 사고)은 세계-내-정신 속에서 일어난다. 이러한 기호작용의 특징을 강조하기 위해 퍼스는 18세기 프랑스의 귀족이자 현대 화학의 아버지인 앙투안 라부아지에Antoine Lavoisier의 사고 실천을 다음과 같이 묘사했다.

　　라부아지에의 방법론은 (…) 길고 복잡한 화학적 과정이 특정한 효과를 가질 것이라고 상상하는 것이다. 불가피한 실패에 뒤이어, 지루한 인고의 과정을 수반하는 실험을 거듭 감행하고 수정하면서 또 다른 결과가 나오기를 꿈꾸고, 마침내 마지막 꿈을 사실로 공표함으로써 실험은 끝난다. 그의 수법은 자신의 정신을 실험실로 가지고 와서, 문자 그대로 증류기와 증류병에서 사고의 도구를 만들어내는 것이다. 그는 이를 통해 언어와 공상 대신에 실제 사물을 조작함으로써 열린 눈으로 목적을 완수하는 새로운 추론 개념을 선보였다. (CP 5.363)

우리는 라부아지에의 사고와 꿈을 어디에 놓아야 할까? 볼록한 유리 재질의 증류기와 증류병, 그리고 신중하게 구획된 부재와 가능성의 공간들 내부에 담긴 혼합물로부터 창발하는 세계가 아니라면, 그의 정신과 미래의 자기는 어디에 존재하는 것일까?

부재

라부아지에의 볼록한 유리 재질의 플라스크는 기호작용이 지닌 또 하나의 중요한 요소를 가리킨다. 이 기묘한 모양의 용기처럼, 기호에는 확실히 중요한 물질성이 있다. 즉 기호는 감각적 성질을 소유하며, 기호를 생산하고 또 기호에 의해 생산되는 신체로 구체화되며, 기호와 관련된 세계들에서 어떤 차이를 만들어낼 수 있다. 그러나 플라스크의 유리벽에 의해 구획된 공간처럼, 기호는 또한 중요한 측면에서 비물질적이다. 유리 재질의 플라스크는 존재하는 것과 관계하는 만큼 부재하는 것과도 관계한다. 즉 플라스크는 유리 장인이 만든 모양의 볼록한 용기—그리고 그 창조 행위를 가능케 하는 물질적 성질들과 기술적·정치적·사회경제적 역사들 모두—에 관계하는 만큼 그것이 구획하게 된 특수한 부재의 기하학에도 관계한다. 플라스크에서 배제된 다른 모든 것들 덕분에 플라스크 내부에서는 특정한 종류의 반응이 일어날 수 있다.

이러한 종류의 부재는 생명과 정신을 유지하며 구체화하는 기호작용의 중심에 있다. 이것은 우리가 원숭이를 사냥하러 나갔던 그날 오후 숲 속에서 벌어진 일을 통해 분명하게 드러난다. 어린 양털원숭이가 더 높은 나무 꼭대기로 옮겨가는 순간, 루시오는 흑색 화약을 사용하는 그의 전장식 산탄총으로 원숭이를 쏘려고 했다. 그러나 그가 방아쇠를 당겼을 때 뇌관 위의 격철이 딸깍 소리만 낼 뿐 총알은 발사되지 않았다. 루시오는 불량 부품을 재빨리 갈고 다시 장전했다—이때 여분의 산탄을 총기 속으로 밀어 넣었다. 원숭이가 눈에 더 잘 보이는 곳으로 올라갔을 때, 일라리오는 아들에게 한 번 더 총을 쏘라고 재촉했다. "서둘러, 지금 바로!" 그러나 총기의 불량이 신경 쓰인 탓인지 루시오의 입에서 "테에에예"teeeye라는 말이 먼저 튀어나왔다.

테에에예는 **추푸, 타타, 푸오**와 같은 소리의 이미지이다. 그것은 총알이 성공적으로 발사되어 목표물을 맞혔을 때의 모습에 대한 아이콘이다. 그 말을 발음하는 입 모양은 총알을 발사하는 총의 다양한 모습을 보여주는 플라스크와 같다. 우선 파열음을 내기 위해 혀는 마치 격철이 뇌관을 치는 것처럼 입천장을 때린다. 그러고는 뇌관에 점화된 화약이 폭발해서 산탄이 총구에서 발사되는 것처럼(그림 4), 길게 늘어진 모음을 발음하기 위해 입은 더 크게 벌어진다.

잠시 후 루시오는 방아쇠를 당긴다. 그리고 이때 **테에에예**라는 큰 소리와 함께 총알이 발사된다.

테에에예는 여러 차원에서 부재하는 것의 산물이다. 먼저 그 입 모양은 날숨이 유성음으로 발음되었다면 만들어졌을 그 외의 많은 소리들을 효과적으로 모두 소거한다. 남은 것은 부재하는 많은 소리들 덕분

그림 4. 전장식 산탄총. 저자 촬영.

에 그것이 표상하는 대상에 "적합한" 소리이다. 그리고 물리적으로 눈앞에 있지 않은 대상이 두 번째 부재를 구성한다. 마지막으로 테에에예는 아직-없는 이것이 현재에 영향을 줄 것이라는 희망을 품고 현재로 들여오는 미래의 표상이라는 점에서 또 하나의 부재를 포함한다. 루시오는 방아쇠를 당길 때 총이 성공적으로 테에에예 할 것을 바란다. 그는 그가 희망하는 것이 이루어질 가능 세계로부터 현재로 이 시뮬레이션을 도입한다. 이 미래를 가능케 하기 위해 필요한 모든 단계를 루시오가 취하도록 이끄는 이러한 가능미래future-possible 또한 구성적인 부재이다. 테에에예로 존재하는 것—그 의미생성 효과, 즉 그 의미—은 이처럼 부재하는 것들에 의존하고 있다.

　　마술적 기호라고 부를 만한 것들뿐만 아니라 모든 기호는 테에에예의 방식으로 미래와 교통한다. 부재하지만 재-현전되는 미래를 통해 모든 기호는 현재 속에서 행동하기를 요구하며, 이 요구로 인해 미래는 현재에 영향을 줄 수 있다. 아들이 총을 쏘기 직전에 일라리오가 아들에게 간청하듯이 "서둘러, 지금 바로!"라는 말을 내뱉었을 때, 이 말은 총에 맞을 "그것"이 여전히 거기에 있을 것이라는 예상을 포함한다. 이것은 현재 속에서 재-현전된 미래로부터의 요구이다.

고대 중국의 철학자 노자의 사상과 그중에서도 특히 바퀴 중심에 있는 빈 공간이 어떻게 바퀴살을 유용하게 만드는가에 대한 노자의 성찰에서 영감을 얻은 테렌스 디콘(Deacon 2006)은 특별한 종류의 무無에 대해 서술하고 있다. 이는 방사형의 바퀴살에 의해, 혹은 플라스크의 유리에 의해, 혹은 "테에에예"를 내뱉을 때의 입 모양에 의해 구획되는 "구성적인 부재"constitutive absence로서의 무이다. 디콘에 따르면, 구성적인 부재는 인공물이나 인간의 세계에서만 발견되는 것이 아니다. 그것은 공간적으로 혹은 시간적으로 눈앞에 있지 않은 것과 맺는 어떤 종류의 관계이며 생명 작용과 모든 부류의 자기에게 지극히 중요한 역할을 한다(Deacon 2013: 3). 구성적인 부재가 가리키는 것은 "마음의 세계에서는 무—즉 존재하지 않는 것—도 원인이 될 수 있다"는 기이한 측면이다 (Bateson 2000a: 458, Deacon 2006에서 재인용).

이 장의 후반부와 다음 장에서 서술하듯이, 구성적인 부재는 진화 과정에 핵심적이다. 예를 들어 유기체의 한 계통이 특정한 환경에 점차 적합해지는 것은 선택적으로 배제된 다른 모든 계통의 "부재"의 결과이다. 그리고 생물학적 생명과 직접적으로 연관된 기호 과정만이 아니라 모든 방식의 기호 과정이 부재로 인해 의미를 갖게 된다. 즉 아이콘성은 무자각의 산물이며, 인덱스성은 아직 눈앞에 있지 않은 것에 대한 예상을 포함한다. 그리고 상징적 지시는 아이콘성과 인덱스성까지 포함시키는 복잡한 과정을 거쳐서 부재하는 세계들을 가리키고 이미지화하는데, 이는 상징적 체계 속에 뿌리박고 있는 상징적 지시가 어떠한 주어진 단어의 발화가 의미를 갖도록 부재하는 맥락을 구성하기 때문이다. "마음의 세계"에서 구성적인 부재는 부재하는 미래가 현재에 영향을 주는 특정한 매개 방법이다. 이는 생명이 있는 곳이라면 어디서나 목적성 telos—어떤 것이 현재 속에서 실존하기 위해 필요한 미래—을 실재적인 인과적 양식 중 하나로 간주해야 하는 적절한 이유이다(Deacon 2012).

현존하는 것과 이처럼 다양한 종류의 부재 사이에서 벌어지는 끊임없는 작용이 기호에 생명을 부여한다. 이 작용은 기호를 기호에 앞서는 것들의 효과 이상의 것으로 만든다. 이를 통해 기호는 잠재적으로 가능한 무언가의 이미지나 모방이 될 수 있다.

언어를 지방화하기

쓰러지는 야자나무, 점프하는 원숭이, 그리고 **추푸** 같은 "단어"를 생각해보면, 우리는 표상이 인간의 언어보다 더욱 일반적이며 더욱 폭넓게 분포하는 것임을 알 수 있다. 또한 우리는 여타 표상 양식들의 속성이 언어가 의존하는 상징적 양식들에 의해 제시되는 것들과 완전히 다름을 알 수 있다. 간단히 말해 상징적인 것 너머에서 창발하고 순환하는 그러한 종류의 기호들은 언어를 "지방화할" 필요성을 제기한다.

언어를 지방화하자는 이 요청은 디페시 차크라바르티의 『유럽을 지방화하기』(Chakrabarty 2000)를 상기시킨다. 이 저작은 남아시아인 및 남아시아의 학자들이 남아시아의 사회 현실을 분석하는 데에 얼마나 서구의 사회이론에 의거하는지를 비판적으로 기술한다. 유럽을 지방화하는 것은 그러한 이론(진보, 시간 등에 대한 그 전제들과 더불어)이 특정한 유럽적 맥락의 산물이며 그 맥락에 위치한다는 사실을 인정하는 것이다. 차크라바르티의 주장처럼, 남아시아를 다루는 사회이론가들은 이 상황적 맥락을 보지 못하고 마치 그러한 이론을 보편적인 것처럼 적용한다. 차크라바르티의 요청은 한때 보편적인 것으로 간주되었던 유럽의 이론에 우리가 둘러싸여 있다고 일단 인정하고 나서, 그렇다면 남아시아 내지는 다른 지역들로부터 어떤 종류의 이론이 나올 수 있을지를 생각해 보자는 것이다.

특정한 사회이론들이 특정한 맥락에 위치한 산물이며 그 이론이 적용되지 않는 다른 맥락들이 있음을 드러냄으로써 차크라바르티는 우회적으로 그러한 이론이 이해하고자 하는 현실이 갖는 상징적인 속성에 대해 논하고 있다. 맥락이란 상징적인 것의 효과이다. 즉 상징적인 것이 없다면, 우리가 이해하고자 하는 언어적·사회적·문화적·역사적 맥락 또한 없다. 그러나 이러한 맥락은 우리의 현실을 전적으로 창출하지도 않으며 완전하게 둘러싸지도 않는다. 왜냐하면 우리는 상징적인 것을 초과하는 세계에도 살고 있기 때문이다. 따라서 우리의 사회이론은 이러한 세계를 다루는 방법 또한 탐구해야 한다.

그렇다면 차크라바르티의 주장은 결국 사회 현실에 대한 인간주의적 전제와 그것을 뒷받침하기 위해 발전하는 이론의 내부에 놓여 있다.

그래서 그의 주장을 문자 그대로 받아들여서 인간적인 것을 넘어선 인류학에 적용하는 것에는 한계가 있다. 그럼에도 불구하고 지방화는 상징적인 영역들, 속성들, 분석들이 항상 더 넓은 기호적 장에 둘러싸여 있고 그 안에 내포되어 있다는 것을 상기시킨다는 점에서 유용한 비유라고 생각한다.

우리는 언어를 지방화할 필요가 있다. 왜냐하면 우리는 표상과 언어를 혼동하고 이 혼동을 우리가 사용하는 이론에 주입하고 있기 때문이다. 우리는 모든 표상이 인간적인 어떤 것이라고 미리 전제하고 그에 따라 모든 표상이 언어와 유사한 속성을 가진다고 가정함으로써 이러한 인간 특유의 경향을 보편화한다. 독특한 어떤 것으로 한정되어야 하는 것인데도 불구하고 우리는 표상에 대한 우리의 전제를 표상의 근본 원리로 만들어버린다.

우리 인류학자들은 표상을 엄격하게 인간적 활동으로만 보는 경향이 있다. 그리고 우리는 오로지 상징적 표상—인간 특유의 기호적 양식—에만 주목하는 경향이 있다.[16] 상징적 표상은 언어에서 가장 분명하게 나타나는데, 이는 관습적이고 "자의적"이며 그와 같은 여타 상징들로 이루어진 체계에 뿌리박고 있다. 이러한 상징적 체계 역시 언어와 마찬가지로 체계적이고 관습적인 속성을 지닌 사회적·문화적·정치적 맥락들을 통해 뒷받침된다. 앞서 서술한 것과 같이, 암묵적으로 오늘날의 수많은 사회이론의 기초를 이루는 소쉬르식의 표상 체계는 오로지 이런 종류의 자의적이고 관습적인 기호만을 다룬다.

언어를 지방화해야 하는 또 하나의 이유가 있다. 언어나 상징적인 것을 우리의 이론적 도구로서 명시적으로 이용하지 않을 때조차 우리는 언어와 표상을 혼동한다. 이 혼동은 민족지적 맥락에 대한 우리의 전제에서 가장 명백하게 드러난다. 단어들이 그와 같은 여타 단어들과 체계적으로 연관되는 더 큰 맥락에서만 의미를 획득한다고 알려져 있듯이, 사회적 사실들은 그와 같은 여타 사실들에 의해 구성되는 맥락을 벗어나서는 이해될 수 없다는 것이 인류학의 공리이다. 이는 문화적 의미들의 그물망에 대해서도 혹은 푸코식의 계보학이 밝혀낸 우발적인 담론적 진리들의 네트워크에 대해서도 마찬가지다.

그러나 이런 식으로 이해되는 맥락은 인간이 지닌 관습적인 상징적 지시의 속성이며, 인간 특유의 언어적·문화적·사회적 현실을 창출해낼 뿐이다. 그러한 맥락은 인간-동물 관계와 같이 상징적인 것에 전적으로 국한되지 않으면서도 기호적인 특성을 갖는 영역들에는 전혀 적용되지 않는다. 모든 생명 형식들이 공유하는 표상 양식의 부류들—아이콘적 양식 및 인덱스적 양식—은 상징적 양식과 달리 맥락-의존적이지 않다. 다시 말해 그러한 표상 양식들은 상징적 양식이 기능하는 방식으로, 즉 기호 관계들의 우연한 체계—맥락—에 의해 기능하지 않는다. 그래서 특정한 기호적 영역들에서는 맥락이 적용되지 않으며, 인간적인 것 너머에 있는 것에 주의를 기울임으로써 알 수 있듯이, 심지어 인간적 영역들처럼 맥락이 적용되는 곳에서조차 맥락은 투과적이다. 간단히 말해 복합적 전체는 또한 열린 전체이다—그래서 이것이 이 장의 제목이다. 나아가 열린 전체는 인간적인 것 너머로 확장된다—이것이 인간적인 것을 넘어선 인류학이다.

이 표상과 언어의 혼동—모든 표상은 상징적 속성을 갖는다는 가정—은 문화적·상징적·언어적 접근법을 명백하게 비판하는 일련의 기획들에서조차 유지된다. 그러한 혼동은 상징적인 것과 문화적인 것에 대한 고전적인 유물론적 비판에서 명백히 드러난다. 그것은 또한 정신에 관한 인간중심주의적 논의를 피하기 위해 우리와 비인간 존재들이 공유하는 신체적 경험으로 눈을 돌리는 오늘날의 현상학적 접근법에서도 명백하다(Ingold 2000; Csordas 1999; Stoller 1997). 나아가 따로 언급하게 될 에두아르두 비베이루스 지 카스트루의 다자연주의에서도 명백하다(이에 대해서는 2장에서 상세히 다룬다). "퍼스펙티브perspective가 표상이 아닌 것은 표상이 정신 혹은 영혼의 속성이기 때문이며, 이에 반해 관점 point of view은 신체에 위치한다"(de Castro 1998: 478)고 말할 때, 비베이루스 지 카스트루는 우리가 신체(및 그 본성)에 주목함으로써 표상이 제기하는 난제를 피해갈 수 있을 것이라고 가정하고 있다.

한쪽에는 인간, 문화, 정신, 표상을 세워두고 다른 한쪽에는 비인간, 자연, 신체, 물질을 세워두는 이러한 배열은, 인간을 세계의 나머지와 분리된 것으로 해석하기 위해 그어놓은 경계선을 지우려는 포스트휴먼적 접근법에서도 전혀 흔들리지 않고 있다. 가령 제인 베넷(Bennet 2010)을 통해서도 알 수 있듯이 이는 들뢰즈적 접근법에서도 그러하다. 그녀는 표상과 목적 둘 모두가 지닌 분석적인 장점을 부정한다—왜냐하면 이것들은 기껏해야 인간의 정신적인 사태만을 보여줄 뿐이기 때문이다.

이러한 배열은 과학기술학(STS)의 시도에서도 분명하게 드러난다. 특히 브뤼노 라투르의 연구는 인간에게서 의도성과 상징적 전능성을 박탈함과 동시에 사물들에게 더 많은 행위주체성을 부여함으로써 무감각한 물질과 욕망하는 인간 간의 불균형을 대등하게 조정하고자 했다.

예를 들어 "발화 장애"라는 이미지를 통해서 라투르는 말하는 과학자와 침묵하는 연구 대상 간의 분석적 격차를 메울 수 있는 관용적 표현을 찾아내고자 했다. "과학자들에 관해 말할 때에는 입에 구슬을 물고 있는 것이 좋다. 그렇게 해서 말없는 사물로부터 전문가의 반론의 여지가 없는 말로 무심결에 미끄러지듯 나아갈 수 있다."(Latour 2004: 67) 라투르는 표상과 인간 언어를 혼동했기 때문에 인간과 비인간을 같은 틀에서 다루고자 했고 그래서 그의 유일한 희망은 문자 그대로 언어와 사물을 혼합하는 것—입에 구슬을 문 채 말하는 것—이었다. 그러나 이 해법은 데카르트적 이원론을 영속시킨다. 왜냐하면 데카르트가 꿈꾸었던 것 이상으로 더 철저하게 인간의 정신과 무감각한 물질을 혼합한다는 사실에도 불구하고, 게다가 그 혼합물이 정신과 물질이라는 결과물보다 앞선다고 주장할지라도, 분해 불가능한 요소는 여전히 인간의 정신 혹은 무감각한 물질의 어느 쪽인가에 남아 있기 때문이다. 이 혼합의 분석론은 모든 방면에서 작은 호문쿨루스를 만들어낸다. 라투르의 "자연-문화"(Latour 1996: 106)라는 용어 속에 들어 있는 하이픈은 이 분석론이 모든 측면에서 부지불식간에 창출하는 작은 데카르트적 뇌 속의 새로운 송과선이다. 인간적인 것을 넘어선 인류학은 이 혼합의 분석론을 넘어서는 길을 찾아 나선다.

인간의 정신과 세계의 나머지 사이의 구분을 없애는 것, 혹은 그 대안으로서 정신과 물질 간의 어떤 대칭적 혼합을 추구하는 것은 다만 이 격차를 다시금 다른 곳에서 출현시킬 뿐이다. 이 장의 핵심적인 주장이자 이 책에서 전개하는 논지를 뒷받침하는 중요한 토대는 다음과 같다. 이 이원론을 극복하는 가장 생산적인 길은 표상(나아가 목적성, 의도성, "관여성", 자기성)을 버리거나 단순히 인간적인 부류의 표상을 다른 곳에 투사하는 것이 아니라, 우리가 표상이라고 여기는 것이 대체 무엇인가를 근본적으로 다시 생각해보는 데 있다는 것이다. 이를 위해 우리는 먼저 언어를 지방화할 필요가 있다. 비베이루스 지 카스트루의 말을 빌리면 "사고를 탈식민화"해야 한다. 생각한다는 것이 반드시 언어, 상징적인 것, 혹은 인간적인 것에 의해 제한되어 있지 않다는 것을 알기 위해서 우리는 그래야만 한다.

이 주장은 이 세계에서 누가 표상하는가, 나아가 무엇이 표상으로 간주되는가에 대한 재고를 포함한다. 또한 이 주장은 다양한 부류의 표상이 어떻게 작동하는가, 그리고 이 다양한 부류의 표상이 어떻게 상호작용하는가에 대한 이해를 포함한다. 인간 내면의 정신에 포획됨을 넘어서, 언어 사용 능력과 같은 인간 특유의 성향을 넘어서, 그러한 성향이 야기하는 인간 특유의 관심사를 넘어서, 기호작용은 어떤 삶을 영위하는가? 인간적인 것을 넘어선 인류학은 인간적인 것을 넘어선 기호가 어떠한 것인가를 탐사하라고 촉구한다.

그러한 탐사가 가능할까? 아니, 우리가 살아가는 너무나 인간적인 맥락이 그러한 시도조차 봉쇄하는 것은 아닐까? 우리는 영원히 언어적·문화적으로 매개된 사고방식의 내부에 갇히고 마는 것일까? 나는 아니라고 답하겠다. 표상에 대한 더욱 완전한 이해는, 예외적으로 인간적인 부류의 기호작용이 더욱 폭넓게 분포하는 다른 부류의 표상 양식으로부터 성장하며 또 그런 표상 양식과 끊임없이 상호작용하는 방식을 설명해줄 수 있고, 또한 집요한 이원론에서 벗어나 더욱 생산적이고 강력한 분석 방법을 보여줄 수 있다.

현재에 미래를 재-현전함으로써 미래를 위해 일하는 존재는 우리 인간만이 아니다. 모든 살아있는 자기들은 어떤 식으로든 이를 수행한다. 표상, 목적, 미래는—우리가 인간의 정신적 영역이라고 여기는 세계의 특정 부분에만 있는 것이 아니라—세계 속에 있다. 이것이 바로 인간적인 것 너머로 확장되는 살아있는 세계 속에 행위주체성agency이 있다는 주장이 타당한 이유이다. 그러나 행위주체성을 원인과 효과—"영향을 주는" 것—로 환원해버리면 인간 및 비인간의 "사고" 방식이 행위주체성을 부여한다는 사실을 회피하게 된다. 인간과 비인간이 동등하게 표상될 수 있고(혹은 인간과 비인간이 이 표상들을 혼동할 수 있고) 이에 힘입어 일련의 인간적인 서사 속에서 그들이 관계한다는 사실로 인해, 행위주체성을 인간과 비인간(객체를 포함한)이 공유하는 어떤 포괄적 경향으로 환원해버리면, 그들의 사고방식을 구별할 수 없을 뿐만 아니라 (상징적 표상에 기초한) 인간 특유의 사고방식이 모든 존재들에게 무차별적으로 적용됨으로써 사고가 갖는 의미가 하찮아지게 된다.

우리는 자의적 기호를 낯설게 보는 일에 도전해야 한다. 기호의 자의성은 인간이 인식하고자 하는 모든 것들 곳곳에 어떤 식으로든 스며들어 있는 것 같아 보이기 때문에 우리에게 매우 자연스럽게 느껴지지만, 사실 이는 기이한 속성이다. 케추아어를 모르는 당신이 **추푸**를 느끼는 순간 언어는 낯설게 보이게 된다. 이는 우리와 관계하는 모든 기호가 상징은 아니며, 그러한 비상징적 기호가 언어처럼 제한된 상징적 맥락을 깨부술 수 있다는 중대한 사실을 말해준다. 이것은 케추아어를 모르는 우리가 **추푸**를 느낄 수 있는 이유뿐만 아니라 일라리오가 비상징적 존재와 의사소통할 수 있는 이유 또한 설명해준다. 놀란 원숭이의 점프와 그 원숭이를 떠받치는 전체 생태계는 기호작용의 그물망을 구성하며, 인간 사냥꾼 특유의 기호작용은 이 그물망에 얽히는 한 올의 실에 불과하다.

　정리해보자. 기호는 배타적으로 인간만의 것이 아니다. 모든 살아 있는 존재는 기호를 사용한다. 그러므로 우리 인간은 다수의 기호적 생명들에 친숙하다. 우리의 예외적 위치는 우리가 한때 안착했다고 여겼던 것처럼 벽으로 둘러싸인 배타적 공간이 아니다. 우리 인간들과 비인간 존재들의 관계에 주목하는 인류학은 인간적인 것을 넘어서서 어서 첫발을 내딛으라고 우리의 등을 떠민다. 이 과정에서 우리가 인간의 조건이라고 여겨왔던 것—말하자면 우리의 본성은 우리가 구축한 "비자연적" 세계들 속에 담겨져 있다는 역설적이고 "지방화된" 사실—을 조금은 낯설게 바라볼 수 있다. 이 점을 받아들이는 방법을 배우는 것, 바로 이것이야말로 인간적인 것을 넘어선 인류학의 중대한 목표이다.

근본적인 분리의 느낌

아마존 곳곳에서 겹겹이 쌓인 생명의 수많은 층들은 인간적인 기호작용의 그물망보다 훨씬 더 크게 기호작용을 증폭하고 더욱 명백하게 이를 드러낸다. 이처럼 아마존의 숲이 우리로 하여금 숲의 사고방식을 사고할 수 있는 여지를 제공해주기 때문에, 우리는 우리가 어떤 방식으로 항상 그러한 그물망에 얽혀 있는지를 그리고 이 사실과 더불어 우리가 어떻게 개념적 작업을 할 수 있는지를 통찰할 수 있다. 나는 이에 이끌려 여기에 왔다. 그러나 나는 상징적인 것 너머로 확장되는 더 넓은 기호적 그물망으로부터 몇 번인가 떨어져 나가는 기분을 느낀 적이 있고, 그때마다 세심하게 주의를 기울여 무언가를 배우기도 했다. 여기서는 키토Quito[에콰도르의 수도]와 아마존 지역 사이를 수없이 오고갔던 버스 여행 중에 겪었던 경험을 이야기해보겠다. 내가 이 여행 중에 느낀 점을 이야기하는 것은 개인적 선호 때문이 아니라 그것이 상징적 사고 양식의 특질을 보여준다고 생각하기 때문이다—상징적 사고는 더 넓은 기호적 장으로부터 창발하기 때문에 이 과정에서 우리 주변의 세계로부터 우리를 분리시키는 경향이 있다. 이 경험은 또한 세계와 연속적이고 세계로부터 창발하는 다른 부류의 사고들과 상징적 사고가 맺는 관계를 어떻게 이해해야 하는지를 우리에게 가르쳐줄 수 있다. 이 점에서 나의 경험에 대한 성찰은 우리의 수많은 분석적 틀의 토대인 이원론적 전제에 대한 더 넓은 비판의 일부이기도 하다(이 비판은 아래의 두 절에서 이어질 것이다). 나는 안데스 산맥 동부에 있는 에콰도르의 아마존 지역인 엘 오리엔테el Oriente로 향하는 여행 중에 더 넓은 기호적 환경으로부터 뜯겨져 나가는 느낌의 경험, 즉 이원화되는 경험을 했다. 여기서는 서사적 우회로를 따라 이 경험을 탐구해보겠다. 이 장에서 행하는 개념적 작업과 조금은 동떨어진 것일 수 있지만, 아빌라 자체가 역사를 품은 풍경 속에 어떻게 녹아들어 있는지를 느낄 수 있을 것이다. 이 여행은 수많은 다른 여행들의 궤적을 따라가고 있으며, 그 모두는 수없이 많은 그물망 속에서 바로 이 장소와 조우한다.

그 일이 있기 며칠 전부터 안데스 산맥 동부에는 많은 비가 내렸고 그리하여 경사면을 따라 저지대로 내려오는 주요 도로는 곳곳이 침식되어 있었다. 에콰도르에서 친척을 방문 중이었던 사촌 바네사Vanessa와 함께 나는 오리엔테행 버스에 올라탔다. 뒷좌석을 차지한 스페인인 단체 여행자들을 제외하면, 버스는 나포 지방의 중심지이자 최종 목적지인 테나Tena 근처에 사는 현지인들로 만원이었다. 이 여행은 이제까지 내가 몇 번이나 다닌 여행과 다를 바 없었다. 버스는 아마존 하류 유역과 안데스의 깊은 계곡 사이를 가로지르는 키토 동쪽의 높은 산맥을 넘어, 고지대와 저지대의 생산물이 유통되는 주요 교역로 중 하나이자 스페인 점령 이전의 운무림雲霧林 정착촌인 파파야타Papallacta 마을을 거쳐 내려간다(그림 1의 지도 참조). 오늘날 파파야타에는 중요한 펌프 시설이 있다. 이는 1970년대 이래 국가경제의 구조를 변경시키고 오리엔테를 개발지로 개방시켰던 원유와 같은 아마존 지역의 자원 채취를 위해 설치된 것이지만, 최근에는 안데스 동부의 하천 유역으로부터 키토의 식수를 끌어오기도 한다. 여전히 지질 활동이 빈번히 일어나는 산맥 속에 자리한 이곳은 매우 유명한 온천지이기도 하다. 현재 파파야타에는 버스 노선을 따라 분포하는 다른 운무림 마을들과 마찬가지로 고지대의 정착민들이 주로 거주하고 있다. 이 도로는 스페인 점령기 이전과 식민 초기의 키호스Quijos 추장 연맹의 본거지였던 곳을 거쳐 키호스 강 계곡의 가파른 협곡을 깎아지르고 있다. 아빌라 루나족의 조상들은 이 연맹에 일익을 담당했다. 농민들은 천년 동안 나무들이 우거진 험악한 비탈을 개간하여 목초지를 조성하고 그 땅을 정기적으로 갈고 닦았다. 도로는 아빌라를 비롯해 다른 저지대의 루나족 마을들과 키토를 연결하는 도보길의 궤적을 따라 이어진다. 1960년대까지만 해도 이 산길을 지나가려면 걸어서 꼬박 여드레가 걸렸다. 우리의 여정은 아빌라 및 아르치도나와 더불어 아마존 강 상류에 최초로 건설된 스페인인 정착지인 바에사Baeza 마을을 거쳐 가는 것이었다. 바에사는 1578년의 선주민 반란—소-신을 본 샤먼의 예언이 촉발한 반란—이 일어난 바로 그곳으로서 이 반란으로 인해 거의 파괴되었다. 이 반란은 아빌라를 완전히 파괴하고 사실상 아빌라에 남은 스페인인 전원을 죽음에 이르게 했다. 지금의 바에사에는 당시의 역사적 도시의 풍모가 조금도 남아 있지 않다—1987년의 대지진 이후 몇 킬로미터 떨어진 장소로 옮겨갔기 때문이다. 바에사는 길의 분기점에 서 있다. 길 하나는 북동부의 라고 아그리오 Lago Agrio 마을로 향한다. 이곳은 에콰도르의 원유 채취의 최초의 중심지였으며, 그 지명은 텍사스에서 처음 원유가 발견된 장소(그리고 텍사코 Texaco[미국의 석유회사]의 탄생지)인 사우어 레이크Sour Lake를 문자 그대로 번역한 것이다. 또 하나는 테나 마을로 향하는 더 오래된 길이다. 이 길이 우리가 가야 할 길이었다. 1950년대에 테나는 문명과 "야만"(동쪽의 미개한 우아오라니족) 사이의 경계를 나타냈다. 지금 테나는 고풍스러운 작은 도시다. 우리는 험악하고 불안정한 지형을 돌아간 후 코상가Cosanga 강을 가로지르게 된다. 그곳은 150년 전 이탈리아인 탐험가인 가에타노 오스쿨라티Gaetano Osculati가 루나족의 짐꾼에게서 버려져 재규어를 피해 홀로 비참한 밤을 며칠이나 보내야 했던 곳이다(Osculati 1990). 이 강을 건너면 마침내 우아카마요스Huacamayos 산맥을 오르는 길에 당도한다. 이 길은 아르치도나와 테나로 이어지는 완만한 계곡을 따라 저지대로 내려가기 전에 넘어야 하는 마지막 고비이다. 맑은 날에는 그곳에서 산 밑 아르치도나 마을의 금속제 지붕이 햇빛에 반짝반짝 반사되는 모습을 볼 수 있고, 테나에서 푸에르토 나포Puerto Napo로 통하는 언덕의

험한 비탈길을 따라 길고 가느다란 붉은 흙이 땅의 옆구리를 자른 것 같은 모습도 볼 수 있다. 푸에르토 나포는 아마존 강의 지류인 나포 강의 오랜 세월 버려진 "항구"(그림 1에서 작은 닻으로 표시되어 있다)이다. 이 마을은 불운하게도 소용돌이가 험난하게 휘몰아치는 강 상류에 위치한다. 구름이 없는 날이면, 이곳에서는 수마코 화산의 좁은 원추형의 정상을 볼 수 있다. 아빌라는 수마코 화산의 산기슭에 위치한다. 산 정상과 넓은 비탈에 걸쳐 있는 약 20만 헥타르의 구역이 생물권 보호구역으로 지정되어 있다. 이 보호구역은 지금은 국유림으로 지정된 훨씬 더 큰 지역에 둘러싸여 있다. 아빌라 지역은 서쪽 끝에서 이 광활한 구역과 경계를 맞닿고 있다.

일단 산간에서 빠져나와 저지대 루나족들이 살고 있는 작은 마을들에 가까워지면 공기는 따뜻하고 무거워진다. 마침내 테나에 도착하기 한 시간 전의 또 다른 분기점에서 우리는 버스에서 내려 더 작은 지역노선을 달리는 개인운영의 두 번째 버스를 기다린다. 비포장도로를 달리는 이 버스의 운전수는 에콰도르에서 아침 주스로 흔히 만들어 먹는 시큼한 맛의 나랑히야naranjilla 몇 박스를 도매로 사들이기 위해 정차할 수도 있다.[17] 또는 정기적으로 이용하는 승객들을 태우기 위해 몇 분간 기다리라고 할지도 모른다. 이 길은 비교적 최근에 닦인 길로 1987년의 대지진 이후 미 육군 기술자들의 도움으로 완성되었다. 물론 그들의 선행이 완전히 이권을 벗어난 것은 아니다. 그 길은 수마코 화산 주위를 에워싸는 작은 산들을 빙빙 두른 후 로레토Loreto의 아마존 평원을 가로지르며 돌진하여 코카Coca 강과 나포 강의 합류지점인 코카 마을에서 끝난다. 테나와 마찬가지로, 그러나 그보다 수십 년 늦게, 코카 또한 에콰도르 당국의 통제를 이 지역의 깊은 곳까지 확장시키기 위한 전초기지로 기능했다. 이 길은 코타피노Cotapino, 로레토, 아빌라, 산 호세San José 등 루나족 마을들의 사냥구역을 횡단하는데, 그 마을들은 한 줌의 "백인"이 소유한 대농장과 로레토의 가톨릭 선교회를 제외하면 1980년대 이전까지 이 지역의 유일한 정착지였다. 오늘날 이 사냥구역의 대부분은 외부인들이 차지하고 있다—인구가 더 밀집한 아르치도나 지방 출신의 루나족들(아빌라 사람들은 이들을 푸에플로pueplo 출신의 보울루boulu라 부르는데, 이는 도회적이란 뜻이다), 영세 농민들, 그리고 종종 이주민들colonos(혹은 케추아어로 하우아 약타jahua llacta, 직역하면 "고지인")이라 불리는 해안지대나 고지대 출신의 상인들이 이곳에서 살아가고 있다.

이 길을 따라 미군이 기증한 구조물들이 나타나는데, 그중 하나인 수노Suno 강의 거대한 철교를 건너면 곧바로 교구의 중심지이자 도로변의 가장 큰 도시인 로레토가 보인다. 우리는 이곳에서 하차한 후 이탈리아인 사제가 운영하는 조세핀 선교회에서 하룻밤을 보낸다. 다음 날 아침 걸어서 혹은 그렇지 않으면 픽업트럭을 얻어 타고 왔던 길을 되돌아가 다리를 건너 개척민 농장과 목초지를 통과하여 수노 강으로 이어지는 비포장도로를 따라가면 아빌라로 이어지는 산길을 만난다. 오랜 세월에 걸쳐 에콰도르 동부 도로는 간헐적으로 연장되어왔다. 보통 도로 정비는 지방선거운동 즈음에 이뤄진다. 1992년 처음 아빌라를 방문했을 때 로레토에는 도보길뿐이었으므로 일라리오 집에 갈 때에는 대개 하루가 소요되었다. 그러나 최근에는 비만 오지 않으면 아빌라 지방의 동쪽 끝까지 픽업트럭으로 단번에 갈 수 있다.

이 길이 우리가 지나고 싶었던 길이었다. 그러나 실제로 우리는 그날 로레토에 도착하지 못했다. 파파악타를 얼마 지나지 않은 곳에서 우리는 처음으로 폭우로 인한 산사태를 맞았다. 그리고 트럭, 탱크로리, 버스, 자동차가 줄지어 있는 가운데 우리가 탄 버스는 이 상황이 지나가기를 기다렸지만 우리 뒤편에서 계속해서 산사태가 일어나서 꼼짝달싹도 할 수 없게 되었다.

그 길의 지형은 가파르고 불안정하고 험난했다. 이때 맞닥뜨린 산사태는 지난 십 년간 이 길을 여행한 나의 마음속에 걷잡을 수 없는 이미지들을 불러일으켰다. 우리가 도착하기도 전에 이미 도로를 밀어버린 거대한 토사물들이 만든 8자 모양의 뱀의 형상. 산이 무너져서 떨어져 내려온 바위들로 인해 마치 찌부러진 탄산음료 캔처럼 한가운데가 구부러진 철교. 전날 밤 계곡으로 돌진한 화물트럭의 유일한 징표인 노란 페인트가 튀어 있는 벼랑. 더구나 산사태는 거의 모든 상황을 지연시킨다. 상황을 조속히 해결할 수 없게 만드는 산사태로 인해 그곳은 "환승"trasbordos을 위한 장소, 즉 목적지에 다다를 수 없는 운행 중의 버스가 되돌아가기 전에 승객을 갈아 태우는 조치를 취하는 장소가 되고 만다.

그렇지만 이날은 환승이 완전히 불가능했다. 교통은 양방향으로 막혔고 더욱이 우리는 수 킬로미터 간격으로 여기저기 무너져 내린 산사태에 발이 묶여버렸다. 급기야 우리 머리 위로 산사태의 잔해물들이 쏟아져 내리기 시작했다. 어떤 곳에는 바위가 버스 지붕 위로 떨어졌다. 나는 공포를 느꼈다.

그러나 아무도 우리가 위험에 빠졌다고 생각하지 않는 것 같았다. 아마도 순전한 배짱이나 숙명론 때문에, 혹은 다른 무엇보다도 여행을 마쳐야 한다는 생각에서 운전수도 조수도 냉정함을 잃지 않은 듯했다. 어느 정도라면 나도 이 일을 이해할 수 있다. 그런데 나를 곤혹스럽게 만든 이들은 여행자들이었다. 나와 같은 버스를 탄 중년의 스페인 여성들은 나포 강 연안의 열대우림과 선주민 마을을 방문하는 여행 패키지를 예약해둔 상태였다. 내가 우려했던 대로, 이 여성들은 그저 웃거나 농담을 주고받았다. 그 일행 중 한 사람은 버스에서 내려 두세 대의 차를 지나 화물트럭이 있는 곳까지 걸어가서 햄과 빵을 사가지고 와 일행을 위해 샌드위치를 만들기까지 했다.

여행자들의 무심함과 나의 위험 감각, 이 둘 사이의 부조화는 내 안에 기묘한 느낌을 불러일으켰다. 내 안에서 끊임없이 일어나는 '만약 그렇다면?'what-if이라는 물음은 이 긴급한 상황과 무관하게 유유자적하게 잡담을 나누는 여행자들에게서 점점 더 나를 멀어지게 했고, 처음에는 불안하기만 했던 감각이 곧 깊은 소외감으로 변질되었다.

나와 내 주변 사람들 간의 세계 인식의 불일치는 세계와 그 속에서 살아가는 사람들로부터 나를 떼어놓았다. 뒤쳐진 나와 함께 있는 것은 미래의 위험에 대한 걱정을 억제하지 못하고 계속해서 그 생각만을 맴돌았던 나 자신의 사고뿐이었다. 그리고 그 후 더 우려되는 일이 일어났다. 나의 사고가 주변 사람들과 어긋나 있다고 생각하자마자 나는 나를 위해 존재한다고 항상 믿어 왔던 것, 즉 나 자신의 신체와의 유대감마저 의심하기 시작했다. 신체는 그렇지 않았더라면 나의 사고에 집을 지어주고 내가 다른 사람들과 공유하는 자명한 현실의 세계 속에 이 집을 놓아두었을 것이다. 달리 말하면 나는 집이 없는 존재라는 보잘것없는 감각—나의 존재 자체를 의문시하는 뿌리 뽑히는 감각—을 느끼기 시작했다. 만약 내가 그렇게나 확신하는 위험이 존재하지 않는다면—결국 그 버스에 있는 어느 누구도 산이 우리 위로 무너질 것이라고 걱정하지 않는 듯했다—왜 나는 세계에 대한 나의 신체적 유대감을 믿어야 할까? 왜 내가 "나의" 신체에 대한 "나"의 유대감을 믿어야 할까? 그리고 만약 내가 신체를 가지고 있지 않다면 "나"란 무엇일까? 나는 살아있기나 할까? 이런 생각들로 나의 사고는 폭주하기 시작했다.

이 근본적인 의심의 느낌, 즉 내가 더 이상 신뢰하지 않게 된 나 자신의 신체와 세계로부터 떨어져 나가는 이 느낌은 몇 시간이 지난 후 산사태가 멈추고 우리가 그곳을 빠져나올 때까지도 사라지지 않았다. 마침내 테나에 도착한 후에도 나는 안정을 되찾을 수 없었다(그날 밤은 너무 늦어서 로레토까지 갈 수 없었다). 예전에도 자주 이용했던 호텔 엘도라도에서 비교적 편안한 상태가 되었음에도 불구하고 마음을 진정시킬 수 없었다. 이 간소하면서 안락한 가족경영의 숙박소는 나포 강 연안의 루나족 공동체를 조사할 때 내가 주로 이용하던 휴식 장소였다.[18] 이 호텔은 돈 살라사르don Salazar의 소유지로, 그는 에콰도르와 페루 간의 짧은 전쟁에 참전한—이를 증명하는 상처가 있다—퇴역 군인이다. 이 전쟁에서 에콰도르는 영토의 3분의 1을 잃고 아마존 강 유역에 접근조차 할 수 없게 되었다. 이 호텔의 이름인 엘도라도는 아마존의 깊은 오지로 결코 진입을 허락하지 않는 황금도시에 경의를 표함으로써 이 상실을 적절히 드러내고 있다(Slater 2002; 5장과 6장 참조).

밤새 잠을 설친 다음 날 아침에도 나는 여전히 기분이 좋지 않았다. 이러저러한 위험한 시나리오가 내 머리 속에서 도저히 멈춰지지 않았고 나는 여전히 나의 신체와 주변 사람들에게서 떨어져 나온 것처럼 느꼈다. 물론 나는 그렇지 않은 척했다. 이 과정에서 나는 나의 사적인 불안감이 사회적 위치를 침범하지 않게 노력했고 그것이 더욱 이 불안감을 부채질했다. 나는 여하간 평소처럼 행동하기 위해서라도 테나 마을을 가로지르는 미사우아이Misahuallí 강둑을 사촌과 함께 산책했다. 몇 분 걸어 콘크리트 블록과 강의 반질반질한 자갈이 만나는 너저분한 마을 어귀에 이르렀다. 나는 그곳의 관목덤불에서 먹이를 찾는 풍금조tanager 한 마리를 발견했다. 쌍안경을 가지고 있었으므로 여기저기 두리번거려 그 새의 위치를 찾아냈다. 새에 초점을 맞추고 쌍안경의 손잡이를 돌려 새의 두터운 검은 주둥이를 렌즈에 선명하게 잡는 순간 나는 갑작스런 어떤 변화를 맞이했다. 분리의 감각이 불현듯 사라졌다. 그리고 렌즈 속의 풍금조처럼 나는 생명의 세계로 되돌아왔다.

오리엔테의 여행에서 내가 경험했던 느낌에는 이름이 있다. 불안anxiety. 심리학자인 고故 리사 캡스Lisa Capps와 언어인류학자인 엘리너 오크스Elinor Ochs의 공저 『공황상태를 구축하기』(Constructing Panic, 1995)를 읽은 후 나는 이 상황이 상징적 사고의 특질에 대하여 중요한 무언가를 드러낸다는 것을 이해하게 되었다. 다음은 메그Meg라는 여성이 상징적 상상력에 의해 열린 모든 미래의 가능성이라는 숨 막히는 무게를 어떻게 경험하는지를 보여준다.

> 때때로 나는 하루가 끝나갈 즈음에 "그 일이 일어났다면 어떻게 되었을까", "그 일이 일어난다면 어떻게 될까"라는 생각만으로 지쳐 있었다. 그러고 나서 나는 내가 소파 위에 앉아 있음을 깨닫는다―그것이 바로 나이고 나 자신의 생각이 나를 미치게 만든다. (Capps and Ochs 1995: 25)

캡스와 오크스는 "평범한 사람들에게 해당하는 것들이라고 그녀가 여기는 현실을 그녀 스스로 경험"하기를 "자포자기"하는 모습으로 메그를 그려낸다(25). 메그는 "그녀 자신에 대한 자각으로부터 그리고 친숙하고 이미 알고 있는 그녀의 환경으로부터 분리되어 있다"(31)고 느낀다. 자신의 경험이 다른 사람들이 말하는 "일어난 사건"(24)과 일치하지 않는다고 느끼고, 그 때문에 그녀는 세계의 공통된 이미지, 즉 세계가 어떻게 움직이는지에 대한 일련의 전제들을 그 누구와도 공유할 수 없다. 나아가 그녀는 특정한 장소에 자신을 접지ground시킬 수 없는 것 같다. 메그는 종종 자신의 실존적인 곤경을 표현하기 위해 "여기에 내가 있다"는 구문을 사용하는데, 그러나 이때 어떤 결정적인 요소가 간과되어 있다. 즉 "그녀는 대화 상대방에게 자신의 존재를 알리지만, 그녀가 구체적으로 어디에 있는지를 말하지 않는다."(64)

『공황상태를 구축하기』라는 이 책의 제목에는 메그가 자신의 공황상태 경험을 어떻게 담론으로 구축하는가에 주목하려는 저자의 의도가 담겨 있다―이 책의 가설은 "사람들이 말하는 이야기는 그들 자신이 누구이며 또 그들은 어떻게 세계를 보는지를 구축한다"(8)는 것이다. 그러나 나는 이 책의 제목이 공황상태보다 더 깊은 어떤 것을 보여준다고 생각한다. 그것은 바로 불안을 가능케 하는 상징적 사고의 구축적인 성질이다. 즉 상징적 사고가 무수한 가상세계를 만들어낸다는 사실이다. 메그는 언어적·사회적·문화적으로, 달리 말해 상징적으로 공황상태의 경험을 구축하는 것이 아니다. 오히려 공황상태 자체가 상징적 구축이 폭주하는 징후이다.

메그의 공황상태 경험에 대한 캡스와 오크스의 논의를 읽고 또 이를 기호학적으로 생각해보면서, 나는 오리엔테의 여행에서 무슨 일이 일어났는지, 즉 내 안에 공황상태를 일으키고 또 이를 해소한 요인들이 무엇이었는지를 이해하게 되었다고 생각한다. 그녀 나름의 타당한 공포가 사회적으로 인정되지 않는 상황 속에 최초의 불안 경험을 위치 짓는 메그와 마찬가지로(31), 나의 불안 또한 내 나름의 충분히 근거 있는 공포와 버스 여행자들의 무심한 태도 사이의 어떤 단절에서 비롯되었다.

폭주하는 상징적 사고는 그렇지 않았더라면 신체가 제공했을 인덱스적 접지grounding와 근본적으로 분리되는 정신을 창출할 수 있다. 우리의 신체는 모든 생명과 마찬가지로 기호작용의 산물이다. 우리의 감각적 경험은 가장 기초적인 세포적·신진대사적 과정조차도 표상적인—반드시 상징적이지 않은—관계들에 의해 매개된다(2장 참조). 그러나 폭주하는 상징적 사고는 모든 것—우리의 사회적 맥락, 우리가 살아가는 환경, 그리고 궁극적으로 우리의 욕망과 꿈—과 분리된 것으로서 "우리 자신"을 경험하게 만들 수 있다. "우리의" 신체, 즉 우리 자신을 넘어선 세계들에 인덱스적으로 접지된 신체와 이 특수한 종류의 상징적 사고 사이의 인덱스적 연결을 의심하는 만큼, 우리는 장소로부터 떨어져 나가게 된다. 나는 생각한다. 고로 나는 나의 존재를 의심한다.

어떻게 이런 일이 가능할까? 그리고 우리가 항상 회의적인 공황상태 속에서 살아가지 않는 이유는 무엇일까? 풍금조가 렌즈에 선명하게 드러난 순간 나의 불안한 소외감은 사라졌다. 이는 상징적 사고가 세계와 근본적으로 분리될 수 있는 조건뿐만 아니라 그 사고가 제자리로 다시 돌아올 수 있는 조건에 대한 통찰을 제공해준다. 나는 결코 열대의 자연을 낭만화하거나 그러한 자연과의 유대감을 특권화하지 않는다.

이러한 재접지regrounding는 언제 어디서나 일어날 수 있다. 그럼에도 불구하고 마을 어귀의 덤불 속에서 저 풍금조를 목격한 일은 이 농밀한 생태학으로의 몰입이 어떻게 예외적으로 인간적인 것을 넘어선 더 큰 기호적 장을 증폭하고 가시화하는지를 가르쳐주었다. 풍금조를 바라보는 것은 더 넓은 어떤 것 속에 근본적인 분리의 느낌을 위치지음으로써 나를 정상의 상태로 만들었다. 그것은 인간적인 것 "너머의" 더 큰 세계로 나를 되돌려 놓았다. 나의 정신은 더 큰 정신의 일부로 되돌아왔다. 세계에 대한 나의 사고는 다시금 세계의 사고의 일부가 되었다. 인간적인 것을 넘어선 인류학은 이 연결의 중요성을 파악하고자 하며, 그와 동시에 왜 우리 인간이 이 연결을 쉽게 간과하는지를 이해하고자 한다.

연속성에서 창발하는 참신함

이런 식으로 공황상태를 생각해봄으로써 나는 상징적 사고가 만들어내는 분리를 가장 잘 이론화할 수 있는 방법에 대해 더 폭넓게 질문할 수 있었다. 우리는 상징적인 것이 예외적으로 인간적이며 따라서 참신하기 때문에(적어도 지구의 생명에 관한 한), 그것이 자신의 유래와 근본적으로 분리되어 있다고 가정하는 경향이 있다. 이것은 우리가 물려받은 뒤르켐 학파의 유산이다. 뒤르켐 학파에서 사회적 사실은 그 자체의 참신한 현실을 가지며 그에 선행하는 어떤 것—심리학적인 것이든 생물학적인 것이든 신체적인 것이든—이 아닌 여타 사회적 사실의 관점에서만 이해될 수 있다(Durkheim 1972: 69-73). 그러나 내가 경험했던 근본적인 분리의 감각은 신체적으로도 감내할 수 없는 것이었다—어떤 점에서는 생명조차 거부하는 것이었기 때문이다. 그리하여 나는 그러한 분리를 출발점으로 삼는 분석적 접근법에 어떤 문제가 있는 것은 아닌지 의구심을 떨쳐낼 수가 없다.

내가 주장하듯이 인간 특유의 사고와 숲의 사고, 이 둘이 어떤 방식으로든 생명의 본질인 기호작용의 산물이라는 점에서 서로 연속적으로 이어져 있다면(2장 참조), 인간적인 것을 넘어선 인류학은 인간의 사고가 지닌 독특한 성질을 더욱 널리 퍼져 있는 기호적 논리와의 관계 속에서 설명하는 방법을 찾아내야 한다. 이 참신한 역동성이 자신의 유래와 맺는 관계를 개념적으로 설명해낸다면, 우리가 독특하게 인간적이라고 여기는 것과 우리 너머에 놓여 있는 것 사이의 관계를 조금 더 잘 이해할 수 있을 것이다. 이와 관련해서 나는 공황상태와 특히 그 해결책이 내게 가르쳐준 것에 대해 생각해보고자 한다. 이를 통해 나는 일련의 아마존의 사례에서 아이콘적·인덱스적·상징적 과정이 서로 내포되어 있는 방식들을 추적하고자 한다. 여기서 상징은 자신의 존재를 인덱스에 의존하며 인덱스는 아이콘에 의존한다. 우리는 이것들 각각이 어떻게 상호 연속성의 관계를 맺는지에 대한 시야를 잃지 않으면서도 무엇이 각각을 독특하게 만드는지를 이해할 수 있을 것이다.

디콘(Deacon 1997)을 따라서, 기호작용의 최주변부에 있는 반직관적인 사례에서부터 시작해보겠다. 그 기다란 몸통이 나뭇가지와 매우 닮았기 때문에 영어로는 막대기 벌레walking stick로 알려진, 교묘한 위장술의 대가인 아마존의 벌레를 생각해보자. 케추아어 이름은 **상가**shanga이다. 곤충학자들은 적절하게도 이 벌레를 대벌레phasmid—유령phantom에서 유래한—라고 부르며 대벌레목 대벌렛과로 분류한다. 이름이 참으로 잘 어울린다. 이 생물을 독특하게 만들어주는 것은 독특함의 결여이다. 대벌레는 배경 속에 유령처럼 녹아들기 때문이다. 어떻게 이 벌레는 그처럼 유령이 되었을까? 이러한 생물의 진화는 기호작용의 "유령 같은" 논리적 속성에 관해 중요한 사항들을 밝혀주며, 반대로 이러한 기호작용의 속성은 생명 "그 자체"의 반직관적인 속성—아마존과 그곳에서 살아가는 루나족의 존재방식 속에서 증폭되는 속성—을 이해하는 데 도움을 준다. 이러한 이유로 나는 이 책 도처에서 다시 이 사례로 되돌아올 것이다. 여기서는 서로 다른 기호 양식들—아이콘적 양식, 인덱스적 양식, 상징적 양식—이 어떻게 각자의 독특한 속성을 가지면서도 그와 동시에 서로가 서로를 내포하는 연속성의 관계를 맺는지를 이해하기 위해 이 벌레에 초점을 맞추고자 한다.

대벌레는 어떻게 유령처럼 거의 눈에 띄지 않게 되었을까? 대벌레가 나뭇가지로 보이는 것은 누군가가 이 유사함을 알아챈다는 사실—닮음의 작동 방식에 대한 우리의 통상적 이해—에 의존하지 않는다. 오히려 이 닮음은 잠재적인 포식자들의 선조들이 대벌레의 선조들을 알아채지 못했다는 사실의 산물이다. 잠재적인 포식자들은 대벌레의 선조들과 진짜 나뭇가지의 차이를 알아채는 데 실패했다. 그로 인해 진화의 흐름 속에서 가장 잘 들키지 않았던 대벌레의 후손들이 살아남았다. 주변 환경과 모습이 달라서 들켰던—그래서 잡아먹혔던—모든 원시 대벌레들 덕분에 대벌레는 점차 주변의 나뭇가지의 세계와 닮아가게 되었다.[19]

대벌레가 눈에 띄지 않게 된 방식은 아이콘성의 중요한 속성을 밝혀준다. 아이콘성은 가장 기초적인 종류의 기호 과정으로서, 극히 반직관적이다. 왜냐하면 그것은 두 가지 사물이 구별되지 않는 과정을 뜻하기 때문이다. 우리는 아이콘을 우리가 다르다고 이미 알고 있는 것들 간의 유사성을 가리키는 기호로 생각하는 경향이 있다. 예를 들어 남자화장실 문에 그려진 남성의 아이콘적 형상이 그 문을 드나드는 사람의 형상과 비슷하지만 같지는 않다는 것을 우리는 알고 있다. 그러나 이러한 사례에만 주목하면 아이콘성에 관한 더 깊은 무언가를 놓치게 된다. 기호작용은 어떠한 본래적인 유사성이나 차이에 대한 인식에서 시작하지 않는다. 오히려 그것은 차이를 알아채지 못하는 것, 다시 말해 무분별indistinction에서 시작한다. 이 때문에 아이콘성은 기호작용의 최주변부를 차지한다(왜냐하면 그 무엇도 전혀 알아채지 못한다는 것은 기호적으로 아무것도 아니기 때문이다). 그것은 사고의 시작과 끝을 표시한다. 아이콘과 더불어 새로운 해석체들—그들의 대상에 대하여 무언가를 한층 더 명시하게 될 후속 기호들—은 더 이상 산출되지 않으며(Deacon 1997: 76, 77), 아이콘과 더불어 사고는 중지된다. 무언가를 이해한다는 것은 그 이해가 얼마나 잠정적이라 해도, 하나의 아이콘을 포함한다. 그것은 자신의 대상과 닮은 사고를 포함한다. 그것은 그 대상에 대한 닮음의 이미지를 포함한다. 이 때문에 모든 기호작용은 궁극적으로 더 복잡한 기호가 아이콘으로 변형되는 과정에 의존한다(Peirce CP 2.278).

물론 기호는 정보를 제공한다. 기호는 우리에게 새로운 무언가를 말해준다. 그것은 우리에게 차이를 전달한다. 바로 이것이 기호의 존재이유이다. 그리하여 기호작용은 닮음 이상의 어떤 것을 포함해야 한다. 그것은 또한 다른 어떤 것을 가리키는 기호적 논리—인덱스적 논리—

를 포함해야 한다. 닮음의 기호적 논리와 차이의 기호적 논리는 어떻게 상호 관계하는 것일까? 또다시 디콘(Deacon 1997)을 따라서, 숨어 있던 우거진 수풀의 나무 꼭대기에서 일라리오와 루시오의 겁박을 받았던 양털원숭이가 쓰러지는 야자나무를 위험의 기호로 해석하기까지 어떻게 그것을 습득하게 되었는지를 도식적 설명을 따라 살펴보겠다.[20] 양털원숭이가 들은 천둥 같은 충돌음은 아이콘적으로 과거에 일어났던 이와 비슷한 충돌의 경험들을 상기시킬 것이다. 과거의 충돌음의 경험들은 그와 동시에 발생한 위험한 상황—말하자면 나뭇가지가 부러진다든지 포식자가 접근한다든지—과 같은 추가적인 유사성을 상호 공유한다. 게다가 원숭이는 아이콘적으로 이러한 과거의 위험들을 서로 연결할 것이다. 이때 쓰러지는 나무의 소리가 위험을 가리킨다는 사실은 한편으로는 큰 소음과 다른 큰 소음의 아이콘적 연합의 산물이며, 다른 한편으로는 위험한 사건과 다른 위험한 사건의 아이콘적 연합의 산물이다. 이 두 가지의 아이콘적 연합들은 반복적으로 서로를 연결하며, 이로써 현재의 갑작스런 큰 소음의 경험은 이 연합들과 연결된 것처럼 보인다. 그러나 지금 이 연합은 닮음 이상의 어떤 것이기도 하다. 그것은 원숭이가 충돌음을 그 자체 이상의 무언가, 다른 무언가와 연결되어 있다고 "추측하도록" 만들기 때문이다. 마치 풍향계가 인덱스로서 그 자체가 아닌 어떤 것, 즉 바람이 부는 방향을 가리킨다고 해석되는 것처럼, 이 큰 소음은 소음 이상의 어떤 것을 가리킨다고, 즉 위험한 무언가를 뜻한다고 해석되는 것이다.

그리하여 인덱스성은 아이콘성 이상의 무언가를 포함한다. 그러나 인덱스성은 아이콘들 간의 복합적인 위계적 연합의 결과로 창발한다. 아이콘과 인덱스 사이의 논리적 관계는 일방향적인데, 인덱스는 아이콘들 간의 특수한 계층적 관계가 만들어내는 산물이지 그 반대가 아니다. 인덱스적 지시는 쓰러지는 야자나무에 대한 원숭이의 통찰에서처럼 세 가지 아이콘들 간의 특수한 관계가 만들어내는 고차원적 산물이다. 즉 충돌은 다른 충돌을 연상시키고, 그러한 충돌과 연합된 위험은 그와 같은 다른 연합을 연상시키며, 결과적으로 그러한 연합은 현재의 충돌과 연합되기에 이른다. 이와 같은 아이콘들의 특수한 배열로 인해 현재의 충돌은 즉시 현존하지 않는 무언가를 가리키게 된다. 바로 위험이다. 이런 식으로 하나의 인덱스가 아이콘적 연합들로부터 창발한다. 이처럼 아이콘들 간의 특수한 관계가 낳는 인덱스적 지시 형식은, 그와 연속되는 아이콘적 연합의 논리로부터 유래하지만 아이콘적 연합의 논리가 갖고 있지 않은 독특한 속성을 지닌다. 즉 인덱스는 정보를 제공한다. 그것은 즉시 현존하지 않는 어떤 것에 관한 새로운 무언가를 우리에게 말해준다.

물론 상징도 정보를 제공한다. 상징이 정보를 제공하는 방식은 인덱스와 연속되면서도 다르다. 마치 인덱스가 아이콘들 간의 관계가 만들어낸 산물이며 더 기초적인 아이콘적 기호와 구별되는 독특한 속성을 보여주는 것처럼, 상징은 인덱스들 간의 관계가 만들어낸 산물이며 그 자신만의 독특한 속성을 갖고 있다. 여기서도 상징과 인덱스의 관계는 일방향적이다. 상징은 인덱스들 간의 복합적인 계층적 상호작용으로부터 만들어지지만, 인덱스는 상징을 필요로 하지 않는다.

아빌라 사람들이 양털원숭이에게 붙이는 이름들 중 하나인 **초롱고** chorongo 같은 단어는 고도의 상징이다. 비록 이 단어가 인덱스적으로—

무언가(혹은 더 정확히는 누군가)를 가리키는 것으로—기능할 수 있기는 하지만 이 단어는 다른 단어들과의 관계를 통해 간접적으로 의미를 갖는다. 즉 그러한 단어가 대상과 맺는 관계는 기본적으로 그 단어가 다른 단어들에 대해 획득한 관습적 관계의 결과이며 (인덱스처럼) 기호와 대상 간의 연관관계가 갖는 기능이 아니다. 마치 인덱스적 지시를 아이콘적 관계들의 특수한 배열의 산물로 생각할 수 있듯이, 상징적 지시를 인덱스적 관계들의 특수한 배열의 산물로 생각할 수 있다. 인덱스와 상징의 관계는 어떠한 것인가? 케추아어를 배운다고 상상해보자. **초롱고** 같은 단어는 비교적 배우기 쉽다. 누구나 그것이 양털원숭이를 가리킨다는 것을 금방 배울 수 있다. 이처럼 그것은 그 자체로는 전혀 상징적으로 기능하지 않는다. 이 "단어"와 양털원숭이 간의 지시적 관계는 기본적으로 인덱스적이다. 개가 습득하는 명령어가 바로 이와 같다. 개는 **앉아**라는 하나의 "단어"를 하나의 행동과 연합할 수 있다. 여기서 "앉아"는 그 자체로 인덱스적으로 기능한다. 개는 "앉아"를 상징적으로 이해하지 않고서도 받아들일 수 있다. 그러나 단어와 그것이 가리키는 것을 기억하는 것만으로는 인간 언어를 습득하는 데에 한계가 있다. 왜냐하면 기억해야 할 개별적인 기호-대상의 관계들이 너무나도 많기 때문이다. 나아가 기호-대상의 연관관계들을 기계적으로 암기하는 것만으로는 언어의 논리를 파악할 수 없다. 이 장의 전반부에서 논했던 **카우상기추와** 같이 좀 더 복잡한 단어를 생각해보자. 케추아어를 모르는 사람도 그 말이 인사 표현(특정한 사회적 맥락에서만 발화되는 것)임을 금방 배울 수 있지만, 그것이 무엇을 어떻게 의미하는지를 파악하려면 그 단어가 다른 단어들은 물론이고 더 작은 언어 단위들과도 어떻게 관계하는지를 이해해야만 한다.

초롱고, 앉아, 카우상기추 등과 같은 단어는 물론 세계 속의 사태를 지시한다. 그러나 상징적 지시에서 그와 같은 단어와 대상의 인덱스적 관계는 단어들의 체계를 이루는 단어와 단어의 인덱스적 관계에 종속된다. 우리가 외국어를 배울 때 혹은 아이가 언어를 습득할 때 처음에는 언어 기호를 인덱스로 활용하지만, 어느 순간 더 넓은 상징적 맥락 속에서 언어 기호를 이해하는 전환을 맞이하게 된다. 디콘(Deacon 1997)은 그러한 전환이 특별히 잘 드러나는 한 실험 상황을 묘사한다. 그는 일상생활에서 기호를 인덱스적으로 해석하는 데 이미 숙달된 침팬지들이 이 해석 전략을 상징적 전략으로 대체하도록 훈련을 받는 장기간의 실험실 실험에 대해 논하고 있다.[21]

먼저 이 실험에서 침팬지들은 어떤 기호 매체(이 경우 어떤 모양이 그려진 키보드의 키)를 어떤 대상이나 행위(예컨대 특정 음식이나 행동)의 인덱스로서 해석해야 한다. 다음으로 그러한 기호 매체들은 침팬지들에게 체계적인 방식으로 상호 인덱스적으로 연결된 것처럼 보여야 한다. 마지막으로 가장 어렵고 중요한 단계는 해석상의 전환을 포함하는데, 이에 따라 대상은 더 이상 개별적인 인덱스 기호에 의해 직접적으로 식별되지 않고 간접적으로 식별된다. 이것이 가능한 이유는 대상을 표상하는 기호들이 상호 관계할 뿐만 아니라 이러한 기호 관계들이 대상들 자체의 상호 관계 방식에 대응하는 지도를 그려내기 때문이다. 이 두 차원의 인덱스적 연합들(대상과 대상을 연결하는 연합 및 기호와 기호를 연결하는 연합)을 대응시켜 지도로 그려내는 행위는 아이콘적이다(Deacon 1997: 79-92). 왜냐하면 지도 그리기는 기호들을 연결하는 체계적 관계와 대상들을 연결하는 집합적 관계 사이의 더욱 포괄적인 닮음을 볼 수 있도록, 기호와 대상을 직접 연결하는 개별적인 인덱스적 연합을 간과하기 때문이다.

지금 나는 상징적인 것이 창출해내는 분리의 감각—앞에서 서술했던 버스에서 겪은 공황상태의 경험—을 설명할 수 있는 위치에 있다. 나아가 나는 상징적인 것과 관계되어 있고 또 그와 연속되는 더욱 기초적인 지시 형식에 관해서도 설명할 수 있다.

상징적인 것은 디콘이 "창발적"emergent이라고 부른 역동성의 전형이다. 디콘에게 창발적 역동성이란 가능성을 제약하는 특정한 배열이 더 높은 차원에서 미증유의 속성을 낳는 것을 말한다. 그러나 중요한 점은 창발하는 어떤 것이 자신이 그로부터 유래하고 그 안에 내포되어 있는 것으로부터 결코 단절되지 않는다는 것이다. 왜냐하면 그것은 자신의 속성을 지탱해주는 더욱 기초적인 차원에 여전히 의존하기 때문이다(Deacon 2006). 여기서는 상징적 지시를 다른 기호 양식들에 대하여 창발하는 것으로서 숙고하기 전에, 먼저 어떻게 창발이 비인간적 세계에서 작동하는지를 생각해보는 것이 유용할 것이다.

디콘은 겹겹이 내포되어 있는 일련의 창발적 문턱들thresholds이 있음을 보여준다. 그 중요한 하나가 자기-조직화self-organization이다. 자기-조직화는 적절한 환경 아래에서 형성되는 형식의 자연발생적인 생성·유지·확산을 뜻한다. 비교적으로 일시적이며 드물긴 하지만, 자기-조직화는 무생물의 세계에서도 발견된다. 자기-조직적인 창발적 역동성의 사례로는 아마존 강에서 때때로 형성되는 고리 모양의 소용돌이, 혹은 수정이나 눈송이의 기하학적 격자무늬를 들 수 있다. 자기-조직적 역동성은 그것이 창발하고 의존하는 물리적 엔트로피의 역동성—예를 들어 방의 아랫목에서 윗목으로 자연발생적으로 흐르는 열과 같은 것—보다 더욱 규칙적이고 더욱 제약되어 있다. 자기-조직화를 보여주는 수정, 눈송이, 소용돌이와 같은 것들은 살아있지 않다. 또한 그 이름과는 달리, 자기-조직화는 자기를 포함하지 않는다.

반면 생명은 자기-조직화 안에 내포되어 있는 그다음의 창발적 문턱이다. 살아있는 역동성living dynamics은 가장 기본적인 유기체에 의해서도 표상되는 것으로서 그 자신만의 특수한 자기-조직적 배열을 선택적으로 "기억"한다. 이를 통해 하나의 자기로서—주변 세계에 점점 더 알맞게 적응하는 방식으로 수 세대에 걸쳐 재구성되고 확산되는 형식으로서—이해될 수 있는 모습을 유지함으로써 고유한 자기-조직적 배열을 구별되게 보유한다. 다음 장에서 더욱 상세하게 다루겠지만, 살아있는 역동성은 구성적으로 기호적이다. 생명의 기호작용은 아이콘적이고 인덱스적이다. 인간을 독특하게 만드는 상징적 지시는 그것이 유래하고 의존하는 이와 같은 더 넓은 생명의 기호작용 안에 내포되어 있는 창발적 역동성이다.

자기-조직적 역동성은 물리적 과정으로부터 창발하고 그와 연속적이며 그 안에 내포되어 있지만 그러한 물리적 과정과 구분되는 속성을 갖는다. 마찬가지로 살아있는 역동성은 자기-조직적 역동성으로부터 창발하지만 자기-조직적 역동성과 구분되며, 상징적 기호작용은 그것이 창발하는 생명의 더 넓은 아이콘적 및 인덱스적 기호 과정과 구분된다고 말할 수 있다(Deacon 1997:73).[22] 이처럼 창발적 역동성은 논리적 의미와 존재론적 의미 모두에서 일방향적이다. 즉 자기-조직화에 의해 특징지어지는 세계는 반드시 생명을 포함할 필요가 없으며, 살아있는 세계는 반드시 상징적 기호작용을 포함할 필요가 없다. 그러나 살아있는 세계는 반드시 자기-조직화하는 세계가 되어야 하고, 상징적인 세계는 생명의 기호작용 안에 내포되어 있어야 한다.

이제 나는 상징적 표상이 갖는 창발적 속성으로 되돌아갈 수 있다. 상징적 표상 형식은 아이콘적 및 인덱스적 지시에 대하여 창발하는데, 이는 다른 창발적 역동성과 마찬가지로 선행하는 지시 양식들에서는 상징들 간의 관계라는 체계적인 구조가 나타나지 않는다는 점에서 그렇다(Deacon 1997: 99). 다른 창발적 역동성처럼 상징은 독특한 속성을 갖는다. 상징이 상징들 간의 체계적 관계 덕분에 상징적 지시의 힘을 획득한다는 사실은, 인덱스와는 반대로 지시 대상이 부재해도 지시의 안정성을 보유할 수 있음을 뜻한다. 이것이 바로 상징에 독특한 성격을 부여하는 것이다. 이는 상징적 지시로 하여금 지금 여기에 관한 것만이 아니라 '만약 그렇다면?'what if에 관한 것을 말할 수 있도록 해준다. 상징적인 것의 영역에서는 물질성과 활동성으로부터의 분리가 대단히 수월하고 그 인과 관계가 매우 복잡하기 때문에 지시는 진정한 자유를 획득한다. 그리하여 우리는 상징을 세계와 근본적으로 분리된 것처럼 다루게 된다(Peirce CP 6.101).

그러나 강의 흐름 속에서 형성되는 소용돌이의 고리 모양과 같은 다른 창발적 역동성처럼, 상징적 지시는 또한 그로부터 자신이 성장한 더욱 기초적인 역동성과 밀접하게 연결되어 있다. 이것은 상징이 구축되는 방식뿐만 아니라 상징이 해석되는 방식에도 마찬가지로 적용되는 사실이다. 상징은 인덱스들 간의 특수한 관계의 결과이며, 이와 마찬가지로 인덱스는 아이콘들을 특정한 방식으로 연결하는 특수한 관계의 결과이다. 그리하여 상징적 해석은 일련의 인덱스적 관계들의 조합을 통해 작동하며, 그러한 인덱스적 관계들은 그들 간의 아이콘성을 인정함으로써 최종적인 해석에 이른다. 즉 모든 사고는 아이콘과 더불어 종결된다. 따라서 상징적 지시는 궁극적으로 아이콘들 간의 고도로 직조된 일련의 체계적인 관계들의 산물이다. 그렇지만 상징적 지시는 아이콘적 및 인덱스적 양식들과 비교하여 독특한 속성을 갖는다. 즉 상징적 지시는 다른 종류의 기호 관계들을 배제하지 않는다. 언어와 같은 상징체계는 **추푸**와 같은 "단어"의 경우처럼 상대적으로 아이콘적인 기호와 통합될 수 있을 뿐만 아니라 통상적으로 그렇게 한다. 나아가 그러한 상징체계는 다양한 수준에서 아이콘성에 전적으로 의존할 뿐만 아니라, 기호들 사이에서, 또 기호 체계들과 표상되는 사물들 사이에서 일어나는 모든 종류의 지표적 관계들에 철저히 의존한다. 마지막으로 상징적 지시는 모든 기호작용처럼 그로부터 자신이 창발하는 더욱 기초적인 물질적·활동적·자기-조직적 과정들에 궁극적으로 의존하고 있다.

상징적 지시를 창발하는 것으로서 생각하면, 지시가 세계의 패턴과 습관, 세계의 형식과 사건에 영향을 받는다는 잠재성을 완전히 잃지 않으면서도 어떻게 상징을 통해서 점차 세계와 분리될 수 있는지를 이해할 수 있다.

상징적 지시, 나아가 인간의 언어와 문화를 창발하는 것으로서 보는 것은 (인간적) 정신과 (비인간적) 물질을 분리하려는 이원론적 시도—퍼스가 "도끼를 가지고 분석을 행함으로써 서로 무관계하게 된 존재의 조각들을 궁극적 요소로 남겨놓는 철학"(CP 7.570)이라고 신랄하게 묘사한 접근법—에 대한 퍼스의 비판 정신을 이어받는 것이다. 창발론적 접근법은 어떻게 상징적인 것이 물질과 연속선상에 있는지 그리고 그와 동시에 어떻게 상징적인 것이 참신한 가능성을 낳는 장소가 될 수 있는지를 이론적·경험적으로 설명할 수 있다. 이 연속성으로 인해 우리는 상징적인 것이 매우 독특하고 분리된 것이면서도 어떻게 세계의 나머지로부터 결코 완전히 단절되지 않는지를 알 수 있다. 이것은 인간적인 것을 넘어선 인류학이 그로부터 인간적인 것이 창발하는 더 넓은 세계 속에서 인간 특유의 것을 위치 지을 수 있도록 해준다.

공황상태의 출현과 소멸은 이와 같은 상징적 기호작용의 속성들을 드러낸다. 그것은 무제한적인 상징적 사고가 갖는 실제 위험을 보여줄 뿐만 아니라 그러한 사고가 어떻게 재접지될 수 있는지도 보여준다. 새에 대한 응시는 상징적 지시가 그 자체로 내포되어 있는 기호적 환경을 재-창출함으로써 나의 사고, 나아가 나의 부유하는 자아를 재접지시켰다. 내가 가진 쌍안경이라는 장치를 통해서 마침 내 눈앞에 선명하게 모습을 드러낸 새의 이미지를 감지할 수 있었기에 나는 한 마리의 새와 인덱스적으로 일렬에 놓일 수 있었다. 이 사건은 소파에 앉아 홀로 생각에 잠겼던 메그가 쉽게 찾지 못했던 무언가로 나를 밀어 넣었다. 그것은 알 수 있는 (그리고 공유할 수 있는) 환경이자, 나를 넘어서 있지만 나 또한 그 일부가 될 수 있는 지금 여기에 분명히 자리잡고 있다는 어떤 순간적인 실존의 확신이었다.

공황상태는 근본적 이원론이 무엇을 느끼게 하는지 그리고 우리 인간에게 이원론이 왜 그토록 설득력 있게 보이는지에 대하여 시사하는 바가 있다. 또한 공황상태는 그 견딜 수 없는 효과를 통해서 이원론 및 그에 종종 동반되는 회의론에 대하여 그 자신만의 본능적인 비판을 제공해준다. 나아가 공황상태가 해소될 때 우리는 이원론으로 향하는 특정한 인간적 경향이 어떻게 다른 무언가로 해소되는지에 대하여 어떤 통찰을 얻을 수 있다. 어디에서 발견되든 이원론이란 창발적 참신함을 마치 그것이 창발한 곳으로부터 완전히 단절되어 있는 것처럼 인식하는 방법이라고 말할 수 있을 것이다.

창발하는 실재

그날 아침 테나의 강둑에서 새를 응시하면서 나는 확실히 머릿속에서 빠져나왔다. 그런데 나는 어디에 발을 디딘 것일까? 그 응시 행위에 수반된 더욱 기초적인 기호적 관계 양식이 문자 그대로 나를 나의 감각으로 되돌려 놓았고 그 과정에서 나 자신을 넘어선—나의 정신을 넘어선, 규약을 넘어선, 인간적인 것을 넘어선—세계 속에 나를 재접지시켰지만, 이 경험은 나로 하여금 다음과 같은 질문을 하도록 만들었다. 상징적인 것 너머에 놓여 있는 이 세계는 어떤 종류의 세계인가? 달리 말하면 이 경험은, 내가 여기서 탐구하고자 하는 인간적인 것을 넘어선 인류학의 맥락에서 이해할 때, 우리가 "실재"라는 말을 통해 의미하는 바를 다시 생각해보라고 강권한다.

일반적으로 우리는 실재하는 것을 현존하는 것으로 사고한다. 숲속에서 쓰러진 야자나무는 실재한다. 나무가 쓰러지고 그 잔해로 남은 부러진 나뭇가지와 부스러진 식물은 그 엄청난 사실성의 증거이다. 그러나 실재하는 것을 발생한 어떤 것—법칙에 따라 일어난 것—으로 제한하는 정의定義는 자연발생성 혹은 생명의 성장 경향성을 설명할 수 없다. 또한 그것은 살아있는 것이 공유하는 기호작용—생명의 세계에서 창발하고 궁극적으로 우리 인간을 생명의 세계 속에 접지시키는 기호작용—을 설명할 수 없다. 게다가 그러한 정의는 모든 가능성을 저 분리된 존재의 조각 속에, 즉 인간의 정신 속에 이원론적으로 재각인할 것이다. 우리를 인간의 정신이라고 한계 짓게 되면, 인간의 정신이 지닌 기호작용과 창조성이 어떻게 창발해왔고 다른 것과 어떻게 관계하는지에 대해서는 아무것도 말할 수가 없다.

퍼스는 이 문제에 깊이 천착했으며 더욱 포용력 있는 실재를 상상함으로써 우주에 관한 자연주의적·비이원론적 이해에 더욱 충실하고자 했다. 그리하여 그는 일생의 작업을 통해 자신의 철학적 프로젝트 전체—기호학을 포함하는—를 특별한 실재론 안에 위치 짓고자 했는데, 이는 인간적·비인간적 세계에서 실제로 현존하는 것이 자연발생성, 성장, 기호들의 삶과 맺는 관계를 설명해주는 더 넓은 틀을 통하여 현존하는 것을 포괄하는 실재론이다. 여기서 그의 이론적 틀을 간략히 살펴보겠다. 왜냐하면 퍼스의 철학적 틀이 살아있는 정신과 살아있지 않은 물질을 포괄할 수 있는 실재관을 제공해줄 뿐만 아니라 살아있지 않은 물질로부터 살아있는 정신이 창발하는 수많은 과정을 이해할 수 있는 시야를 제공해주기 때문이다.

퍼스에 따르면 우리가 인식할 수 있는 실재에는 세 가지 측면이 있다(CP 1.23-26). 가장 쉽게 파악할 수 있는 실재의 요소는 퍼스가 "이차성"secondness이라고 부른 것이다. 쓰러지는 야자나무는 전형적인 이차요소second이다. 이차성은 다름, 변화, 사건, 저항, 사실을 나타낸다. 이차 요소는 "난폭하다"(CP 1.419). 그것은 사태가 어떠한지를 상상하는 습관적인 방식 바깥으로 우리를 내몰며 우리에게 "충격을 준다"(CP 1.336). 그것은 "우리가 이제까지 생각해왔던 것과는 다른 방식으로 생각하도록"(CP 1.336) 우리를 밀어붙인다.

또한 퍼스의 실재론은 그가 "일차성"firstness이라 부른 것을 포괄한다. 일차 요소first란 "반드시 실현되는 것은 아닌, 단순한 가능성"이다. 그것은 다른 어떤 것과도 상관없이 그 "자체의 본질"(CP 1.424) 속에서 자연발생성, 성질, 가능성 등의 특수한 실재성을 포함한다(CP 1.304). 어느 날 숲 속에 들어간 일라리오와 나는 먹을 것을 찾아 헤매는 한 무리의 원숭이들이 꺾어 놓은 한 떨기의 야생 시계꽃 열매passion fruits를 우연히 발견했다. 우리는 걸음을 멈추고 원숭이가 먹다 남긴 열매를 간식거리로 즐겼다. 그 열매를 쪼개면 잠깐 동안 강한 계피향이 감돈다. 그러다가 열매를 입에 넣으면 향기는 사라진다. 향기를 느끼는 찰나적 경험은 그 자체로 그 향기가 어디에서 오는지, 무엇과 같은지, 어떻게 연결되는지 등을 생각하지 않아도 된다는 점에서 일차성에 가깝다.

마지막으로 "삼차성"thirdness이 있다. 삼차성은 이 책의 논의에서 가장 중요한 퍼스의 실재론의 한 측면이다. 퍼스는 중세의 스콜라 철학에서 영감을 받아 "일반적인 것general은 실재한다"고 주장했다. 즉 습관, 규칙성, 패턴, 관계성, 미래의 가능성, 목적—그가 삼차 요소third라고 부른 것들—은 결과적 효력을 가지며 나아가 인간의 정신 바깥의 세계에서 비롯될 수 있고 그러한 세계 속에서 스스로를 드러낼 수 있다(CP 1.409). 따라서 세계는 "습관을 획득하는 만물의 경향"에 의해 특징지어진다(CP 6.101). 즉 엔트로피의 증가로 나아가는 우주의 일반적 경향은 하나의 습관이다. 또한 하천의 고리 모양의 소용돌이나 수정의 격자 구조의 형성과 같이 자기-조직적 과정에서 보이는 규칙성의 증가로 나아가는 흔치 않은 경향도 하나의 습관이다. 또한 생명은 이러한 규칙성을 예측하고 이용할 뿐만 아니라 그 과정에서 참신한 규칙성의 배열을 창출하는 자신의 능력을 통해서, 습관 획득을 향해 나아가는 이 일반적 경향을 더욱 증폭시킨다. 이 경향은 세계를 잠재적으로 예측 가능하게 만들고 또한 기호 과정으로서의 생명을, 궁극적으로 추론에서 비롯되는[23] 생명을 가능하게 만든다. 왜냐하면 세계가 어떠한 규칙성의 모습을 갖추고 있어야 비로소 세계는 표상될 수 있기 때문이다. 기호는 습관에 대한 습관이다. 열대림은 공진화하는 생명 형식들의 수많은 층위들과 더불어 습관 획득을 향해 나아가는 이 경향을 극한까지 증폭시킨다.

매개를 포함하는 모든 과정은 삼차성을 나타낸다. 따라서 모든 기호 과정은 삼차성을 나타내며 이것은 기호 과정이 "무언가"와 어떤 "누군가"를 특정한 방식으로 매개하는 셋째 항의 역할을 한다는 뜻이다. 그러나 퍼스에게 있어서 비록 모든 기호가 삼차 요소라고 할지라도, 모든 삼차 요소가 기호는 아니라는 점을 강조해두어야겠다.[24] 일반성, 즉 습관을 향해 나아가는 경향은 기호적 정신이 세계에 부과하는 특징이 아니다. 일반성은 저기 바깥에 있다. 세계 속에 있는 삼차성은 기호작용의 조건이지, 기호작용이 세계로 "가져오는" 것이 아니다.

퍼스에게 모든 것은 어느 정도 일차성, 이차성, 삼차성을 나타낸다 (CP 1.286, 6.323). 각기 다른 종류의 기호 과정은 다른 기호 과정에서 무시된 각각의 어떤 측면을 증폭시킨다. 모든 기호는 누군가에게 무언가를 표상한다는 점에서 본질적으로 삼원적triadic이라고 말할 수 있지만, 각기 다른 종류의 기호는 일차성, 이차성, 삼차성 중 어느 하나에 더 주목한다.

삼차 요소로서 아이콘은 다른 어떤 것과도 상관없이 대상과 동일한 성질을 가진다는 사실을 통해 매개한다는 점에서 상대적으로 일차 요소이다. 이것이 바로 케추아어의 **추푸**와 같은 이미지적인 "단어"가 문법적으로 부정될 수도 변형될 수도 없는 이유이다. 이러한 방식으로 그 것은 그 "자체의 본질" 속에서 그저 하나의 성질로 존재한다. 삼차 요소로서 인덱스는 상대적으로 이차 요소이다. 왜냐하면 인덱스는 대상에게서 영향을 받아 매개하기 때문이다. 예컨대 쓰러지는 야자나무는 원숭이를 깜짝 놀라게 했다. 반면 삼차 요소로서 상징은 이중적 의미에서 삼원적이다. 왜냐하면 상징은 일반적인 무언가—창발적 습관—를 참조함으로써 매개하기 때문이다. 상징은 그것을 해석할 수 있는 관습적이고 추상적인 상징체계—습관 체계—와 관계를 맺기 때문에 의미를 갖는다. 이것이 바로 **카우상기추**를 이해하기 위해서 케추아어 전체에 익숙해져야 하는 이유이다. 상징적인 것은 이 행성의 어느 곳에서도 전례가 없을 정도로, 다른 습관들을 야기하는 습관에 관한 습관이다.

우리의 사고가 세계와 유사한 것은 우리가 세계에 속해 있기 때문이다.[25] (모든 부류의) 사고는 습관 획득을 향해 나아가는 세계의 경향성으로부터 창발하고 그와 연속하는, 고도로 복잡한 습관이다. 이와 같이 퍼스의 특별한 실재론을 통해 우리는 인간-특유의 인식 방식이 지닌 한계를 인정할 뿐만 아니라 그것을 넘어서는 방식으로 세계를 다룰 수 있는 인류학을 비로소 상상하기 시작한다. 기호작용의 재고찰은 그러한 시도의 출발점이다.

실재에 대한 확장된 시야를 통해 우리는 나의 쌍안경 렌즈에 풍금 조가 선명하게 드러나는 순간 내가 무엇으로부터 빠져나왔으며 그 과정에서 내가 발 딛은 것은 무엇이었는지를 생각해볼 수 있다. 캡스와 오크스가 예리하게 지적했듯이, 공황상태가 불안감을 주는 것은 타자와 동조할 수 없다는 느낌 때문이다. 생각을 낳았던 더 넓은 습관의 장에서 점차 떨어져나가고 있다는 생각 때문에 우리는 고독해진다. 달리 말하면, 습관을 창출하는 상징적 사고의 비할 데 없는 능력 탓에 우리가 뿌리내리고 있는 습관으로부터 밀려날 수 있는 위험이 언제나 도사리고 있다.

그러나 살아있는 정신은 이런 식으로 뿌리 뽑히지 않는다. 성장하고 살아있는 사고는 언제나 세계 속에 있는 무언가에 관한 것이다. 그 무언가가 잠재적인 미래의 효과라 할지라도 그렇다. 사고가 지닌 일반성의 측면—삼차성—은 단지 단일하고 안정적인 자기 안에 자리하고 있는 것이 아니다. 오히려 그것은 다수의 신체들에 퍼져 있는 하나의 창발적 자기를 구성하는 요소이다.

> 인간은 혼자인 한에서 전체가 아니다. (…) 인간은 본질적으로 사회의 가능한 구성원이다. 특히 고립되어 있다면 한 인간의 경험은 아무것도 아니다. 만약 그가 타인이 볼 수 없는 것을 본다면 우리는 그것을 환각이라 할 것이다. "나의" 경험이 아니라 "우리의" 경험이야말로 사고되어야 하는 것이다. 이 "우리"는 무한한 가능성을 가지고 있다. (Peirce CP 5.402)

바로 이 "우리"가 일반적인 것general이다.

공황상태는 이 일반적인 것을 방해한다. 공황상태에 빠지면, 습관을 만드는 나의 정신과 습관을 만드는 타인의 정신 그리고 세계의 습관에 대한 경험을 공유하는 우리의 능력을 연결해주는 삼원적인 관계가 붕괴해버린다. 나아가 스스로를 향해 점차 사적인 것이 되어가는 정신을 유아론적으로 감싸 안는 것은, 자기의 내부 붕괴implosion라는 무시무시한 결과를 낳는다. 공황상태 속에서 자기는 세계의 나머지로부터 단절되는 모나드적인 "일차 요소"가 되며, 해러웨이(Haraway 2003)가 세계와의 보다 "육체적인" 연결이라고 불렀던 모든 종류의 실존을 의심하는 것만이 유일한 능력인 "사회의 가능한 구성원"이 된다. 요컨대 그 결과는 데카르트의 회의적 **코기토**이다. 즉 그 모든 "무한한 가능성"과 더불어 성장하고 희망하며 창발하는 "우리" 대신에 고착된 "나는 (오로지 상징적으로만) 생각한다. 고로 나는 존재한다(나의 존재를 의심한다)."[26]

창발하는 "우리"를 낳는 삼원적인 배열은 인덱스적·아이콘적으로 성취된다. 일라리오가 야자나무를 쓰러뜨려 높은 나뭇가지에 앉은 양털원숭이를 겁박하고 루시오가 그 원숭이에게 총격을 가한 후에 이어진 루시오의 논평을 살펴보자.

거기
바로 거기
거기
무슨 일이 일어났지?
거기, 원숭이가 공처럼 웅크리고 있어
심한 상처를 입고[27]

시력이 루시오만 못한 일라리오는 나무 위의 원숭이를 바로 찾을 수 없었다. 속삭이듯 그는 아들에게 "어디?"라고 물었다. 그 와중에 갑자기 원숭이가 움직이기 시작하자 루시오는 재빨리 이렇게 대답했다. "봐! 봐! 봐! 봐!"

여기서 명령형의 "봐!"(케추아어로 "리키"ricui)는 일라리오의 시선이 나뭇가지를 가로지르는 원숭이의 움직임을 따라가도록 그 방향을 가리키는 인덱스로서 기능한다. 이와 같이 그것은 나무에 숨은 원숭이와 마주하도록 일라리오와 루시오를 정렬시킨다. 게다가 명령형의 리드미컬한 반복은 나뭇가지를 따라 움직이는 원숭이의 이동 속도를 아이콘적으로 포착한다. 일라리오 또한 공유할 수 있는 이 이미지를 통해 루시오는 부친이 실제로 원숭이를 볼 수 있는지와 상관없이, 상처 입은 원숭이가 우거진 수풀 속을 헤집고 다니는 모습을 보고 있는 자신의 경험을 "직접적으로 의사소통"할 수 있다.

나의 쌍안경 렌즈에 풍금조가 선명하게 드러나는 순간 나를 세계로 되돌려놓은 것은 바로 이와 같은 아이콘적이고 인덱스적인 정렬 alignment이다. 덤불 속 바로 거기에 앉아 있는 새의 생생한 이미지가 나를 공유할 수 있는 현실 속에 다시금 접지시킨 것이다. 아이콘과 인덱스가 세계에 대한 어떠한 즉각적 획득물을 우리에게 제공하지 않는다 해도 이런 일이 일어난다. 모든 기호는 매개를 포함하며 우리의 모든 경험은 기호적으로 매개되기 때문이다. 매개되지 않은 신체적 경험이나 내면적 사고는 존재하지 않는다(Peirce CP 8.332). 나아가 실재하는 풍금조가 강가의 실재하는 초목을 먹는다는 이 현실에는 본질적으로 객관적인 것은 아무것도 없다. 왜냐하면 이 동물과 그 덤불 속 나뭇가지는—나와 마찬가지로—구석구석까지 기호적인 생물이기 때문이다. 생물은 표상의 결과이다. 생물은 열대의 생명을 구성하는 습관들의 그물망이 증식하면서 점점 더 정렬되는 진화적 과정의 결과이다. 그러한 습관들은 내가 그것들을 감지할 수 있는지 여부와 상관없이 실재한다. 이 습관들 중 일부의 감촉을 획득함으로써, 내가 그날 아침 강어귀의 풍금조와 함께 했던 것처럼 나는 더 넓은 "우리"와 잠재적으로 정렬될 수 있다. 타자들이 나와 함께 이 경험을 공유할 수 있기 때문이다.

우리의 사고와 정신처럼 새와 초목은 창발적 실재이다. 생명형식은 세계의 습관들을 표상하고 증폭시킴으로써 새로운 습관들을 창출하며, 또한 다른 유기체들과의 상호작용을 통해 훨씬 더 많은 습관들을 창출한다. 따라서 생명은 습관을 증식시킨다. 열대림은 고도의 생물군과 유례없는 종들의 다양성 그리고 복잡한 공진화의 상호작용을 통하여 습관 획득을 향해 나아가는 이 경향을 이례적일 정도로 드러낸다. 사냥과 여타 생계활동을 통해 숲에 깊숙이 개입하는 아빌라 루나족과 같은 사람들에게 이러한 습관들을 예측하는 능력은 극히 중요하다.

한 부류의 삼차 요소(세계의 습관들)가 또 다른 부류의 삼차 요소(이 세계 속에서 살아가고 이 세계를 구성하는 인간적인·비인간적인 기호적 자기들)에 의해 표상되는 이러한 방식들이 나를 아마존으로 이끌었다. 이 방식을 통해서 더 많은 부류의 삼차 요소들이 "번영"할 수 있다(Haraway 2008). 생명은 습관을 증식시킨다. 열대의 생명은 습관을 극한까지 증폭시키며, 이 생물학적 세계에 몰두하는 루나족과 다른 이들은 습관을 한층 더 증폭시킬 수 있다.

성장

살아있음—생명의 흐름 속에 있음—은 우리 자신을 점점 더 늘어나는 창발적인 습관들의 배열에 정렬시키는 활동을 뜻한다. 그러나 살아있음은 습관 속에 있음을 넘어선다. 내가 자기라고 부르는 것의 근원이자 결과인 저 기호적 역동성의 활발한 번영은 붕괴와 충격의 산물이기도 하다. 퍼스가 "자신의 습관에 고착됨으로써 습관을 형성하고 상실하는 힘을 잃어버린 정신"이라고 묘사했던 활기 없는 물질과는 대조적으로, 정신(혹은 자기)은 "습관을 획득하고 폐기하는 습관을 현저할 정도로 습득해왔다"(CP 6.101).

어떤 다른 습관을 선택적으로 폐기하는 이 습관은 한층 더 고차원적인 습관의 창발을 낳는다. 달리 말하면, 성장하기 위해서는 우리를 둘러싼 습관들에 대하여 무언가를 습득해야 하며, 또한 세계의 모습에 대한 우리의 습관화된 기대가 붕괴되어야 한다. 총에 맞은 멧돼지가 강으로—추푸—뛰어들었을 때, 막시는 상처 입은 멧돼지가 으레 그러했듯이 이제 사냥감을 포획했다고 생각했다. 그는 틀렸다.

> 바보같이 나는 "멧돼지가 죽어간다"고 생각했어
> 그때
> 멧돼지가 갑자기 도망쳤어[28]

죽었다고 생각한 멧돼지가 갑자기 도망간 순간 막시가 경험한 당혹의 느낌은 해러웨이가 "세계가 지닌 독자적인 유머 감각에 대한 감각"(Haraway 1999: 184)이라고 부른 것을 드러낸다. 이처럼 세계의 습관이 스스로를 노출하는 것은 그와 같은 "충격"의 순간에서이다. 즉 우리는 우리가 그 속에서-살고-있는in-habit 습관을 대개 알아차리지 못한다. 세계의 습관과 우리의 예측이 충돌할 때에만 비로소 세계의 다른 모습이, 현재 우리의 생각과는 다른 세계의 실존적 현실성이 드러난다. 이 붕괴 다음에 이어지는 시련이 성장이다. 이 낯선 습관을 포괄할 새로운 습관을 창출하는 것, 또 그 과정에서 아무리 순간적이라 해도 우리를 둘러싼 세계와 함께하도록 우리 자신을 새롭게 만들어가는 것, 그것이 바로 시련이다.

열대림 속에서 살아가고 또 살아남기 위해서는 숲이 지닌 수많은 습관의 층위들을 이해하는 능력이 필요하다. 때때로 이것은 습관을 붕괴시키는 것으로 나타나는 요소들을 인정함으로써 성취된다. 어느 날 일라리오 부자와 함께 숲 속을 걸으면서 우리는 작은 나뭇가지에 앉아 있는 갈고리부리솔개hook-billed kite[29]를 맞닥뜨리고 그 작은 새를 사냥감으로 삼았다. 루시오가 총으로 새를 쏘았으나 총알은 비켜갔다. 깜짝 놀란 그 새는 기묘한 모습으로 날아갔다. 맹금류가 으레 그러하듯이 낮은 나무들을 지나치며 재빨리 날아가지 않고, 새는 매우 천천히 파닥파닥 날개를 움직였다. 새가 도망가는 방향을 가리키면서 루시오는 말했다.

그 새는 천천히 날아갔어

트카 트카 트카 트카tca tca tca tca

거기로[30]

116

트카 트카 트카 트카. 그날 하루 종일 루시오는 천천히, 주저하듯이, 또 얼마간 서툴게 날개를 버둥거리는 모습에 대한 이 소리 이미지를 반복해서 말했다.[31] 솔개의 그 무거운 날갯짓이 루시오의 주의를 끌었던 것이다. 맹금류는 재빨리 힘차게 날아오른다는 루시오의 기대가 무너졌다. 마찬가지로 조류학자인 힐티와 브라운(Hilty and Brown 1986: 91)은 갈고리부리솔개가 보기 드물게 "넓고 호리호리한 날개"를 가졌으며 "움직임이 적고 굼뜨다"고 묘사했다. 재빨리 비행하는 다른 맹금류와 비교하면 이 새는 예외에 속한다. 갈고리부리솔개는 우리가 맹금류에 대해 갖고 있던 가정을 무너뜨리며, 이것이 바로 그 새의 습관이 흥미로운 이유이다.

또 다른 예를 들어보자. 어느 날 아침 사냥에서 돌아온 내게 일라리오가 망태기에서 자색의 꽃으로 뒤덮인 어떤 착생선인장(학명: 디스코콱투스 아마조니쿠스*Discocactus amazonicus*)을 꺼내 주었다. 그는 그것을 **비냐리나 팡가**viñarina panga 혹은 **비냐리 팡가**viñari panga라고 불렀다. 그의 설명에 의하면 그것은 "팡가만다 비냐린"pangamanda viñarin, 즉 "잎사귀에서 자라나기" 때문이다. 난초와 같은 다른 다육성의 착생식물이 그러하듯이 그 선인장에는 어떤 특별한 약효도 없지만, 그는 물을 머금은 줄기가 베인 상처에 잘 듣는 찜질 작용을 할 거라고 생각했다. 그렇지만 이 식물의 잎이 다른 잎에서 자라나는 것처럼 보이기 때문에 일라리오는 이 식물에서 어떤 기묘함을 찾아낸 것이다. "비냐리 팡가"라는 이름은 진화상의 과거로 깊숙이 뻗어 있는 어떤 식물학적 습관에 도달하고 있다. 잎은 다른 잎에서 자라나지 않는다. 잎은 가지와 줄기의 눈 속에 위치한 분열조직에서만 자라날 수 있다. 디스코콱투스 아마조니쿠스가 유래한 선인장류의 선조 집단은 원시 시절에 얇은 층을 이루는 광합성 잎을 잃고 다육성의 둥근 광합성 줄기를 발달시켰다. 그러므로 디스코칵투스 아마조니쿠스에서 볼 수 있듯이 다른 녹색 조직들에서 자라나는 저 평평한 녹색 조직들은 사실은 잎이 아니다. 그것들은 잎의 역할을 하는 줄기들이며 이런 이유로 그 줄기들은 다른 줄기들에서 자라날 수 있다. 이와 같이 잎처럼 생긴 줄기는 잎이 줄기에서 자라난다는 습관을 의문에 부친다. 바로 이것이 이 식물을 흥미롭게 만드는 점이다.

부분에 앞서는 전체

생물학에서 그러하듯이 기호작용에서는 전체가 부분에 선행한다. 즉 유사성은 차이에 앞선다(Bateson 2002: 159). 사고도 생명도 전체로서 시작한다—비록 그것이 극단적으로 모호하고 수준에 못 미치더라도 그렇다. 단세포 배아는 아무리 단순하고 미분화되어 있다 해도, 그것이 발달하게 될 다세포 유기체와 마찬가지로 하나의 전체이다. 아이콘은 아무리 그 닮음이 초보적이라 해도 그것이 하나의 닮음으로 파악되는 한, 그 유사성의 대상을 하나의 전체로서 불완전하게 포착해낸다. 분화된 부분이 최초이고 조립된 전체가 그다음인 곳은 기계의 영역뿐이다.[32] 이와 반대로 기호작용과 생명은 전체에서 시작한다.

따라서 하나의 이미지는 하나의 기호적 전체이지만, 그렇기 때문에 이미지는 그것이 표상하는 습관에 대한 매우 대략적인 근사치일 뿐이다. 어느 날 오후 아센시오Ascencio의 집에서 마니옥 맥주를 마시고 있을 때 아센시오의 딸 산드라Sandra가 조금 떨어진 정원에서 "뱀이다! 와서 죽여줘!"[33]라고 외치는 소리가 들렸다. 아센시오의 아들 오스왈도Oswaldo가 뛰쳐나갔고 나는 그 뒤를 바짝 따라갔다. 문제의 생물은 독이 없는 채찍뱀임이 판명되었지만,[34] 오스왈도는 어쨌든 도끼칼의 칼등으로 일격을 가해 뱀을 죽이고 뱀의 몸통을 가른 뒤에 머리를 땅에 묻었다.[35] 다시 집으로 걸어올 때 오스왈도는 내가 방금 전에 발부리가 걸려 비틀거렸던 작은 그루터기를 가리키면서 예전에 내가 그 그루터기에 똑같이 걸려 비틀거렸던 걸 보았다고 말했다. 그때는 그의 부친 그리고 매형과 함께 아빌라 서쪽에 있는 험악한 숲의 비탈에서 온종일 사냥을 하고 돌아오던 길이었다.

오스왈도와 함께 집으로 돌아오는 길에서 나의 보행 습관은 세계의 습관과 불완전하게 들어맞았다. 지쳐 있었거나 약간 취했었기 때문에(처음 그루터기에 걸려 비틀거렸을 때는 10시간 이상 매우 험악한 지형을 걸어 다녀서 다리에 힘이 풀린 상태였고, 두 번째는 마니옥 맥주를 큰 잔으로 몇 차례나 마신 상태였다), 나는 돌출되어 있는 그 길의 특징을 정확하게 해석할 수 없었다. 나는 마치 장애물이 전혀 없는 것처럼 행동했다. 내가 그렇게 할 수 있었던 것은 그것이 나의 일상적 걸음걸이가 당면한 도전에 그런대로 적합한 해석적 습관—그 길에 대한 이미지—이었기 때문이다. 우리가 직면했던 그 상황에서는 내가 걷는 방식이 그 길의 특징에 완전히 들어맞는지가 그리 문제되지 않았다. 그렇지만 만약 우리가 뛰어가고 있었다면, 혹은 무거운 짐을 들고 있었다면, 혹은 폭우가 쏟아졌다면, 혹은 내가 조금 더 취한 상태였다면, 그 적합성의 결여가 한층 더 증폭되어서 조금 걸려 비틀거리는 수준이 아니라 그대로 굴러 넘어질 수도 있었다.

취하거나 지쳐 있었던 탓에 숲길에 대한 나의 표상이 너무나 어설 펐음에도 나는 그 차이를 알아차리지 못했다. 오스왈도가 내게 그루터 기를 콕 집어 말해주기 전까지 나는 그 그루터기를 전혀 알아채지 못했 고, 내가 그 그루터기에—두 번씩이나!—걸려 비틀거렸다는 것조차 인 지하지 못했다. 나의 비틀거림은 그 자체로 고착된 습관이 되어 있었다. 나의 불완전한 보행 습관이 지닌 규칙성 덕분에—두 번이나 같은 그루 터기에 반복해서 발부리가 걸릴 정도로 규칙적이었기에—그것은 그 자 체로 변칙적인 습관으로서 오스왈도의 눈에 띄었다. 그러나 그 길과의 들어맞음이 아무리 불완전하다고 해도 나의 보행 방식은 그런대로 적 합했다. 그렇게 걸으면서도 어쨌든 집으로 돌아갈 수 있었으니까.

그러나 "그런대로 적합한" 자동화가 습관화될수록 우리는 무언가 를 잃어버리게 된다. 아센시오의 집으로 걸어서 돌아온 그날, 나는 그동 안 좀 더 물질—"자신의 습관에 고착된 정신"—처럼 되었으며, 학습하 고 갈망하며 살아있고 성장하는 자기로부터 그만큼 더 멀어졌다.

우리의 길을 가로막는 그루터기가—우리가 그것을 간신히 알아차 렸을 때—돌연 나타난 것과 같은, 혹은 막시의 멧돼지가 돌연 살아났던 것과 같은 예기치 않은 사건은 세계의 모습에 대한 우리의 가정을 붕괴 시킬 수 있다. 그리고 바로 이 붕괴, 즉 낡은 습관의 와해와 새로운 습관 의 재구축이야말로 세계 속에서 생생히 살아있다는 우리의 느낌을 구 성하는 것이다. 습관을 갖고 있다는 사실 때문이 아니라 낡은 습관을 버 리고 새로운 습관을 받아들일 수밖에 없을 때, 세계는 우리에게 드러난 다. 바로 이 순간이 우리 또한 기여하는 창발적인 실재의 반짝임을—아 무리 매개된다 해도—엿볼 수 있는 순간이다.

열린 전체

기호작용이 어떻게 상징적인 것보다 더욱 폭넓은 것인지를 인식함으로써 우리는 인간적인 것을 넘어 영속적으로 창발하는 세계 속에서 우리가 살아가는 방식을 알아볼 수 있다. 인간적인 것을 넘어선 인류학은 우리를 예외적인 존재로 만들어주는 하나의 습관—상징적인 것—의 한계를 넘어서는 것을 목표로 한다. 우리의 목표는 이 습관이 가진 독특한 효과를 최소화하는 것이 아니라 상징적인 전체가 우리 너머에 있는 세계 속에서 증식해 나가는 다른 수많은 습관들에 열려 있는 다양한 방식들을 보여주는 데 있다. 요컨대 목표는 우리가 열린 전체로 존재하는 방식에 대한 감각을 되찾는 것이다.

우리에게 열려 있는 인간적인 것 너머의 이 세계는 "저기 바깥의" 어떤 것 이상이다. 왜냐하면 실재하는 것은 단순히 현존하는 것을 넘어서기 때문이다. 따라서 인간적인 것을 넘어선 인류학은 지금 여기의 현실성 너머를 살펴보기 위해 우리의 시간적 초점을 조금이라도 이동시키고자 한다. 물론 이 인류학은 제약과 우연성, 맥락과 가능성의 조건을 마주 보아야 한다. 그러나 기호들의 삶 그리고 그것들을 해석하는 자기들의 삶은 단지 현재에만 혹은 과거에만 위치하지 않는다. 기호들과 자기들의 삶은 가능한 미래로 확장되는 존재 방식 또한 갖고 있다. 따라서 인간적인 것을 넘어선 인류학은 그러한 일반적인 것들의 전망적 실재성prospective reality은 물론이고 미래에 나타나는 그 결과적 효과에도 주목하고자 한다.

만약 우리의 주제인 인간적인 것이 열린 전체라면 우리의 방법론 또한 그래야 한다. 인간적인 것 너머의 세계로 인간을 열어주는 특정한 기호적 속성은 민족지적·분석적 정밀함으로 이 세계를 탐구하도록 인류학을 열어줄 것이다. 상징적인 것의 영역이 열린 전체인 까닭은 그것이 더 폭넓고 다양한 부류의 전체에 의해 지탱되며 또 궁극적으로는 그 속에서 현실화되기 때문이다. 그와 같은 더 폭넓은 전체는 이미지다. 메릴린 스트래선이 로이 와그너Roy Wagner를 차용하여 내게 말한 것과 같이, "당신은 반쪽짜리 이미지를 가질 수 없다." 상징적인 것은 이미지를 느끼는 인간-특유의 어떤 특수한 방식이다. 모든 사고는 이미지로 시작해서 이미지로 끝난다. 모든 사고는 그것을 이끄는 길이 아무리 멀다 해도 전체다.[36]

기호작용 및 생명과 마찬가지로 이 인류학은 차이, 타자성, 통약불가능성으로 시작하지 않는다. 그렇다고 본래의 닮음에서 출발하지도 않는다. 그것은 정지되어-있는-사고의 닮음—사고를 붕괴시킬 수도 있는 결과적 차이를 아직까지 알아채지 못하고 있는 닮음—에서 시작한다. 추푸와 같은 닮음은 특수한 종류의 열린 전체이다. 아이콘은 한편으로는 모나드적이며 다른 어떤 것과도 상관없이 자신에게까지 닫혀 있다. 그것은 대상이 존재하든 말든 자신의 대상과 닮아 있다. 나는 당신이 느끼든 말든 추푸를 느낀다. 그러나 다른 한편으로 아이콘이 다른 무언가를 표상하는 한, 그것은 또한 열려 있다. 아이콘은 "예기치 못한 진실을 드러내는 능력"이 있다. 즉 "그것을 직접 관찰함으로써 그 대상에 관한 다른 진실이 발견될 수 있다"(Peirce CP 2.279). 퍼스가 예로 들었던 대수학의 공식을 보면, 등식에서 좌변의 수식은 우변의 수식에 대해 아이콘적이므로 우리는 좌변의 수식을 고찰함으로써 우변의 수식에 대해 더 많은 것을 배울 수 있다. 그와 같은 좌변의 수식이 전체이다. 좌변의 수식은 그 전체성 속에서 우변의 수식을 포착한다. 그러면서도 좌변의 수식은 이 과정에서 "사태의 새로운 국면을 매우 정확한 방식으로"(CP 2.281) 제안해줄 수도 있다. 이것이 가능한 것은 그것이 일반적인 방식으로 이 전체성을 표상하기 때문이다. 기호는 대상을 "모든 측면에서가 아니라 일종의 관념에 대한 지시로서"(CP 2.228) 표상한다. 이 관념은 아무리 모호하다고 해도 전체다.

이미지가 가진 계시의 힘에 주목한다면, 우리는 민족지적인 세부사항을 더 폭넓은 무언가와 관련짓는 인류학을 실천하기 위한 길을 찾아낼 수 있을 것이다. 저지대 케추아어에서 나타나는 아이콘성에 대한 과도한 강조는, 마치 공황상태가 다른 속성들을 과장하여 더욱 분명하게 드러내듯이, 언어의 어떤 일반적인 속성을 증폭시켜 언어가 언어 너머에 놓인 것과 맺는 관계를 더욱 분명하게 드러낸다. 이러한 증폭 혹은 과장은 대상에 대하여 일반적인 무언가를 드러내주는 이미지로서 기능할 수 있다. 그러한 일반적인 것은 실재한다. 그것이 특수한 것의 구체성이나 소위 보편적인 것의 고정된 규범성—인류학이 정당하게 거부하는—을 결여한다는 사실에도 불구하고 그렇다. 인간적인 것을 넘어선 인류학이 가리키고자 하는 것은 바로 그러한 일반적인 실재들이다. 그러나 인간적인 것을 넘어선 인류학은 각별히 세속적인 방식으로 그렇게 하고자 한다. 인간적인 것을 넘어선 인류학은 민족지적인 순간으로 나타나는 일상의 고군분투와 비틀거림 속에 스스로를 접지시키며, 어떻게 그러한 우연적인 일상들이 일반적인 문제들을 더욱 분명하게 만드는지를 보여주고자 한다.

나의 희망은 인간적인 것을 넘어선 인류학이 때마침 만나게 되는 이제 막 출현한 새롭고 예기치 못한 습관에 스스로를 열어두는 것이다. 참신함, 이미지, 느낌에 스스로를 열어둠으로써 이 인류학은 그 주제와 방법 속에서 일차성의 신선함을 탐구하고자 한다. 내가 당신에게 바라는 것은 당신 스스로 추푸를 느끼는 것이다. 이것은 내가 강요할 수 있는 것이 아니다. 그러나 인간적인 것을 넘어선 인류학은 또한 이차성의 인류학이기도 하다. 이 인류학은 세계 속의 잡다하게 뒤섞인 거주자들이 서로에게 관여하고 서로를 이해하려는 그 모든 방식의 창발적인 산물이자, 이 뒤죽박죽의 세계에서 차이를 만들어내는 그러한 자연발생성의 효과들이 얼마나 놀라운지를 기록하고자 한다. 마지막으로 인간적인 것을 넘어선 인류학은 일반적인 것의 인류학이다. 왜냐하면 개별적인 신체들과 종들, 심지어 구체적인 현존의 한계를 초과하는 **우리**가 현재 너머로 확장될 수 있는 기회들을 인식하는 것이 목표이기 때문이다. 이 **우리**—나아가 상상하고 깨닫도록 우리에게 손짓하는 희망찬 세계—가 바로 열린 전체다.

2장

살아있는 사고

푸네스는 모든 숲의 모든 나무들의 모든 잎사귀들뿐만 아니라 그가 그것들을 지각했거나 떠올렸던 모든 순간들 하나하나까지도 기억하고 있었다. (…) 그렇지만 나는 그가 사고를 할 수 있을 것인가 하는 의심이 들곤 했다. 사고를 한다는 것은 차이를 망각하는 것이다.

호르헤 루이스 보르헤스, 「기억의 천재 푸네스」

아메리가Amériga와 루이사Luisa는 한때 텃밭이었다가 지금은 덤불숲인 그곳에서 어독魚毒용 뿌리식물[1]을 캐고 있었기 때문에 그 사건을 들을 수 있는 반경 내에 있었다. 그녀들은 집에 돌아온 후 델리아Delia와 함께 마니옥 맥주를 마셨고, 그때 루이사는 델리아에게 수풀 너머에서 들려온 자기 집 개들의 짖는 소리를 흉내 내었다. 그녀들이 붉은 얼굴이라고 부르면서 예뻐했던 푸카냐, 푸카냐의 늙은 동료인 쿠키, 그리고 우이키. 이 개들은 사냥감을 쫓을 때처럼 흥분해서 "우악, 우악, 우악, 우악, 우악, 우악, 우악, 우악, 우악" 하고 짖어대었다. 그다음에 그녀가 들은 것은 "야, 야, 야, 야"라는 사냥감을 습격할 때 개들이 짖는 소리였다. 그러나 뒤이어 불안감이 엄습하는 소리가 들렸다. 개들이 "아야—이, 아야—이, 아야—이"라며 괴성을 지르기 시작했다. 이 소리는 개들이 반격을 당해 극심한 고통 속에 있다는 뜻이다.

"그리고 그걸로 끝이야. 개들은 곧 침묵에 빠져들었지"[2]라고 루이사는 말했다.

chun

침묵

어떻게 해서 사태가 이렇게 급변했을까? 그녀들에게 이 질문의 답은 개들이 자신을 둘러싼 세계를 어떻게 이해했는지, 아니 더 정확하게는 어떻게 이해하지 못했는지를 상상함으로써 해명된다. 루이사는 처음 두 번의 짖는 소리를 회상하면서 "개가 무언가 큰 짐승을 만나면 그래"라고 논평했다. 즉 개들이 큰 사냥감을 만나면 그렇게 짖는다는 것이다. 루이사는 그때 '개들이 사슴을 보고 짖나?'라고 생각했다고 한다. 아, 이제 이해가 된다. 며칠 전 개들은 사슴을 쫓아 물어 죽였다. 그리고 우리는 아직 그 고기를 다 먹지 않았다.

그런데 개들에게 먹잇감으로 보였지만 곧 개들을 반격한 것은 어떤 생명체였을까? 그녀들은 생각할 만한 것은 하나밖에 없다고 결론 내렸다. 개들은 틀림없이 퓨마mountain lion를 붉은마자마사슴red brocket deer으로 잘못 봤을 것이다. 이 두 짐승의 털은 모두 황갈색이며 크기도 비슷하다. 루이사는 개들의 생각을 이리저리 가늠해보려고 했다. '저건 사슴처럼 생기지 않았는가? 물어버리자!'

델리아는 아메리가와 루이사가 개들의 혼동에 실망한 것을 간단하게 정리했다. "아주 아주 멍청해." 아메리가가 덧붙여 말했다. "어째서 개들은 몰랐지? 어째서 습격할 것처럼 '야우, 야우, 야우'라고 짖을 생각까지 할 수 있었지?"

각각의 짖는 소리가 의미하는 것은 분명했다. 그 짖는 소리들은 아빌라 사람들이 알고 있다고 느끼는 개들의 발성 목록의 일부이기 때문이다. 그럼에도 여전히 풀리지 않는 것은 개의 관점에서 무엇이 개들을 이토록 짖게 만들었는지에 대한 의문이다. 개들이 퓨마와 사슴을 구별하지 못했을 것이라고 상상하려면, 그리고 그 혼동—개들이 황갈색의 큰 짐승을 보고 습격한 것—이 가져온 비극적 결말을 되짚어보려면, 어떻게 개들의 행위가 개들이 자신을 둘러싼 세계를 이해하는 방식에 의해 유발되었는지를 생각해봐야 한다. 그리하여 그녀들의 대화는 '개들은 어떻게 생각하는가'라는 질문을 중심으로 펼쳐지기 시작했다.

이 장에서는 우선 인간뿐만 아니라 모든 살아있는 존재는 사고한다는 주장을 전개하고, 이어서 그와 밀접하게 관련된 또 하나의 주장으로서 모든 사고는 살아있음을 논하고자 한다. 즉 "살아있는 사고"living thought를 다루겠다.[3] 생각한다는 것은 무엇을 뜻할까? 살아있다는 것은 무슨 의미인가? 왜 이 두 질문이 관련되어 있을까? 나아가 다른 부류의 존재와 관계한다는 도전적인 과제의 측면에서 이 질문들에 대한 우리의 접근법은 관계성과 "인간적인 것"에 대한 우리의 이해를 어떻게 변화시킬까?

만약 사고가 살아있다면 그리고 살아있는 것이 사고한다면, 살아있는 세계는 주술화되어 있을 것이다. 여기서 내가 말하고자 하는 것은 인간적인 것 너머의 세계란 인간에 의해 의미를 부여받는 무의미한 세계가 아니라는 것이다.[4] 오히려 의미-화mean-ing—수단-목표 관계, 노력, 의향, 목적성, 의도, 기능, 유의미성—는 사고를 규정하고 제약하는 우리의 너무나 인간적인 시도에 의해 완전히 소진되지 않는 방식으로 인간적인 것을 넘어선 살아있는 사고의 세계 속에서 창발한다.[5] 더 정확히 말하면 아빌라 주변의 숲은 활기에 넘친다animate. 즉 그 숲은 인간을 중심으로 펼쳐질 필요도 없고 인간으로부터 유래하지도 않는 의미-화의 또 다른 창발적인 처소를 품고 있다. 이것이 숲은 생각한다고 말할 때 내가 도달한 것이다. 인간적인 것을 넘어선 인류학은 바로 그러한 사고의 검토를 시작하고자 한다.

만약 사고가 인간적인 것을 넘어서 존재한다면, 우리 인간은 이 세계 속에 있는 유일한 자기들selves이 아니다. 간단히 말해 우리는 유일한 부류의 **우리**가 아니다. 애니미즘animism, 즉 인간적이지 않은 처소에 주술성을 귀속시키는 것은 단순한 믿음이나 체화된 관행에 불과한 것도 아니며 서양의 기계론적인 자연 표상에 대한 비판의 자양분이기만 한 것도 아니다. 우리는 특정한 인간 집단이 어떻게 다른 존재들이나 개체들을 활기 있는animate 것으로 표상하게 되는가와 같은 질문에 머물러서는 안 된다. 우리는 또한 다른 존재들이나 개체들을 활기 있게 만드는 것이 무엇인지를 더욱 폭넓게 숙고할 필요가 있다.

숲의 존재들을 창출하고 연결하고 지탱하는 관계적 논리를 제대로 꿰뚫어 보기 위하여 아빌라 사람들은 이러한 기초적인 생명성animacy을 어떻게든 인정해야만 한다. 따라서 루나족의 애니미즘이란 생명과 사고의 중요한 속성들을 증폭하고 드러냄으로써 세계 속에서 살아있는 사고에 주목하는 한 가지 방식이라 할 수 있다. 애니미즘은 세계에 관한 하나의 사고 형식으로서, 세계-내-사고가 지닌 독특한 속성들을 가시화하는 가운데 특정 상황에서 세계-내-사고와 친밀하게 관계하면서 생겨난다. 세계의 살아있는 사고와 맺는 이러한 관계를 주시함으로써 우리는 인류학을 다르게 사고할 수 있다. 그것은 인간적인 것 너머로 확장되는 세계 속에서 우리가 어떻게 살아가며 이를 통해 우리의 삶이 어떻게 형상화되는지를 주시하는 데 사용할 수 있는 일련의 개념적 도구를 구상하도록 우리를 도와줄 수 있다.

예를 들어 개는 생각하기 때문에 자기이다. 그러나 반직관적이게도 개가 생각한다는 증거는 델리아의 표현을 빌리면 개가 "아주 아주 멍청하다"—매우 무분별하고 둔하다—는 데 있다. 개들이 숲에서 퓨마와 사슴을 혼동할 수 있다고 여겨진다는 사실은 중요한 질문을 제기한다. 어떻게 사고의 삶과 그에 머무는 자기들에게 무분별, 혼동, 망각이 그렇게나 결정적인 것일까? 살아있는 사고 속에서 혼동이 갖는 기묘하고 생산적인 힘은 사회이론에서 한편으로는 차이와 타자성이, 다른 한편으로는 정체성이 수행하는 역할에 관한 기본 전제들에 이의를 제기한다. 이것은 자기들이 맺을 수 있는 모든 가능한 관계 방식들에 대하여 언어적 관계성의 논리를 적용하려는 우리의 경향을 우리 스스로 넘어설 수 있는 방식으로 관계성을 재고하도록 우리를 도와줄 수 있다.

비인간 자기들

그녀들이 개들의 짖는 소리를 해석할 수 있다고 느낀 것은 분명하지만, 그것이 개들을 자기들로서 인식하게 만드는 것은 아니다. 개들을 자기들로 만드는 것은 개들의 짖는 소리가 개들을 둘러싼 세계에 대한 그들의 해석을 보여주었다는 사실이다. 그리고 그녀들이 충분히 알고 있는 것처럼, 저 개들이 자신을 둘러싼 세계를 어떻게 해석하느냐에 따라 개들 자신의 삶과 죽음이 좌우된다. 따라서 우리 인간은 세계를 해석하는 유일한 자들이 아니다. "관여성"aboutness―그것의 가장 기초적인 형식으로서 표상, 의도, 목적―은 생물학적 세계를 이루는 살아있는 역동성의 본래적인 구조적 특징이다. 생명은 본래 기호적이다.[6]

이 본래적인 기호적 특징은 모든 생물학적 과정에 적용된다. 큰개미핥기의 가늘고 긴 주둥이와 혀의 진화적응을 예로 들어보겠다. 큰개미핥기는 아빌라에서 타마누우아tamanuhua로 알려져 있는데, 궁지에 몰릴 때에는 생명을 위협하는 동물이 될 수도 있다. 내가 아빌라에 있을 때, 현지의 한 남자가 큰개미핥기의 공격을 받아 거의 죽을 뻔한 적이 있다(6장 참조). 심지어 재규어조차도 큰개미핥기를 멀리서 지켜볼 뿐 가까이 다가가지 않는다고 한다(3장 참조). 큰개미핥기는 영묘한 동물이기도 하다. 어느 날 늦은 오후 수노 강 상류의 산등성이에서 일라리오, 루시오와 함께 통나무에 걸터앉아 쉬고 있을 때, 나는 숲 속에서 잽싸게 움직이는 그 모습을 멀리서 얼핏 보았다. 지금까지도 그 이미지가 내 마음속에 강렬하게 남아 있다. 끝이 뾰족한 머리와 땅딸막한 몸통, 부채처럼 넓게 퍼진 거대한 꼬리, 그리고 해질녘의 석양에 비춰져 채색된 듯한 꼬리털.

큰개미핥기는 오로지 개미만 먹는다. 가늘고 긴 주둥이를 개미굴에 밀어 넣어 개미를 포식한다. 개미핥기의 주둥이와 혀가 지닌 독특한 형상은 주어진 환경의 어떤 특색, 즉 개미굴의 형상을 포착한다. 이 진화적응은 다음 세대에 의해 그것이 지향하는 것(예를 들어 개미굴의 형상)의 측면에서 해석되는 하나의 기호이다(여기서는 의식이나 성찰이 없기에 고도로 신체화된 방식으로 행해진다). 결과적으로 이 해석은 그러한 적응을 통합시키는 방식으로 다음 세대로 이어지는 유기체의 신체 발달 속에서 명시적으로 나타난다. 그리하여 이 신체(와 그 적용)는 그다음 세대의 개미핥기의 신체가 계속해서 발달함에 따라서 또 다른 세대의 개미핥기에 의해 그와 같은 방식으로 해석되는 한, 주어진 환경의 특색을 표상하는 새로운 기호로 기능한다.

세대에서 세대로 이어지면서 개미핥기의 주둥이는 개미굴의 기하학적 구조를 한층 더 정밀하게 표상해왔다. 이는 주둥이와 혀가 지향하는 환경적인 특색(예를 들어 개미굴의 형상)을 더 정밀하게 포착하지 못한 "선조 개미핥기"의 계통이 살아남지 못했기 때문이다. 그리하여 선조 개미핥기와 비교하면 지금의 개미핥기는 환경적인 특색에 비교적 높은 "적응성"(Deacon 2012)을 보여주게 되었다. 지금의 개미핥기는 환경적인 특색을 더 치밀하고 더 뚜렷하게 표상한다.[7] 바로 이런 의미에서 진화 적응의 논리는 기호적인 것이다.

이처럼 생명이란 기호 과정이다. 퍼스(CP 2.228)가 제시한 기호의 정의에서처럼, "무언가를 어떤 측면이나 능력에서 대신해 누군가에게 무언가를 나타내는" 모든 역동성은 살아있다. 가늘고 긴 주둥이와 혀는 개미굴의 건축구조에 관한 무언가를 대신해 미래의 개미핥기("누군가")에게 나타낸다. 퍼스 기호학의 가장 중요한 공헌 중 하나는 기호를 다른 무언가를 표상하는 어떤 것으로 간주하는 전통적이며 이항적인 이해를 넘어서 그 너머까지 보았다는 데에 있다. 대신 그는 기호작용의 환원 불가능한 요소로서 극히 중요한 제3의 변수를 인정해야 한다고 주장한다. 즉 기호는 "누군가"에게 무언가를 표상한다는 것이다(Colapietro 1989: 4). 큰개미핥기가 예시하듯이, 이 "누군가"—혹은 내가 선호하는 표현으로는 자기self—는 반드시 인간일 필요도 없고, 우리가 표상과 결부시키곤

하는 상징적 지시, 주체성, 내면성의 감각, 의식, 자각을 포함할 필요도 없다(Deacon 2012: 465-66).

게다가 자기성selfhood은 뇌를 가진 동물에만 한정되지 않는다. 식물 또한 자기이다. 나아가 자기성은 신체적으로 구획된 유기체만의 것도 아니다. 즉 자기성은 복수의 신체에 걸쳐 분산될 수 있고(세미나, 군중, 혹은 개미 군체도 자기로서 활동할 수 있다), 하나의 신체 내에 있는 다른 수많은 자기들 중 하나일 수 있다(개개의 세포도 일종의 최소한의 자기성을 가지고 있다).

자기는 해석 과정의 기원이자 그 산물이다. 즉 기호작용의 경유지다(1장 참조). 자기는 기호적 역동성 외부에서 "대문자 자연", 진화, 시계공, 호문쿨루스의 생명혼, (인간) 관찰자로 서 있지 않다. 오히려 자기성은 앞선 기호를 해석하여 새로운 기호를 산출하는 과정의 결과물로서 이러한 기호적 역동성 내부에서 창발한다. 바로 이런 이유로 비인간 유기체를 자기로서, 또 생물학적 생명을 기호 과정으로서 숙고하는 것은 온당하다. 자기가 때로 고도로 신체화되거나 비상징적이라 할지라도 말이다.

기억과 부재

하나의 자기로서 큰개미핥기는 자신의 형식을 선택적으로 "기억하는" 하나의 형식이다. 즉 다음 세대는 이전 세대의 닮은꼴이자 조상의 아이콘적 표상이다. 그러나 다음 세대의 개미핥기는 선조와 닮은 만큼(그래서 그것은 선조에 대한 일련의 기억이다), 선조와 다르기도 하다. 왜냐하면 개미핥기의 다음 세대는 조상에 비해 주둥이가 개미굴에 더 잘 들어맞음에 따라 주둥이와 혀를 활용하여 자신을 둘러싼 세계의 더 세부까지 표상할 수 있는 가능성을 갖기 때문이다. 요컨대 다음 세대의 개미핥기가 앞선 세대를 기억하거나 재-현전하는 방식은 "선택적"이다. 이것은 주둥이가 자신의 환경에 "들어맞지" 않은 탓에 그에 따라 어떤 의미에서는 망각된, 과거의 선조 개미핥기의 자기들 덕분이기도 하다.

기억과 망각의 이 놀이는 생명에 고유한 것이자 그 중심을 이룬다. 살아있는 유기체의 모든 계통—식물이든 동물이든—은 이 특성을 보여줄 수 있다. 이와 대조되는 것으로는 이를테면 눈송이가 있다. 어떤 눈의 결정이 취하는 특정한 형식은 눈이 지면에 떨어질 때 환경과 상호작용한 것으로 역사적으로 우연한 산물이지만(눈의 결정이 일종의 개성을 보여준다고 우리가 생각하는 것도 이 때문이다. 눈의 결정은 그 어느 것도 똑같지 않다), 그 형식은 결코 선택적으로 기억되지 않는다. 즉 일단 그것이 녹아버리면 그 형식은 뒤이어 지면에 떨어지는 눈의 결정이 취하는 형식과는 아무런 관련이 없어진다.

살아있는 존재가 눈송이와 다른 까닭은 생명이 본래 기호적이고 기호작용은 항상 자기를 위한 것이기 때문이다. 개별적인 개미핥기가 취하는 형식은 자신의 미래를 구체화하기 위해 개미핥기의 계통이 진화의 시간 속에서 적응해온 환경을 표상하는 것이다. 개미핥기의 계통들은 환경에 맞춰온 이전의 적응을 선택적으로 기억한다. 눈송이는 그렇지 않다.

그리하여 자기란 개별적인 형식을 유지하고 영속시키는 생명에 고유한 과정의 결과물이며, 그것이 여러 세대에 걸쳐 반복됨에 따라 형식은 주변 세계에 점차 적합해지고 그와 동시에 자기가 아닌 것에 대해서는 형식의 자기동일성을 유지하는 어떤 순환적 폐쇄성을 나타내게 된다(Deacon 2012: 471). 개미핥기는 자신의 계통 속에서 개미굴에 대한 이전의 표상을 재-현전하지만, 그렇다고 개미핥기 자체가 개미굴인 것은 아니다. 자신의 형식을 유지하기 위해 고군분투하는 한에서 그러한 자기는 스스로를 위해 행동한다. 따라서 "피부에-싸인"skin-bound 것이든 한층 더 분산된 것이든 자기는 우리가 행위주체성이라고 부를 만한 것의 처소이다(479-80).

큰개미핥기는 하나의 기호이다. 따라서 그것이 무엇인지—그 특정한 외형, 예를 들어 그 외의 다른 모습의 주둥이가 아니라 가늘고 긴 주둥이를 가지고 있다는 사실—는 그것이 무엇에 관한 것인지를, 말하자면 앞서 묘사한 역동성을 통해 그것이 점차 적응하게 된 그 환경을 고려해야만 이해될 수 있다. 그러므로 기호작용이 신체화되어 있을지라도, 그것은 또한 신체 이상의 무언가를 언제나 포함한다. 기호작용은 부재하는 무언가에 관한 것이다. 즉 그것은 과거의 세대가 적응한 환경과 잠재적으로 닮아 있는, 기호적으로 매개된 미래의 환경에 관한 것이다(1장 참조).

살아있는 기호는 퍼스가 습관이라 부른 것에 대한 예측이다(1장 참조). 말하자면 그것은 규칙성, 즉 아직 존재하지 않지만 존재할 가능성이 있는 무언가에 대한 기대다. 개미핥기의 주둥이는 그것이 아닌 무엇, 다시 말해 가늘고 긴 주둥이를 가진 개미핥기가 살아가게 될 환경에 개미굴이 있을 것이라는 가능성의 산물이다. 그것은 기대—미래가 담지하게 될 무언가에 대한 고도로 신체화된 "추측"—의 산물이다.

이것은 또 다른 중요한 부재의 결과이다. 내가 앞서 언급한 대로 주둥이와 주둥이가 주변 세계에 적응하는 방식은 이전의 모든 잘못된 "추측들"—개미굴의 세계와 덜 닮았던 주둥이를 가진 이전 세대들—의 결과다. 이 선조 개미핥기들의 주둥이는 다른 선조들의 주둥이만큼 개미굴의 기하학적 구조에 들어맞지 않았기 때문에 그 형식이 미래에까지 살아남지 못했다.

"부재하는" 미래를 예측하고자 고군분투하는 자기들의 이 방식은 아메리가의 개들의 행동에서도 명백히 나타난다. 그녀들의 상상 속에서 개들은 사슴이라고 기대하고 그렇게 믿었던 짐승을 향해 짖었음에 틀림없다. 더 정확하게 말하면, 아마도 개들은 황갈색의 큰 몸집을 가진 짐승으로 보인 어떤 것을 향해 짖었을 것이다. 그러나 불운하게도 퓨마 역시 황갈색의 큰 몸집을 가졌다. 기호적으로 매개된 미래—사슴으로 알고 습격할 가능성—는 현재에 영향을 주게 된다. 그것은 개들의 판단—돌이켜 보면 "아주 멍청한" 판단—에 영향을 주어 개들이 먹잇감이라고 생각한 생명체를 쫓아가게 했다.

생명과 사고

기호들의 계통은 그 각각의 구체화가 앞선 기호를 미래의 기호에 의해 해석될 수 있는 방식으로 해석하는 한, 창발적인 습관으로서 미래로 확장할 수 있는 가능성을 가진다. 이것은 생물학적 유기체에도 이 책에도 똑같이 적용된다. 전자의 경우 그 자손이 미래에 살아남을지는 알 수 없고, 후자의 경우 그 생각이 미래의 독자의 사고로 이어질지는 알 수 없다(Peirce CP 7.591). 이러한 과정이 생명을 구성하는 것이다. 즉 모든 부류의 생명은 그것이 인간이든 생물이든 심지어 언젠가 무기물이 되든, 이 신체적이고 국지적이며 표상적인 미래-예측이 갖는 역동성을 자생적으로 보여줄 것이다. 이 역동성은 자신의 미래를 구체화하는 가운데 습관 획득을 향한 경향을 포착하고 증폭하며 증식시킨다. 달리 말해 잠재적으로 미래로 확장할 수 있는 그러한 처소의 계통 내에서, 관여성의 처소로 나타나는 모든 개체는 살아있다고 말할 수 있다. 생명―어떤 부류의 생명이든, 우주 속 어디에 있든―의 기원은 또한 필연적으로 기호작용 및 자기의 기원을 표시한다.

생명의 기원은 또한 사고의 기원을 표시한다. 생명-형식―인간이든 비인간이든―은 본래 기호적이기 때문에 퍼스가 "과학적' 지성"이라고 부른 것을 보여준다. 여기서 "과학적"이라는 표현이 의미하는 것은 인간적이고 의식적이며 합리적이기도 한 지성이 아니라 단순히 "경험을 통해 배울 수 있는" 지성이다(CP 2.227). 자기는 눈송이와는 반대로 경험을 통해 배울 수 있다. 이것은 내가 이제까지 기술한 것과 같은 기호 과정을 통해 자기가 성장할 수 있다는 것을 달리 말한 것이다. 그리고 이것은 결국 자기가 생각한다는 것의 또 다른 표현 방식이다. 그러한 사고는 우리가 맹목적으로 실시간real time이라 부르는 시간의 척도 속에서 일어날 필요가 없다(Dennett 1996: 61). 즉 그것은 피부에-싸인 단일 유기체의 생명 내부에서 일어날 필요가 없다. 생물학적 계통들 또한 생각한다. 그것들은 여러 세대에 걸친 경험을 통해 자신을 둘러싼 세계를 배우면서 성장해갈 수 있으며, 나아가 이를 통해 그들의 "과학적' 지성"

을 입증한다. 요컨대 생명은 기호적이며 기호작용은 살아있기 때문에 생명과 사고 모두를 "살아있는 사고"로 다루는 것은 일리 있다. 생명, 자기, 사고 간의 밀접한 관계성에 대한 깊은 이해는 내가 이 책에서 전개하는 인간적인 것을 넘어선 인류학에서 핵심적이다.

자기들의 생태학

생명의 기호적 성질—생명이 취하는 형식은 살아있는 자기들이 자신을 둘러싼 세계를 표상하는 방식의 산물이라는 사실—은 열대의 생태계를 구조화한다. 모든 생명이 기호적이지만, 생명이 지닌 이 기호적 성질은 비할 데 없이 다종다양한 살아있는 자기들이 복작거리는 열대림 속에서 증폭되어 한층 더 뚜렷하게 나타난다. 숲이 어떻게 생각하는지에 주목하는 방법을 찾고자 하는 것도 바로 이 때문이다. 열대림은 생명이 생각하는 방식을 증폭시키고 그에 따라 생명의 사고방식을 우리에게 더욱 뚜렷하게 보여줄 수 있다.

기호들이 표상하는 세계들은 단지 사물들things만으로 구성되지 않는다. 대개 그것들은 또한 다른 기호적인 자기들selves로 구성된다. 이러한 이유로 나는 아빌라 숲의 내부와 그 주변을 둘러싼 살아있는 사고들의 그물망을 자기들의 생태학ecology of selves이라고 부르게 되었다. 아빌라 내부와 그 주변을 둘러싼 자기들의 생태학은 루나족은 물론이고 루나족 및 숲과 상호작용하는 다른 인간들까지 포괄한다. 나아가 그것은 숲에 사는 수많은 부류의 살아있는 존재들뿐만 아니라, 이 책의 결말로 향하면서 논하게 될 것처럼 우리를 살아있는 존재로 만드는 영들과 죽은 자들도 그 구성 속에 포함하고 있다.

다양한 부류의 존재들이 어떻게 다른 부류의 존재들을 표상하고 또 다른 존재들에 의해 어떻게 표상되는지가 아빌라를 둘러싼 숲 속의 생명의 패턴화patterning를 규정한다. 예를 들어 가위개미leafcutter ant(학명: 아타속)들은 보통은 나뭇가지 끝에서 골라 모은 초목의 끄트러기를 집까지 운반하는 일개미의 긴 행렬을 통해서만 볼 수 있다. 그런데 일 년에 단 한 번 가위개미들의 활동이 크게 변모하는 때가 있다. 다른 개미집에서 온 개미들과 교미하기 위해, 넓게 분산된 각각의 개미집들이 단 몇 분의 간격을 두고 동시에 수백 마리의 통통한 날개 날린 처녀여왕개미를 토해내 이른 아침의 하늘로 날려 보낸다. 이 사건은 갖가지 모험과 기회를 만들어내고 나아가 이 모험과 기회에 의해 구조화된다. 서로 멀리 떨어진 개미집에 사는 개미들은 어떻게 각자의 비행편대를 잘 조정할까? 풍부하지만 잠깐 나타났다 사라지고 마는 저장고를 포식자는 어떻게 잘 이용해낼까? 그리고 개미들은 잡아먹히지 않기 위해 어떠한 방어 전략을 구사할까? 남아돌 정도로 지방을 비축한 비행하는 개미들은 아마존에 사는 수많은 존재들뿐만 아니라 아빌라 사람들이 호시탐탐 노리는 만찬이기도 하다. 이 개미들의 가치가 그들에게 어느 정도인지는 그것들이 단순히 **아냥구**añangu, 즉 개미로 알려져 있다는 것만으로도 충분히 알 수 있다. 아빌라 사람들이 소금과 함께 구워서 진미로 즐기는 이 개미들은 입수 가능한 시간이 제한적이지만 간만의 때에 냄비에 담겨 중요한 식량원으로 활용된다. 어떻게 사람들은 매년 이 개미들이 지하의 개미집에서 나오는 그 몇 분간을 그렇게나 잘 예측해낼까?

개미가 날아오르는 시기의 문제는 우림이 어떻게 우림이 되는가에 대해서 우리에게 말해줄 수 있다. 우림은 상호 구성하고 살아있고 성장하는 사고들이 창발하고 확장하는 다층적인 불협화음의 그물망이다. 적도의 열대 지방에 속하는 이 지역은 일조량과 기온의 계절적 변화가 없고 따라서 봄의 개화도 없기 때문에, 숲에 사는 존재들의 상호작용 외에는 개미의 비행 시기를 좌우하거나 미리 알려주는 단서가 고정적으로 존재하지 않는다. 이 사건의 타이밍은 경쟁하고 해석하는 다양한 종들의 오케스트레이션과 그와 맞물린 계절의 기상학적 규칙성으로부터 공동으로 산출된 예측의 결과이다.

아빌라 사람들에 의하면, 날개미는 천둥·번개와 강의 범람을 수반하는 폭우의 시기가 지난 직후 온화한 때에 등장한다. 이 폭풍우의 시기를 기점으로 통상 8월경에 나타나는 비교적 건조한 시기는 끝난다. 사람들은 과일이 영글고 벌레들이 들끓고 동물의 활동이 변화하는 모습들과 결부된 다양한 생태적 신호와 개미들의 출현을 연결시킴으로써 개미가 비행할 때를 예측하고자 한다.[8] 다양한 지표가 "개미의 계절" añangu uras이 다가왔음을 고할 때, 사람들은 개미가 곧 날아오를 것임을 알려주는 신호를 점검하기 위해 집 주변의 여러 개미집을 밤새 수시로 순회한다. 이 신호란 잔해로 덮인 입구를 치우는 호위개미들과 느릿느릿 입구를 나오는 몇 마리의 개미들 그리고 어딘가 무기력해 보이는 날개미들이다.

개미의 비행 시기에 관심을 갖는 이들은 아빌라 사람들만이 아니다. 개구리, 뱀, 작은 고양이과 동물[9] 등의 다른 생명체들도 개미에 이끌리거나 개미에 이끌린 다른 동물들에 이끌린다. 그들은 모두 개미가 개미집에서 언제 나올 것인가에 관한 신호를 통해 개미를 감시하거나 개미를 감시하는 것들을 감시한다.

개미가 날아오르는 날은 기상학적 패턴들과 밀접히 연결되어 있고 이것은 개미들이 다른 개미집의 개미들과 함께 어떻게 비행편대를 잘 짜는지를 보여주는 것 같지만, 그날 개미가 날아오르는 순간의 정확한 시간대는 진화의 시간 속에서 침전된 것으로서 잠재적 포식자가 알아챌지 말지를 염두에 둔 반응이다. 개미가 날이 밝기 직전에 날아오르는 것은 우연이 아니다(내가 시간을 재었을 때는 정확히 오전 5시 10분이었다). 개미가 개미집에 있을 때에는 공격적인 호위개미가 뱀, 개구리, 그 외의 포식자로부터 개미를 지킨다. 그러나 개미가 일단 개미집에서 날아오르면 호위개미는 그 곁에 없다. 개미는 밤과 낮의 틈새에서 아직도 밖을 서성이는 과일먹는박쥐의 먹이가 될 수 있다. 박쥐는 비행 중의 개미를 습격해서 통통한 지방 덩어리의 복부를 씹어 먹는다.

박쥐가 어떻게 세계를 보는가는 비행하는 개미들의 삶과 죽음을 좌우한다. 개미들이 그 시각에 날아오르는 데에는 이유가 있다. 여전히 밖을 돌아다니는 박쥐들이 있지만, 그 시각에 박쥐가 활동할 수 있는 시간은 20분에서 30분 남짓이다. 새가 활동을 시작할 무렵(오전 6시경 일출 직후) 거의 대부분의 개미들은 이미 흩어졌을 것이고 암컷 중에는 벌써 교미를 끝내고 새로운 개미집을 짓기 위해 지면에 내려온 것들도 있을 것이다. 개미들이 비행하는 정확한 타이밍은 기호적으로 구조화된 생태학의 결과이다. 개미는 야행성과 주행성의 포식자들로부터 가장 발견되기 어려운 시간대인 동틀 무렵—밤과 낮 사이의 불명료한 시간대—에 모습을 드러낸다.

일 년에 불과 몇 분간 개미가 개미집에서 날아오르는 그 순간에 개미를 잡기 위해 사람들은 개미의 삶을 구조화하는 기호적 네트워크의 논리 속으로 들어가고자 한다. 어느 날 밤 개미들이 막 날아오르려 할 때에 후아니쿠는 몰려오는 비구름을 쫓아내기 위해 자신의 "생명의 호흡"samai이 깊이 스며든 담배 연기를 내뿜을 수 있도록 내게 종이담배를 달라고 청했다. 만약 그 밤에 비가 쏟아진다면 개미는 나오지 않을 것이다. 그런데 그의 아내 올가Olga는 후아니쿠에게 비를 쫓아내지 말라고 애원했다. 그녀는 로레토의 장터에 나간 아들들이 다음 날까지 돌아오지 못할 수도 있음을 우려했다. 집 주변의 여러 개미집에서 떼로 나오는 개미를 수확하기 위해서는 아들들이 필요했던 것이다. 개미가 그 밤에 날아오르지 못하도록 그녀는 집 주변의 거의 모든 개미집을 찾아내어 꾹꾹 밟았다. 이렇게 해두면 오늘 밤 개미가 나오지 못할 거라고 그녀는 말했다.

드디어 개미가 날아오를 거라고 후아니쿠가 확신한 그날 밤, 한밤중에 나와 그의 아들들과 함께 개미집을 점검하러 갈 때에 후아니쿠는 개미집 주변을 찬다거나 세게 밟지 말라고 신신당부했다. 그 후 후아니쿠와 나는 새벽 5시가 되기 조금 전에 집에서 가장 가까운 개미집 입구에서 4미터 정도 떨어진 곳에 등유램프 몇 개에다가 내가 가진 몇 개의 초와 회중전등을 놓아두었다. 날개미는 빛에 현혹되어 빛이 나오는 곳으로 이끌린다. 다만 등불은 호위개미가 위협으로 느끼지 않도록 충분히 멀리 떨어진 곳에 설치했다.

개미가 나타나기 시작하면서 후아니쿠는 속삭이듯이 작은 소리로 이야기했다. 5시가 조금 지나 날개미들이 개미집에서 날아오르면서 붕

붕거리는 날갯짓 소리가 들렸다. 수많은 개미들이 하늘로 날아가지 않고 빛에 이끌려 우리에게 돌진했다. 그때 후아니쿠는 두 개의 서로 다른 음높이가 섞인 사이렌과 같은 휘파람을 불기 시작했다. 후아니쿠는 날아오르는 개미들이 이 소리를 "엄마"의 부름으로 이해한다고 나중에 설명해주었다.[10] 개미들이 우리 쪽으로 날아올 때 우리는 마른 리산lisan[11] 나뭇잎으로 만든 횃불로 그것들의 날개를 태웠다. 이렇게 해서 우리는 뚜껑 있는 냄비에 어렵지 않게 개미를 담을 수 있었다.[12]

가위개미는 자신의 존재 자체를 형상화해주는 자기들의 생태학에 빠져들어 있다. 동트기 직전에 펼쳐지는 가위개미의 출현은 그것의 주요한 포식자들에 의한 해석적 경향의 효과이다. 아빌라 사람들 또한 개미와의, 그리고 개미와 연결된 수많은 생명체와의 의사소통의 세계를 활용하고자 한다. 그러한 전략은 실천적인 효과를 갖는다. 사람들은 이 전략에 기초하여 대량의 개미를 모을 수 있다.

의도를 가지고 의사소통하는 자기로서 개미를 다룸으로써 후아니쿠는 개미와 숲에 사는 다른 존재들을 연결하는 다양한 연합을 이해할 수 있게 되었다. 물론 이 이해는 결코 완벽하지 않다. 그러나 개미가 날아오르는 일 년 중 단 몇 분에 불과한 시간대를 정확하게 예측하기에는 충분하다. 그는 개미와 직접적으로 소통할 수 있었고 죽음으로 불러낼 수 있었다. 그렇게 함으로써 후아니쿠는 실질적으로 숲이 지닌 사고의 논리에 진입했다. 이것이 가능한 것은 그(와 우리)의 사고가 중요한 측면에서 숲을 숲으로 만드는 사고, 즉 저 살아있는 사고들 간의 관계들을 구조화하는 사고와 닮아 있기 때문이다. 이것이 바로 농밀하게 번성하는 자기들의 생태학이다.

기호적 농밀함

이 농밀한 자기들의 생태학 속에서 펼쳐지는 너무나도 다양한 기호적 생명-형식들의 상호관계는 생명이 이 행성의 다른 장소에서 표상하는 방식과 비교할 때 상대적으로 더욱 미세하고 철저하게 주변 환경의 구석구석까지 표상하는 결과를 낳는다. 즉 열대림의 "사고들"은 세계를 상대적으로 더 세밀한 부분까지 표상하게 된다. 예를 들어 수많은 열대 수종은 백사白砂의 토양에서만 자라나도록 특화되어 진화해왔다. 열대의 백사 토양은 열대의 점토 토양과는 달리, 영양분이 부족하고 물을 잘 머금지 못하며 높은 산성도로 인해 식물의 성장이 더딘 특징을 가진다. 그러나 백사 토양에 뿌리내리는 특화된 종이 있다는 사실은 토양의 조건 그 자체만으로 설명되지 않는다. 오히려 그와 같이 특화된 종이 있다는 사실은 또 다른 생명-형식들, 즉 식물을 먹는 유기체라는 초식동물과 같은 또 다른 조건과의 관계의 결과이다(Marquis 2004: 619).

이 백사 토양의 극히 빈약한 조건으로 인해, 식물은 초식동물에게서 뺏기는 영양분 손실을 견딜 만큼 빠른 속도로 자기복구하기가 쉽지 않다. 그래서 그렇게 영양분이 부족한 토양에서 자라는 식물은 매우 특화된 독성화합물이나 초식동물에 대한 다른 방어수단을 발달시키도록 엄청난 선택압을 받는다(Marquis 2004: 620).

그러나 흥미로운 것은 토양의 차이가 어떤 종의 식물이 어디서 자랄 수 있는지에 직접적으로 영향을 주지 않는다는 점이다. 파인, 메소네스, 콜리의 논의에 따르면(Fine, Mesones, and Coley 2004), 영양분이 부족한 토양의 구역에서 초식동물을 없애고 거기에 영양분이 풍부한 토양의 수종을 옮겨 심은 실험 결과, 실제로 영양분이 풍부한 토양의 수종이 영양분이 부족한 토양에 적응한 수종보다 잘 자랐다.

그러므로 열대의 식물은, 토양 조건의 차이를 증폭시켜 식물에게서 이 차이를 중요하게 만드는 초식동물과의 상호작용 때문에 토양 환경을 표상하게 된다고 말할 수 있다. 즉 이 다른 생명-형식들이 없다면, 토양 형태의 차이가 식물에게서 차이를 만들지 않을 것이다. 그렇기 때문에 실험적으로 초식동물을 제거한, 영양분이 부족한 토양의 구역에서도 에너지의 측면에서 고비용인 독성물질을 생산할 필요 부담이 없는 부영양富榮養 토양의 식물이 빈영양貧榮養 토양의 식물보다 잘 자란 것이다.[13]

곤충을 먹는 초식동물이 훨씬 적은 온대 지역에서는 열대 지역보다도 토양 불균일성(즉 부영양 토양과 빈영양 토양의 병존)이 더 높은 지역에서조차 토양 형태에 적응하는 식물의 특화가 거의 나타나지 않는다(Fine 2004: 2). 달리 말하면, 열대의 식물은 온대 지역의 식물과는 대조적으로 상대적으로 더 세밀한 부분까지 환경의 특성에 대한 표상을 형성하게 된다. 열대의 식물은 살아있는 사고들이 갖는 상대적으로 더욱 농밀한 그물망 속에 포착되는 방식으로 말미암아 토양 형태의 차이를 한층 더 차이화한다.

초식동물에 좌우되는 방식으로 토양의 차이를 증폭시키는 이 작용은 식물에 그치지 않고 자기들의 생태학에 걸쳐서 계속해서 확산한다. 예를 들어 타닌tannin은 아마존에서 빈영양 토양의 많은 식물이 초식동물에 대항하여 발달시킨 화학적 방어수단이다. 타닌이 많이 포함된 낙엽더미를 미생물이 쉽게 분해할 수 없기 때문에 이 화합물은 강에 녹아드는데, 이것은 물고기를 비롯해서 많은 유기체에게 독성으로 작용한다. 결과적으로 광대한 백사 토양으로 흘러가는 강과 연합한 생태계는 많은 동물들의 삶을 길러낼 수 없고(Janzen 1974), 그리고 역사적으로 이것은 아마존에서 살아가는 인간에게 중대한 영향을 끼쳐왔다(Moran 1993). 생태학적으로 관계하는 모든 부류의 생명들이 취하는 다양한 형식들은 토양의 특성으로 환원될 수 없다. 나는 환경 결정론을 지지하는 주장을 하자는 것이 아니다.[14] 그럼에도 불구하고 이 다종multispecies의 집합체는 자기들의 생태학에 존재하는 여러 부류의 자기들 속에서 (다른 생태계와 비교할 때) 훨씬 더 많은 관계들의 함수로 기능하는 토양 조건의 차이를 정확히 포착하고 증폭시킨다.

관계성

간단히 말해 자기들은 사고들이며, 그러한 자기들이 상호 관계하는 양식들은 자기들의 구성적으로 기호적인 본성과 그에 수반되는 특정한 연합의 논리들에 기인한다. 이 자기들이 자기들의 생태학 속에서 관계하는 논리를 숙고함으로써 우리가 떠안은 과제는 관계성—우리 분야의 근본적인 관심사이자 핵심적인 분석 개념임에 틀림없는—에 대한 재고이다(Strathern 1995).

만약 자기들이 사고들이며 그들이 상호작용할 때의 논리가 기호적이라고 한다면, 관계하는 것은 표상하는 것이라고 할 수 있다. 즉 자기들 간의 관계를 구조화하는 논리는 기호들 간의 관계를 구조화하는 논리와 동일하다. 이것 자체는 새로운 발상은 아니다. 우리가 이에 대해 명료하게 드러내든 그렇지 않든 우리는 사회와 문화를 이론화할 때에 이미 표상의 관점에서 관계성을 사고하는 경향이 있다. 그런데 우리는 인간적인 상징 표상의 작동 방식에 대한 우리의 전제에 기초해서 그렇게 한다(1장 참조). 하나의 언어를 구성하는 관습적인 관계적 배치 속에 놓여 있는 단어들처럼, 하나의 문화 혹은 하나의 사회를 구성하는 관계 항들—관념이든 역할이든 혹은 제도이든—은 이 사실로 인해 필연적으로 어떤 폐쇄성을 보여주게 되는 하나의 체계 속에서 그것들이 맺는 상호 구성적인 관계성에 앞서 존재하지 않는다.

브뤼노 라투르의 "행위소", 행위자-네트워크 이론의 네트워크, 해러웨이의 "구성적인 내적-행위"(Haraway 2008: 32, 33)와 같이 탈인간적인 관계적 개념조차도 인간의 언어에서 발견되는 특수한 종류의 관계적 속성들에 기인하는 관계성에 대한 전제에 의거한다. 실제로 행위자-네트워크 이론을 다루는 몇몇 저작들에서는 인간들과 비인간 개체들을 연결하는 관계적 네트워크가 분명하게 유사 언어처럼 묘사되고 있다 (Law and Mol 2008: 58).[15]

그러나 이제까지 논한 것처럼, 표상에 관한 우리의 사고가 얼마나 언어에 의해 식민화되어왔는가를 고려하면, 표상은 우리가 예상하는 것보다 훨씬 광범위하며 우리의 기대와는 다른 어떤 것이라고 할 수 있다. 언어적인 관계성을 비인간에게까지 확장하는 것은 인간적인 것 너머에 놓여 있는 것에 대해서 자기도취적으로 인간적인 것을 투사하는 것이다. 그리고 체계성, 맥락, 차이에 관한 일군의 전제들이 언어를 따라 좇아온다. 이 전제들은 인간의 상징적 지시가 갖는 독특한 특성들에서 기인하며, 살아있는 사고들이 더 일반적으로 관계할 수도 있는 방식과 반드시 관련되지는 않는다. 이 과정에서 관계성의 더욱 포괄적인 관점을 가능케 하는 다른 속성들이 가려진다. 간단히 말해 나의 주장은 인간적인 것을 넘어선 인류학이 관계성을 기호적이지만 항상 반드시 유사 언어일 필요가 없는 것으로서 이해함으로써 관계성을 재고할 수 있다는 것이다.

이 점에 비추어, 20세기 초의 동물행동학자인 야콥 폰 윅스퀼(Uexküll 1982)의 고전적인 연구에서 어떤 관계, 즉 진드기와 그것이 기생하는 포유류의 관계를 검토해보자. 윅스퀼에 의하면, 진드기는 낙산酪酸의 냄새와 온기 그리고 자신이 숨어들 수 있는 포유류의 노출된 피부를 감지하는 능력을 통해 자신이 흡혈하는 포유류를 인식한다. 그 경험세계, 혹은 윅스퀼의 용어를 빌리면 "환경세계"umwelt는 단 세 개의 측정 요소만으로 한정되어 있다(Uexküll 1982:57,72). 윅스퀼 및 그의 작업을 이해해왔던 많은 연구자들에게 진드기가 많은 개체들을 구별하지 못한다는 점에서 진드기의 경험세계는 닫혀 있으며 "빈곤하다"고 여겨진다(Agamben 2004). 그러나 나는 이 단순화의 생산적인 힘을 강조하고 싶다. 이러한 단순화는 살아있는 사고들에게 핵심적이며 그 산물인 자기들 사이에서 창발하는 관계들에서 중심적인 위치를 차지한다. 그리고 내가 더욱 강조하고 싶은 것은 그 관계적인 논리가 기호적이긴 하지만 특별히 상징적인 것은 아니라는 사실이다.

진드기는 수많은 종류의 포유동물을 구별하지 못한다. 예를 들어 개는 포식자인 퓨마를 붉은마자마사슴 등의 잠재적인 먹잇감과 구별할 정도로 현명하지만, 진드기는 그 차이를 모른다. 진드기는 이 둘을 혼동할 것이며 이 둘과 개의 차이도 모를 것이다.

진드기는 기생충의 매개동물이기도 하다. 진드기가 포유동물들을 구별하지 못하고 무차별적으로 흡혈하기 때문에 기생충은 한 종에서 다른 종으로 이동할 수 있다. 이러한 무차별성은 혼동의 한 형식이다. 물론 거기에는 한계가 있다. 만약 진드기가 완전히 모든 것을 혼동한다면 거기에는 사고도 없고 생명도 없을 것이다. 혼동은 제약될 때에만 생산적이다.

퍼스의 용어를 사용하면 진드기에게 한 종류의 포유류는 다른 종류의 포유류에 대해 아이콘적이다. 앞 장에서 소개한 아이콘 작용에 관한 이 견해를 강조해둔다. 왜냐하면 이것은 이 용어에 관한 우리의 일상적 이해에 반하기 때문이다. 우리는 아이콘(유사성을 통해 의미를 나타내는 기호)을 다룰 때에 통상적으로 그것이 이미 다르다고 알고 있는 다른 어떤 것과 어떤 측면에서 닮은 것으로 여겨지는 방식을 생각한다. 앞서 서술했듯이 우리는 화장실 문에 그려져 있는 남성의 실루엣과 그 문을 통과하는 사람을 혼동하지 않는다. 그러나 내가 여기서 언급하는 것은 모든 기호작용의 기저를 이루는 더 근본적인—그러면서도 종종 오해되기도 하는—아이콘적 특성이다. 진드기는 자신이 기생하는 존재들 간의 차이를 알아채지 못하기 때문에, 진드기에게 포유동물들은 동등하다.

이 아이콘적 혼동은 생산적이다. 그것은 "부류"kind를 창출한다. 거기서 창발하는 것은 존재들이 속하는 어떤 일반적인 계층class이며, 그 계층의 성원들은 그들 간의 차이를 분간하지 못하는 진드기에 의해 성원들 모두가 동등하게 식별된다는 점에서 서로 연결되어 있다. 이러한 일반적인 계층의 창발은 그와 관계하는 존재들에게 중요하다. 진드기가 온혈성의 동물들을 혼동하기 때문에 기생충은 진드기를 통해 그들("포유동물들") 사이를 이동할 수 있다. 실제로 이와 같은 방식으로 라임병 Lyme disease이 사슴에서 인간으로 전염된다.

살아있는 존재들의 세계는 연속체도 아니며, 인간의 정신에 의한—사회적 관습이나 생득적 경향에 따라—분류되기를 기다리는 전혀 다른 특이성들의 집합도 아니다. 분명 범주화는 사회문화적으로 특수할 수 있고, 범주화되는 것들의 독특성을 소거한다는 점에서 개념적인 폭력의 한 형식으로 이어질 수 있다. 그리고 인간 언어의 힘은 세부사항에 대해 점차 무감각해질 수 있는 방식으로 국지적인 것을 뛰어넘는 능력에 있다는 것도 사실이다. 어느 일본인 곤충수집가에 대해 휴 래플스는 다음과 같이 적어놓았다.

오랜 세월에 걸쳐 수집한 후에야 이제 그는 "벌레"의 눈을 가지게 되었고 자연의 모든 것을 곤충의 눈으로 본다. 각각의 나무는 각각의 세계이며 모든 잎사귀는 하나하나 다르다. 곤충이 그에게 가르쳐준 것은 곤충, 나무, 잎사귀, 그리고 무엇보다 자연이라는 일반 명사가 세부사항에 대한 우리의 감수성을 파괴한다는 것이다. 그러한 명사는 우리를 개념적으로도 물리적으로도 폭력적으로 만든다. "아, 곤충이다!"라고 말하면서 우리는 존재 그 자체를 보지 못하고 범주만을 본다. (Raffles 2010: 345)

그럼에도 불구하고 "벌레의 눈"으로 세계를 보는 것은 그렇지 않았다면 다른 개체들로 여겼을 것들을 실제로 혼동하게 되는 것이기도 하다. 그리고 이러한 혼동은 배타적으로 인간적인 것도 아니며 파괴적인 것만도 아니다.

　이 장의 제사題詞에서 보르헤스가 그려낸 인물 이레네오 푸네스는 야생마에서 떨어져 머리를 다친 이후로 그 어느 것도 망각할 수 없게 되었다. 그는 "기억의 천재"가 되었다. 그러나 살아있는 자기들은 "모든 숲의 모든 나무들의 모든 잎사귀들" 각각의 특징을 망각할 수 없는 푸네스와 조금도 닮지 않았다. 보르헤스가 지적한 것처럼 이것은 사고가 아니다. 사고들의 생명은 혼동―차이를 알아채지 못하는 일종의 "망각"―에 의존한다. 부류 및 계층과 같은 일반적인 것은 혼동에 기초한 관계맺음의 형식을 통해 세계로부터 창발하며 세계 속에서 번영한다. 실재란 그 외의 모든 것과 다른, 유일무이한 특이성만이 아니다. 일반적인 것들 또한 실재한다. 그리고 어떤 일반적인 것들은 인간적인 것 너머에 놓인 살아있는 사고들 간의 관계의 산물로서 창발한다.

알지 못한 채 알아가기

아메리가, 델리아, 루이사는 개들이 생각했던 것을 어떻게 추측할 수 있었을까? 좀 더 일반적으로 말하면, 우리는 우리와 관계하는 다른 살아있는 자기들을 어떻게 해서 알 수 있을까? 우리가 비인간 생명-형식을 자기로서 받아들인다 해도, 데리다의 말처럼 우리와 그들 사이를 갈라놓는 "심연의 균열"(Derrida 2008: 30)이 존재하는 것은 아닐까? 그래서 그들을 "개념화를 거부하는 존재"(9)로 여기는 것이 더 낫지 않을까? 이러한 "절대적 타자[들]"은 비트겐슈타인의 사자와 같은 것이 아닐까? 그들이 말할 수 있다 해도 누가 그들을 이해해줄 것인가? 토머스 네이글 (Nagel 1974)은 "박쥐가 된다는 것은 어떤 것일까?"라는 질문을 동료 철학자들에게 던졌다. 그런데 그는 이미 이 질문의 답을 가지고 있었다. 비록 박쥐가 된다는 것이 무언가에 대한 경험을 의미할지라도—박쥐는 실제로 어떤 종류의 자기성을 가지고 있다—우리는 그것을 결코 알 수 없다. 우리와 박쥐는 너무나 다르기 때문이다.

그렇다. 아메리가, 델리아, 루이사는 개들이 고양이과 동물에 반격당하기 직전에 그것을 향해 짖으면서 무슨 생각을 했는지를 절대로 확실히 알 수 없었을 것이다. 다만 그녀들은 몇 가지 괜찮은 추측을 할 수 있었다. 그렇다면 다른 존재에 대한 어떤 확고한 지식을 탐구하는 것이 아니라, 개들이 했을 만한 추측에 대한 그녀들의 어떤 잠정적인 추측에서 출발하는 관계하기의 이론이란 대체 무엇일까? 그러한 이론은 해러웨이(Haraway 2003: 49)가 "환원불가능한 차이"라고 부른 것에서 시작되는 것도 아니며, 개념화의 거부 혹은 그 논리적 대립인 절대적 이해를 종착점으로 받아들이는 것도 아니다.

절대적 타자성, 환원불가능한 차이, 통약불가능성. 이것들은 관계하기에 관한 우리의 이론이 뛰어넘도록 노력해야 하는 허들로 간주된다. 근본적으로 생각조차 할 수 없는 차이—퍼스(Peirce 1992d: 24)가 비판적으로 말하듯이 "인식할 수 없기" 때문에 전혀 상상도 할 수 없는 차이—가 존재한다는 것은 그 반대급부를 시사한다. 즉 알 수 있음 knowability은 본래적인 자기-유사성에 기초하고 있다는 것이다. 이는 어떠한 사물이 그 자신의 모든 특이성을 지닌 "존재 그 자체"로 현존한다는 것을 뜻하며, 여기서 특이성은 이를테면 우리가 "벌레의 눈"을 장착하기만 하면 이해할 수 있는 것이다. 이 양 극단은 존재들이 어떻게 서로 관계를 맺을 수 있고 어떻게 서로를 알 수 있는지를 규정하기 위해 수렴된다.

그러나 "살아있는 사고"를 생각해보면 유사성과 차이는 (잠재적인 미래의 효과를 수반하는) 해석적 위치에 있다. 유사성과 차이는 직접적으로 명백한 본래적인 특질이 아니다. 퍼스(CP 8.332)는 "모든 사고와 지식은 기호에 의한 것이다"라고 말한다. 즉 생각하는 것과 아는 것 모두는 어떤 식으로든 매개되어 있다.

이것은 관계하기를 이해하는 데 중요한 함의를 가진다. 살아있고 생각하며 아는 자기를 구성하는 살아있는 사고들의 연합과, 다양한 부류의 자기들이 관계함으로써 형성하는 살아있는 사고들의 연합 사이에는 본질적으로 차이가 없다. 그뿐만 아니라 자기들은 살아있는 사고들의 처소—역동적인 과정 속에서 창발하는 덧없는 경유지—이기 때문에 단일한 자기는 존재하지 않는다. 그 어떤 것도 단일한 것으로 "존재"할 수 없다. "[한] 인격은 절대로 하나의 개인이 아니다. 그의 사고는 그가 '그 자신에게 말하고 있는' 것으로서 존재한다. 즉 그는 시간의 흐름 속에서 때마침 삶을 시작하는 다른 자기에게 말하고 있다"(Peirce CP 5.421). 모든 자기들의 모든 경험과 모든 사고는 기호적으로 매개되기 때문에, 자기성찰, 인간 사이의 상호주관성, 나아가 종을 횡단하는 공감과 의사소통까지도 범주적으로 다르지 않다. 이것들은 모두 기호 과정이다. 퍼스는 데카르트의 **코기토**, 즉 "나는 생각한다"가 인간만의 것이 아니며, 정신 내부에 있지도 않으며, 그 가장 친밀한 대상인 자기—우리가 통상 우리의 생각을 수행하는 것으로서 떠올리는 자기—를 배타적으로 혹은 무매개적으로 향유하지도 않는다고 말한다.

퍼스는 이에 대해 다음의 예를 들어 설명한다. 그는 빨간색이 타인에게 어떻게 보이는지를 상상해보라고 말한다. 그리고 그는 그것이 사적인 현상이기는커녕 우리가 그에 대한 어떤 감각을 공유할 수 있음을 확신할 수 있다고 주장한다. 이제까지 빨간색을 한 번도 보지 못했지만 타인에게서 들은 이야기로 그 색깔이 트럼펫 소리와 닮았을 것으로 추측하는 맹인에게 그 색깔이 어떤 것인지에 대해서조차 우리는 어떤 생각을 가질 수 있다. "내가 어느 특정한 유비추론analogy을 이해할 수 있다는 사실은 빨강에 대한 나의 느낌이 맹인 남성에게 이야기해준 사람들의 느낌과 닮은 어떤 것이라는 것만을 보여주지 않는다. 그것은 또한 트럼펫의 울리는 소리에 대한 맹인의 느낌과 나의 느낌이 매우 닮아 있음을 보여준다"(CP 1.314).[16] 자기-지식이란 궁극적으로 이러한 과정과 같다고 제안하면서 퍼스는 다음과 같이 결론짓는다. "나의 형이상학적인 친구는 우리가 서로의 느낌에 이입될 수 있는지를 물었다. (…) 그것은 마치 어제 내게 보였던 빨간색이 오늘 다시 본 빨간색이라고 확신할 수 있는지를 묻는 것과 같다"(CP 1.314). 자기성찰과 상호주관성은 기호적으로 매개된다. 우리는 기호들의 매개를 통해서만 우리 자신과 타자를 알 수 있다. 그러한 해석하는 자기가 또 다른 부류의 신체에 위치하든 아니면 "시간의 흐름 속에서 때마침 삶을 시작하는 다른 자기"—우리 자신의 심리적 자기—이든 차이는 없다. 왜냐하면 하나의 기호가 새로운 기호에 의해 해석되는 그러한 기호적 과정을 통해서 사고와 정신 그리고 자기로서 우리의 존재 자체가 창발하기 때문이다.

이 매개 과정은 자기들의 지식을 불가능하게 만드는 것이 아니라 지식의 가능성의 기초를 이룬다. 절대적인 "인식불가능성"이 존재하지 않기 때문에 절대적인 통약불가능성도 존재하지 않는다. 맹인이 경험한 빨간색은 어떤 것일까? 박쥐가 된다는 것은 어떤 것일까? 개들은 반격당하기 직전에 무슨 생각을 했을까? 이에 대해 우리는 아무리 매개적이고 잠정적이며 오해하기 쉽고 그 근거가 희박하다 해도 무언가를 알 수 있다. 자기들은 사고들이 관계하는 방식으로 관계한다. 우리는 모두 살아있고 성장하는 사고들이다.

여기서 간단한 예를 하나 들어보겠다. 루나족은 옥수수밭에 출몰하는 흰눈잉꼬white-eyed parakeet를 겁주기 위해 허수아비, 더 정확히 말하면 "잉꼬-겁주기"를 만든다. 그들은 같은 길이의 발사나무판 두 개를 십자로 묶고 아치오테achiote[17]와 목탄을 사용해서 빨강색과 검정색으로 된 줄무늬를 그려 넣는다. 나무판의 상부에 얼굴을 새기고 그 위에 큰 눈도 그린다. 꼬리와 날개를 표상하게 될 나무판의 말단부에 독특한 무늬를 지닌 맹금류의 진짜 꼬리 깃털을 붙여 넣는 경우도 종종 있다(그림 5 참조).

루나족이 이 허수아비를 꾸미는 데 들이는 공은 인간의 관점에서 맹금류를 "사실주의적으로" 표상하려는 시도가 아니다. 오히려 그것은 잉꼬의 퍼스펙티브에서 맹금류가 어떻게 보이는지를 상상하려는 시도다. 허수아비는 아이콘이다. 허수아비는 누군가—여기서는 잉꼬—에게 맹금류와 닮아 보이기 때문에 맹금류를 대신할 수 있다. 줄무늬 모양, 큰 눈, 진짜 깃털로 인해 허수아비는 잉꼬가 보기에 맹금류와 닮은 무언가를 포착한다. 이것이 바로 인간이 아닌 잉꼬가 허수아비와 맹금류를 혼동하는 이유이다. 그 증거로 허수아비는 곧잘 잉꼬를 멀리 쫓아

그림 5. 잉꼬에게 맹금류처럼 보이는 허수아비. 저자 촬영.

내고 있고, 그래서 아빌라에서는 매년 이 허수아비를 만든다. 우리는 잉꼬가 된다는 것이 어떤 것인지를 알 수 있다. 우리는 잉꼬가 어떻게 생각하는지에 대한 우리의 추측이 잉꼬에 미칠 수 있는 효과를 통해 잉꼬가 어떻게 생각하는지를 아는 것이다.

주술화

우리 시대의 분석틀 내에서는 생물학적인 세계가 살아있는 사고로 구성되어 있다고 이해하는 것이 매우 어렵다. 근대 세계를 탈주술화 disenchantment의 과정으로 본 막스 베버(Weber 1948a, 1948b)의 진단에 따르면, 이는 부분적으로 과학적 합리주의의 보급이 만들어낸 효과이다. 우리가 점차 기계론적으로 세계를 보게 되면서 우리는 한때 세계 속에서 인식되던 목적성, 유의미성, 수단-목표 관계─간단히 말해, 수단means과 의미meaning 간의 밀접한 관계를 강조하기 위해 내가 부르는 바로는 의미-화mean-ing─에 관한 시야를 잃고 말았다. 이제 세계 속에서 더 이상 목적이 발견되지 않는다는 점에서 세계는 탈주술화되었다. 세계는 문자 그대로 무의미한 것이 되었다. 이러한 과학의 비전이 더 많은 영역을 아우르기 위해 확장함에 따라, 목적은 갈수록 축소되는 인간적인 혹은 영적인 영역으로 내몰렸으며 일상세계로부터 더 멀어지게 되었다.

만약 비인간 세계를 조작하기 위한 지식과 방법의 근대적 형식이 세계를 기계장치로 보는 이해에 의해 특징지어진다면, 탈주술화는 당연한 귀결일 것이다. 물질적 대상으로서의 기계는 정의상 혹은 설계상

기계에 외재하는 목적을 달성하기 위한 수단이다. 기계—예를 들어 식기세척기—에 대해 생각할 때, 우리는 그 존재의 본래목적, 즉 그것이 누군가에 의해 어떤 목적을 위해 만들어졌음을 괄호 안에 넣는다. 이 논리를 살아있는 비인간 세계에 적용하여 자연을 기계로 보는 것은 괄호 치기와 유사한 작업으로서 목적을 인간, 신, 자연으로 귀속시키는 것을 필요로 한다. 이원론은 이 괄호 치기의 하나의 귀결이다. 또 하나의 귀결은 우리가 그와 더불어 목적의 시야를 잃기 시작했다는 것이다. 그 어디에도 목적은 존재하지 않고 따라서 의미도 없을 거라고 의심하게 되면서, 탈주술화는 인간적인 것과 영적인 것의 영역으로 퍼져나갔다.

그러나 목적은 세계 외부의 어딘가에 위치하는 것이 아니라 그 내부에서 끊임없이 번성한다. 그것은 생명의 영역에 본래적인 것이다. 살아있는 사고는 미래를 "추측하고" 그에 따라 미래를 향해 스스로를 형상화하면서 미래를 창출한다. 살아있는 세계를 구조화하는 논리는 기계의 논리와 유사하지 않다. 사태를 괄호 치는 누군가에 의해 복수의 부품으로 조립되는 기계와 달리, 살아있는 사고는 전체로서 창발한다. 내가 여기서 인간적인 것을 넘어선 인류학을 통해 시도하려 하듯이, 다른 부류의 존재들과 맺는 루나족의 관계 방식을 주시한다면, 우리는 자기들(인간과 비인간)을 기호들의 삶의 경유지—주술화의 처소—로서 이해하게 될 수 있다. 그리고 이것은 우리가 살아가는 인간적인 것을 넘어선 이 세계 속에서 다른 방식의 번영을 상상하도록 도와줄 것이다.

나는 지금 생명 "그 자체"의 속성에 대해 주장하고 있다. 생명 그 자체와 같은 것은 역사적으로 그 개념적 외연이 제한될 수 있다—어떤 개념들은 특수한 역사적·사회적·문화적 맥락에서만 사고 가능하다

(Foucault 1970)—는 것을 나는 인정하지만, 여기서는 1장에서 더욱 충실히 논한 것을 되짚겠다. 많은 측면에서 우리의 사고와 행위를 조건 짓는 언어와 그와 관련된 담론 체제는 닫혀 있지 않다. 물론 우리는 언어(나아가서는 사회적으로 고정된 특정한 사고방식과 행위방식)가 사고의 범주를 자연화하는 방식에 주의해야 한다. 그러나 우리는 이를 전면에 내세우는 언어에 완전히 제약되지 않으면서 생명 "그 자체"와 같은 것에 대해 과감히 이야기할 수 있다.

비인간 자기들은 자신들의 구성적으로 기호적인 본성과 연관되는 존재론적으로 독특한 속성들을 가진다. 그리고 우리는 그 속성들을 어느 정도는 알 수 있다. 이 속성들은 자기들을 물체나 인공물과 구별해준다. 그러나 비인간을 총칭적으로 다루게 되면—사물들과 존재들을 무차별적으로 하나로 묶는다면—이 점이 간과될 수 있다. 내 생각에 사회과학을 비인간에 대한 숙고로 확장해가는 주요한 접근법 중 하나인 과학기술학(STS)에서 이 점이 가장 큰 약점이다.

과학기술학은 행위주체성과 표상 같은 개념을 검토하지 않은 채로 남겨두는 환원론의 형식을 통해 비인간과 인간을 동일한 분석틀 내로 가져온다. 결과적으로 이들에 대한 과학기술학 특유의 인간적인 구체화가 모든 행위주체성과 표상을 대신하게 된다. 그리하여 이는 인간과 비인간이 사물적인 동시에 인간적인 속성의 혼합물을 획득하는 이원론의 형식으로 귀결된다(1장 참조).

예를 들어 이 접근법을 주도하는 라투르(Latour 1993, 2004)는 표상될 수 있는 것이나 표상하려는 우리의 시도에 저항할 수 있는 것에 행위주체성을 귀속시킨다(Pickering 1999: 380-81). 그러나 이러한 성격들은 퍼스의 관점에서는 이차성이라고 불릴 만한 무엇, 즉 문제시되는 개체의 현실성이나 순전한 사실성을 포착할 뿐이다(1장 참조)—왜냐하면 그 어느 것도 잠재적으로는 표상에 저항할 수 있거나 표상될 수 있기 때문이다. 그리고 이것은 과학기술학이 극복하려는 물질/의미의 구분을 쉽게 복원한다. 우리는 여전히 한 손에는 (행위주체성을 갖게 된) 물질적인 것을, 다른 한 손에는 사물을 표상하거나 때에 따라서는 잘못 표상하는 (조금 더 둔감해지고 자신의 지식에 대해 덜 확신하게 된) 인간적인 것을 쥐고 있다.

그러나 저항은 행위주체성이 아니다. 저항과 행위주체성을 융합해버리면, 인간적인 것 너머에 실제로 존재하는 여러 부류의 행위주체성을 보지 못하게 된다. 목적성, 표상, 의도성, 자기성에 대해서 여전히 설명할 필요가 있기 때문에, 그리고 그러한 과정들이 인간적인 것을 넘어서 창발하고 작동하는 방식이 이론화되지 못했기 때문에, 라투르 식의 과학 연구는 인간적인 것 너머의 세계에서 조작자로 작동하는 유사 인간적인 표상과 의도성의 형식들로 후퇴할 수밖에 없다. 그리하여 그러한 유사 인간적인 형식들은 오로지 이차성에서 이해되는 개체들에 대해서 단지 비유적으로만 적용된다.

예를 들어 물질적 실체는 "고난"의 시험을 겪으며(Latour 1987: 88), 종종 "영웅"(89)으로서 성공리에 등장한다. 엔진의 피스톤은 인간 조작자보다 더 신뢰할 수 있는데, "왜냐하면 피스톤은 캠cam을 통해 증기 흐름의 정확한 타이밍에 **직접적으로 이해관계를 갖기 때문이다**. 분명히 피스톤은 어떤 인간보다 더 직접적인 이해관계를 갖는다"(130, 강조는 라투르에 의함). 그리고 과학자는 "인간 행위자들을 징집하고 이해관계를 갖게 하는 첫 번째 전략을 구사하고, 그 첫 번째 전략을 유지하기 위해 비인간 행위자들을 징집하고 이해관계를 갖게 하는 두 번째 전략"을 사용한다(132).

비인간의 행위주체성에 대한 이러한 접근법은 일부 비인간들, 즉 살아있는 비인간들이 자기들이라는 사실을 간과한다. 자기들로서 그들은 표상될 뿐만 아니라 표상할 수도 있다. 그리고 그들은 "말하지" 않고서도 그렇게 할 수 있다. 또한 그들은 "대변인"(Latour 2004: 62-70)을 필요로 하지도 않는다. 왜냐하면 1장에서 논했듯이 표상은 상징적인 것을 초과하고, 그에 따라 인간의 말을 초과하기 때문이다.

확실히 우리 인간은 문화적·역사적·언어적으로 특유한 수많은 방식들로 살아있는 비인간 존재들을 표상하며 이것은 분명 우리와 그렇게 표상되는 존재들 모두에게 영향을 미친다. 그러나 우리는 또한 이 자기들이 우리를 어떻게 표상하는지가 우리의 생사를 좌우할 수 있는 세계들 속에 살고 있다. 따라서 나의 관심은 총칭적인 비인간들—즉 객체, 인공물, 생명 등을 등가물로 다루는 것—이 아니라, 살아있는 비인간 존재들을 자기들로 만드는 그 특유의 특성화의 관점에서 그러한 존재들과의 상호작용을 탐구하는 것이다.

사물이 아닌 자기는 행위주체성의 자격을 갖는다. 저항은 행위주체성과 동일하지 않다. 베넷(Bennett 2010)과는 반대로, 물질성은 생명력을 부여하지 않는다. 자기란 부재, 미래, 성장, 그리고 혼동하는 능력을 포함하는 특수한 관계적인 역동성의 산물이다. 그리고 자기는 살아있는 사고와 함께 창발하며 살아있는 사고에 고유한 것이다.

애니미즘

이 책을 시작한 일화로 돌아가 보겠다. 내가 사냥을 위해 숲 속에 있을 때 똑바로 누워 자라는 말을 들었던 그 일을 돌이켜보자. 그렇게 하면 재규어는 내 옆을 지나가도 나를 마주 볼 수 있는 존재로 여기고 그대로 내버려둘 것이다. 내가 엎드려 자면 내 옆을 지나갈 수도 있는 재규어가 나를 먹잇감으로 여기고 습격할 수도 있으니 조심하라는 경고이다. 이 일화는 재규어가 우리를 어떻게 보는지가 우리에게 중요한 문제라는 것을 인정하라고 우리에게 말해준다. 따라서 인류학은 사람들이 세계를 어떻게 보는가를 질문하는 것만으로 스스로를 한정할 수 없다. 이것이 내가 말하고자 하는 바다. 고양이과 동물의 시선을 되돌려줌으로써 우리는 재규어가 우리를 자기로서 대우할 가능성을 제공한다. 반대로 우리가 그 시선을 외면한다면 재규어는 우리를 사물로 취급할 것이며 그렇게 해서 우리는 실제로 대상—문자 그대로 죽은 고기, 아이차—이 될 수 있다.

언어학자 에밀 뱅베니스트(Benveniste 1984)는 '나'와 '너'라는 대명사가 대화 상대자들의 상호 호칭을 통해 그들을 상호주관적으로 위치 짓고 있다고 말한다. 그래서 그는 이 말들을 진정한 "인칭"person 대명사로 보았다. 이와 대조적으로 3인칭은 더 정확히 말하면 "비-인칭"(Benveniste 1984: 221)이다. 그것은 발화의 상호작용의 외부에 있는 어떤 것을 가리킨다. 종을 횡단하는 만남에 이 추론을 확장하면 재규어와 인간은 서로를 마주 보는 행위 속에서 서로에게 사람person이 된다고 할 수 있다. 그리고 이 과정에서 루나족 또한 어떤 면에서 재규어가 된다.

서론에서 언급한 것과 같이, 실제로 에콰도르 저지대의 루나족 공동체들 사이에서 아빌라 루나족은 재규어-인간으로 변신하는 능력을 갖고 있다고 알려져 있으며, 두려움의 대상이기도 하다. 재규어에게 먹잇감으로 다뤄지는 사람은 죽은 고기에 불과하다. 반면 재규어에게 포식자로 다뤄지는 자는 또 다른 포식자가 된다. 포식자와 먹잇감—푸마와 아이차—은 재규어가 인식하는 두 부류의 존재들이다. 진드기와 마찬가지로 재규어가 다른 존재들을 어떻게 표상하는가는 존재들의 부류를 만들어낸다. 따라서 어떤 부류의 존재인가는 중요한 문제가 된다.

케추아어에서 **푸마**puma는 "포식자"를 뜻한다. 예를 들어 갑각류와 연체동물을 포식하는 게잡이라쿤crab-eating raccoon은 아빌라에서 **추루 푸마**churu puma, 즉 달팽이(복족류) 포식자로 불린다.[18] 재규어는 포식의 전형적인 예를 보여주기 때문에 단순하게 푸마로 알려져 있다. 이에 따라 그러한 포식자와의 만남에서 생존한 루나족은 정의상 루나 푸마, 즉 재규어-인간이다(**루나**라는 말은 민족 명칭일 뿐만 아니라 "사람"을 뜻한다[6장 참조]). 푸마에게 먹잇감으로 인지되지 않는 자만이 살아남는다. 그러나 이 과정에서 그는 또한 다른 부류의 존재, 즉 푸마가 된다. 새롭게 발견되는 이 지위는 다른 맥락으로 번역되어 새로운 가능성을 창출한다.

푸마는 관계적 범주이다—이 측면에서 '나'와 '너'라는 대명사와 다르지 않다(6장 참조). 우리가 푸마의 시선을 되돌려줌으로써 푸마가 될 수 있다는 것은 우리 모두가 여러 부류의 '나'임을—우리 모두가 여러 부류의 사람임을—표현하는 한 가지 방식이다. 다른 아마존 사람들과 마찬가지로 루나족은 재규어를 비롯한 다른 수많은 비인간 존재들을 혼을 소유하고 기호를 사용하며 의도를 가진 자기들로 대한다. 그들은

(최근 부활한 용어를 사용하면) 애니미스트animist들이다. 그들이 보기에 비인간들은 활기에 넘친다animate. 비인간들은 사람들이다.

최근 들어 데스콜라(Descola 2005)와 비베이루스 지 카스트루(Viveiros de Castro 1998) 등이 이론화하는 애니미즘animism은 초창기 사회진화론과 인종주의의 산물로 등장했던 애니미즘들과는 전혀 다르다. 이 새로운 애니미즘은 서양의 기계론적인 자연 표상을 비판하는 데에 중요한 자양분을 제공해왔다. 그렇지만 여전히 "서양"에서 자연을 표상하는 방식에 대한 비판은 오로지 다른 인간이 어떻게 비인간을 활기 있는 것으로 대하게 되는지만을 묻는다. 이 측면에서 이러한 접근법은 레비-브륄의 『원주민은 어떻게 생각하는가』How Natives Think, 1926에서 다루었던 고전적인 애니미즘과 동일한 연속선상에 서 있다. 그러나 재규어의 사례는 이 프로젝트의 발목을 붙잡는다. 재규어 또한 우리를 표상한다면, 우리는 우리 인간 중 일부가 어떻게 해서 재규어를 그런 식으로 표상하게 되었는지의 질문만을 물을 수 없다.

내 생각에 애니미즘은 세계의 속성에 관해 훨씬 멀리 있는 어떤 것에까지 도달한다. 이것이 바로 애니미즘과 함께 생각하는 것이 인간적인 것을 넘어선 인류학에서 중심적인 위치를 차지하는 이유이다. 애니미즘은 생명과 함께 창발하는 활기animation를 포착한다. 그래서 이 책의 제목이 『숲은 생각한다』How Forests Think이다. 루나족의 애니미즘은 자기들의 온갖 다양성 속에서 하나의 자기로서 기호적인 자기들과 상호작용할 필요로부터 생겨난다. 그것은 하나의 존재론적 사실에 근거한다. 즉 인간적인 것 너머에는 다른 부류의 생각하는 자기들이 존재한다.

물론 나는 애니미스트라고 불리는 사람들이 곧잘 모든 종류의 개체들에 생명성animacy을 귀속시킨다는 것을 인정한다. 그 속에는 이 책의 관점에서는 살아있는 자기로 여겨지지 않는 돌 같은 것도 있다. 만약 내가 어느 특정한 애니미즘적 세계관 내에서 논의를 세워나갔다면, 즉 말하자면 나의 모든 주장이 루나족이 생각하고 말하고 행동하는 것만을 따라갔다면, 이 불일치는 문제일 수 있다. 그러나 나는 그러지 않았다. 인간적인 것 너머로 인류학을 열어놓으려는 나의 시도는 세계에 관한 일반적인 주장을 하는 방법을 찾아내는 것도 포함한다. 이 주장은 어떤 특정한 위치에 있는 인간의 관점, 말하자면 특정한 애니미스트, 특정한 생물학자, 특정한 인류학자의 관점과 정합적일 필요가 없다.

숲에 대해 원주민은 어떻게 생각하는가(다음과 비교. Sahlins 1995)가 아니라 숲은 어떻게 생각하는가를 물어야 한다. 우리 자신의 사고가 다른 사람들이 어떻게 생각하는지를 통해 생각하는 것으로 제한된다면, 우리는 항상 존재론을 인식론으로 에워싸는 것으로 끝나버릴 것이다(1장은 이 문제에 대한 해결법을 제시한다). 나는 지금 자기성에 관한 일반적인 주장을 하고 있다. 이 일반적인 주장—부분적으로는 민족지적으로 제시되고 탐구되며 옹호되지만, 민족지적 맥락에 제한되지 않는다는 점에서 정확히 민족지적인 것은 아니다—은 살아있는 존재들이 자기성의 처소라는 것이다. 이 주장은 경험에 기초한다. 즉 이 주장은 민족적으로 드러나는 루나족과 비인간 존재들 간의 관계를 주시함으로써 생겨난다. 이 관계들은 세계의 어떤 특성들을 증폭시키고, 이 증폭은 세계에 관한 우리의 사고에 침투하여 영향을 줄 수 있다.

혹자는 애니미스트에게는 동물의 인격이 삼라만상의 모델인 반면, 우리에게는 기계가 그러하다고 말할지 모르겠다. 존재론적으로 말하면, 각각은 그 나름의 진실을 갖는다. 즉 동물은 사람이며, 분할 가능한 기계와 정말로 닮아 있는 세계에 관한 사태가 존재한다(이것이 환원주의적 과학이 지금까지 성공을 거둔 이유이다). 그러나 이 책의 목적은 어느 쪽이 옳은가를 논하거나 각각이 어디서 실패하는가를 지적하자는 것이 아니다. 그보다 어느 특정한 종류의 참여가 그러한 참여로부터 스스로 생겨나는 어떤 전제에 기초하여 예기치 않게 실재하는 세계의 속성을 증폭시키는 양상을 살펴보자는 것이다. 그리고 이 속성은 우리가 알고 있듯이 인간적인 것을 넘어서 사고할 때에 활용할 수 있다.

　루나족의 애니미즘은 실용주의를 지향한다. 루나족이 숲의 존재들과 친밀하게 관계하는 것은 대개 그들을 먹기 위한 것이다. 그러한 루나족에게 도전이란 이 광대한 자기들의 생태학이 지닌 풍부함을 활용하기 위해 그 속에 스며드는 방법을 찾아내는 데에 있다. 이것은 우리가 다른 자기들과 공유하는 예기치 않는 친화성에 조응하면서 그와 동시에 숲에 거하는 수많은 부류의 자기들을 구별 짓는 차이를 인식하라고 요구한다.

퍼스펙티브주의

이에 접근하기 위해 아빌라 사람들이 쓰는 방법은 비베이루스 지 카스트루(Viveiros de Castro 1998)가 "퍼스펙티브적"perspectival이라고 묘사해왔던, 타자들을 이해하는 길을 통한 것이다. 이 입장은 자기들 간의 근본적인 유사성을 상정한다. 즉 모든 부류의 자기들은 '나'로서 존재한다.

그러나 이 입장은 또한 서로 다른 부류의 존재들을 특징짓는 독특한 성질을 설명하는 길도 제공해준다. 따라서 그것은 서로 맞물려 있는 두 가지 전제를 포함한다. 첫째, 영이든 동물이든 인간이든 감각을 가진 모든 존재들은 그들 자신을 사람person으로 본다. 즉 그들의 주관적 세계관은 루나족이 자신을 보는 방식과 완전히 동일하다. 둘째, 모든 존재들은 그들 자신을 사람으로 보지만 다른 존재들에게 보이는 방식은 관찰하는 존재와 관찰되는 존재의 각각의 부류에 의거한다. 예를 들어 아빌라 사람들은 우리에게 썩은 고기의 악취로 감지되는 것이 콘도르vulture에게는 냄비에서 끓는 마니옥 줄기가 뿜어내는 달콤한 향내의 증기로 경험된다고 말한다. 콘도르는 종 특유의 습관과 기질 때문에 루나족과는 다른 세계에 거주한다. 그러나 콘도르의 주관적 관점은 사람의 그것이기 때문에, 콘도르는 루나족이 그 자신의 세계를 보는 것과 동일한 방식으로 이 **다른** 세계를 본다(Viveiros de Castro 1998: 478).[19]

사물을 퍼스펙티브적으로 파악하는 경향은 아빌라의 일상생활을 관통한다.[20] 예를 들어 아마존 대나무쥐bamboo rat[21]가 왜 그렇게 큰 소리로 우는지를 이야기해주는 신화는 예전에 대나무쥐가 통나무에게 통나무의 관점에서 여성의 성기가 어떻게 보이는지를 물었던 전말을 풀어놓는다. 통나무는 여성이 텃밭을 가로지를 때에 자주 다니는 길목에 놓여 있으므로 대나무쥐는 통나무가 이 일을 알 수 있는 특권적 위치에 있다고 생각했다.[22] 통나무는 대나무쥐의 풍성한 수염을 넌지시 가리키며 "자네의 입과 같은 것일세"라고 대답했다. 이 말을 듣고 대나무쥐는 "에이, 그만둬"[23]라고 말한 후 박장대소했다. 이때의 웃음이 지금의 시끄럽고 길고 멈출 줄 모르는 그 특유의 이를 가는 듯한 우는 소리가 되었고,

군구타gunguta라는 의성어에서 따온 그 이름과 연합되게 되었다.[24] 아빌라 사람들에게 이 신화의 골계미는 성적으로 노골적인 표현과 더불어 퍼스펙티브적인 논리를 다루는 것이기도 하다.

아빌라는 물론 다른 루나족 마을에서도 통용되는 퍼스펙티브적인 농담의 또 다른 형식은 두 사람이 같은 이름을 가질 때 나타난다. 내가 어떤 아빌라 남자와 같은 이름을 가졌던 탓에 반복해서 들었던 농담이 있는데, 그것은 그의 아내와 내가 결혼했다는 것이다.[25] 그의 누이는 농담으로 나를 **투리**turi[여자의 남자형제]라고 부르고, 나는 그녀를 **파니**pani[남자의 여자형제]라고 불렀다. 마찬가지로 나의 여동생과 같은 이름을 가진 여자는 나를 오빠라 부르고, 나의 어머니와 같은 이름을 가진 이는 나를 아들이라 했다. 이렇듯 모든 사례에서 같은 이름을 가짐으로써 공유된 퍼스펙티브에 거주하는 것이 가능해진다. 이로써 우리의 세계들이 이다지도 다름에도 불구하고 우리는 애정이 담긴 관계를 구축할 수 있게 된다.

확실히 퍼스펙티브주의는 역사적으로 우연한 미적인 지향이라는 의미에서 비베이루스 지 카스트루에게는 미안한 일이지만 그것을 "문화적"이라고 평할 수도 있다. 그러나 이 지향은 우리와 함께하는 그들의 연속성을 인정하면서 그와 동시에 차이도 인정하는 방식으로 기호적인 자기들을 이해해야 할 필요로부터 제기되는 생태학적으로 우연한 증폭 효과이기도 하다. 퍼스펙티브주의는 인간적인 것을 훨씬 넘어서는 관계망을 가진 자기들의 생태학 속에서 살아가야 한다는 도전에 대한 응수로서, 숲의 존재들과의 일상적인 상호작용에서 창발하는 것이다.

아빌라 사람들은 서로 다른 퍼스펙티브가 어떻게 상호작용하는지를 상상함으로써 숲에 거주하는 이 다양한 자기들을 이해하고자 한다. 한 남자는 내게 큰개미핥기가 개미를 핥아먹기 위해 어떻게 개미의 퍼스펙티브를 취하는지를 신나게 설명해주었다. 개미핥기가 개미집 속으로 혀를 집어넣을 때 개미는 그것을 나뭇가지로 보고 아무 의심 없이 올라탄다고 한다. 동물과의 상호작용에서 루나족은 다양한 방식으로 개미핥기를 모방하고자 한다. 그들은 각각의 유기체의 관점을 더 큰 전체의 부분으로서 파악하려고 한다. 이것은 허수아비의 제작에도 필요하며 물고기를 잡는 기술에서도 활용된다. 예전에 벤투라Ventura의 아버지는 생강의 먼 친척뻘인 **상구**shangu 열매[26]를 부숴서 자신의 손을 진한 자주색으로 물들였다. 그렇게 하면 갑옷메기armored catfish[27]는 그가 강의 바위 밑에서 자신을 잡으려 한다는 것을 알아채지 못한다고 한다.

개미핥기가 개미를 먹는 방법, 잉꼬를 겁주기 위해 허수아비를 제작하는 방법, 메기가 알아채지 못하게 잡는 방법을 이해한다는 도전, 다시 말해 생태학적인 도전을 완수하기 위해 필요한 것은 다른 유기체가 가진 관점에 대한 세심한 주시attentiveness다. 이 세심한 주시는 개미, 잉꼬, 갑옷메기, 그리고 우림을 구성하는 모든 생명-형식들이 자기들이라는 사실에서 생겨난다. 그들이 누구이며 무엇인가는 그들이 자신을 둘러싼 세계를 표상하며 해석하는 방식 및 그 세계 속에 있는 타자들이 그들을 표상하는 방식에서 전적으로 산출된다. 간단히 말해 그들은 하나의 관점을 가진 자기들이다. 이것이 바로 그들을 활기차게 만들고, 이 활기animation가 세계에 주술을 건다.

생각의 느낌

아빌라 사람들은 다수의 퍼스펙티브를 아우르는 시야를 찾아내면서 크게 즐거워한다. 한 아빌라 신화는 퍼스펙티브적인 미학의 이 측면을 절묘하게 포착한다. 이 이야기는 영웅이 지붕 위에서 보수하고 있는 장면에서 시작된다. 사람을 잡아먹는 재규어가 가까이 오자 영웅은 재규어에게 "사위여, 초가지붕의 뚫린 구멍에 막대기를 끼어 넣어 내가 구멍을 찾게 도와주라"라며 불러들였다. 집 안에 있는 측에서 보면, 햇빛이 구멍을 통해 들어오기 때문에 초가지붕의 벌어진 구멍을 찾아내기가 쉽다. 그러나 초가지붕은 매우 높기 때문에 집 안에서 그것을 보수하기란 불가능하다. 한편으로 지붕 위에 있는 자는 구멍을 쉽게 막을 수 있지만 찾을 수가 없다. 이 때문에 지붕을 보수할 때에는 집 안에 있는 자에게 구멍에 막대기를 끼어 넣으라고 부탁해야 한다. 여기에는 내부와 외부의 퍼스펙티브를 특별한 방식으로 정렬하는 효과가 있다. 이 두 퍼스펙티브를 더 큰 것의 일부로 바라봄으로써 내부에서만 볼 수 있는 것이 돌연 외부에 있는 자에게도 보이게 되며, 이제 무엇인가를 할 수 있게 된다. 영웅은 재규어를 사위로 "보면서" 불러들였다. 그렇게 불린 재규어는 이 역할에 맞게 일을 수행하는 것이 의무라고 느낀다. 재규어가 집 내부에 들어선 순간 영웅은 문을 철컹 닫아버리고 그 구조물은 돌연 재규어를 가두는 돌감옥이 된다.

물론 퍼스펙티브적인 입장은 내부와 외부의 시야를 연결하기 위해 사용된 막대기처럼 실천적인 도구이지만, 그 외의 것도 제공한다. 그것은 우리가 샤먼처럼 두 관점을 동시에 인식할 뿐만 아니라 두 관점이 (마치 덫에 걸리는 것처럼) 느닷없이 두 관점을 아우르는 더 큰 것과 어떻게 연결되는지를 인식할 수 있는 공간에 머물도록 한다. 아빌라 사람들이 그러한 앎의 순간에 주의를 기울이는 것은 아마존의 다자연적인 퍼스펙티브주의에 서명하는 것이다. 이것은 샤머니즘적인 성분을 벗겨낸 보다 포괄적인 분석틀로 다자연적인 퍼스펙티브주의를 구속할 때에는 사라져버린다(예컨대 Latour 2004).

이 퍼스펙티브적인 신화의 에피소드, 즉 영웅이 여러 갈래의 퍼스펙티브를 관망하면서 총합하는 이 신화는 생명 "그 자체"에 관한 어떤 것을 포착하고 음미하며 가용하게 만든다고 말할 수 있다. 그것은 숲에서 싹을 틔우는 사고에 깃들어 있는 논리를 담고 있다. 그리고 그것은 이 살아있는 논리의 핵심인 살아있다는 느낌을 그것이 창발하는 순간에 포착해낸다. 간단히 말해 이 신화는 생각한다는 것이 무엇과 같은 느낌인지를 포착한다.

내부와 외부의 퍼스펙티브를 아우르는 더 큰 어떤 것을 통해 양쪽이 다 보이게 된다는 이 경험에 관해서는, 허공에 순환의 궤도를 나란히 그려 넣는 것처럼 양손을 동시에 반대방향으로 움직일 수 있도록 습득하는 경험에 관한 퍼스의 논의를 떠올릴 수 있다. "이것을 습득하기 위해서는 우선 이 운동의 서로 다른 부분에서의 서로 다른 동작에 주의를 기울일 필요가 있으며, 그러다 느닷없이 그 동작에 대한 일반적인 개념이 생겨나서 그것은 완전히 쉬운 일이 된다"(Peirce 1992c: 328).

퍼스의 예와 같이, 재규어를 함정에 빠뜨리는 신화는 어떤 하나의 자기가 서로 다른 퍼스펙티브들을 그것들을 통합해주는 더 포괄적인 전체에 기여하는 것으로서 "느닷없이" 보게 될 때와 같은 느낌을 담고

172

있다. 이 점에서 그것은 베이트슨(Bateson 2002)이 생명과 정신에서 중심적인 위치를 차지한다고 간주한 "이중기술"double description을 상기시킨다. 이중기술을 사고하기 위해 나는 후이, 캐시먼, 디콘(Hui, Cashman, and Deacon 2008)의 개념 분석을―단순화해서―참조해보겠다. 베이트슨은 양쪽 눈의 시각을 예로 들어 이중기술이 무엇인지를 기술한다. 뇌는 각각의 눈이 보는 것들 간에 어떤 유사성을 인식하고, 또 그 차이를 체계적으로 비교하는 "이중기술"을 행함으로써 그러한 개개의 입력을 더 높은 논리적 차원의 더욱 포괄적인 어떤 것의 일부로서 해석하게 된다. 이때 참신한 어떤 것, 즉 깊이의 지각이 창발한다(Bateson 2002:64-65).

베이트슨은 질문한다. "게를 바닷가재와 연결하고 난초를 달맞이꽃과 연결하며 이 네 생물을 나 자신과 연결하는 패턴이란 무엇인가? 그리고 나를 당신과 연결하는 것은 어떤 패턴인가? 또한 한 방향으로는 우리 여섯 생물을 아메바와 연결하고 또 다른 방향으로는 정신분열증과 연결하는 것이란?"(Bateson 2002:7). 그는 이렇게 답한다. 이중기술은 이 개체들을 그것들 각각인 것으로 만들고 또 그것들이 연결되는 양상을 만드는 형태-생성의 역동성 속에서 작동된다고 말이다. "선조 게" 속에서 대략 비슷한 계열의 다리의 산출은 진화의 시간을 거쳐 이 다리의 적응분화(예를 들어 그중 일부는 집게발로 발전한다)를 가능하게 했고, 이 적응분화에 의해 전체로서의 유기체가 그 환경에 더 잘 "들어맞거나" 환경을 더 잘 표상하게 되었다. 뇌가 눈의 수정체에 맺힌 상의 차별적인 복제를 비교함으로써 깊이가 창발하는 것처럼, 어떤 주어진 생태적 틈새niche에 적합한(예를 들어 심해에서 게를 옆으로 걷게 만드는 것처럼) 전반적인 형태를 가진 유기체로서의 게는 진화의 시간을 거쳐 점차 차별화되는 다리의 복제에 대한 신체화된 해석으로서 창발한다. 이 둘 모두 이중기술을 포함한다.

바닷가재 또한 꼬리의 차별적인 복제를 포함하는 이중기술을 신체화한 산출의 형태로서 창발한다. (각각의 화분매개자에 적합한) 난초와 달맞이꽃 특유의 전반적인 모습도 각기 다른 유전적 메커니즘을 거쳐 꽃잎에 대한 차별적인 복제를 해나간 이중기술의 결과이다. 게와 바닷가재를 비교하고 이들과 두 개의 꽃을 비교할 때 우리 또한 베이트슨처럼 이중기술을 행하고 있다. 즉 그들 간의 유사성을 인식하면서 차이를 체계적으로 비교함으로써 각각의 유기체를 그와 같이 만들어내기 위해 작용되는 이중기술을 해명하고 있다. 우리가 이러한 인식에 이르기 위해 이중기술을 사용하는 방식과 생물의 형태가 발생할 때에 이중기술이 작동하는 방식을 비교하면, 우리의 사고 형식이 생물의 세계에 속해 있으면서 동시에 그와 닮아 있음을 알 수 있다. 그리하여 이처럼 더 높은 차원의 이중기술 덕분에 이중기술 그 자체가 하나의 개념적 대상으로서 창발하게 된다.

정신의 발생적 양상으로서 이중기술을 분명하게 드러내기 위해 세계 속에서 나타나는 이중기술로부터 이중기술을 전개시킬 때에 우리는 세계 속에서 작동되는 이중기술과 더불어 생각하는 것이 어떤 느낌인지를 부가적으로 경험하게 된다. 아니, 이것을 이 책의 용어로 바꿔 말해보자. 숲과 함께 생각한다면, 우리는 살아있는 사고 그 자체의 숲 같은 속성을 드러내고 이를 경험할 뿐만 아니라 우리가 어떻게 숲처럼 생각하는지를 알 수 있다.

샤머니즘적이며 퍼스펙티브적인 미학은 이 과정을 양성하고 성찰한다. 재규어를 함정에 빠뜨리는 신화에서는 더 높은 차원의 시야가 "느닷없이…생겨나서" 내부와 외부의 퍼스펙티브를 더 큰 어떤 것의 구성 요소로서 연결한다. 이로써 이 신화를 듣는 사람은 살아있는 새로운 사고가 창발하듯이 그 느낌을 경험하게 된다. 그것은 생각하는 것이 무엇과 같은 느낌인지를 포착한다. 아빌라에서 이 느낌은 샤먼이라는 형상으로 인격화되는데, 샤먼은 아마존적인 자기의 전형적인 모습이다. 아마존에서 모든 자기들은 자기들이라는 점에서 샤먼들로 간주되고 (Viveiros de Castro 1998) 모든 자기들은 숲처럼 생각한다.

살아있는 사고

생명과 사고는 각기 다른 별개의 사태가 아니다. 사고가 다른 사고와의 연합에 의해 성장하는 양상은 자기들이 상호 관계하는 양상과 범주적으로 다르지 않다. 자기는 기호다. 생명은 사고다. 기호작용은 살아있다. 따라서 세계는 활기에 넘친다. 아빌라 루나족처럼 살아있는 사고들의 복잡한 그물망에 진입하여 그 요소들을 활용하려는 사람들은 생명에 관한 그들의 사고가 살아있는 사고의 독특한 성질 중 일부를 예시화할 정도로 살아있는 사고의 논리에 깊이 잠겨 있다. 그들은 숲의 사고와 함께 생각하게 되고, 또 때로는 사고 그 자체에 깃든 숲의 속성 중 일부가 드러남에 따라서 숲의 사고와 함께 생각하는 그들 자신을 경험하기까지 한다.

　살아있는 사고와 그것을 낳은 자기들의 생태학을 인식하는 것은 생명에 독특한 어떤 것이 있음을 부각시킨다. 생명은 생각하지만 돌은 그렇지 않다. 여기서 목표는 어떤 본질적인 생명력에 이름을 부여하는 것도 아니며 인간을 그 외의 생명과 세계로부터 갈라놓는 낡은 이원론 대신 새로운 이원론을 창출하는 것도 아니다. 오히려 목표는 물질성의 관점에서 혹은 상징성에 기초한 언어적 관계성에 관한 (종종 숨겨진) 우리의 전제의 관점에서, 인간과 비인간 그리고 이들 간의 상호작용을 이론화할 때 모호해지는 생명과 사고의 특수한 속성을 이해하는 것이다.

베이트슨에 따르면, "차이"가 "차이를 만들어낼" 수 있는 생명의 특징이 생명을 독특한 것으로 만들어준다(Bateson 2000a: 459). 토양의 차이는 살아있는 표상적인 관계들의 여러 층위들 덕분에 복합적이며 기호적인 생태학에 깊이 스며들어 있는 식물에게서 차이를 만들어낼 수 있다. 그뿐만 아니라 이 차이는 다른 생명-형식에게서 차이를 만들어낼 수 있다. 기호작용은 분명 차이를 포함한다. 사고와 생명은 세계 속에서 차이를 포착함으로써 성장한다. 그리고 특정한 차이를 제대로 파악하는 것은 참으로 중대한 문제다―개는 퓨마와 사슴을 구별할 수 있어야 한다.

그러나 살아있는 사고에서는 차이가 전부는 아니다. 진드기는 퓨마와 사슴의 차이를 알아채지 못하지만, 이 혼동은 생산적이다. 다른 부류의 자기들이 세계에 서식하며 활기를 불어넣는 방식을 주시하는 것은 차이 위에 세워진 관계성에 대한 우리의 관념을 재고하도록 촉구한다. 자기들이 관계하는 방식은 언어적인 체계 속에서 단어들이 서로 관계하는 방식과 반드시 유사할 필요가 없다. 관계하기는 본래의 차이에도 기초하지 않으며 본래의 유사성에도 기초하지 않는다. 이제까지 나는 우리가 보통 차이 혹은 유사성으로서 인식하는 그 무엇에 앞서는 어떤 과정, 즉 혼동이라는 형식에 의존하는 과정을 탐구해왔다. 살아있는 사고에서 혼동(혹은 망각이나 무분별)이 맡은 역할을 이해함으로써 우리는 인간적인 것을 넘어선 인류학을 진전시킬 수 있다. 이 인류학은 살아있는 것과 생각하는 것에서 중심적인 위치를 차지하는 저 수많은 역동성을 주시할 수 있다. 생명과 사고는 결코 다수의 차이로부터 만들어지는 것이 아니다.

3장

혼맹

수면 속의 기상,
기상 속의 수면
죽음을 따라잡는 삶
심연 밑의 심연?
랄프 왈도 에머슨, 「스핑크스」

학교 선생의 처남인 열 살의 라문Ramun은 일라리오의 집 문턱에 야윈
몸을 내밀고 온 힘을 다해 "푸카냐!"라고 부르짖었다. 그때 우리는 나쁜
일이 일어났으리라 거의 확신하고 있었다. 푸카냐와 쿠키는 아직 집에
돌아오지 않았다. 고양이과 동물에게 죽임을 당했다는 것은 몰랐지만
우리는 그러했으리라 의심하기 시작했다. 우이키는 조금 전 후두부에
쩍 갈라진 상처를 입고 비틀비틀 걸어왔다. 일라리오는 내가 가진 구급
상자에서 소독용 알코올을 가져다가 침착하게 우이키의 상처를 소독했
다. 라문은 푸카냐가 돌아올 거라는 일말의 희망을 놓지 않았다. 그래서
그 개의 이름을 한 번 더 불렀다. 푸카냐가 나타나지 않자 라문은 우리
쪽을 향해 이렇게 말했다. "이름이 뭐라고?! 나는 똥이 되고 있는 녀석
을 부르고 있어." 아메리가가 답했다. "그 녀석은 똥이 된 게 분명해. 그
게 재규어가 하는 일이지. 재규어들은 개들을 그저 똥으로 싸는 거야."[1]
　　여자들이 어독魚毒을 모으는 중에 개들의 마지막 울음소리를 들었
던, 덤불숲과 휴경지가 뒤섞인 그곳을 뒤진 끝에 우리는 마침내 개들의

사체를 찾아내었다. 정확히 말하면, 잡아먹히지는 않았다. 그러나 개들은 정말로 고양이과 동물에게 죽임을 당했다. 가족이 나중에 결론짓기로는 개들을 죽인 것은 재규어였으며 여자들이 애초에 개들이 사슴과 혼동했을 거라고 짐작했던 퓨마는 아니었다. 우이키는 그날 밤을 넘기지 못했다.

푸카냐 혹은 우리와 같은 자기들은 덧없는 생명체다. 자기들은 모호한 공간에 거하게 될 수 있다. 여기서 이들은 더 이상 이름을 붙일 수도 푸카냐처럼 그 이름에 응답할 수도 없다는 점에서 완전하게 상호작용하는 주체는 아니지만, 그렇다고 죽은 고기, 아이차, 혹은 재규어의 똥과 같이 활기 잃은 대상으로 탈바꿈한 것도 아니다. 그 점에서 이들은 루이사가 **춘**chun이라는 단어로 묘사한 침묵이라는 저 최후의 공간에 완전히 거할 수도 없다. 오히려 자기들은 삶과 죽음 사이에 있는 공간의 어딘가, "이름이 뭐라고?!"(케추아어로 **마스티**mashti)[2]라는 거의 이름도 없는 모호한 공간의 어딘가—우리가 있는 바로 여기도 아니지만 전혀 다른 곳도 아닌 어딘가—에 처하게 될 수 있다.

이 장은 **마스티**라는 단어에 담겨 있는 이와 같은 공간과 변신, 반전과 곤경, 역설을 다룬다. 이것은 자기성이 소멸될 수 있는 다양한 방식들과 그것이 자기들의 생태학에서 살아가는 존재들에게 부과하는 시련에 관한 것이다. 그러한 소멸에는 수많은 형식이 있다. 물론 유기체적 죽음이라는 파국이 있다. 그러나 그와 동시에 수많은 종류의 탈신체화, 그리고 자기들이 하나의 전체에서 또 다른 자기에 속하는 대상화된 부분으로 환원되는 수많은 방식도 있다. 마지막으로 자기로서 다른 자기들을 지각하며 다른 자기들과 상호작용할 수 있는 능력을 상실함에 따라 자기들이 분해될 수 있는 여러 방식들이 있다.

이 장은 또한 자기들과 대상들 그리고 그것들의 상호구성을 다루며, 특히 자기들이 어떻게 대상을 창출하고 또 어떻게 대상이 될 수 있는지를 다룬다. 그리고 이것은 삶이라는 이 사실이 우리에게 제기하는 곤경에 관한 것이기도 하다. 그뿐만 아니라 아빌라 지역의 이 특수한 자기들의 생태학에서 그러한 곤경이 증폭되는 특유의 방식들 덕분에 인간적인 것을 넘어선 인류학이 그 곤경에 관해 무엇을 배울 수 있는지도 다뤄보겠다.

예스페르 호프마이어(Hoffmeyer 1996: viii)의 멋들어진 표현처럼 이 지구상에서 생명의 시작은 "무언가"가 "누군가"가 되는 순간을 표상하지만, "누군가"가 존재하기 이전에 "무언가"는 결코 존재하지 않았다. 이는 만물을 지각하는 존재들이 있기 이전에 만물은 존재하지 않았다는 뜻이 아니다. 그보다 살아있는 사고들이 이 지구상에 창발하기 전에는 그 무엇도 대상 혹은 자기로서 또 다른 자기와의 관계에서 모습을 드러내지 않았다는 뜻이다. 대상도 자기와 같이 기호작용의 효과이다. 그리고 그것은 인간적인 것을 초과하는 기호적 역동성으로부터 창발한다.

따라서 이 장은 삶이 창출하는 자기의 다양한 소멸에 관한 것이다. 이것은 스탠리 카벨이 "일상생활"의 "작은 죽음들"(Cavell 2005: 128)—우리를 관계 밖으로 끌어내는 수많은 죽음들—이라 부른 것이다. 죽음이 생명의 중심 부분이라는 것은 코라 다이아몬드(Diamond 2008)가 "현실의 곤경"이라고 부른 것을 예시한다. 그것은 순전한 불가해성으로 때때로 우리 인간들을 압도하는 근본적인 모순이다. 그리고 그것은 또 다른 곤경에 의해 가중되는데, 그 모순이 때때로 그리고 어떤 사람들에게는 전

그림 6. 사냥에서 죽은 동물을 집으로 가지고 오면, 아이들은 호기심을 가지고 그것을 쓰다듬고 어른들은 그 모습을 애써 외면한다. 저자 촬영.

혀 눈에 띄지 않는다는 것이다. 이 인식의 결여가 일으키는 분리의 느낌 또한 현실의 곤경의 일부이다. 이 거대한 자기들의 생태학에서 사냥은 그러한 곤경을 전면에 내세운다. 사냥할 때에 우리는 자신이 죽이고자 하는 다른 부류의 수많은 자기들과의 관계 속에서 자기로서 나서야 한다. 그리하여 우주 전체는 삶 본래의 모순으로 울려 퍼진다(그림 6).

피부 너머의 삶

하나의 자기를 구성하는 물질과 의미의 특정한 배치는 덧없는 존재를 갖는다. 푸카냐와 다른 개들은 재규어에게 죽임을 당하는 순간 실질적인 의미에서 자기이길 멈췄다. 살아있는 자기성은 그와 같이 취약한 신체의 주변에 국지화되어 있다. 그러나 자기가 국지화되어 있다는 말은 퍼스의 비판적인 표현처럼 "살과 피의 상자 속에 가둬진"(Peirce CP 7.59; CP 4.551), 혹은 베이트슨의 용어로 "피부에 의해 경계를 이루는"(Bateson 2000a: 467), 어떤 신체 내부에 필연적으로 또는 배타적으로 자기가 있음을 뜻하지 않는다. 생명은 또한 신체화된 어느 특정한 자기성의 처소가 갖는 제약을 넘어서 확장한다. 자기들이 그다음의 자기들에게 중요해지는 방식으로 다른 자기들에 의해 표상되는 방식 덕분에 생명은 잠재적으로 어떤 기호적인 계통 속에 존재할 수 있다.

따라서 개별자의 죽음 너머에도 일종의 삶이 존재한다. 그리고 생명의 일반성, 즉 미래로 퍼져가는 생명의 잠재성은 실상 각각의 특이한 죽음들이 열어놓은 공간에 의존한다(Silverman 2009: 4 참조). 내가 아빌라에 있는 동안 벤투라Ventura의 어머니인 로사Rosa가 죽었다. 그러나 그녀는 존재함을 완전히 멈추지 않았다. 그녀의 아들에 따르면, 그녀는 영적인 주재자들spirit masters—숲의 동물들을 소유하고 수호하는 존재들(4-6장 참조)—의 세계 "내부"ucuman로 들어가 그들 가운데 하나와 결혼했다. 우리의 일상적 경험세계인 "외부" 세계jahuapi에 그녀가 남긴 것은 그녀의 "피부"가 전부였다. 벤투라는 어머니가 영적 세계로 들어갈 때 "그녀의 피부를 그저 버린"[3] 것이며, 이 피부는 그녀의 장례에서 매장되기 위해 자식들에게 남겨진 것이라고 말한다. 영적인 주재자들의 세계에서 로사는 낡은 피부에서 벗어나 영원토록 젊고 매력적인 신부의 삶을 살고 있다.

우리 모두는 결국 자기임을 멈출 것이다. 그러나 우리가 자기이기 위해 취해야 하는 바를 구성하는 저 독특한 배치의 흔적은 피부에-싸인 우리의 유한한 신체를 초과할 가능성을 가지며, 이렇게 해서 "우리"는 우리의 "피부"가 스러진 뒤에도 어떤 형태로든 존속할 것이다. 2장에서 논한 것과 같이, 자기들은 기호작용의 결과물이다. 자기들은 해석체 형성—한 기호가 새로운 기호를 생성시키는 방식으로 또 다른 기호에 의해 해석되는 과정—의 처소들을 신체화한다. 따라서 자기들은 잠재적으로 미래로 확장될 수 있는 기호들이다. 자신만의 신체화된 처소를 지닌 그다음의 자기가 하나의 자기로서 창발하는 기호 과정의 일환으로 자기들을 재-현전하는 한 그렇다. 따라서 생명은 신체를 결코 완전히 떠나지 않고서도 현재 신체 주변에서 국지화되어 있는 피부에-싸인 자기를 넘어설 수 있는 가능성을 가진다. 앞으로 논할 것처럼, 죽음은 자기가 현재의 신체화된 한계를 넘어서는 방식에서 핵심적이다.

자기는 신체화되어 있는 동시에 신체를 넘어서 존재한다. 자기는 국지화되어 있으면서도 개별적인 것, 심지어 인간적인 것까지도 초과한다. 자기가 신체를 넘어서 확장하는 이와 같은 방식을 파악하는 방법 중 하나는 자기가 혼soul을 가지고 있다고 주장하는 것이다. 아빌라에서 혼—혹은 스페인어 기원의 어휘를 사용해서 사람들이 부르는 표현으로는 알마alma—은 기호적인 자기가 다른 기호적인 자기와의 상호작용을 통해 공동 구성되는 방식을 표시한다. 통상적으로 우리는 여러 부류의 존재들 사이에서 경계들을 인식하지만, 혼은 이 경계들을 흐리게 만드는 방식으로 혼을 가진 다른 자기들과의 상호작용 속에서 관계적으로 창발한다.

알마를 가진다는 것은 아빌라 루나족이 살아가는 자기들의 생태학에서 관계를 가능하게 만든다는 것이다. 아빌라 사람들에 따르면, 동물은 다른 부류의 존재들을 "의식하기"[4] 때문에 혼을 가진다. 예를 들어 멧돼지와 더불어 전형적인 사냥감(케추아어로 아이차)으로 생각되는 숲의 식용 가능한 대형 설치류인 아구티 그리고 개는, 자신에 대해 포식자 혹은 먹잇감의 관계에 놓인 존재들을 "알아차리는"[5] 능력 덕택에 혼을 소유한다. 아구티는 자신의 포식자인 개들이 있다는 것을 감지할 수 있으며, 그래서 아구티는 혼을 가진다. 이 관계적인 능력은 구체화된다. 즉 그것은 신체 속에서 물리적인 위치를 점한다. 아구티의 쓸개와 흉골은 의식이 생겨나는 기관의 역할을 맡는다. 이 기관들을 통해 아구티는 포식자가 있음을 알아낸다. 다른 존재들에 대한 사람들의 인지 또한 육체적으로 국지화되어 있다. 예를 들어 근육의 경련은 방문객 혹은 독사와 같은 위험한 동물이 있음을 인간에게 경고한다.

혼은 관계적인 성질로서 신체의 특정 부위에 위치하기 때문에 그 부위가 먹힐 때 타자에게 옮겨갈 수 있다. 개는 아구티와 그 외의 사냥감을 탐지할 수 있는 능력 때문에 의식이 있고 혼을 소유한 존재로 규정된다. 개는 개의 존재를 감지할 수 있게 해주는 아구티의 그 기관을 섭취함으로써—먹잇감을 탐지하는 향상된 능력으로 측정되는—의식을 고양시킬 수 있다. 이런 이유로 아빌라 사람들은 가끔씩 아구티의 담즙과 흉골을 개에게 먹인다.

이와 동일한 논리로 아빌라 사람들 자신도 동물의 신체 부위를 섭취함으로써 다른 존재들에 대한 의식을 고양시킨다. 사슴의 위에서 간혹 발견되는 소화 안 된 딱딱한 결석은 포식자를 탐지하는 사슴의 의식의 원천으로 생각되기 때문에, 더 수월하게 사슴과 만날 수 있도록 사냥꾼은 그 부스러기를 태워 연기를 흡입하기도 한다. 아빌라에서 어떤 사람들은 재규어의 담즙을 마심으로써 루나 푸마가 된다. 이것은 그들이 포식의 시야를 장착하게 하고, 그들이 죽을 때 그들의 혼이 재규어의 신체로 쉽게 옮겨가게 만든다.

아빌라 사람들처럼 퍼스는 혼을 자기들 간의 의사소통과 교감의 표지로 보았다. 퍼스는 혼이 다른 기호적인 자기들과의 구성적인 상호작용 속에서 살아있는 기호적인 자기에 고유한 어떤 일반적인 속성을 담고 있다고 생각했다.[6] 따라서 퍼스는 "혼의 자리"가 항상 신체와 관련된다 하더라도 그것을 반드시 신체에 위치 짓지 않았고 오히려 상호주관적인 기호적 해석interpretance의 효과로 위치 지었다. "나의 느낌이 그에게 전해지고 그가 느끼는 것을 내가 의식하기 위해, 나와 완전한 공감대를 이루는 친구에게 나의 사고와 감정을 의사소통할 때, 나는 문자 그대로의 의미에서 나 자신의 뇌뿐만 아니라 그의 뇌 속에서도 살고 있지 않은가?"(CP 7.591). 퍼스에 따르면, 혼이란 국지화된 단일 존재인 사물thing이 아니라, 그 다수의 구체화가 동시에 서로 다른 장소에서 존재할 수 있다는 점에서 오히려 말word과 닮은 어떤 것이다.

살아있는 사고는 신체를 넘어서 확장한다. 그러나 이 사실은 그 자신만의 문제를 제기한다. 자기들은 어떻게 해서 자신이 머무는 신체의 한계 너머로 확장할까? 그리고 언제 어디서 그러한 자기들은 결국 종말을 맞이할까? 어째서 생명은 자기성을 유한성이라는 사실과 얽어매면서도 어떻게 그런 식으로 신체를 넘어서 확장하는 것일까? 이 질문은 일반적인 문제이다. 이것은 생명에 고유한 문제이며, 인간적인 것을 넘어선 인류학이 죽음이 생명에 본래적이라는 점을 배워나가는 과정 속에서 자기들의 생태학이 증폭시키는 문제이기도 하다.

아빌라에서 이 문제는 사람들과 루나 푸마의 상호작용에서 특히 현저하게 나타난다. 재규어-인간은 모호한 생명체다. 그들은 한편으로는 타자—짐승, 악마, 동물, 적—이며, 다른 한편으로는 살아있는 친척에 대해 강한 감정적 유대와 의무감을 가진 사람person이다.

이 모호한 위치는 심각한 시련을 가져온다. 최근 사망한 벤투라의 아버지는 푸마가 되어 그의 아들이 키우는 닭들 중 한 마리를 죽였다. 벤투라는 이 사건에 화가 났고 이제는 재규어가 된 아버지가 여전히 자신을 아들이라고 생각하는지 의심했다. 그래서 벤투라는 집 근처의 숲으로 가서 그 주변의 어딘가에서 재규어의 신체와 관점으로 살고 있는 아버지를 향해 큰 소리로 외쳤다.

"나는 남이 아니야"라고 그에게 말했어.
"나는 당신의 아들이야."
"내가 없어진다 해도,
당신은 내 닭들을 보살펴야 해."[7]

벤투라는 자력으로 숲 속에서 사냥하는 진짜 푸마처럼 행동하지 않고 닭을 약탈한 아버지를 계속해서 비난했다. "산으로 가지 않고 그렇게 하는 것이 당신의 방식이야?" 벤투라는 말을 이어갔다. "만약 이 주변에 말뚝을 박을 거라면, 적어도 나를 위해 무언가를 잡아와야 해." 얼마 뒤—"그리 오래 걸리지 않아. 사흘 정도였을 거야."—벤투라의 아버지 푸마는 마침내 그의 의무를 다하기 시작했다. "말한 대로 그는 내게 먹기 좋은 아구티를 잡아다 주었지."

벤투라는 아버지의 "선물"을 다음과 같이 우연히 맞닥뜨렸다. 그는 우선 집 주변의 수풀에서 살해 현장을 발견했다. 재규어가 공터를 "반질반질해질 때까지 밟았다"는 것을 알 수 있었다. 벤투라는 이 반질반질해진 공터에서 재규어가 수풀을 거쳐 사체를 끌고 간 흔적을 따라갔다.

그리고 그때 나는 보았어.
이것, 이 머리, 잘려진 머리가 여기에. (…)
그 후 나는 주변을 둘러보았고 창자 한 뭉치를 눈치 챘어. (…)
그리고 그때 푸마는 그것을 더 멀리 끌고 갔지.

벤투라는 양손을 사용해서 몸짓을 섞어가며 마침내 발견한 포획물을 이렇게 묘사했다.

여기서부터 그 위로는 모두 먹혀버렸어.
그러나 양 발은 아직 그대로였지.

아버지 푸마는 아들에게 최상의 고깃덩이를 남겨주었을 뿐만 아니라 마치 혼례에 초대된 일가친척들에게 선물로 나눠주는 훈제고기처럼 그것을 싸매놓기까지 했다.

나뭇잎으로 그것을 싸매었지.

그것을 나뭇잎으로 포장해서,

그는 그저 남겨주었어.

푸마가 준 선물은 반은 먹다 남은, 창자가 드러난 아구티의 사체—
더 이상 자기로서 인식되지 않고 나뭇잎에 싸인 고깃덩이로 변한 사
체—였다.

재규어-인간은 모호한 생명체다. 그 자가 여전히 인간인지 아닌지
는 누구도 결코 확신할 수 없다. 재규어-인간은 관계의 의무를 다해야
함을 잊어버리진 않을까? 그러나 그 모든 흉포한 타자성을 띤 그들을
숲 속에서 만날 때, 그들 또한 **우리**가 의무를 다해야 하는 일종의 사람이
지 않은가?

사냥을 나간 어느 날, 후아니쿠는 재규어를 우연히 맞닥뜨렸다. 그
는 대형 고양이과 동물에 대해 그다지 효과적이지 않은 소형 전장식 산
탄총으로 재규어를 총격했다. 다음은 그가 어떻게 아이콘적인 음향 이
미지의 연쇄를 통해 그 사건을 재창출하는지를 보여준다.

티아tya (잘 발사된 총)

치오—tsi'o— (총에 맞은 재규어가 내는 발성)

테예—tey'e— (목표물에 적중한 탄환)

오우우—hou'u—h (재규어의 또 다른 발성)

그 후 신속하고 다소 부드럽게 후아니쿠는 재규어의 이빨에 부딪
힌 산탄 소리를 흉내 내었다.

총탄은 재규어의 이빨을 산산이 부서뜨리고 턱을 갈라놓았다. 재규어가 도망간 후 후아니쿠는 튀어나온 턱을 집어 그것—"우오"huo'—을 주머니에 넣고, 재규어에게 반쯤 먹히다 남은 포획물을 주워서 집으로 돌아왔다.

그날 밤, 재규어는 아직도 그와 함께 있었다. 후아니쿠는 내게 말했다. "밤새 재규어는 내게 꿈을 보여주었어." 이 꿈속에서 오래전에 죽은, 후아니쿠의 대부代父가 나타났다. 살아생전의 모습과 다를 바 없었던 그가 말을 하려고 입을 열었을 때 부서진 이가 보였다. 그는 후아니쿠에게 말했다. "너는 대부에게 어떻게 그런 일을 할 수 있지? 이제 나는 뭘 먹지?" 후아니쿠의 대부는 잠시 멈추고 재규어가 하는 것처럼 "아아—"hʰa—라고 크게 울부짖은 후 이렇게 말했다. "이걸 봐. 나는 이제 먹을 수 없어. 이렇게 나는 죽을 거야." 후아니쿠는 다음과 같이 결론지었다. "그는 이런 식으로 일어난 일을 내게 말해주었어. (…) 그렇게 꿈을 꾼 그 밤에 혼이 말을 걸어준 거야." 후아니쿠는 잠시 멈춘 후 이렇게 덧붙였다. "나는 저것을 쏘았지. 나는 저것을 쫓아버렸어."[8]

루나 푸마는 기묘한 생명체다. 왜냐하면 그는 대부라는 자신의 정체를 밝히면서도 재규어처럼 울부짖기 때문이다. 후아니쿠는 의례적인 친족의 유대를 통해 '그'와 연결되지만, '그것'을 총격하는 데에 아무런 자책감도 느끼지 않는다. 후아니쿠에게 말을 건 루나 푸마는 자기다. 그러나 그가 저격한 그와 똑같은 것은 사물이기도 하다.[9]

이 모순적인 푸마의 본성은 일라리오와 그의 가족이 개들을 죽인 재규어의 정체에 대해 이야기를 나눌 때에도 드러난다. 라문이 푸카냐의 이름을 부르고 나서 몇 시간이 흐른 후, 가족은 쿠키의 사체 옆에서 갈기갈기 찢긴 푸카냐의 사체를 숲 속에서 발견했고 그 주변의 흔적과 개들의 후두부에 남겨진 물린 자국으로부터 개들을 죽인 것은 재규어라고 결론지었다.

그러나 어떤 **부류**의 재규어의 소행인지를 일라리오 가족은 아직 알지 못했다. 개들을 죽인 것은 루나 푸마이고 평범한 "숲의 재규어"(사차 푸마sacha puma)는 아닐 거라고 추측했지만, 그것은 완전히 만족할 만한 답은 아니었다. 가족 중 누군가가 그 불만을 다음과 같이 표명했다. "누구의 푸마가 우리를 이다지도 힘들게 하는 것일까?" 그날 밤, 그들은 답을 얻었다. 모두가 일라리오의 죽은 아버지의 꿈을 꾸었던 것이다. 아메리가는 시아버지가 모자를 쓴 채 그녀에게 다가와 그가 선물 받았던 큰 덩이의 사냥 고기를 저장해 놓으라고 말하는 꿈을 꾸었다. 루이사는 꿈 속에서 아버지의 고환을 볼 수 있었고 아버지의 장이 항문 밖으로 탈장한 모습을 보았다. 그날 밤 그다음 꿈에서 그녀는 검은 송아지와 얼룩무늬 송아지를 보았다. 그녀가 추론하기를, 소는 아버지의 소유물이 분명하고 아버지는 이제야 숲의 영적인 주재자들의 사후 세계에서 주재자가 되었다는 것이다(6장 참조).

일라리오의 아들 루시오는 집에서 멀리 떨어진 곳에 있었다. 그는 이 사건의 소식을 가족에게서 듣지 못했고 일이 일어난 다음 날까지 집에 돌아오지 않았다. 그런데도 루시오는 그날 밤 조부의 꿈을 꾸었다. "바로 그곳에서 나를 보고 웃고 말하기만 했어." 그에게 이 일은 재규어의 정체를 확인시킨 사건이었다. "그래, 그건 틀림없이 죽은 할아버지였어—주변을 배회한 푸마는 할아버지임이 분명해." 즉 저 푸마는 틀림없이 재규어의 신체에 머무는 조부의 혼이었으며, 그는 집 근처의 덤불숲을 배회하며 재규어의 시선으로 세상을 바라보면서 가족의 개들을 먹잇감으로 보았을 것이다.

루시오는 흉포한 재규어가 아닌 사랑스러운 조부의 꿈을 꾸었다. 두 사람은 함께 이야기를 나누며 웃었다.[10] 울음이나 하품과 같이 웃음은 전염된다. 웃음은 타인들에게 웃음을 유발하며, 이런 식으로 일종의 아이콘적인 활동을 통해 공유되는 감정 속에서 사람들은 하나로 통합된다(Deacon 1997: 428-29). 웃음은 퍼스의 표현을 빌리면 "반응의 연속성"(CP 3.613) 속에서 사람들을 결속시킨다. 루시오와 조부는 함께 웃으며 잠시나마 의사소통에 의한 교감 속에서 단일한 자기를 형성했다.

그러나 일라리오와 그의 가족이 말하는 것과 같이 이 재규어—사랑스런 조부—는 합당한 이유 없이 개를 공격했다. 어떤 루나 푸마는 친족이 사망할 때 따라야 하는 터부를 그의 친족들이 지키지 않는 경우 그들의 개들을 습격한다. 그러나 그것은 이 사례와는 맞지 않다. 이 공격이 이해할 수 없는 것도 이 때문이다. 루시오에게 이 재규어-인간은 "좋지 않다". 일라리오에게 그는 "악마", 즉 "수파이"supai다. "그것은 다른 무엇이었을까?"라고 그는 물었다. "음", 루이사는 잠시 생각한 후, "악마로 변신한 거야."라고 말했다. 늘 질문하고 늘 왜를 알고 싶어 하는 아메리가는 누구에게 따로 묻지 않고 이렇게 말했다. "어째서 그는 사람이면서 그런 생명체가 되어버렸을까?" 아메리가의 말이 내비친 것처럼 혼은 우리와 같은 사람이며 사람의 방식으로 꿈속에서 우리와 교류한다. 그러나 숲의 재규어처럼 그들은 **다른** 부류의 존재—더 이상 공유하거나 돌볼 능력이 없는 부류의 존재, 죽은 자보다 못한 부류의 존재, 혼이 없는 존재, 사람이 아닌 존재—가 될 수도 있다.

　루시오가 꿈속에서 사랑하는 조부와 접촉한 일과 저 악마와 같은 재규어가 숲 속에 나타난 일은 완전히 동일한 하나의 일이다. 루시오는 곰곰이 생각하더니 "내가 그런 꿈을 꾼 것은 할아버지가 우리를 보러 내려와야 했기 때문이야"라고 말했다. 아메리가는 이에 동의했다. 재규어-인간은 사람들이 사는 곳에서 멀리 떨어져 산 위에 있어야 한다. 루시오의 조부가 숲 속의 거처에서 내려온 덕분에 루시오가 꿈을 꾼 그 밤에 조부의 혼과 손자의 혼이 함께 웃을 수 있었다. 이것은 또한 개들이 당한 공격을 어느 정도 설명해준다.

　그날 밤 늦게 부모의 집에서 루시오는 최근 숲에서 재규어와 만난 일을 떠올렸고, 그때의 상황과 꿈을 되짚으면서 이 또한 조부의 현현이라는 결론에 다다랐다. 루시오는 이 푸마를 죽이고 싶어 했다. 그 자신의 회상에서 그는 푸마를 사람이 아닌 사물로 묘사함으로써 "죽일 수 있는"(Haraway 2008: 80) 것으로 만든다. 여기서 그는 케추아어에서 성이나 지위에 상관없이 3인칭을 나타내기 위해 사용되는 유생有生 대명사인 파이pai(저 사람) 대신에, 무생無生 대명사인 **차이**chai(저것)의 단축형인 **치**chi를 사용하고 있다.

chillatami carca
저것이 바로 그것이다!

그리고 총이 제대로 작동하지 않아 총알이 목표물을 빗나가자 그는 화를 냈다. "빌어먹을!"

재규어에 조부의 혼이 머물고 있음을 안 후에도 루시오는 이 재규어를 죽이려고 한 것을 후회하지 않았다. 루시오의 꿈속에서 3인칭 이상의 존재였던—함께 웃으면서 루시오와 하나가 되었으며 사실상 **우리**와 같은 부류였던—그의 조부는 이제 루시오에게 일개 사물이 되었다.

죽음을 완결시키다

삶과 죽음의 경계는 결코 명확하지 않다. 그러나 그 경계를 명확히 해야 할 때가 있다. 사람이 죽으면 그 또는 그녀의 혼—혹은 혼들이라고도 말할 수 있는데, 퍼스가 말한 것처럼 혼은 복수일 수 있으며 서로 다른 장소에 동시에 존재할 수 있기 때문이다—은 육체를 떠난다. 루시오의 조부의 혼과 같이 혼은 재규어의 신체에 들어갈 수도 있고, 기독교에서 말하듯이 천국으로 "승천할"sican 수도 있으며, 동물의 영적인 주재자들의 영역에서 주재자가 될 수도 있다.

그 후에 남겨지는 것은 **아야**aya다. 아빌라의 케추아어인 아야에는 두 가지 의미가 있다. 하나는 단순히 활기를 잃은 사체라는 의미로, 벤투라와 그의 형제들이 매장할 수 있도록 로사가 남긴 피부거죽을 가리킨다. 또 하나는 신체와 혼 모두를 잃고 방황하는 죽은 자의 유령을 가리킨다. 혼은 의식을 씌우고, 그에 수반해서 다른 존재들과 공명하고 공감하는 능력을 씌운다. 아야가 혼을 가지지 않는다는 사실로 인해 아야는 특히 사람들에게 해를 끼친다. 그것은 "**시칸**"shican, 즉 "또 다른 부류"[11]의 존재—어떤 사람이 내게 설명했듯이 "더 이상 사람들을 사랑할 수 없는" 자—가 된다.[12] 이것은 특히 아야가 그 가족에 대해 갖는 관계에 들어맞는다. 아야는 더 이상 사랑받을 만한 친족으로 인정되지 않는다. 아야는 자신의 사후에 태어난 아기와 훨씬 더 미약한 관계를 갖기 때문에 아기와는 이중으로 멀어진다. 따라서 아기는 아야가 일으키는 병에 걸리기 쉽다. 아야는 의식과 혼을 결여함에도 불구하고 또다시 산 자의 세계의 일원이 되고자 헛되이 노력하기 때문에 생전에 자주 다닌 장소를 배회한다. 이렇게 함으로써 아야는 **우아이라스카**huairasca로 알려진 일종의 "악한 바람"mal aure을 통해 가족에게 병을 일으킨다.

아야는 혼동의 공간에 서식한다. 우리는 아야가 죽어있음을 알고 있지만, 아야는 자신이 아직 살아있다고 생각한다. 그 때문에 사람이 죽은 후에 그를 매장하고 2, 3주 뒤에 행해지는 의례적 향연인 **아야 피츠카**aya pichca[13]가 아직 그들 곁에 머물러 있는 아야의 위험을 산 자에게서 제거하고 생명 없는 영역으로부터 살아있는 자기의 영역을 확실히 분리하기 위해 거행된다. 이 의례는 초저녁에 시작해서 다음 날 아침까지 계속된다. 그리고 그 후에 특별한 향응이 제공된다(4장 참조). 일전의 아야 피츠카는 로사의 남편이자 벤투라, 앙헬리시아Angelicia, 카밀로Camilo의 아버지인 호르헤Jorge가 죽은 후 거행되었다. 의례의 전반부는 초저녁에 시작되어 날이 밝기 직전까지 밤새 이어진다. 그것은 빈집이 되어버린 호르헤의 집에서 벌어진 술자리로 이뤄졌다.

아빌라의 상중에는 울음소리와 함께 특이한 곡조를 띤 애도의 통곡소리가 종종 들리기도 하지만, 대체적으로 술자리 분위기는 즐겁다. 실제로 사람들은 호르헤를 여전히 살아있는 것처럼 대했다. 호르헤의 딸 앙헬리시아가 도착했을 때 그녀는 아버지가 생전에 잠들었던 침대 옆에 가양주인 **비니유**vinillu 한 병을 놓아둔 후 이렇게 말했다. "여기 이 단물을 마셔요."[14] 조금 후 다른 사람들은 생선국이 담긴 그릇을 그에게 내놓았다. 한 이웃이 비니유 술병을 긴 의자에 놓는 순간 다른 술병이 바닥에 떨어졌다. 누군가는 이 모습을 보고 이미 가볍게 취한 호르헤가 병을 찬 것이라고 언급했다. 우리가 근처에 있는 카밀로의 집에 가려고 할 때 앙헬리시아의 남편인 세바스티안Sebastián은 이렇게 말했다. "알았어, 할아버지. 기다리고 있어요. 조금 있다 돌아올 테니."[15]

마치 호르헤가 아직도 살아있는 자들의 친목 모임의 일원인 것처럼 그를 대하는—마지막 철야 연회에 호르헤를 끌어들여 그에게 농담을 건네고 그와 이야기하며 식사와 음료를 나누어 먹고 잠시 다녀온다고 말하고 다시 그에게 돌아오는—사람들의 이러한 방식에도 불구하고 이 의례의 목적은 실은 호르헤의 아야를 확실하게 영원히 떠나보내고, 그가 태어난 그때에 그의 부모가 살았던 우아타라쿠Huataracu 강 근처에 묻은 그의 태반pupu과 다시 합치기 위한 것이다.[16] 자기의 고유한 신체적 처소로서 호르헤의 창발을 표시하는 태반의 흔적과 아야로 남은 자기의 공허한 찌꺼기가 다시 동렬에 놓일 때에야 비로소 그의 유령은 위험한 배회를 멈출 것이다.

우리는 밤새 자지 않고 호르헤의 침대 옆에서 술을 마시며 농담을 주고받았다. 날이 밝아오면서 호르헤가 평상시 사냥을 나간 시각에 이르자 분위기가 일변했다. 누군가가 우리에게 다가와 얼굴에 아치오테를 발라주었다. 붉은 빛이 감도는 이 오렌지색의 안료는 인간적인 자기들인 우리의 본성을 호르헤의 아야에게 들키지 않게 하는 일종의 가장

물의 역할을 한다. 이로써 호르헤는 더 이상 우리를 사람으로 볼 수 없고 우리의 존재를 알아볼 수 없다. 그리하여 그는 자신의 안식처를 우회하지 않게 된다.

이것은 그래야만 하는 당연한 방식이다. 아야는 산 자에게 극히 위험하며 아야를 본다거나 그와 이야기하는 등의 매개 없는 상호주관적인 해후는 죽음을 부를 수 있다. 그러한 해후는 살아있지 않은 비자기의 관점에서 세계를 보도록 요구하기 때문이다. 반대로 말하면 이것은 우리의 자기성의 근본적인 소멸—우리가 생존할 수 없게 되는 어떤 것—을 암시한다.

아치오테로 얼굴을 칠한 우리는 바구니에 가득 담긴 호르헤의 물건들을 밖으로 내와서 그 자신의 태반과 다시 합치기 위해 호르헤의 아야가 걸어가게 될 길에 놓아두었다. 특히 아이들은 "자, 가자!"라는 말로 호르헤의 여정을 독려하면서 마치 그가 살아있는 것처럼 그에게 말을 걸며 그를 북돋아주었다. 이 와중에 호르헤의 가까운 친척들은 그 길을 가로질러 숲 속에 숨어 있었다. 이렇게 해서 더 이상 그의 가족과 친구와 이웃을 인식할 수 없게 된 아야는 가시 없는 변종의 거대한 쐐기풀인 **아야치니**aya chini의 잎사귀가 드리어진 길을 따라 나섰다.[17] 어떤 이들은 호르헤의 아야가 사라질 때 산들바람을 느꼈다. 호르헤의 바구니에 담긴 암탉은 겁먹기 시작했다. 이것은 아야가 사라지려 한다는 뜻이다.

밤이 시작될 때에 호르헤는 죽어있었지만 살아있는 친척들에게 여전히 사람이었고 친척과 함께 그 밤에 먹고 마시고 웃고 이야기한 누군가였다. 그러나 밤이 끝나갈 때쯤 호르헤는 공식共食, commensality의 영역에서 배제되었다. 그는 산 자와 분리되어 죽은 자의 사회적·관계적 영역으로 영원히 보내졌다.

배분되는 자기성

탈주체화desubjectivization는 죽음 속에서 자기성의 신체화된 처소의 물리적인 소멸에 의해서만 일어나는 것이 아니다. 아직 살아있는 자기들이 다른 자기들에게 자기로서 다뤄지지 않게 되는 주요한 방식들이 있다. 아빌라 사람들은 개를 그들 자신의 권리를 가진 자기로 인정하지만, 때에 따라서는 도구로 취급하기도 한다. 그들은 때로는 개를 총과 비교하는데, 이것은 개가 "무기"처럼 인간의 사냥능력의 확장 부분임을 시사한다. 아빌라 사람들은 사냥의 보조용구에 관한 특별 조치를 준수하도록 주의한다. 예를 들어 그들은 사냥에서 죽인 동물의 모든 뼈를 그 동물을 죽일 때 사용한 총이나 덫이 "파손되지"huaglirisca 않도록 씻고 마시는 물이 흐르는 강 주변에서 확실하게 처리한다.

개도 그러한 잠재적인 오염의 영향을 받기 쉽다. 일라리오 가족은 개들이 습격당하기 전에 그 주에 개들이 죽인 사슴의 큰 뼈를 먹이로 주지 않도록 주의했다. 뼈는 물론 작은 강에 버렸다. 이 경우에는 개—총이나 덫이 아니라—가 사슴을 죽였으므로 그들 또한 "파손될" 염려가 있다. 일라리오가 언급했듯이 개들의 코가 "막혀버릴 수 있고"[18], 그러면 개들은 숲에서 사냥감을 찾아낼 수 없다. 따라서 개들은 특정 맥락에서는 총과 같다. 개는 인간적인 자기성의 처소를 확대시키는 확장 부분—무기—이 된다.

사람도 사물 같은 도구가 될 수 있으며, 더 큰 전체의 부분, 더 큰 자기의 부속물이 될 수 있다. 어느 술자리에서 20대 초반의 나르시사 Narcisa는 전날 집 주변 숲에서 암사슴과 수사슴, 아기 사슴과 만난 일을 내게 이야기해주었다. 사슴은 탐나는 사냥감이고, 나르시사는 그중 한 마리를 죽이고 싶었다. 그러나 문제가 두어 가지 있었다. 우선 여성들은 보통 총을 가지고 다니지 않았고, 그녀 자신도 무기가 없는 것이 후회스러웠다. "젠장!" 그녀는 고함쳤다. "저것[즉 산탄총]이 있었더라면 좋았을 걸!"[19] 두 번째 문제는 그녀의 남편이 총을 가지고 있었고 가까이에 있었지만 사슴을 보지 못했다는 것이다. 그러나 나르시사가 말하기를, 다행히도 그 전날 "꿈이 좋았다". 그리고 이 꿈 때문에 두 사람은 사슴 한 마리를 얻을 수 있을 거라고 그녀는 생각했다.

나르시사는 사슴이 그녀의 존재를 경계하지 않도록 하면서 그와 동시에 사슴의 존재를 남편에게 알리는 과제에 봉착했다. 그녀는 음량을 올리는 대신 음성을 길게 끌어서 강하면서도 조용하게 "소리치기"를 시도했다.

"알레하―은드루", 나는 조용히 소리쳤어.

목구멍의 긴장은 메시지의 긴급함의 수준을 낮추지 않으면서도 성량을 흡수했다. 이렇게 해서 그녀는 자신의 목소리가 사슴에게 들리지 않기를 바랐다. 그러나 그 시도는 실패했다.

그렇게 부른 후에

암사슴이 알아챘어.

그리고 처언천히 돌아서서 [도망가 버렸어]

더 정확하게 말하면 사슴에게 자신의 존재를 들키지 않으려는 나르시사의 시도는 부분적으로만 실패했다. 암사슴과는 달리 수사슴은 "전혀 눈치 채지 못했기" 때문이다.

사슴 몰래 사슴에 관해 남편에게 알리려 한 나르시사의 선택적 의사소통의 시도는 어떻게 행위주체성이 서로 다른 자기들에게 배분되는지 그리고 그 과정에서 어떻게 이 자기들 중 일부가 행위주체성을 잃을 수 있는지를 시사한다. 여기서는 나르시사가 가장 주요한 행위자다. 꿈꾸기는 경험과 지식의 특권적인 형식이며, 꿈을 꾼 이는 그녀의 남편이 아니라 바로 그녀였다. 나르시사의 "길몽"은 중요한 행위이다. 동물에게 총을 쏘는 남편의 능력은 이 행위를 확장하는 것일 뿐이다.

나르시사의 행위주체성이 원인의 처소이지만—중요한 것은 그녀의 꿈이다—그렇다 해도 대상을 통해 그녀 자신을 확장해야만 그녀의 의도가 성공적으로 실현될 수 있다. 총 없이 그녀는 사슴을 쏠 수 없고, 아빌라에서는 총을 가진 이가 일반적으로 남성이기 때문에 그녀는 남편을 끌어들여야 한다. 그러나 이 맥락에서 남편은 실상 사람이 아니다. 오히려 그는 총처럼 나르시사가 이를 통해 그녀 자신을 확장할 수 있는 대상이자 도구이자 부품이 된다.

이 상황에서 나르시사가 원했던 자기들과 대상들의 배분은 다음과 같다. 나르시사와 알레한드루Alejandro는 "반응의 연속성" 속에서 단일한 개별자로서 통합되어야 했고, 여기서 먹잇감이라는 대상으로 간주되는 사슴의 살해를 향해 포식자로서 함께해야 했다. 달리 말해 나르시사와 알레한드루는 그들을 에워싼 세계에 대한 공유된 반응을 통해 두 자기가 하나로 됨으로써 창발하는 단일한 자기가 되어야만 했다(Peirce CP 3.613 참조). 퍼스가 말한 것처럼 그러한 "존재의 연속성"(CP 7.572)은 "개별 유기체의 사람보다 더 높은 서열의 어떤 지점들에서 느슨하게 결합된 일종의 사람"(CP 5.421)을 창출한다. 이 창발하는 자기는 반드시 평등한 배분을 필요로 하지는 않았다. 나르시사는 이 행위주체성의 처소여야 했고, 알레한드루는 일라리오의 개와 같이 무기—이를 통해 나르시사의 행위주체성이 확장되는 대상—가 되어야 했다.

그러나 일은 그렇게 진행되지 않았다. 반응의 연속성은 종의 선을 따르지 않고 젠더의 선을 따라 방향을 잡았고, 이 선은 나르시사가 원했던 포식자/먹잇감이라는 특정한 배분을 휘젓듯이 종의 경계들을 가로질렀다. 암사슴은 나르시사를 알아챘다. 수사슴과 나르시사의 남편은 그 어느 쪽도 무슨 일인지 알지 못했다. 이것은 나르시사가 바랐던 바가 아니다. 여기서 나르시사와 암사슴은 기민한 자기들로서 불편하게도 하나가 되었고, 이것은 존재의 연속성을 통해 더 높은 차원의 단일한 자기로 나타났다. "전혀 눈치 채지 못했기" 때문에 두 수컷들은 대상이 되었다.

자기 자신의 너머를 보다

알레한드루와 수사슴은 저 다른 자기들을 전혀 알아채지 못했다. 이것은 위험하다. 종을 횡단하는 상호작용이 다른 존재의 자기성을 인식하는 능력에 의존한다면, 이 능력의 상실은 이 숲의 자기들의 생태학을 구조화하는 포식의 그물망에 사로잡힌 두 수컷들처럼 존재에 비참한 결과를 초래할 수 있다. 어떤 환경하에서 우리는 모두 이 우주에 서식하는 다른 부류의 정신들, 사람들, 자기들을 인식하도록 강요받는다. 알레한드루와 수사슴을 얽어맨 이 특정한 자기들의 생태학에서 자기들은 다른 자기들과 상호작용하기 위해 그들의 혼-질soul-stuff을 인식해야 한다.

다시 말해 이 자기들의 생태학에서 모든 자기들은 자기로 살아남기 위해 이 우주에 서식하는 혼이 있는 다른 자기들의 혼-질을 인식해야 한다. 이 자기들의 생태학에서 혼을 가진 다른 자기들을 알아볼 수 없고 또 그것들과 관계할 수 없는 무능력에 이르는 혼의 상실, 자기들을 쇠약하게 만드는 이 혼의 상실의 다양한 형식을 기술하기 위해 나는 혼맹soul blindness이라는 용어를 선택했다. 이 용어는 카벨(Cavell 2008: 93)에게서 가져온 것으로, 카벨은 이것을 누군가가 타인을 인간으로 보지 못하게 되는 상황을 상상하기 위해 사용하고 있다.[20] 이 자기들의 생태학에서는 모든 자기가 혼을 가지고 있기 때문에 혼맹은 인간만의 문제가 아니다. 그것은 우주의 문제이다.

아빌라의 이 자기들의 생태학에서 혼맹은 모나드적인 유아론이라는 고립된 상태—자기 자신 혹은 자신의 부류 너머를 보지 못하는 무능력—에 의해 표지된다. 혼맹은 어떤 부류의 존재이든 우주에 서식하는 저 다른 존재들의 자기성—혼-질—을 인식하는 능력을 상실할 때 발생하며, 수많은 영역에서 나타난다. 이 현상의 범위와 확산을 이해하기 위해 몇 가지 예를 들어보겠다. 가령 사냥꾼이 숲 속에 있는 먹잇감을 알아볼 수 있는 것은 사냥의 혼[21]으로 알려진 어떤 것 덕분이다. 샤먼은 이 혼을 훔칠 수 있는데, 이때 혼을 빼앗긴 자는 더 이상 동물을 탐지할 수 없게 된다. 이 혼 없는 사냥꾼은 "혼맹"이 된다. 이 사냥꾼은 먹잇감인 존재를 자기로서 다루는 능력을 상실했기 때문에 더 이상 자신의 주변 환경에서 동물을 식별해낼 수 없다.

먹잇감이 혼을 잃으면 사냥 또한 수월해진다. 꿈속에서 동물의 혼을 죽인 남자는 그다음 날 동물을 간단하게 포획할 수 있는데, 그것은 포획물이 이미 혼이 없는 상태로서 혼맹이 되었기 때문이다. 그러한 동물은 더 이상 인간 포식자를 탐지할 수 없다.

샤먼은 잠재적으로 사냥꾼의 혼을 훔칠 수 있을 뿐만 아니라 경쟁자 샤먼이 점을 치는 데 이용하는 식물인 아야 우아스카aya huasca의 혼을 훔칠 수도 있다. 그런 후에는 혼맹이 된 이 식물을 섭취해도 다른 혼의 행위에 대한 특권적 앎은 더 이상 허용되지 않는다.

샤먼이 희생물을 공격하기 위해 사용하는 보이지 않는 화살은 그의 혼이 담긴 생명의 호흡samai의 힘으로 날아간다. 화살은 이 호흡을 잃으면 혼맹이 된다. 그때 화살은 더 이상 특정한 자기를 겨냥할 수 없고 다만 의도를 잃은 채 그 궤도에서 우연히 맞닥뜨리는 사람들을 상처 입히면서 목적 없이 떠돈다. 호르헤의 아야는 샤먼의 쓸모없는 화살과 매우 비슷한 방식으로 혼맹이었기에, 살아있는 친척들의 규범적인 사회 관계에 참여하는 능력을 잃었고 그에 따라 위험한 것으로 간주되었다.

어른들은 때때로 아이들을 혼낼 때 아이들의 머리카락을 딱 소리가 날 때까지 잡아당긴다. 그러면 아이들은 일시적으로 혼맹이 된다. 그렇게 아이들은 어리벙벙해지고 타자와 교류할 수 없게 된다.

정수리, 특히 숫구멍fontanel[22]은 생명의 호흡과 혼-질이 통과하는 중요한 관문이다. 혼맹으로 만들기 위해 숫구멍을 통해 생명의 호흡을 추출하기도 한다. 델리아는 개들을 죽인 재규어에 대해 "동물을 쫓는 개의 정수리를 **탓**ta' 하고 물었다."[23]고 묘사했다. **탓**은 아이콘적인 부사이자 음향 이미지로서 "전형적으로 두 개의 표면 중 하나가 행위주체성을 가지고 다른 하나보다 높은 차원의 힘에 의해 조작되면서 두 개의 표면이 접촉하는 순간"(Nuckolls 1996: 178)을 묘사한다. 이것은 재규어의 큰 이빨이 개들의 두개골에 충돌하여 관통하는 모습을 정확하게 포착한다. 아빌라 사람들이 그렇게 무는 것을 치명상으로 생각하는 것은 신체의 이 부위가 상호주관성을 가능하게 하는 방식과 밀접하게 관련되기 때문이다. 따라서 개들의 죽음은 "동물을 쫓는" 능력의 완전한 상실—근본적이며 순간적인 혼맹의 부과—의 결과였다.

타자의 동기와 같은 개념은 의지를 가진 존재들이 서식하는 세계를 살아내기 위해서는 반드시 필요하다. 우리의 삶은 다른 자기들의 동기에 대한 우리의 잠정적인 추측을 신뢰하고 또 그에 따라 행동하는 능력에 의존한다.[24] 아빌라 사람들이 숲에 서식하는 무수한 존재들을 그들 자신과 같은 활기에 넘치는 생명체로 대하지 않는다면, 이 자기들의 생태학 안에서 그들을 사냥할 수도 없고 그들과 관계 맺을 수도 없다. 이 능력을 잃는다면 루나족은 관계의 그물망에서 떨어져 나가게 될 것이다.

포식

자기들의 생태학 안에서 사냥은 결코 만만한 일이 아니다. 한편으로 음식과 음료, 특히 고기를 나누는 것은 아마존 전역에서 공동체의 기초를 다지는 이런저런 대인관계들의 창출에 결정적이다. 한참 크는 아이들에게는 충분한 양의 고기가 필요하며 조부모나 대부모에게도 고기 선물을 정기적으로 제공해야 한다. 또 숲을 개간하거나 집을 지을 때 도와준 친척, 동료, 이웃에게도 고기를 나눠주어야 한다. 아빌라에서 고기의 공유는 사회적인 유대를 실현하는 데에 중심적인 위치를 차지한다. 그러나 다른 한편으로 공유되고 소비되는 고기는 한때 사람이기도 했다. 동물의 사람됨personhood을 인정할 때 우리는 항상 사냥과 전쟁을 혼동하고 공식共食과 카니발리즘cannibalism을 혼동하는 위험에 노출된다.[25]

이 자기들의 생태학 속에서 살아가는 다양한 존재들을 알아차리고 또 그것들과 관계하기 위해서는 이와 같은 다양한 존재들을 사람으로 인정해야 한다. 그러나 그들을 음식으로 먹을 때, 그들은 결국 대상, 즉 죽은 고기여야 한다. 만약 포획된 자기가 사람이라면, 사람들도 결국에는 인간이 아닌 포식의 대상이지 않겠는가? 사실 재규어는 때때로 숲속에서 사냥꾼을 공격한다. 그리고 요술사들은 포식자인 맹금류의 겉모습을 가장할 수 있다. 벤투라가 말한 것처럼, 바로 이 때문에 집으로 달려가는 아구티를 절대로 죽여서는 안 된다. 왜냐하면 그 아구티는 맹금류의 모습을 취한 포식자 요술사에게서 도망치는 먹잇감으로 변신한 친척임이 확실하기 때문이다. 포식은 자기들의 생태학 내에서 자기들이 대상이 될 때 혹은 다른 자기들을 대상으로 취급할 때 생기는 곤경을 시사한다.

내가 이미 언급했다시피 사람들은 때로 동물이 지닌 자기성의 일부를 획득하고자 동물을 고기가 아닌 자기로서 소비하기도 한다. 남자들은 푸마가 되기 위해 재규어의 담즙을 마시며, 그들의 사냥개들에게는 아구티의 흉골과 그 외 혼이 함유된 신체 부위를 먹인다. 이 부위들은 잡아먹히는 생명체의 자기성을 보존하기 위해 날 것으로 소비된다. 카를로스 파우스토(Fausto 2007)가 언급한 것처럼, 이것은 결국 일종의 카니발리즘이다. 이와 대조적으로 사람들이 공식共食을 하고자 할 때, 즉 먹히는 자와 함께하는 것이 아니라 먹는 자들 사이에서 교감을 나누고자 할 때, 먹히는 자는 대상으로 변형되어야 한다. 요리와 같은 탈주체화의 과정은 여기에서 중심적인 위치를 차지하며, 이 측면에서 아마존 전역에 사는 수많은 사람들과 마찬가지로 아빌라 루나족은 철저하게 고기를 끓여 먹고, 채 익지 않은 일부 날 것이 남을 수 있는 굽기와 같은 요리법은 피한다(Lévi-Strauss 1969).

자기들의 생태학은 상대적인 대명사의 체계이다. 즉 '나' 혹은 '너'로 간주되는 자와 '그것'이 되는 자는 상대적인 관계에 있으며 그 위치는 달라질 수 있다.[26] 누가 포식자이고 누가 먹잇감인가는 맥락에 달려 있으며, 아빌라 사람들은 이 관계들이 어떻게 반전될 수 있는지에 대해 큰 관심을 기울인다. 예를 들어 어느 재규어가 큰 육지거북이yahuati를 습격하려고 송곳니로 거북이의 등껍질을 물었지만, 그만 송곳니가 거북이의 등껍질에 꽂히는 바람에 사냥감뿐만 아니라 거북이의 등껍질에 꽂혀 부서진 그의 이빨도 포기해야 했다고 한다. 이제 이빨을 잃은 재규어는 사냥을 할 수 없어 굶주리기 시작했다. 재규어가 마지막 숨을 내

쉴 때, 썩은 고기를 매우 좋아하는 육지거북이는 등껍질에 재규어의 송곳니가 꽂힌 채로 한때 자신의 포식자였던 재규어의 썩은 고기를 먹기 시작했다. 이렇듯 재규어는 자신의 예전 먹잇감의 먹잇감으로 바뀌었다. 이처럼 본질적으로 '나'는 '그것'—아이차 혹은 먹잇감—과 가지는 관계에 의해서만 '나'다. 이 관계가 바뀔 때, 즉 육지거북이가 푸마가 될 때, 재규어는 더 이상 포식자가 아니다. 재규어가 항상 재규어인 것은 아니다. 때로는 거북이가 진짜 재규어가 된다. 누가 어떤 **부류**의 존재가 되는가는 그것이 다른 부류의 존재들을 어떻게 보며 또 다른 존재들에게 어떻게 보이는가에 의해 만들어지는 산물이다.

이 우주적인 자기들의 생태학에서 종을 횡단하는 관계성은 매우 압도적으로 포식적이기 때문에, 그것에 정확히 들어맞지 않는 생명체는 특히 큰 흥미를 불러일으킨다. 그렇게 이목을 끄는 존재들의 한 갈래로서, 나무늘보, 개미핥기, 아르마딜로 등 얼핏 보면 제각각인 생명체를 포함하는 이절상목異節上目, Xenarthra의 포유동물을 들 수 있다. 린네의 체계에서 이들은 빈치목貧齒目, Edentata으로 분류된다. 적절하게도 이것은 라틴어로 "이빨 빠진 상태"를 의미하며, 이는 생물학자와 아빌라 사람들 모두에게 이 집단을 하나의 **부류**로 묶어주는 가장 뚜렷한 특징을 시사한다. 이 빈치목에 속하는 것들은 "진짜" 이빨이 없다. 즉 유치도 전혀 발달되지 않고 송곳니, 앞니, 어금니도 없다. 이 빈치목에 속하는 것들은 이빨이 있다 해도 기껏해야 작은 못처럼 생긴 이빨뿐이다(Emmons 1990:31).

이빨은 포식자라는 위상을 나타내는 핵심적인 표지이다. 일라리오는 아빌라 사람들이 몇 년 전에 간신히 죽였던 거대한 재규어에 관해 말

해주었다. 그 재규어의 송곳니는 작은 바나나 정도의 크기였고, 일라리
오에 따르면, 마을 여자들이 그 이빨로 얼마나 많은 사람들을 죽였을까
를 생각하면서 눈물을 흘렸다고 한다. 포식적 본성의 정수는 송곳니 속
에 신체화되어 있으므로, 사람들이 재규어의 송곳니를 사용해서 아이
들의 눈에 고춧가루를 넣으면 아이들 또한 푸마가 될 수 있다. 송곳니가
없는 재규어는 더 이상 푸마가 아니다. 사람들이 말하기를, 재규어는 송
곳니가 닳아 없어지는 순간 죽는다.

　　이 맥락에서 볼 때 "이빨이 없는" 빈치목에 속하는 것들은 아주 특
이하다. 전설에 따르면, 나무늘보indillama와 자주 싸우던 작은개미핥기
susu는 나무늘보를 향해 이렇게 말했다고 한다. "너는 이빨이 있으면서
도 팔이 가늘구나. 만약 내가 이빨이 있다면 지금보다 훨씬 더 통통한
몸이었을 거야." 나무늘보에게는 작은 못처럼 생긴 퇴화된 이빨이 있는
반면, 땅에 사는 큰개미핥기tamanuhua의 사촌격인 나무 위에 사는 작은
개미핥기는 전혀 이빨이 없다. 이빨이 없음에도 불구하고 개미핥기는
무시무시한 포식자다. 작은개미핥기는 개를 간단하게 죽일 수 있고 또
쉽게 포기하지도 않는다. 땅에 자빠지기까지 몇 발의 총탄을 견뎌낸다
고 알려져 있으며, 자빠진 뒤에도 사냥꾼이 막대기로 머리를 강하게 내
리쳐서 죽여야 할 때가 종종 있다. 큰개미핥기는 천성적으로 푸마라고
여겨진다. 이빨은 없지만 날카로운 발톱은 치명상을 입힐 수 있다. 내가
아빌라에 있을 때 후아니쿠가 개미핥기에 거의 죽을 뻔한 적이 있다(6장
참조). 재규어조차 큰개미핥기를 무서워한다고 한다. 벤투라에 따르면,
재규어가 나무의 버팀뿌리들 사이에서 자고 있는 큰개미핥기를 만나면
재규어는 모두에게 조용히 하라고 신호를 보내고 이렇게 말한다고 한

다. "쉿, [버팀뿌리를] 두드리지 말게나. 덩치 큰 처남이 자고 있어."[27]

아르마딜로 또한 진짜 이빨을 가지고 있지 않기 때문에 대상 창출을 통한 자기영속이라는 포식자/먹잇감의 생태적 순환에 쉽게 들어맞지 않는다. 개미핥기와는 대조적으로 아르마딜로는 전혀 공격적이지 않으며 결코 위협적인 포식자로 여겨지지 않는다. 에몬스(Emmons 1990: 39)는 아르마딜로의 무해한 본성에 관해 다음과 같이 묘사한다. "[아르마딜로는] 킁킁거리며 코와 앞발로 지면을 파헤치면서 마치 태엽 감는 장난감처럼 구르기도 하고 종종걸음으로 달리기도 하면서 재빨리 나아간다. 한 보나 두 보 앞에 무엇이 있는지 잘 모르는 것 같다."

아르마딜로들에게는 자신들을 소유하고 보호하는 고유한 영적인 주재자인 **아르마유 쿠라가**armallu curaga, 즉 "아르마딜로의 주인"이 있다. 적절하게도 이 주인의 집으로 들어가는 입구는 아르마딜로의 굴처럼 터널로 되어 있다. 전설에 따르면, 숲에서 길을 잃은 아빌라 남자가 마침내 이 주재자에게 발견되어 함께 식사하기 위해 집으로 초대되었다고 한다. 상이 다 차려졌을 때, 남자는 이제 막 요리되어 아직 식지 않은 열기로 한가득한 아르마딜로의 고기를 보았다. 이와 대조적으로 아르마딜로의 주재자는 이 똑같은 음식을 호박 요리로 보았다. 호박처럼 아르마딜로에게는 딱딱한 "외피"가 있다. 우리 눈에는 아르마딜로의 창자로 보이는 것이 주재자의 눈에는 호박 속에 있는 섬유질의 끈적끈적한 과육에 둘러싸인 씨의 엉킨 더미로 보인다.

아르마딜로처럼 아르마딜로의 주인 또한 이빨이 없다. 그리고 남자를 놀라게 한 것은 주재자가 단지 요리에서 나오는 증기를 코로 들이키는 것만으로 "먹기"를 계속하는 모습이었다. 주재자가 식사를 끝냈을 때, 여전히 음식은 완전한 상태, 즉 손대지 않은 고기 조각으로 보였다. 그러나 이미 그것들의 생명력은 모두 소비되었고, 아르마딜로의 주재자는 경악스럽게도 그 고기 조각을 배설물이라 여기고 버렸다.

아르마유 쿠라가와 같은 숲의 영적인 주재자들은 재규어와 같이 포식적이며 때로는 악마와 같은 것으로 간주된다. 그러나 재규어와 다른 악마들이 고기와 피를 먹는 반면, 아르마딜로의 주인은 "진짜" 포식자의 표지인 이빨을 가지고 있지 않기 때문에 그 대신 생명의 호흡만을 "먹는다". 라문의 상상 속에서 자신의 신체를 통해 푸카냐를 똥으로 바꾼 재규어와 달리, 이 기묘한 포식자는 고기를 먹을 수 있는 이빨이 없다. 그러므로 그는 진짜 똥을 싸지 않으며 탈주체화의 과정은 결코 완결되지 않는다. 대신에 이 주재자는 자신이 생산한 배설물을 안료처럼 자신에게 바른다.

이 주재자는 자기 소유의 아르마딜로를 자신의 정원에서 키우며, 호박을 다루듯 그것이 "숙성하고" 있는지 그리고 먹기에 적당한지를 판단하기 위해 아르마딜로를 툭툭 친다. 아르마딜로의 주인은 길을 잃은 남자에게 친절을 베풀고, 이 "호박" 하나를 집으로 가지고 가라고 말한다. 그러나 남자가 그것을 쥐려고 할 때마다, 어김없이 그것은—덩굴, 잎사귀 등 전부—황급히 도망쳐버렸다.

이따금 사람들은 포식자-먹잇감의 관계가 잠재적으로 반전 가능하다는 사실을 이용하려고 한다. 가령 남자들은 동물이나 때로는 여성을 매혹하고 유혹하기 위해 주술pusanga을 통해 그렇게 한다. 남자들은 이를 행할 때 자신의 의도를 위장하려고 한다. 이때 가장 중요한 주물呪物을 만들어내는 데에 적합한 것이 아나콘다의 두개골과 이빨이다. 재규어와 더불어 아나콘다도 위협적인 포식자이다. 그러나 재규어와 달리 아나콘다는 먹잇감을 매혹하고 유혹해서 잡는다. 아나콘다는 동물과 사람들이 숲에서 길을 잃게 만든다. 어떤 최면상태에서 희생자는 원을 그리는 것처럼 빙빙 돌기 시작하고, 그 나선형의 원은 점점 안으로 향하여 마침내 아나콘다가 희생자를 꽉 안아 압살하려고 기다리고 있는 숨은 장소에 당도한다. 아나콘다는 사냥꾼들이 동경하는 포식자이다. 아나콘다는 애초에 사냥꾼으로 인식되지도 않기 때문이다.

사냥 및 사랑을 위한 주술의 성분으로 사용되는 다양한 유기체들 중에 후아니쿠가 **칸다리라**candarira[28]로 부르는, 메탈릭 블루의 색을 띠는 채찍 딱정벌레라는 것이 있다. 이 딱정벌레는 시각적으로 더할 나위 없이 매력적이다. 한번은 후아니쿠과 함께 숲에 나무하러 가는 길에 지면에 쌓인 낙엽을 뒤집다가 나는 서로의 주변을 끝없이 빙빙 돌며 휘황찬란하게 빛을 발하는 한 쌍의 딱정벌레를 발견했다. 후아니쿠에 따르면, 사귀고 싶은 여성의 음식이나 음료에 이 곤충의 분쇄가루를 넣는 경우가 있다고 한다. 이렇게 주술에 걸린 여성은 주술을 건 남성에게 미친 듯이 빠져들 것이다. 이 곤충은 사냥 바구니에 담겨 멧돼지를 사냥꾼 쪽으로 유인하기 위해서도 사용될 수 있다. 자신의 꼬리를 물고 빙빙 도는 우로보로스의 뱀과 같이 서로가 서로를 물고 물리며 끝없이 원을 그리는 방식으로, 이 곤충들은 포식자와 먹잇감을 하나로 묶으며 그 각각의 역할을 혼동시킨다. 이것이 바로 유혹이다. 먹잇감은 이제 포식자가 되는 듯 보이지만, 원조 포식자는 이 겉모양만의 반전을 자신의 포식 양식의 일부로 흡수 통합한다. 유혹은 포식의 우주적인 그물망을 통해 주체와 대상이 서로를 상호적으로 창출하면서도 반드시 평등하지만은 않은 방식을 포착해낸다.

이와 유사한 반전이 젊은 남자의 아내가 임신했을 때에도 일어난다. 아빌라에서 그런 남자는 **아우카수 야야**aucashu yaya라고 알려져 있는데, 그것은 "아직 완전한 인간이 되지 못한 존재의 아버지"를 의미한다 ("아우카"는 기독교의 세례를 아직 받지 않은 자뿐만 아니라 야만인을 가리킨다). 태아는 성장하기 위해 정액과 그에 함유된 혼-질을 계속 제공받아야 한다. 일라리오가 설명한 대로, 성교 중에 여성에게 "정액이 건네질 때 혼도 교차된다".[29] 임신 과정 중에 일어나는 혼-질의 상실로 인해 남성은 약해진다. 로살리나Rosalina는 예전에 이웃에게 아들의 처가 임신했기 때문에 아들이 완전히 게으름뱅이가 되어 사냥할 수 없게 되었다고 불평하기도 했다. 혼을 상실한 결과, 그녀의 아들은 숲의 다른 자기들에 대해 혼맹이 되었다. 아빌라 사람들은 이 위태로운 상태를 **아우아스**ahʰuas라고 부른다. 이제 곧 아버지가 되는 남자는 임신 중의 아내처럼 입덧을 경험하며, 아이가 태어나면 다양한 제약이 따르는 의만擬娩[남성의 교감 임신]의 시기를 거쳐야 한다. 그들은 또한 아내의 임신 중에는 더 공격적이 되며 쉽게 싸운다.

이렇듯 곧 아버지가 되는 남자들은 유능한 포식자의 능력을 잃어버린다. 그들은 혼맹이 된다. 이것은 숲의 자기들의 생태학 전반에서 감지된다. 동물들은 불현듯 곧 아버지가 될 남자들의 덫에 들어가기를 거부하고, 또 공동으로 출항하는 어로에서 그런 남자들이 어독을 물에 넣으면 물고기의 어획량은 현저하게 줄어든다.

사냥감들이 이 새로운 상태를 인식하면 그러한 상태에 있는 사냥꾼을 더 이상 두려워하지 않는다. 동물들은 사냥꾼을 시답지 않게 느끼며, 두려워하는 대신 그에게 화내고 공격적이 된다. 게다가 조금의 인기 척에도 놀라는 초식동물마저 한때 무시무시했던 사냥꾼을 먹잇감으로 여긴다. 사슴과 회색목뜸부기pusara처럼 숲 속에 사는, 보통은 유순하고 소심한 동물들도 갑자기 격분해서는 이런 남자들을 공격하기도 한다. 벤투라는 그의 아내가 임신 중이었을 때 숲에 있는 사슴이 갑자기 그에게 돌격했던 일을 내게 상세히 설명해주었다. 그것도 두 번씩이나! 그리고 그중에 한 마리는 그의 가슴을 걸어차기까지 했다.

벤투라의 누이인 앙헬리시아는 아기 긴코너구리를 용수철 덫으로 포획하여 그것을 애완동물로 기르려고 했다. 나는 이 생명체를 안아들고 곰곰이 생각하다가 이 긴코너구리가 나를 공격할지 안 할지를 그녀에게 물어보았다. 당시 내가 독신인 것을 알고 있던 그녀는 웃으면서 놀리듯 답했다. "만약 네가 아우카수 야야라면 말야…."

곧 아버지가 되는 남자가 갖고 있는 혼맹의 약해진 상태는 활용될 수 있다. 흰입페커리 한 무리가 아빌라 지역을 지나갈 무렵 사냥꾼들은 그러한 상태의 남자를 숲에 데려다 놓고 동물을 유혹하기 위한 주물로서 이용한다. 쇠약한 혼맹의 상태에 있는 먹잇감-희생자를 향해 페커리들─갑자기 포식자로 변신한─은 맹렬한 기세로 돌격하고, 이때 매복하고 있던 희생자의 동료들이 뛰쳐나와 멧돼지들을 죽인다.

여기서 다시 유혹의 과정을 통해 포식자와 먹잇감의 역할이 반전된다. 곧 아버지가 될 남자는 숲의 다른 자기들을 지각할 수 없으며, 그리하여 대상이 된다. 그는 페커리들에게 아이차─죽은 고기─이며 동료들에게는 도구, 즉 주물이다. 포식자-먹잇감 관계는 항상 내포되어 있으며, 이것은 이 주술이 작동하기 위해서라도 중요하다. 어느 수준에서 반전된 자기-대상 관계(곧 아버지가 되는 남자는 이제 그의 예전 먹잇감의 먹잇감이 된다)는 포식의 방향을 재조정하는 더 높은 수준의 관계성 안에 내포되어 있다. 즉 루나족—여기서는 단체로 행동하는 사냥꾼 집단이라는 형상 속에 있는 일종의 분산된 자기—은 곧 아버지가 될 남자의 일시적인 탈주체화된 상태에 힘입어 진정한 포식자로 복귀하였고 멧돼지들은 고기가 되었다.

일반적으로 사냥의 주술은 "잘 달리는 동물"sinchi puri로 생각되는 동물을 유혹한다. 그러한 동물에는 테이퍼, 사슴, 봉관조가 포함된다. 이 또한 사냥 및 사랑의 주술의 목적이 충분한 의도를 가진 자기들을 남자들 곁으로 불러오는 데 있다는 관념과 일치한다. 이와 대조적으로 거의 움직이지 않으며 움직인다 해도 매우 천천히 움직이는 나무늘보는 주술에 매혹되지 않는다. 따라서 주술은 분명하게 드러나는 "행위주체성"을 많이 가진 것 같은 존재들에게 사용된다. 매우 잘 움직이는 존재들—매우 분명한 의도성을 가진 존재들—만이 유혹될 수 있다. 마치 포식자인 것처럼 행동하는 능력에 의해 표지되는 그들의 행위주체성이야말로 그들을 유혹에 걸리는 먹잇감으로 만든다. 사냥감이 되는 고기, 즉 아이차는 죽음을 맞이하기 전에는 살아있어야 한다.

이 점에서 아빌라의 모든 사냥 및 사랑의 주술이 사실상 동물에서 기인한다는 사실은 참으로 흥미롭다.[30] 그런데 주목할 만한 예외가 하나 있다. 그것은 **부유 팡가**buhyu panga라는 천남성과에 속하는 작은 반착생식물인데,[31] 다음과 같은 희귀한 성질을 가지고 있다. 그 잎사귀의 잘린 조각을 강에 던져 넣으면 수면 위에서 춤을 춘다.[32] 이 식물의 이름은 강들의 합류점에서 아마존의 강돌고래, 즉 **부유**buhyu가 노니는 모습과 닮은 것에서 유래한다. 강돌고래의 이빨처럼 이 식물은 주술의 성분이 된다. 이 잎사귀의 한 조각 한 조각은 수면에서 서로를 잡아당기며 "서로에게 들러붙기"llutarimun 때문에, 그것을 주술의 일부로 포함시킨 사람은 이 식물을 통해 사냥감이나 여성을 매혹시킬 수 있다. 일반적으로 사냥 및 사랑의 주술은 효과적인 매혹이라는 목적에 맞춰 오직 동물성 산물에서 주술의 성분을 가져오는데, 이는 매혹의 효과가 움직일 수 있는 유기체에서 유래하기 때문이다. 스스로 움직이는 잎사귀인 부유 팡가는 이 규칙을 입증하는 예외이다.

포식자/먹잇감의 구분처럼 이 자기들의 생태학에서 젠더는 자리를 바꾸는 대명사적 표지로서 기능한다. 내가 사냥과 식물채집을 위해 숲에 있을 때, 나의 루나족 동료는 수없이 여러 번 사냥감을 탐지한 후 내게 후방에서 기다리라고 말하고는 총의 격철을 세워 바로 쏠 태세를 갖춘 다음 전방으로 뛰어나갔다. 그러면 나는 그가 돌아오기를 잠자코 기다렸다. 그때 그가 노리던 사냥감이 내게로 온 적이 자주 있었다. 나는 이런 경험을 몇 번이나 했다. 우거진 수풀 속에서 양털원숭이 한 무리가 원을 그리듯이 내게 다가온 적도 있다. 흰목꼬리감기원숭이가 내 머리 바로 위에 있는 나뭇가지를 타고 날쌔게 이동하기도 했다. 홀로 떨어진 마자마사슴이 나를 뛰어넘어 가기도 했으며, 작은 무리의 목도리페커리들이 거의 닿을 만큼 가까운 거리로 나를 지나치기도 했다. 왜 동물들이 사냥꾼 쪽이 아니라 내 쪽으로 오는지를 물으면, 여성과 마찬가지로 내가 무장하고 있지 않기 때문에 동물들이 나를 위험한 포식자로 보지 않고 또 나의 존재를 두려워하지도 않는다는 답변이 돌아온다.

인간적인 것을 낯설게 만들기

낯선 사회의 생활방식—언어, 관습, 문화—에 심도 깊게 몰입하는 민족지적 현지조사는 전통적으로 비판적인 자기성찰을 위한 인류학적 기법으로서 선호되어왔다. 때로는 고통스럽고 혼란스럽지만 궁극적으로 해방에 이르는 과정을 밟아가며 우리는 그 논리, 의미, 감정에 친숙해지기까지 불가사의한 문화에 스스로 몰입한다. 그럼으로써 우리가 한때 당연하게 생각했던 것—어떤 일을 행하는 우리의 자연스럽고 친숙한 방식—이 집으로 되돌아오면 낯설게 보인다. 다른 문화에 발을 들이는 현지조사를 통해 우리는 잠시나마 자문화 밖으로 외출할 수 있다.

인류학은 우리가 자문화를 넘어설 수 있게 하지만, 우리는 결코 인간적인 것을 떠나지 않는다. 우리가 진입을 예상하는 곳은 언제나 다른 문화이기 때문이다. 이와 달리 아빌라의 자기성찰적인 낯설게 보기의 기법과 루나족의 인류학적인 방황의 형식은 다른 문화로의 여행이 아닌 다른 부류의 신체를 받아들이는 것에 기초한다. 여기서 낯설어지는 것은 문화가 아닌 자연이다. 신체들은 다중적이고 가변적이며, 인간의 신체는 자기가 머무는 다양한 부류의 신체들 중 하나에 불과하다. 인간적인 것을 낯설게 만드는 이 형식을 통해 어떤 부류의 인류학이 출현할 수 있을까?

먹는 것은 뚜렷한 신체적 변환transmutation 과정을 수반하기 때문에, 이 재귀성의 형식은 종종 섭취를 포함한다. 어떤 아빌라 사람들은 농담조로 식용의 가위개미를 '사람들의 귀뚜라미' runa jiji로 언급한다. 원숭이는 귀뚜라미를 먹는데, 사람들이 개미를—전신을, 그리고 때로는 살아있는 채로 우적우적 외골격을 통째로—먹을 때 어떤 의미에서 그들도 원숭이가 된다. 또 다른 예를 들어보자. 잉가속Inga(콩과-미모사아과)에 속하는 숲의 나무 및 식림된 나무의 많은 종은 케추아어로 **파카이**pacai로 불린다. 이것들은 나무에서 떨어뜨려 먹을 수 있는 과실을 열매로 맺는다. 씨 주변의 과육은 털로 뒤덮여 있으며, 하얗고 수분이 많고 맛이 달다. 같은 아과亞科에 속하는 또 다른 콩과 식물(학명: *Parkia balslevii*)은 과실의 겉모습이 파카이와 비슷하다. 이 수목의 과실도 식용으로 적합하지만, 그 나뭇가지가 매우 높은 곳에 있어서 손이 과실에 닿기가 어렵다. 대신 이 과실은 과숙하거나 썩으면 지면에 떨어진다. 과육은 발효되기 시작하면 향이 없는 당밀糖蜜과 같이 갈색의 시럽상태가 된다. 이 나무는 **이야우앙가 파카이**illahuanga pacai, 즉 '콘도르의 파카이'라고 불린다. 콘도르의 퍼스펙티브에서는 부패한 음식물이 달다. 루나족이 콘도르의 파카이를 먹는다는 것은 콘도르의 관점을 취하는 것이며 썩은 과실을 마치 신선한 것처럼 즐긴다는 것이다.

곤충을 먹을 수 있는 음식으로 본다거나 부패한 것을 단맛으로 느낀다는 것은 다른 부류의 신체들이 행하는 어떤 것이다. 귀뚜라미-로서-개미 혹은 단맛-으로서-콘도르의-부패한-파카이를 먹을 때 우리는 우리 자신의 신체에서 벗어나 다른 존재들의 신체에 올라탄다. 그렇게 해서 우리는 다른 부류의 신체화에 구비된 관점, 즉 주격인 '나'로부터 **다른** 세계를 본다. 우리는 잠시나마 다른 자연 속에서 살 수 있다.

퍼스펙티브를 위치 짓는 것에 대한 지대한 관심은 선禪과 매우 흡사한 것으로서 언제라도 주어진 순간에 존재의 정확한 상태에 마음을 다하게 만든다. 다음과 같은 루이사의 회상은 그녀의 개들이 수풀에서 재규어에게 죽임을 당한 바로 그 순간에 그녀가 정확히 무엇을 생각했는지를 말해준다. 그녀의 사고의 평범함은 그 순간에 동시에 일어난 공격과는 현격한 대조를 이룬다.[33]

여기 있는 나는 다른 곳에 있는 나의 생각과 함께 있었다,
생각하기를, "나는 마리나에게로 가야 하나, 그렇지 않으면?"
어딘가 다른 곳에 있는 나의 마음과 함께, 생각하기를,
"거기에 가기 위해 나는 재빨리 옷을 갈아입을 거야.
그렇지만 내겐 더 이상 갈아입을 좋은 옷이 없어"라고, 나는 생각했다…

루이사는 신중하게 이 백일몽을 위치 짓는다. 그럼에도 불구하고 그녀 자신을 더 확장해보면 그녀 말대로 그녀는 눈앞에 없고 **다른 곳에** 있다. 그녀는 다른 여기에 그녀의 사고를 배치하는 지도를 그려냄으로써 그녀 자신을 "여기"에 가져다 놓는다. 여기는 바로 재규어가 개들을 습격한 현장이다.

저 습격은 아메리가, 델리아, 루이사가 어독으로 쓰이는 **춘다**chunda 야자열매와 그 외의 산물을 모으기 위해 자주 들르던, 덤불숲과 휴경지가 뒤섞인 버려진 텃밭이라는 여성의 은밀한 영역에서 일어났다. 이 영역에 침입하기까지 재규어는 숲 속 깊은 곳에 있는 자신의 땅을 벗어나 방황했다. 언젠가 루이사는 화내며 물었다. "수노 강의 둑에 두렁이 없었나봐." 재규어에게 "두렁이야말로 딱 적당한 장소인데"라고 그녀는 간청하듯 말했다.[34] 개들을 죽인 재규어가 틀림없이 여성 전용의 텃밭과 휴경지에 드나드는 여성들을 주시하고 있었다는 것이기 때문에 아

메리가와 델리아, 루이사는 격분했다. 그녀들은 이 은밀한 영역에 재규어가 있다는 것을 침입으로 느꼈다. 델리아는 그러한 장소가 포식자로부터 안전하게 지켜져야 한다고 말했다. 다음은 그녀들의 은밀한 공간을 방황하는 재규어의 침범에 대해 아메리가가 어떻게 묘사하는지를 보여준다.

> 어떤 부류의 짐승이 배회하는가
> 우리의 오래된 거처 주변을
> 우리가 소변보는 소리를 들으면서?
> 우리가 소변본 저곳에서 재규어가 어슬렁거리고 있다.

매우 사적인 순간이 다른 존재의 눈에 어떻게 비쳐지는지를 상상하는 것은 매우 불쾌한 일이다. 이 또한 낯설게 보기의 한 형식이다. 그것은 고립된 자기, 즉 타자에게서 단절되고 강력한 포식자에게 노출된 자기—혼맹—의 취약한 성격을 도드라지게 만들기 때문에 큰 불안감을 준다.

혼맹

우리 자신의 혼에 눈이 멀게 되는 바로 그 과정에서 자기 자신을 "본다"는 것은 어떤 것일까? 새벽녘 일라리오는 우아유사 차를 조금씩 마시면서 그의 조카인 알레한드루에게 **후리후리** juri juri라는 악마를 쫓아내는 데 실패한 아빌라의 신화를 들려주었다. 이 신화는 끔찍한 가능성을 탐구한다. 먼저 말해두고 싶은 것은 이 신화가 기묘하게도 스페인인을 남김없이 살해한 1578년의 반란(서론 참조)에 관한 스페인의 보고서와 매우 유사하다는 점이다. 이 보고서에 따르면, 선주민 남자 중 하나가 어린 스페인 소녀와 결혼하기를 원해서 그녀만은 살려두었다고 한다.

나무 도마뱀의 도움으로 인간들은 **춘추**chunchu 나무 높은 곳에 있는 후리후리 악마들의 최후의 잠복 장소를 발견해내었다.[35] 그들은 높게 쌓아올린 고추 더미로 나무를 둘러싸고 악마들을 질식시키기 위해 불을 붙였다. 하나를 뺀 모두가 나무에서 떨어져 죽었다. 마지막으로 남은 후리후리가 마침내 지면에 떨어졌을 때 그녀는 아름다운 백인 여성의 모습을 하고 있었다. 어느 젊은 남자가 그녀를 불쌍히 여겼고, 그들은 결혼해서 가족을 이뤘다. 그들의 아이들을 목욕시키는 동안 악마가 아이들을 몰래 잡아먹기 시작했다(아메리가가 일라리오의 이야기에 끼어들어 "그들의 뇌를 머리꼭대기부터 **초초**tso tso 빨아먹었다"고 말하자 일라리오는 화를 냈다). 어느 날 남편은 벼룩으로 몸이 근질거려서 마법에 걸린듯이 잠들었던 수면에서 깨어났다. 그는 순진하게도 아내에게 머리에 붙은 벼룩을 떼어내 달라고 부탁했다. 그래서 그녀는 남편의 등 뒤에 앉아 남편이 자신을 볼 수 없는 위치—그로서는 그녀를 마주볼 수 없는 위치—에서 남편의 머리털을 손가락으로 빗질하기 시작했다. 그리고 그때 남편은 무언가 이상한 것을 느끼기 시작했다.

그의 목은
뜨겁게 타아아아기 시작했다[36]

그때 그는 어떤 감정과도 거리를 두고 사무적인 태도로 담담하게 말했다.

"나는 피이이이를 흘리고 있다
그것은 어쩌면
내가 사상처를 입은 것일지도"

그리고 평이한 목소리로 또 일체의 감각도 없이 그는 결론지었다.

"너는 나를 먹고 있구나"

일라리오가 설명하기를, "그는 화가 난 것도 아무것도 아니었다". 그가 산 채로 먹히고 있다는 단순한 사실을—"단지 그런 것 같다"—그는 그저 진술하고 있었다.

그리고 그는 이내 잠들었다…
아내는 그를 죽음의 잠으로 이끌었다.

이 남자는 산 채로 먹혔으나, 주체의 퍼스펙티브에서 이를 경험할 수 없었다. 그는 자신의 등 뒤에 앉아 자신을 먹고 있는 아내를 진정한 의미에서 결코 "볼" 수 없다. 이 남자는 아내에게 시선을 되돌려줄 수 없다. 그 대신 외부적인 탈신체화의 입장에서 자신의 종말을 경험할 수 있을 뿐이다. 그는 자신이 상처 입고 그러고 나서 산 채로 먹히는 것을 이 행위가 만들어내는 물리적인 효과를 통해 논리적으로 추론할 수밖에 없다. 이 남자는 자기로서의 자기 자신에게 완전히 "눈이 멀었다". 아픔을 느끼지 못하고 고통도 없다. 그는 단지 그의 목이 타들어간다는 감각만을 기재할 뿐이다. 나중이 되어서야 그는 이것이 자신의 머리에서 흘러내리는 그 자신의 피에 의한 것임을 알아차린다. 악마인 아내는 남편에게 그의 신체 밖에서 죽음을 경험하게 만든다. 자신의 생명이 경계 없는 흐릿한 곳으로 사라지기 전에—"수면 속의 기상 / 기상 속의 수면 / 죽음을 따라잡는 삶 / 심연 밑의 심연?"—감흥 없는 카타토니아 catatonia[긴장증]에서 잠으로, 그리고 잠에서 죽음으로 옮겨가기 전에, 그는 자기 자신에게 대상이 된다. 이제 그는 활기를 잃고 그 무엇도 느낄 수 없다. 희미하게 지각되는 겨우 남은 의식은 이 사실에 대한 것일 뿐이다. 이것은 감정과 목적을 가지고 있으며 생각하고 신체화되며 국지화되어 있는 자기로부터 행위주체성이 떨어져 나가는 세계를 디스토피아로서 언뜻 내비친다. 그것은 자기성의 종착점이다. 그것은 곧 근본적인 혼맹이자, 생명의 주술력을 결여한 세계, 자기도 혼도 미래도 없는 그저 효과뿐인 세계에 대한 암시다.

4장

종을 횡단하는 피진

'너'라고 말하는 사람은 아무것도 대상으로 삼지 않는다. 왜냐하면 어떤 것이 있는 곳에는 또 다른 어떤 것이 있기 때문이다. 모든 '그것'은 저마다 다른 '그 것'과 맞닿아 있으며, 다른 '그것'에 맞닿음으로써만 존재한다. 그러나 '너'라고 말하는 곳에는 아무것도 존재하지 않는다. '너'는 아무것과도 맞닿지 않는다. '너'라고 말하는 사람은 '그 무엇'을 가지지 않는다. 아니, 아무것도 가지지 않는다. 그러나 그는 관계에 들어서 있는 것이다.

마르틴 부버, 『나와 너』

개들은 숲 속에서 죽임을 당한 그날 자신들에게 무슨 일이 닥칠지를 알았어야 했다. 개들의 사체를 묻고 집으로 돌아오고 나서 잠시 후 아메리가는 델리아, 루이사와 이야기를 나누는 중에 큰소리로 궁금증을 풀어놓았다. 아메리가 가족의 반려견들은 왜 자신들의 죽음을 예견할 수 없었을까? 나아가 개들의 주인인 그녀는 왜 개들에게 들이닥칠 운명을 미리 눈치 채지 못했을까? 아메리가는 "내가 불 옆에 있었을 때 개들은 꿈을 꾸지 않았어"라고 말했다. "개들은 자기만 했지. 개들은 보통 꿈을 꾸는데 말이야. 평소대로라면 개들은 불 옆에 잘 때 '우아 우아 우아' 하고 짖었을 거야." 내가 배우기로, 개는 꿈을 꾸고 사람들은 개의 꿈꾸는 모습을 통해 그 꿈이 무엇을 뜻하는지를 알 수 있다. 아메리가가 내놓은 의견처럼, 개들이 자면서 "우아 우아"라고 짖었다면 그것은 개가 사냥감을 추적하는 꿈을 꾼 것이며 그러므로 그다음 날 숲 속에서 사냥감을 추적하게 되리라는 것을 알려준 것이다. 그것은 개가 사냥감을 쫓을 때 짖는 소리이기 때문이다. 반대로 그날 밤 "쿠아이" 소리를 내었다면, 그것은 그다음 날 재규어가 개들을 죽이리라는 것을 분명하게 알려주는 신호가 되었을 것이다. 그것은 고양이과 동물에 습격당할 때 개들이 내는 소리이기 때문이다.[1]

그러나 그 일이 있기 전날 밤 개들은 전혀 짖지 않았다. 그래서 주인들로서는 실망스러운 일이지만, 개들은 자신들의 죽음을 예고하는 데 실패했다. 델리아는 공언하듯이 말했다. "그렇기 때문에 개들은 죽어서는 안 됐던 거야." 개들을 이해하기 위해 사람들이 이용하는 해몽 체계에 착오가 일어났다는 자각은 다소간의 인식론적인 위기를 일으켰다. 여자들은 그들이 알 수 있는 것이 도대체 무엇인지에 대해 의구심을 품기 시작했다. 아메리가는 실의가 역력한 표정으로 "그래서 어떻게 하면 우리가 알 수 있을까?"라고 물었다. 루이사가 "안다는 게 어떤 거지? 이제는 사람이 죽을 때조차 알 수 없을 거야"라고 되뇌자 모두는 다소 불안한 듯한 웃음을 지어보였다. 아메리가는 "그건 알 수 있는 게 아니잖아"라고 담박하게 결론지었다.

원리적으로 우리는 개들의 꿈과 욕구에 대해 알 수 있다. 인간뿐만 아니라 모든 존재는 자기들로서, 즉 관점을 가진 존재들로서 세계에 참여하고 서로에게 관여하기 때문이다. 다른 부류의 자기들을 이해하기 위해서는 다양하게 신체화된 그들의 관점 속에 머무는 방법을 배울 필요가 있다. 따라서 개가 어떻게 꿈꾸는지에 대한 질문은 극히 중요하다. 이것은 소위 꿈의 예지력 때문만이 아니다. 개의 사고를 알 수 없다고 한다면, 대체 그 어떤 부류의 자기의 의도와 목적을 알 수 있겠는가를 의문에 부치게 되기 때문이다.

다른 존재들의 관점들을 받아들이는 것은 자기들을 부류로 나누는 경계를 흐리는 것이다. 예를 들어 개들과 사람들은 함께 살아가며 서로를 이해하고자 하는 상호 간의 시도 속에서 일련의 공유된 종-횡단적 아비투스에 점차 참여하게 된다. 이 아비투스는 그렇지 않았더라면 우리가 만들어낼 수도 있는 자연과 문화의 구별을 준수하지 않는다. 특히 루나족과 그들의 개들을 결속시키는 위계적인 관계는 개과동물의 사회 조직 형식을 인간이 활용해왔던 방식에 기초하는 만큼 아빌라 사람들을 마을 너머의 백인-메스티조 세계와 연결시키는 아마존 강 상류 유역의 식민지 역사의 유산에도 기초하고 있다.

종을 횡단하는 의사소통은 위험한 일이다. 그것은 한편으로는 인간적인 자기의 완전한 변환transmutation을 회피하면서도—누구도 영원히 개가 되길 원치 않는다—또 다른 한편으로는 이 변환의 유아론적인 이면에 있는, 내가 앞 장에서 혼맹이라고 부른 것에 의해 표상되는 모나드적인 고립을 회피하는 방식으로 이뤄져야 한다. 아빌라 사람들은 그러한 위험을 덜어내기 위해 다양한 종-횡단적 의사소통의 전략들을 구사한다. 이 전략들은 인간적인 것 너머로 과감히 나아가야 할 필요와 인간적인 것을 소멸시키지 않는 방식으로 그렇게 해야 하는 과제에 관하여 중요한 어떤 것을 드러낸다. 이 전략들은 또한 기호작용의 고유한 논리에 관하여 중요한 어떤 것을 드러낸다. 결국 이것들을 이해하는 것은 이 책에서 전개하는 인간적인 것을 넘어선 인류학에서 핵심적이다. 이 몇몇 속성들을 파악하기 위해, 나는 나의 탐구에 집중하기 위한 발견적 장치로서 다음과 같은 사소하지만 성가신 민족지적인 수수께끼를 따라가 보기로 했다. 아빌라 사람들은 어째서 개의 꿈은 문자 그대로 해석하는 반면(예를 들어 개가 자는 중에 짖는다면 이것은 다음 날 숲 속에서 그와 똑같이 짖게 될 전조이다), 자신들의 꿈은 은유적으로 해석하는 것일까(예를 들어 남자가 닭을 죽이는 꿈을 꾸면 그는 다음 날 숲 속에서 새를 잡게 될 것이다)?

너무나 인간적인

루나족, 그들의 개들, 그리고 숲의 수많은 존재들이 살아가는 자기들의 생태학은 인간적인 것을 훨씬 넘어서면서도 "너무나 인간적인"[2] 것이기도 하다. 나는 이 용어를 우리의 삶과 타자들의 삶이 우리 인간이 자아내는 도덕의 그물망에 사로잡히는 방식을 언급하기 위해 사용한다. 우리 너머에 있는 것들과의 관계를 주시함으로써 인간적인 것을 더욱 폭넓게 이해하고자 하는 인류학은 또한 인간 특유의 것에 의해 그것들이 영향 받을 수 있는 방식을 주시함으로써 그 관계를 이해해야 한다. 나는 바로 이 점을 알리고 싶다.

1장에서 상징적 지시가 인간 특유의 것임을 논했다. 즉 상징적인 것은 (이 행성에서) 인간에 독특한 어떤 것이다. 도덕 또한 인간 특유의 것이다. 왜냐하면 도덕적으로 생각하고 윤리적으로 행동하려면 상징적 지시가 필요하기 때문이다. 미래의 가능한 행동 양식─우리가 아닌 타자들에게 잠재적으로 좋다고 간주할 수 있는 행동─을 성찰하기 위해서는 세계로부터 그리고 세계 내의 행위로부터 잠시 거리를 두는 능력이 필요하다. 이 거리두기는 상징적 지시를 통해 성취된다.

여기서 나의 의도는 무엇이 적절한 도덕 체계인가에 대한 보편적인 이해에 도달하는 것이 아니다. 타자들과 함께 건전한 삶을 살아가는 것―해러웨이가 "번영"이라고 부른 것(Haraway 2008: 288-89)―이 합리적인 추상화 혹은 도덕성을 반드시 필요로 한다고 주장하는 것도 아니다 (비록 선함에 대한 사유가 그러할지라도). 그러나 단순히 모든 곳에 인간적인 성질을 투사하지 않는 인간적인 것을 넘어선 인류학을 상상해내기 위해서는 도덕성을 존재론적으로 위치지어야 한다. 즉 우리는 언제 어디서 도덕성이 존재하게 되는지를 정확하게 말할 수 있어야 한다. 단도직입적으로 말하면, 인류가 이 지구 위를 걷기 전에는 도덕성도 윤리도 존재하지 않았다. 도덕성은 우리와 이 행성을 공유하는 비인간 존재들로부터 구성되는 것이 아니다. 우리 인간이 일으킨 행동을 도덕적으로 평가하는 것은 잠재적으로 온당할 수 있다. 그러나 비인간에게는 그렇지 않다(Deacon 1997: 219).

이와 달리 가치는 생명에 본래적이기 때문에 더 넓은 살아있는 비인간 세계에도 본래적이다. 살아있는 자기와 그 성장 가능성에 관한 한 좋은 것도 있고 나쁜 것도 있다(Deacon 2012: 25, 322). 다만 "성장"이라는 말을 염두에 두면서 내가 말하려는 것은 경험을 통한 배움의 가능성이다(2장 참조). 살아있는 비인간 자기들은 성장할 수 있기 때문에, 그들이 잘 성장할 수 있는―번영할 수 있는―가능성에 대해 우리의 행동이 가지는 도덕적인 함의를 생각해보는 것이 온당한 일일 것이다.[3]

상징적인 것과 마찬가지로, 도덕적인 것이 독특하다는 말은 그것이 창발한 곳으로부터 잘려 나간다는 것을 의미하지 않는다. 상징적 지시가 인덱스적 지시와 창발적인 연속성의 관계에 있는 것처럼, 도덕성은 가치와 창발적인 연속성의 관계에 있다. 그리고 가치는 인간적인 것을 넘어서 확장한다. 그것은 살아있는 자기들의 구성적인 특징이다. 우리의 도덕 세계가 비인간 존재들에게 영향을 줄 수 있는 것은 정확히 말해 비인간들에게 좋거나 나쁜 것들이 있기 때문이다. 만약 우리가 우리의 삶과 얽혀 있는 이 존재들에게 귀 기울이는 법을 배울 수 있다면, 우리는 비인간 존재들에게 좋거나 나쁜 것들이 또한 우리에게도 좋거나 나쁜 것들임을 배우게 될 것이다.

이것은 특히 우리를 구성하는 이 '우리'가 어떻게 해서 그 도래하는 배치 속에서 수많은 부류의 존재들을 통합할 수 있는 창발적인 자기인가를 숙고하기 시작할 때 그 진실을 드러낼 것이다. 우리 인간은 우리를 우리로 만들어왔고 또 앞으로도 만들어갈 다수의 비인간 존재들의 산물이다. 우리의 세포들은 어떤 의미에서 그 자체가 자기들이며, 세포 내 소기관들은 아주 먼 옛날 한때 자유롭게 살아가던 박테리아의 자기들이었다. 즉 우리의 신체는 거대한 자기들의 생태학이다(Margulis and Sagan 2002; McFall-Ngai et al. 2013). 물론 이 자기들이 창발적인 속성들(인간의 경우에는 도덕적인 사고 능력과 같은 속성들)을 가진 더 큰 자기들로 포섭된다 할지라도, 그 자체가 저절로 도덕적인 행동의 처소인 것은 아니다.

해러웨이가 시사했다시피 다종multispecies의 만남은 윤리적인 실천을 일궈나가기 위해 무엇보다 중요한 영역이다. 그 속에서 우리는 해러웨이가 "아주 중요한 타자성"(Haraway 2003)이라고 부른 것에 가장 명확하게 직면한다. 이 만남에서 우리는 근본적으로 (아주 중요하게) 다른 것인 타자성에 맞부딪힌다—타자성이 통약불가능하거나 "감지할 수 없는" 것이 아니라면 말이다(2장 참조). 그러나 우리는 그럼에도 불구하고 근본적으로 우리가 아닌 이 타자들과 친밀한(아주 중요한) 관계에 들어서는 길을 바로 이 만남 속에서 찾아낼 수 있다. 우리 자신이 아닌 이 무수한 자기들은 인간적이지도 않다. 즉 그들은 상징적인 생명체가 아니다 (이는 그들이 도덕적인 판단의 처소 또한 아님을 뜻한다). 이처럼 그들은 우리에게 귀를 기울이는 새로운 방법을 찾아내라고 강요한다. 바꿔 말하면, 그들은 더 공평하고 더 나은 세계들을 상상하고 실현하도록 우리를 도와줄 수 있다는 점에서 우리의 도덕 세계를 넘어 생각해보라고 우리를 다그친다.

다른 자기들로 가득한 이 세계에서 살아가는 방법을 찾아내기 위해 세심하게 주의를 기울이는 더욱 드넓은 윤리적 실천은 다른 존재들과 함께 상상하고 만들어내고자 노력하는 가능 세계들의 한 특징을 이루게 될 것이다. 어떻게 이 일에 착수할 수 있을까, 어떤 번영을 꽃피우게 할 것인가—그리고 모든 번영이 의존하는 수많은 죽음을 위한 자리를 어떻게 마련할 것인가—라는 질문은 그 자체로 도덕적인 문제이다 (Haraway 2008: 157, 288). 도덕성은 우리 인간의 삶의 구성적인 특징이며, 인간의 삶의 많은 곤경들 중 하나이다. 그것은 또한 인간적인 것을 넘어선 인류학을 통해 우리가 더 잘 이해할 수 있는 어떤 것이기도 하다. 즉 도덕은 상징적인 것 없이는 창발할 수 없기 때문에 기호작용과 도덕성은 더불어 고찰되어야 한다.

"너무나"all too라는 이 수식어는 ("독특한"distinctive과는 반대로) 가치중립적이지 않다. "너무나"는 그 자체의 도덕적 판단을 전달한다. 그것은 바로 여기에 문제의 소지가 있음을 암시한다. 식민지 역사의 너무나 인간적인 수많은 유산은 아마존의 일부에 자리한 이곳의 삶에 지대한 영향을 주어왔는데, 이 장과 다음에 이어지는 장은 루나족이 그 영향 속에 빠져들어 있는 복잡한 방식들에 논의를 열어둠으로써 이 문제를 주시한다. 간단히 말해 4장과 5장에서는 권력을 포함한 문제들을 풀어놓기 시작한다.

개-인간의 얽힘

아빌라의 개들과 사람들은 여러모로 각각의 독립된 세계에 살고 있다. 사람들은 종종 개를 무시한다. 개가 일단 성견으로 성장하면 주인은 개에게 먹을 것을 반드시 챙겨줄 필요가 없다. 개들도 사람들을 거의 무시하는 것 같다. 개들은 처마 밑의 서늘한 그늘에 들어가 쉬거나 이웃집 암캐를 쫓아다니거나 일라리오의 개들이 살해당하기 며칠 전에 그랬던 것처럼 제 마음대로 사슴을 추적한다—개들은 대체로 저들만의 삶을 산다.[4] 그렇지만 개의 삶은 인간인 주인의 삶과 밀접하게 얽혀 있다. 이 얽힘은 집이나 마을을 둘러싼 한정된 맥락만을 포함하지 않는다. 그것은 또한 개들과 사람들이 숲의 생물학적인 세계와 맺는, 나아가 두 종들이 식민지 역사의 유산 속에서 연결됨으로써 아빌라를 넘어선 사회정치적인 세계와 맺는 상호작용의 산물이다. 개-인간의 관계성은 이 양극의 측면에서 이해될 필요가 있다. 이들의 관계가 기초하는 위계적인 구조는 생물학적 사실임과 동시에 식민지적 사실이다(그러나 동등하지는 않다). 예를 들어 포식의 관계성은 루나족과 그들의 개들이 백인들의 세계뿐만 아니라 숲의 세계와 연결되는 양상을 특징짓는다.

    브라이언 해어 등(Hare et al. 2002)이 "계통발생적인 문화화"라고 부른 과정을 통해 개들은 (음식의 위치를 가리키는 다양한 지시 형식과 같은) 인간의 의사소통의 어떤 측면을 침팬지도 능가할 정도로 이해하면서 인간의 사회적 세계에 깊숙이 개입해왔다. 적절한 방식을 통해 인간적으로 되는 것은 아빌라에서 개로 살아남기 위한 핵심적인 전략이다.[5] 이에 따라 사람들은 아이가 어른으로 성장하도록 도와주듯이 그와 마찬가지의 수순으로 개의 성장을 이끈다. 또 어떻게 살아가는 것이 올바른 삶인가를 아이들에게 조언하듯이 개들에게도 조언한다. 이를 위해 사람들은 식물과 아구티의 담즙과 같은 물질의 혼합물—치타tsita라는 이름으로 잘 알려진—을 개들에게 먹인다. 그 성분의 일부는 환각작용을 가지고 있고 또 매우 강한 유독성을 띠기도 한다.[6] 아빌라 사람들은 이런 식으로 개에게 조언함으로써 개가 공유해야 하는 인간적인 처신의 습성을 강화하고자 한다.[7]

　루나족 어른과 마찬가지로 개는 나태해서는 안 된다. 이것은 개가 닭과 그 외의 가축의 꽁무니를 쫓아다니는 대신 숲의 사냥감을 추적해야 함을 의미한다. 게다가 개는 인간과 마찬가지로 난폭해서는 안 된다. 이것은 개가 인간을 문다거나 인간을 향해 크게 짖어서는 안 됨을 뜻한다. 마지막으로 개는 주인과 마찬가지로 짝짓기에 자신의 모든 에너지를 쏟아서는 안 된다. 나는 사람들이 개에게 치타를 먹이는 것을 몇 번인가 목도했다. 벤투라의 집에서 일어난 사건은 여러 면에서 전형적이다. 벤투라에 의하면, 그의 개 푼테로Puntero는 암캐를 만나기 전에는 좋은 사냥개였지만 일단 성적으로 왕성해진 후에는 숲 속에서 동물을 찾아내는 능력을 잃어버렸다. 짝짓기 중에 분출된 정액을 통해 혼의 내용물soul-substance이 발육하는 태아에게 옮겨가기 때문에, 3장에서 논한 곧 아버지가 되는 남자처럼 푼테로는 혼맹이 되었다. 그래서 어느 이른 아침, 벤투라와 가족은 푼테로를 잡아서 넝쿨줄기로 주둥이와 네 발을 묶어버렸다. 그다음 벤투라는 치타를 푼테로의 주둥이로 흘려 넣었다. 그러면서 그는 다음과 같이 말했다.

작은 설치동물을 쫓아가
그것은 닭을 물지 않을 거야
어서 쫓아가
그것은 "우아 우아"라고 말해야 해
그것은 거짓말하지 않을 거야

벤투라가 자신의 개에게 말하는 방식은 극히 비범하다. 이 점에 대해서는 후술하기로 하고 여기서는 개략적인 주해만을 달아보겠다. 우선 첫 번째 행의 "작은 설치동물"은 개가 쫓아야 하는 아구티를 우회적으로 가리킨다. 두 번째 행에서는 가축을 공격해서는 안 되고 그 대신 숲의 동물을 사냥해야 한다고 훈계한다. 세 번째 행에서는 개에게 동물을 쫓되 사냥꾼을 앞질러서는 안 된다고 다그친다. 네 번째 행에서는 좋은 개라면 어떤 행동을 해야 하는지를 재확인한다. 개는 사냥감을 발견해서 "우아 우아"라고 짖어야 한다. 마지막 행에서는 "거짓말"을 지어내는 개가 있다는 사실을 언급한다. 즉 개는 동물이 눈앞에 없을 때도 "우아 우아"라고 짖기도 한다.

벤투라가 푼테로에게 액체를 주입하자 푼테로는 짖으려고 했다. 푼테로는 주둥이가 결박당했기 때문에 짖을 수가 없었다. 마침내 속박에서 풀려난 푼테로는 그날 하루 종일 멍한 상태로 지냈다. 이러한 처치는 실제로 위험을 수반한다. 많은 개들이 이 고난에서 살아남지 못한다. 이것은 개가 물리적으로 생존하기 위해서 얼마만큼 인간적인 성질을 보여주어야 하는지를 단적으로 드러낸다. 루나족 사회에서 동물-로서의-개를 위한 자리는 없다.

그러나 개는 단지 사람이-되어가는-동물이 아니다. 개는 전형적인 포식자인 재규어의 성질도 획득할 수 있다. 재규어처럼 개는 육식동물이다. (길들여진 나태함에 굴복하지 않는다면) 개는 태어날 때부터 숲에서 동물을 사냥하는 성향을 가지고 있다. 개에게 야자순과 같은 식물성 먹이를 먹일 때조차 아빌라 사람들은 개 앞에서 그것을 고기라 부른다.

사람들은 또한 개를 잠재적인 포식자로 본다. 스페인 점령기에 스페인인은 아빌라 루나족의 선조들을 습격할 때 개를 이용했다.[8] 오늘날 이 개과동물의 포식적 본성은 앞 장에서 논한 아야 피츠카로 알려진 연회의 일부로서 연행되는 특별한 의례의 식사에서 가시화된다. 야자순을 조리해서 만든 이 식사는 고인의 유령이 고인의 태반과 다시 합쳐지기 위해 그 혹은 그녀가 태어난 장소로 돌려보내진 후 아침 일찍 나오는 끼니이다. 이 식사에서 나오는 긴 관의 야자순은 인간의 뼈와 비슷하다(이와 대조적으로 일상식에서 야자순은 잘게 썰어 요리된다).[9] 이 식사에서 뼈처럼 생긴 야자순은 "죽음을 추도하는 족내식인族內食人"mortuary endo-cannibalistic 연회에서 유체의 대용물로 다뤄진다. 이것은 죽은 자의 뼈를 유족이 소비하는(Fausto 2007) 아마존의 다른 지역들에서 벌어지는 연회와 다르지 않다(아마도 역사적으로 과거의 아빌라에서도 그러했을 것이다. Oberem 1980: 288). 호르헤의 유령을 떠나보낸 후 열린 식사 자리에 참석한 사람들은 어떤 상황에서도 개가 야자순을 먹어서는 안 된다는 것을 강조했다. 야자순을 고기로 보는 개는 훨씬 더 우월한 포식자인데, 왜냐하면 사람을 잡아먹는 인간과 재규어처럼 사람들을 먹잇감으로 대할 수 있기 때문이다.[10]

이때 개는 재규어 같은 속성을 획득할 수 있다. 그러나 재규어 또한 개가 될 수 있다. 포식자로서의 그 명증한 역할에도 불구하고 재규어는 숲의 동물들의 주재자인 영적인 존재들을 따르는 충견이기도 하다. 벤투라에 따르면, "우리가 재규어라고 생각하는 것은 실제로는 [동물의 영적인 주재자들의] 개다."

아빌라에서 재규어를 개로 기르는 이 동물의 영적인 주재자들[11]이 종종 권력을 가진 백인 지주와 성직자로 묘사된다는 점은 주목해 보아야 한다. 사람들은 이 주재자들이 소유하고 보호하는 사냥감 동물들을 백인들이 그들 소유의 목장에서 기르는 소 무리에 비유한다. 따라서 어떤 의미에서 아빌라 루나족은 인간과 비인간의 사회성을 완전히 동일한 것으로 이해하는 그 외의 수많은 아마존 선주민들과 크게 다르지 않다. 즉 많은 아마존 선주민들에게 인간 사회에서 발견되는 사회 원리는 숲의 동물과 영의 사회들을 구조화하는 원리와 동일하다. 그리고 이것은 쌍방향적이다. 다시 말해 인간의 사회성이 비인간의 사회성을 알려주는 것과 마찬가지로 비인간의 사회성은 인간의 사회성을 이해하게 해준다(Descola 1994). 그러나 아빌라는 숲의 자기들의 생태학 속에 완전히 잠겨 있음과 동시에 언제나 더 큰 정치경제의 일부로 자리매김해왔다. 이것은 루나족의 "사회"가 더 넓은 식민지적인 무대, 나아가 지금의 공화국의 무대에서 활보하는 타자들과 루나족이 맺는 다사다난한 관계에 대한 어떤 감각을 포괄하기도 한다는 것을 의미한다. 결과적으로 숲의 비인간들에게까지 확장하는 사회성은 루나족이 여러 세대에 걸쳐 얽혀온 너무나 인간적인 역사에 의해서도 특징지어진다. 따라서 이것은 숲 속 깊은 곳에 거하는 동물의 주재자들이 백인인 이유를 부분적으로 설명해준다(여기서 "백인"이 정확히 무엇을 의미하는지에 대한 더욱 심도 깊은 논의는 5장과 6장 참조).

재규어-인간—루나 푸마—은 개이기도 하다. 벤투라가 최근 고인이 된 자신의 부친을 언급하며 내게 설명한 것처럼 "재규어와 함께 있는"pumayu 사람이 죽으면 그 혹은 그녀의 혼은 "개가 되기 위해" 숲으로 간다. 재규어-인간은 동물의 영적인 주재자들의 "개"가 된다. 즉 아빌라 사람들이 농장의 일꾼으로 일하러 갈 때 백인 지주 및 사제와의 종속적인 관계에 들어서는 것과 같은 방식으로 재규어-인간은 동물의 영적인 주재자들에게 굴복하게 된다. 따라서 루나 푸마는 강력한 고양이과 포식자인 루나임과 동시에 백인인 동물의 주재자들에게 복종하는 개다.

개는, 포식자이면서도 먹잇감이며 지배자이면서도 피지배자인 루나족의 궁지의 표상일 뿐만 아니라 마을을 넘어선 세계 속에서 사람들의 행동을 확장하는 부분이기도 하다. 개는 종종 주인보다 먼저 사냥감을 잘 탐지할 수 있는 정찰대로서 움직이기 때문에, 숲에서 벌어지는 루나족의 포식의 시도를 확장한다. 또한 개는 인간을 따라 재규어에 의한 포식의 위협에 함께 맞서는 주체이기도 하다.

개는, 사람들이 숲의 존재들과 관계를 형성하도록 도와줄 뿐만 아니라 마을 너머의 다른 세계—아빌라 지역 인근의 농장을 소유한 백인-메스티조 정착민들의 영역—에 루나족 사람들이 도달할 수 있도록 해준다. 아빌라의 개들은 비참할 정도로 얻어먹지 못하고 그 결과 건강 상태가 극히 불량한 경우도 드물지 않다. 이 때문에 개들은 좀처럼 건강한 새끼를 낳지 못하고, 아빌라 사람들은 새끼 강아지를 얻기 위해 종종 외부로 눈을 돌려야 한다. 즉 인간이 초래한 번식의 실패로 인해 사람들은 개의 출산을 외부인에게 의존해야 하는 것이다. 아빌라 사람들은 또한 정착민들이 사용하는 개 이름을 가져오는 경향이 있다. 이 점에서 푸카냐와 우이키라는 이름은 예외이다. 널리 사용되는 개 이름으로는 마르케사Marquesa, 키테냐Quiteña, 심지어 티윈차Tiwintza(히바로어 어원의 지명으로 1995년 일어난 에콰도르와 페루의 영토분쟁 지역을 가리킨다)가 있다. 정착민이 선호하는 개 이름을 차용하는 이 관행은 어떻게 개들이 항상 루나족을 더 넓은 사회적 세계와 이어주는지를 보여주는 또 하나의 지표이다.

숲과 외부 세계를 연결하는 존재로서 개는 여러모로 루나족과 닮아 있다. 루나족은 "기독교도 인디오"로서 백인의 도시 세계와 야만Auca의 숲의 세계 혹은 특히 우아오라니족과 같은 비기독교도이자 "미정복된" 선주민 사이를 매개하는 역할을 역사적으로 담당해왔다(Hudelson 1987; Taylor 1999: 195).[12] 실제로 거의 1950년대까지 루나족은 우아오라니족의 거주지를 추적해서 습격하는 일의 조력자로서 힘 있는 지주들에 의해 징집되었다—아이러니하게도 스페인 정복자의 마스티프[사냥개의 한 품종]가 루나족의 선조를 찾아내기 위해 이용된 것처럼.[13] 그리고 농장의 일꾼으로서 그들은 이를테면 지주들을 위해 사냥을 하는 등 정착민들이 숲과 관여할 수 있도록 지속적으로 도와주었다.

아빌라 사람들이 정착민에게서 얻은 개의 대부분이 식별 가능한 순종에 속하지 않는다는 점도 언급해두어야겠다. 스페인어권 에콰도르의 거의 전역에서는 그러한 개들이 경멸의 뜻이 담긴 "루나"로 묘사된다("un perro runa"[잡견]와 같이)—즉 잡종견이다. 이와 대조적으로 케추아 어에서 루나는 사람person을 의미한다. 이 말은 주어의 위치에 놓이는 대 명사의 표지로 사용되며—왜냐하면 모든 자기들은 스스로를 사람이라 고 보기 때문이다—오로지 민족지, 인종차별, 정체성 정치 같은 대상화 행위 속에서만 민족 명칭으로 실체화된다(6장 참조). 그런데 "사람"을 의 미하는 케추아어 단어가 스페인어에서는 잡종견을 가리키기 위해 사용 되어온 것이다.[14] 많은 에콰도르인에게 루나는 일종의 문명화 상태를 결 여한 잡종견들, 즉 신 쿨투라sin cultura 혹은 문화 없는 자들을 의미한다고 해도 크게 틀린 말은 아니다. 이 식민지적 원시주의자의 논리에 따르면, 특정한 부류의 개들과 특정한 선주민 집단, 곧 케추아어로 말하는 루나 족은 동물성에서 인간성으로 이어지는 상상의 경로를 나타내는 표지판 의 역할을 맡아왔다.

종을 횡단하는 관계들은 종종 중요한 위계적 요소를 포함한다. 인 간과 개는 상호 구성적이지만, 각각의 당사자들에게는 근본적으로 불 평등한 방식으로 그러하다.[15] 약 1만 5000년 전에 시작된 개의 가축화 (Savolainen et al. 2002)는 일정 부분 개의 시조가 잘 확립된 위계 속에 살았 던 고도의 사회적 동물이었다는 사실에 기초한다. 가축화 과정은 개들 이 인간 주인을 무리의 새로운 리더로 각인하는 방식으로 이 위계의 정 점을 대체하는 과정을 부분적으로 포함한다. 인간-개의 관계는 개과동 물과 인간의 사회성이 뒤섞이는 방식에 의존하며, 또 어느 정도는 항상 지배와 복종 관계의 끊임없는 확립에 기반을 둔다(Ellen 1999: 62). 아빌라 사람들이 몸담고 있는 식민지 및 탈식민지적 상황에서 이러한 합병은 새로운 의미를 획득한다. 루나족이 역사적으로 백인 지주들, 정부 관료들 및 성직자들에게 복종을 강요받은 것과 마찬가지로 개는 인간 주인에게 복종을 강요받는다(Muratorio 1987). 그러나 이 위치는 고정되어 있지 않다. 저지대에 사는 루나족은 고지대의 케추아어 선주민들과는 대조적으로 정부 당국과의 관계에서 항상 상대적으로 높은 자율성을 견지해왔다. 그래서 저지대 루나족과 반려견은 동물의 주재자들에게 복종하는 개일 뿐만 아니라 힘 있는 포식자인 재규어와 같은 역할을 맡기도 한다.

다른 부류의 존재의 관점을 어느 정도 받아들이는 것은 우리가 그 존재와 "함께" 다른 부류가 "됨"을 의미한다(Haraway 2008: 4, 16-17). 그렇지만 이와 같은 얽힘은 위험하다. 아빌라 사람들은 우주에 서식하는 다른 자기들을 알아차리는 능력을 잃게 하는, 내가 혼맹이라 불러왔던 모나드적인 고립상태를 피하려고 한다.[16] 그럼에도 불구하고 그들은 이 우주에서 인간 존재로서의 그들의 위치에 특유한 자아를 완전하게 소멸시키지 않고 다른 존재와 함께하기를 원한다. 혼맹 그리고 타자와-함께-타자 되기, 이 둘은 자기들의 생태학에 서식하는 방식들의 전 범위에 걸쳐 있는 연속체의 양극이다. 그리하여 종들 간의 경계를 흐리는 것과 그들 간의 차이를 유지하는 것 사이에는 긴장이 끊이지 않으며, 여기서 과제는 어느 한쪽의 극으로도 끌려가지 않고 이 긴장을 생산적으로 유지하기 위한 기호적인 수단을 발견하는 것이다.[17]

꿈꾸기

근본적으로 다른 부류의 존재들 간의 접촉은 혼을 통해 가능해지고 꿈꾸기는 혼들이 의사소통하는 특권적인 양식이기 때문에, 꿈은 이 교섭을 위한 중요한 자리이다. 아빌라 사람들에 의하면, 꿈은 혼의 행적이다. 잠든 사이 혼은 신체, 즉 그 "주인"owner[18]과 떨어져 다른 존재들의 혼과 교류한다. 꿈은 세계에 대한 주석이 아니다. 세계 속에서 일어나는 일이다(Tedlock 1992).

아빌라에서 이야기되는 꿈의 대다수는 사냥 혹은 숲에서 이뤄지는 만남에 관한 것이다. 대개는 은유적으로 해석되며 길들여진 영역과 숲의 영역 간에 대응관계가 설정된다. 예를 들어 사냥꾼이 가축돼지를 죽이는 꿈을 꾼다면 그는 다음 날 숲에서 페커리를 죽일 것이다. 그 밤의 만남은 두 개의 혼—돼지의 혼과 루나족 사냥꾼의 혼—의 만남이다. 그러므로 그 밤에 돼지의 길들여진 현현顯現을 죽이는 것은 다음 날 사냥꾼이 숲에서 만나게 될 돼지의 현현에 혼을 제거하는 것과 같다. 이제 혼맹이 된 이 생명체는 숲에서 쉽게 발견되어 포획될 수 있다. 왜냐하면 그것은 더 이상 자신의 눈앞에 포식자로서 모습을 드러내는 다른 자기를 인지하지 못하기 때문이다.

은유로서 꿈은 의사소통의 가능성을 놓치지 않고 여러 부류의 존재들 간의 차이를 인식하고 유지하는 방식으로 그들 간의 특정한 생태적 접속을 경험하는 방법이다. 이것은 은유가 이질적이면서도 유사하고 그러하기에 친척 관계에 있는 개체들을 하나로 통합할 수 있다는 사실 덕분에 성취된다. 은유로서 꿈은 연결을 짚어냄으로써 간극을 인식한다. 루나족이 꿈속에서 숲의 페커리를 가축돼지로 본다 해도, 보통의 깨어 있는 상태에서 루나족은 숲의 페커리를 야생 동물로 본다. 그러나 사태는 이보다 복잡하다. 이 동물들(깨어 있을 때에는 루나족에게 페커리로 나타나는 것)을 소유하고 돌보는 동물의 영적인 주재자들은 그것들을 가축돼지로 본다. 그처럼 사람들은 꿈을 꾸는 동안 숲의 동물들을 영적인 주재자들의 관점에서—길들여진 돼지로서—보게 된다. 중요한 것은 동물의 영적인 주재자들이 지배하는 존재들로 간주된다는 것이다. 이러한 주재자들의 퍼스펙티브에서 보면, 페커리와 가축돼지 간의 은유적인 관계를 설명해주는 축자적 근거literal ground는 가축-으로서-동물이다. 축자적인 것과 은유적인 것은 전환된다. 우리가 "자연"이라고 생각하는 것(예컨대 "진짜" 숲의 동물)은 동물의 주재자들에게는 근거가 되지 않는다 (다음과 비교. Strathern 1980: 189). 그들에게 페커리는 정말로 길들여진 돼지이다. 그래서 이렇게 말할 수 있다. 지배적인 퍼스펙티브이며 그에 따라 한층 더 비중이 실리는 퍼스펙티브인 동물의 주재자들의 퍼스펙티브로 본다면, 사냥꾼의 돼지꿈은 그다음 날 숲에서 그가 페커리를 만나게 된다는 은유가 될 수 있는 축자적 근거이다. 아빌라에서 축자적인 것은 주어진 영역의 내부에서 생겨나는 관습적인 세계 해석을 가리킨다. 이와 대조적으로 은유는 다른 세계들에 서식하는 존재들의 상황적인 관점들을 정렬하는 데에 이용된다. 따라서 은유와 근거의 구별은 맥락에 따라 뒤바뀔 수 있다. 고정된 상수인 것은 은유가 다른 영역들에 서식하는 다양한 부류의 존재들 간에 퍼스펙티브의 차이를 확립한다는 것이다. 두 존재들 간의 관점을 연결하고 그와 동시에 이 존재들이 서식하는 서로 다른 세계들을 인식함으로써 은유는 결정적인 제동장치로서 기능한다.

루나족은 이 제동장치를 다른 부류의 존재들과 상호작용하는 그들 자신의 방식에 내재하고 있는 경계 흐리기의 성향에 부과한다.

개과동물 명령법

앞 장의 내용을 상기해보면, 꿈은 개들을 죽인 포식자의 정체를 확정한다. 일라리오의 죽은 아버지의 푸마가 범인이었다. 그러나 여전히 아메리가의 의문은 풀리지 않은 채로 남아 있다. 왜 개들은 자신들의 죽음을 예견할 수 없었을까? 아메리가는 개들의 꿈이 숲에서 이뤄진 재규어와의 만남을 있는 그대로 드러내야 했다고 느꼈다.

아메리가는 그녀의 개들이 어떤 꿈을 꾸는지를 어떻게 추론할 수 있을까? 이를 논하기 위해서는 먼저 아빌라 사람들이 개들과 어떻게 대화하는지를 더욱 상세하게 이해하는 것이 중요하다. 개들에게 말하는 일은 필요하지만 위험하기도 하다. 루나족은 이 과정에서 개가 되기를 원치 않는다. 이 섬세한 교차하는-종들의 교섭에서 중요한 것은 의사소통의 특정한 양식이다. 그에 대해 지금부터 분석을 진행해보겠다.

루나족이 개과동물의 발성이 갖는 의미를 쉽게 이해할 수 있다고 느끼는 것은 숲의 자기들의 생태학을 구성하는 종-횡단적 해석 위계 속에서 다른 동물들에 비해 개가 가지는 특권적 지위 때문이다.[19] 그러나 개는 인간 발화의 모든 범위를 보통 상황에서는 이해할 수 없다. 앞서 살펴본 것처럼, 만약 사람들이 자신들의 일을 개들에게 이해시키고 싶다면, 그 개들에게 환각성 물질의 약을 먹여야 한다. 즉 인간들과 개들

을 분리하는 경계를 개들이 넘나들게 하려면 개들을 샤먼으로 만들어
야 한다. 벤투라가 자신의 개에게 어떻게 처신해야 하는지를 조언하는
장면을 세부적으로 재검토해보자. 환각성 물질의 혼합물을 푼테로의
주둥이에 부어넣으면서 벤투라는 푼테로를 향해 다음과 같이 말했다.

1.1 *ucucha-ta tiu tiu*
설치동물-ACC 쫓다[20] [ACC: 목적격]
작은 설치동물을 쫓아가[21]

1.2 *atalpa ama cani-nga*
닭NEG IMP 물다-3FUT [NEG IMP: 부정 명령법, 3FUT: 3인칭 미래]
그것은 닭을 물지 않을 거야

1.3 *sinchi tiu tiu*
거세게 쫓다
어서 쫓아가

1.4 *"hua hua" ni-n*
"우아 우아" 말하다-3
그것은 "우아 우아"(개가 동물을 쫓을 때 짖는 소리)라고 말해야 해

1.5 *ama llulla-nga*
NEG IMP 거짓말-3FUT
그것은 거짓말하지 않을 거야
(예를 들어 개는 동물을 쫓지 않을 때는 마치 동물을 쫓는 것처럼 짖어서는 안 된다)

이제 왜 이것이 매우 기묘한 말하기 방식인지를 설명할 수 있다.[22] 개들에게 조언할 때 아빌라 사람들은 직접 말을 걸면서도 3인칭을 사용한다. 이것은 실제 맥락에서 2인칭으로 사용되지만 청자의 지위를 알리기 위해 3인칭의 문법 구성을 취하는 스페인어 "당신"usted의 체계와 유사해 보인다. 그런데 케추아어에는 경어체계가 없다. 그럼에도 불구하고 루나족은 경어체계를 도입하기 위해 케추아어를 변경한다. 1.2행에서 가장 명료하게 보이듯이 그들은 문법 구성을 새로운 방식으로 사용하고 있다. 케추아어에서 아마ama는 주로 2인칭 부정 명령법과 부정 가정법에서 사용된다. 그러나 여기서 쓰이는 것처럼 3인칭 미래를 나타내는 표지와 조합해서는 결코 사용되지 않는다. 나는 이 파격적인 부정 명령법을 "개과동물 명령법"이라고 부르고자 한다.[23]

여기에 과제가 있다. 사람들이 개와 의사소통하기 위해서는 개를 의식 있는 인간적 주체로 대해야 한다(가령 '너'로서, 심지어는 '당신'으로서). 그렇지만 개들은 그와 동시에 응답하지 못하는 대상('그것')으로 다뤄져야 한다. 이것이 아마도 벤투라가 푼테로에게 우회적으로 말을 걸기 위해 개과동물 명령법을 사용한 이유일 것이다.[24] 그리고 이것은 이 과정 중에 푼테로가 주둥이를 벌리지 못하도록 결박한 이유의 일부이기도 할 것이다. 만약에 개가 응답한다면 사람들은 개과동물의 주체성에 진입하게 될 것이고, 그렇게 되면 인간으로서의 특권적 지위를 잃게 될 것이다. 실상 개를 땅에 묶는 것은 개의 동물적 신체를 부인함으로써 개에게 인간적 주체성이 창발되도록 하는 것이다. 그리하여 사람들은 개과동물 명령법을 통해 부분적으로 몰개성화되고 일시적으로 침전된 개과동물의 자기에 대해서 부분적으로 개성화되고 창발하는 인간적인 자기

에게 안전하게 말을 걸 수 있다.[25]

　이 의사소통의 시도에서 드러나는 인간들과 개들 간의 권력이-담긴 위계적인 관계성은 동물의 영적인 주재자들과 인간들 간의 위계적인 관계성과 유사하다. 사람들이 개를 이해할 수 있는 방식과 동일하게 동물의 주재자들은 인간의 발화를 쉽게 이해할 수 있다. 루나족은 동물의 주재자들에게 그저 이야기하는 것만으로도 충분하다. 정말로 내가 몇 번이나 목격한 바로는 숲 속에서 사람들은 이 영들에게 직접 말을 건넨다. 그러나 평상시라면 인간은 동물의 주재자들을 쉽게 이해할 수 없다. 개가 인간적 표현의 모든 범위를 이해하기 위해서 환각성 물질의 혼합물인 치타를 필요로 하는 것처럼, 인간도 환각성 물질, 특히 아야 우아스카를 섭취함으로써 이 영들과 정상적으로 이야기를 나눌 수 있다. 사람들은 이 만남을 영적인 주재자들과 맺는 의무의 유대를 확고히 다지는 기회로 활용하며 이를 통해 이 주재자들의 동물을 인간이 사냥하도록 허락받을 수 있다. 그러한 유대를 확립하는 중요한 방식의 하나는 영적인 주재자들의 딸들과 내통하는 것이다. 환각성 물질의 영향하에서 사냥꾼들은 영적인 주재자들의 딸들이 아버지의 힘을 빌려 사냥꾼들로 하여금 사냥고기를 손에 넣을 수 있도록 도와주기를 바라며 그녀들과 욕정의 관계를 키워나간다.

　이 영적인 연인과 루나족 남성의 관계는 루나족과 그들의 개의 관계와 매우 흡사하다. 사람들은 개에게 3인칭을 사용해서 조언을 행하고, 게다가 주둥이를 결박함으로써 개가 대답할 수 없게 만든다. 이와 마찬가지의 이유로 영적인 연인은 루나족 남성이 그녀의 이름을 부르는 것을 결코 좌시하지 않는다. 그녀의 고유명은 영적인 주재자들의 영역에 있는 다른 존재들에 의해서만 발설될 수 있고 그녀의 인간 연인이 있는 곳에서는 결코 입 밖에 내어서는 안 된다. 한 남자가 내게 말한 것처럼, "그 이름을 물어보아서는 안 된다." 대신 인간 남성은 자신의 영적인 연인에 대해 부인señora이라는 경칭을 사용해서 부를 수 있을 뿐이다. 아빌라에서 이 스페인 용어는 결혼 여부와 상관없이 백인 여성을 가리키며 호칭으로도 사용된다. 루나족 남성이 영적인 주재자들의 딸들을 직접적인 호칭으로 부르는 것을 금지함으로써, 영적인 주재자들의 딸들은 영으로서 그리고 어떤 의미에서는 백인으로서 특권적인 지위를 유지할 수 있다. 이것은 사람들이 인간으로서 자신만의 특별한 지위를 유지하기 위해 자신의 개들과 의사소통을 하는 방식과 유사하다.[26] 이때 모든 수준에서 목적은 종들을 분리하는 경계를 흔들지 않으면서도 그 경계를 가로질러 의사소통할 수 있는 것이다.

종들 간의 발화

존재의 부류들 간에 구분을 흐리려는 위협적인 과정에 제동을 걸기 위해 사람들은 개과동물 명령법과 같은 우회적인 의사소통 형식을 사용한다. 그러나 그들이 개들에게 이야기할 때 사용하는 언어는 동시에 이 구분을 흐리는 과정 그 자체의 한 예시이기도 하다. 그리하여 나는 이것을 "종을 횡단하는 피진"으로 사고하기 시작했다. 피진처럼 그것은 완화된 문법 구조로 특징지어진다. 완전한 어미변화 없이 최소한의 절節의 삽입과 단순화된 인칭 지표를 보여주는 것이다. 나아가 피진은 종종 식민지적인 접촉 상황 속에서 창발한다. 아빌라에서 개-인간 관계가 루나족-백인 관계와 어떻게 얽혀 있는지를 고려한다면, 이 식민지적인 유의성誘意性, valence은 매우 적절한 것 같다.

종을 횡단하는 피진으로서의 지위를 나타내는, 루나족의 개에게 말하기는—후아니쿠의 재규어-인간 대부代父가 말을 하면서도 울부짖은 것과 비슷한 방식으로(3장 참조)—인간의 영역과 동물의 영역 모두로부터 의사소통 양식의 요소들을 가져와 통합한다. 케추아어의 문법 및 구문론, 어휘를 사용하는 이 "피진"은 인간 언어가 가진 요소들을 보여준다. 그러나 그것은 또한 기존의 종-횡단적인 개-인간 어법idiom의 요소들을 채택한다. 예를 들어 티우 티우tiu tiu(1.1행)라는 말은 오로지 개가 사냥감을 쫓도록 채근할 때에만 사용되고 인간끼리의 발화에서는 결코 사용되지 않는다(인용하는 경우를 제외하고). 이 준언어적인 지위에 걸맞도록 티우 티우는 어미변화를 하지 않는다(1장 참조). 이 종들 간의 피진은 또한 개의 발화의 요소들을 도입한다. 우아 우아(1.4행)는 개과동물의 어휘목록에 있는 항목이다. 루나족은 오직 인용을 통해서만 그것을 자신들의 발화에 포함시킨다. 즉 루나족 자신들은 절대로 짖지 않는다. 우아 우아는 결코 어미변화하지 않으며 따라서 인간의 문법에 완전히 흡수되지 않는다. 티우 티우도 우아 우아도 중복형으로서 음성의 아이콘적 반복을 수반한다. 이 또한 루나족이 비인간적이며 비상징적인 지시 양식에 진입하기 위한 중요한 기호학적 기법이다.[27]

루나족-개의 종-횡단적 피진은 문법적 단순화를 보여주며 완전한 언어적 능력을 가지지 못한 주체에게 말을 건다는 점에서 "엄마 말투" motherese—아기를 돌보는 어른이 아기에게 말할 때 사용하는 독특한 언어 형식—와도 유사하다. 이것은 식민지적인 유의성을 분명하게 드러내는 부가적인 방법이다. 주지하다시피 아빌라에서와 마찬가지로 수다한 식민지적·탈식민지적 맥락 속에서 개척민은 선주민을 마치 어른이 아이를 대하듯이 다룬다. 이것이 아빌라에서 어떻게 작동되는지를 보여주는 하나의 사례를 들어보겠다. 농축산부Ministerio de Agricultura y Ganadería에 소속된 어느 전문가가 처자식과 함께 아빌라를 방문했다. 그의 방문 목적은 국가가 인증한 선주민 공동체comuna로서 갖는 "법인" personería jurídica의 법적 지위를 아빌라에 부여하는 것이었다. 많은 사람들은 내게 이 인물이 아빌라 사람들에게 "조언"하기 위해 왔다고 말해주었다. 그들은 여기서 "조언"을 가리키는 말로 **카마치나**camachina라는 동사를 사용했는데, 이 말은 어른이 아이나 개에게 "충고"하는 모습을 묘사할 때 사용되기도 한다. 반대로 그 전문가는 나와 대화하는 중에 아빌라 주민을 가리킬 때 연령에 상관없이 "젊은이"los jóvenes라는 표현을 사용했다. 그와 그의 아내—학교 선생에 딱 맞는—는 아빌라 루나족을 에콰도르의 올바른(성숙하고 어른스러운) 시민으로 교육하는 것이 자신들의 시민적 의무라고 여겼다. 실제로 그들은 공동체의 연례집회가 국가의 제창과 함께 시작되어야 한다고 주장했고, 그 집회의 긴 시간을 에콰도르 헌법의 일부 조문을 읽고 설명하며 또 정부가 규정한 가이드라인에 따라 선주민 공동체의 지도자를 민주적으로 선출하도록 주민들을 독려하는 데에 할애했다. 의장, 부의장, 재무관, 비서 등의 직책을 맡은 이 지도자들은 이론상으로는 공동체라는 소우주에 국가의 관료적 장치를 재생산함과 동시에 마을과 국가를 잇는 연결망으로 기능한다. 이 책의 마지막 장에서 검토하듯이, 아빌라에서 자기의 윤곽은 사람들이 비인간과 맺는 관계들의 산물일 뿐만 아니라 더 큰 국민-국가가 그들의 삶 속에서 분명히 나타나게 되는 이러한 종류의 친밀한 (그리고 종종 온정주의적인) 만남들의 산물이기도 하다.

형식의 제약

엄마 말투와 같은 인간-개의 종-횡단적 피진은 언어 능력이 의문시되는 존재들에 맞춰져 있다. 개가 인간의 발화를 이해할 수 있도록 아빌라 사람들은 최대한의 노력을 기울이지만, 그들이 개들과 의사소통하는 방식은 상징적 지시 양식으로 이뤄진 인간의 발화를 평상시라면 이해할 수 없는 개들의 요건에 들어맞아야 한다. 앞서 나는 안데스를 거쳐 오리엔테로 향하는 버스여행에서 겪었던 불쾌함을 이야기했다(1장 참조). 이때 나의 여정에 함께했던 사촌 바네사는 나를 따라 마침내 아빌라까지 방문했다. 그런데 일라리오의 집에 도착하고 얼마 지나지 않아 그녀는 불운하게도 어느 강아지에게 장딴지를 물렸다. 다음 날 오후, 마을에 온 지 얼마 안 된 그 어린 암캐(최근 일라리오의 아들이 수노 강 건너의 정착민 농장에서 일꾼으로 일한 후 그곳에서 데리고 왔다)가 또다시 그녀를 물었다. 일라리오 가족은 이 개의 행동에 매우 당황했고—이 개의 "인간성", 나아가 그 개의 주인의 인간성까지도 위태로울 지경이었다—그래서 일라리오와 그의 아들 루시오는 환각성 물질의 혼합물인 치타를 개에게 먹이고 벤투라가 푼테로에게 한 것과 똑같은 방식으로 "개에게 조언하기"에 이르렀다. 그런데 이때는 개의 주둥이를 단단히 결박하고 개가 그 전날 물었던 바네사의 그곳을 냄새 맡도록 했다. 이러는 동안 일라리오는 다음과 같이 말했다.

5.1 *amu amu mana canina*
[그녀, 바네사는 한 사람의] 주인, 주인이야 그리고 물리면 안 돼

5.2 *amu amu amu imapata caparin*
[그녀는 한 사람의] 주인, 주인, 주인이야 그리고 짖을 이유가 없어

5.3 *amuta ama caninga*
그것은 주인을 물지 않을 거야

5.3행의 문장에서 볼 수 있듯이 일라리오는 벤투라가 사용했던 부정형의 "개과동물 명령법" 구성을 똑같이 활용한다. 그러나 이때 이 절節과 그것을 담고 있는 일련의 발화는 개와의 의사소통에서 행해지는 어떤 진지한 비언어적 및 비상징적 노력과 얽혀 있다. 부정형의 개과동물 명령법이—"그것은 물지 않을 거야"—환각성 물질에 취한 개가 이해할 수는 있지만 응답할 수는 없는 방식으로 개에게 말하는 과제에 부응하는 반면, 바네사를 물었던 행위의 재연은 부정형의 개과동물 명령법의 또 다른 형식으로 기능하는데, 여기서 그것은 상징적 작용을 하는 것이 아니라 인덱스적 작용을 한다. 이처럼 그것은 상이하면서도 동등하게 중요한 과제에 부응하고 있다. 즉 언어를 사용하지 않고 "안 돼"라고 말하는 방법이다.

언어를 사용하지 않고 "안 돼"라고 말하는 방법에 대한 이 과제와

관련해서 베이트슨은 개를 포함한 수많은 포유류들 사이에서 가시화되는 의사소통의 흥미로운 특징을 언급한다. 포유류의 "놀이"는 어떤 종류의 패러독스를 활용한다. 예를 들어 개들은 함께 놀 때 마치 싸우는 것처럼 행동한다. 개들은 아프지 않을 만큼만 서로를 문다. 베이트슨이 관찰한 바에 따르면(Bateson 2000e: 180), "장난스럽게 무는 행동은 물어뜯는 행동을 표시하지만, 물어뜯는 행동에 의해 표시되는 것을 표시하지 않는다." 여기서 기이한 논리가 작동한다. 베이트슨은 이어서 마치 이 동물들이 이렇게 말하는 것 같다고 서술한다. "'지금 우리가 하는 이 행동들은 이 **행동들이 표상하는** 그러한 행동들이 표시하는 것을 표시하지 않는다'"(180). 이것을 기호학적으로 생각해보면서 디콘의 논의를 따라가면(Deacon 1997: 403-5), 부정은 상징적 영역에서는 의사소통하기가 상대적으로 간단한 반면, 비인간적인 의사소통의 전형인 인덱스적 의사소통 양식에서는 그렇게 하기가 매우 어렵다는 것을 알 수 있다. 활용할 수 있는 의사소통의 확실한 양식이 유사성과 인접성을 경유하는 것뿐이라면, 물면 안 된다는 것을 개에게 어떻게 말할 수 있을까? 엄격하게 아이콘적 및 인덱스적 지시 형식을 벗어나지 않으면서 어떻게 유사함 혹은 인접성의 관계를 부정할 수 있을까? 상징적으로 "안 돼"라고 말하는 것은 간단하다. 상징적 영역은 인덱스적 및 아이콘적 연쇄라는 기호적 연합으로부터 분리된 수준에 있기 때문에 이런 메타-진술을 쉽게 허용한다. 즉 상징적 양식을 경유함으로써 "더 높은" 해석적 수준에서 어떤 진술을 부정하는 것은 상대적으로 쉬운 일이다. 그러나 어떻게 인덱스적으로 "안 돼"라고 말할 수 있을까? 그 유일한 방법은 "인덱스적" 기호를 재-창출하되 바로 이때 인덱스적 효과 없이 그렇게 하는 것이다.

화용론적인 부정형의 개과동물 명령법, 즉 "물면 안 돼"(혹은 루나족의 종-횡단적 피진이 갖는 경어적 형식으로는 "그것은 물지 않을 거야")를 인덱스적으로 전달하는 유일한 방법은 문다는 행위를 재생산하면서도 통상의 인덱스적 연합에서 그것을 떼어놓는 데 있다. 장난스런 개는 깨문다. 이 "물어 뜯기"는 진짜 물어뜯기의 인덱스이지만, 역설적인 방식으로 그렇다. 그 것은 진짜 물어뜯기와 그 모든 실제 효과의 인덱스이면서도, 또한 이행 중인 인덱스적 연쇄를 중지시킨다. 따라서 물어뜯기의 부재로 인해 새 로운 관계적인 공간이 창발한다. 이 공간을 우리는 "놀이"라고 부를 수 있다. 깨물기는 물어뜯기의 인덱스이지만, 물어뜯기가 그 자체로 하나 의 인덱스인 그 무엇의 인덱스는 아니다. 나의 사촌에 대한 공격을 재-창출함으로써 일라리오와 루시오는 주어진 제약의 조건 속에서 인덱스 적 지시로 특징지어지는 형식상의 특성을 통해 이 개과동물이 지닌 놀 이의 논리에 진입을 시도했다. 그들은 이번에는 개의 주둥이를 결박한 후에 바네사를 다시 한 번 물어뜯기를 강요했다. 그들의 행동은 물어뜯 기와 그 함의 사이의 인덱스적 연결을 파열시키고, 그 순간 언어를 뛰어 넘은 종-횡단적 피진의 어법을 통해서 개에게 "안 돼"를 말하려는 시도 이다.

동물이 인간의 발화를 이해할 수 있는지 혹은 얼마나 이해할 수 있 는지에 대해서는 결코 완전히 해명되지 않는다. 개가 인간을 쉽게 이해 할 수 있다면 환각성 물질을 먹일 필요도 없을 것이다. 나의 주장의 요 지는 종을 횡단하는 피진이 확실히 절충안이라는 것이다(White 1991의 의 미에서; Conklin & Graham 1995 참조). 동물이 어떻게 말하는지를 상상하는 것 혹은 인간적인 발화를 동물에게도 귀속시키는 것으로는 충분하지 않다. 우리는 또한 동물들이 그들끼리 의사소통하는 데 사용하는 기호적 양식의 특정한 성격들이 부과하는 제약에 직면해 있으며 그에 응답하기를 강요받는다. 그 성공 여부와 상관없이 이러한 시도는 비상징적인 기호적 양식의 형식적인 제약(Deacon 2003)에 대한 아빌라 사람들 측의 감수성을 드러낸다.

수수께끼

이 책의 서론과 3장에서 다루었던 이야기로 되돌아가보자. 숲에서 만난 재규어의 눈길을 절대로 피해서는 안 된다는 충고에 관한 논의를 다시 다뤄보겠다. 재규어의 시선을 되돌려주는 것은 이 생명체가 당신을 동등한 포식자—'너', '당신'—로 대하도록 영향을 미치는 것이다. 만일 당신이 재규어의 눈길을 피해버리면 재규어는 당신을 먹잇감으로, 즉 곧 죽은 고기가 될 '그것'으로 대할 것이다. 여기서도 이 비언어적인 교환 속에서 비언어적인 의사소통 양식의 직접적인 혹은 우회적인 사용을 통해 지위가 종의 선을 가로지르며 전달된다. 이 또한 개과동물 명령법이 작동하는 지대의 매개변수parameter다. 아빌라 사람들에 따르면, 이때 재규어와 인간은 어떤 동등성을 누린다. 양쪽 모두가 종을 횡단하지만 그럼에도 불구하고 적어도 어느 정도는 상호주관적인 공간 속에서 각자의 시선을 잠재적으로 받아들일 수 있다. 이러한 이유로 어떤 사람들은 매운 고추를 잔뜩 먹고 재규어와 시선교환을 하면 재규어의 눈을 불태울 수 있기 때문에 숲에서 만나는 재규어를 물리칠 수 있다고 주장한다. 이와 반대로 더 높은 차원의 존재와의 시선교환은 넘볼 수 없을 만큼 위험하다. 예를 들어 숲을 배회하는 악마supaiguna와의 접촉은 가급적 피해야 한다. 그들을 보는 것은 죽음을 불러온다. 그들과 시선을 맞추는 것은 그들의 영역─살아있지 않은 것의 영역─에 발을 들여놓는 것이다.[28]

아빌라에서는 이러한 퍼스펙티브의 위계가 의사소통 양식에도 반영된다. 문자 그대로의 의사소통은 한 존재가 타자의 주관적인 관점을 받아들일 수 있을 때 일어난다. 사람들이 개의 "이야기"를 이해할 수 있다거나 영들이 사람들의 간청을 들을 수 있다는 사실이 입증하듯이 "더 높은" 존재는 더 낮은 존재에 비해 이것을 손쉽게 할 수 있다. 그러나 "더 낮은" 존재는 의사소통의 특권적인 매개체, 이를테면 서로 다른 영역에 서식하는 존재들이 지닌 혼들 간의 접촉을 가능하게 하는 환각성 물질을 통해서만 더 높은 존재의 퍼스펙티브로부터 세계를 바라볼 수 있다. 환각성 물질과 같은 의사소통의 특별한 매개체가 없다면, 더 낮은 존재는 더 높은 존재를 이해하기 위해 은유, 즉 연결하면서도 차이화하는 관용적 어법을 통해야만 한다.

이제 우리는 이 장의 서두에 제시한 수수께끼에 답할 수 있다. 루나족의 꿈에서 그리고 여러 부류의 존재들 간의 차이가 인식되는 다른 상황들에서 은유가 그렇게 중요하다면, 왜 루나족은 개의 꿈을 있는 그대로 해석하는 것일까?

은유로 가득한 인간의 꿈속에서 사람들은 그들 자신의 지각 양식과 동물의 주재자들의 지각 양식의 간극을 인식한다. 꿈꾸기를 통해 그들은 숲의 진짜 모습─동물의 주재자들의 지배 아래에 있는 텃밭이자 휴경지로서의 모습—을 볼 수 있다. 그러나 이것은 사람들이 깨어 있는 상태에서 보는 숲의 모습—야생으로서의 모습—과 항상 병치된다. 아빌라 사람들이 개의 꿈을 있는 그대로 해석하는 이유는 개에 비해 그들이 누리는 특권적인 지위 덕분에 개의 혼이 사건을 어떻게 경험하는지의 징후를 직접 볼 수 있기 때문이다. 이와 반대로 지배하는 존재들 및 그 지배하에 있는 동물들과 상호작용하는 인간들 자신의 혼의 몽상적 행적에 관해서는 인간들은 이 특권적인 퍼스펙티브를 대개 누리지 못한다. 그리고 이것이 바로 인간의 꿈이 은유적인 간극을 보여주는 까닭이다.

종을 횡단하는 피진

존재의 부류를 분리하는 간극, 보통 부단하게 준수되는 간극은 개의 꿈에 대한 해석에서 적어도 순간적으로 붕괴한다. 그리하여 개와 인간은 종의 경계를 초월한 하나의 정서적인 장의 일부로서 함께하게 된다—실제로 그들은 두 신체에 걸쳐 분포하는 창발적이고 찰나적인 하나의 자기가 된다.[29] 아메리카의 인식론적인 위기는 그와 같은 기획의 허약한 본성뿐만 아니라 거기에 걸려 있는 판돈까지도 드러낸다. 개의 꿈은 개에게만 속하지 않는다. 개의 꿈은 루나족—개의 주인이자 때로는 '우주비행' 동료—의 목적, 공포, 열망의 일부이기도 하다. 그들은 개의 혼을 통해서 숲과 그 너머의 세계에 서식하는 존재들에 관여하려고 하기 때문이다.

이 장에서 논한 이러한 얽힘은 문화 그 이상의 것이지만, 정확히 비문화적인 것도 아니다. 그것은 모든 점에서 생물학적이지만, 그렇다고 단지 신체에 관한 것만도 아니다. (생물학적으로 그리고 역사적으로 특수한 방식으로) 개는 정말로 인간이 된다. 그리고 루나족은 정말로 푸마가 된다. 고양이과에 속하는 기호적인 자기들과의 만남에서 살아남기 위해서는 반드시 그래야 할 필요가 있다. 타자들과 "함께 되기"의 이 과정들은 살아 있다는 것이 의미하는 바를 변화시킨다. 그리고 이 과정들은 개라는 것, 나아가 포식자라는 것이 의미하는 바를 변화시킴으로써 또한 인간적이라는 것이 의미하는 바를 변화시킨다.

너무나 다르고 보통은 불평등한 위치에 있는 다양한 부류의 자기들 간의 상호작용에 수반되는 이 위험천만하고 일시적이며 매우 허약한 의사소통의 시도—한마디로 정치—를 우리는 주시해야만 한다. 이러한 시도는 권력이라는 논점과 불가분하게 결부되어 있다. 개에게 말을 걸 때 '당신'이라고 말해질 수 있기 때문에 개는 때로 묶여 있어야 한다. "모든 '그것'은 저마다 다른 '그것'과 맞닿아 있다." 아빌라 사람들이 그들의 우주에 서식하는 수많은 부류의 다른 존재들과 "관계에 들어서 있기" 위해 고군분투하듯이, 타자와 함께 살아가는 것에 내재하는 '그것'과 '당신' 간의 이 긴장을 잘 풀어가는 것은 끊이지 않는 문제이다.

나아가 루나족-개의 종-횡단적 피진은 개 짖는 소리를 아이콘적으로 통합하는 것 그 이상을 행하며, 어떤 응답을 불러내지 않으면서 종의 경계선을 가로질러 전달될 수 있도록 말한다는 이 위험한 과제에 적합한 새로운 인간적인 문법을 창안하는 것 그 이상을 행한다. 즉 이 피진은 인간, 유기체, 지상의 모든 것을[30] 포함하여 그 어떤 지위에도 상관없이 모든 부류의 자기가 이용할 수 있는 지시적 가능성에 관한 보다 추상적인 어떤 것과도 합치되며, 특정 부류의 기호학적 형식들의 제약 또한 포함한다. 일라리오가 언어를 사용하지 않고 "안 돼"라고 말하기를 시도할 때, 그는 오직 한 가지 방법만을 쓸 수 있다. 그와 그의 개는 하나의 형식—인간적인 것뿐만 아니라 동물적인 것에서도 구체화되고 또한 그것들 모두를 지탱하고 초과하는 것—에 빠져든다. 다음 장에서는 이 일련의 형식을 분석해보겠다. 형식은 어떻게 삶을 관통하는 것일까? 적절한 제약이 주어질 때 형식은 어떻게 근본적으로 상이한 영역들을 가로지르면서 노고 없이 확산하는 것일까? 그리고 어떻게 형식은 기이한 사회적인 효능을 획득하게 되는 것일까? 다음 장에서 이어가겠다.

5장

형식의 노고 없는 효력

벤투라의 집에 머물던 어느 날 밤, 나는 꿈을 꾸었다. 아빌라 지역을 막 벗어나 로레토로 이어지는 길목에 어느 건장한 개척민 소유의 큰 목장이 있었고, 나는 그 울타리 밖에 서 있었다. 울타리 안에는 목도리페커리 한 마리가 뛰어다녔다. 갑자기 그 페커리가 내 앞에 멈춰 섰다. 우리는 우두커니 서서 서로를 바라보았다. 나는 우리 사이에 흐르는 친밀감에 압도되었고 기묘하면서도 새삼스러운 이 감정, 그만큼의 거리를 둔 이 생명체와 예상치 못한 공명의 감각을 느꼈다. 나는 깨달았다. 무언가를 이해했다. 저 돼지에게서 어떤 사랑스러움을 발견한 것이다. 그러나 나는 그것을 죽이고도 싶었다. 어느 마을사람에게서 빌린 망가진 총을 만지작거리다가 결국 나는 그 돼지를 향해 간신히 총을 쏘았다. 축 늘어진 그 몸을 양팔로 감싸 안고 이제 벤투라의 가족과 많은 고기를 나누어 먹을 수 있음에 뿌듯해하면서 그의 집으로 되돌아왔다.

그날 밤 내가 꾼 꿈은 그 전날 벤투라와 내가 숲에서 산책하다 돌아오는 길에서 맞닥뜨린 어떤 일과 얽혀 있다. 벤투라는 무언가를 감지하고서는 내게 조용히 기다리라고 몸짓으로 신호를 보내고 그와 동시에 그 무언가를 알아내기 위해 앞으로 내달리면서 당장 총을 쏠 수 있도록 격철을 당겼다. 내가 기다리는 동안 목도리페커리 한 마리가 내게 다가왔다. 그것이 도망치기 전까지 우리는 서로에게 시선을 고정한 채 얼어붙어 있었다.

이 경험과 그 몽상적 잔향은 숲의 존재에 인격적인 친밀감을 느끼는 어떤 순간을 포착하고 그러한 존재를 사냥하는 것에 내포된 어떤 모순을 드러낸다. 아빌라 사람들은 비인간 존재들과 밀접한 접촉 속에서 살아가는 수많은 다른 이들과 마찬가지로 많은 동물을 잠재적인 사람으로 간주하며 때로는 그들과 "인격적으로" 상호작용한다(Smuts 2001). 비록 잠깐이지만 그날 오후 숲에서 이뤄진 나와 페커리의 만남은 종을 횡단하는 친밀함의 가능성을 내비친다. 그 만남은 동물도 우리와 같은 자기임을 상기시키는 역할을 한다. 즉 동물들 또한 특정한 방식으로 세계를 표상하며 그 표상에 기초해서 행동한다(2장 참조). 그러나 사냥은 이를 인식하면서도 이 특이한 자기를 총칭적인 대상으로 다루기를 요구한다. 결국 사냥의 목표는 자기를 소비와 교환을 위한 고깃덩이로 바꾸는 것이다(3장 참조).

그러나 내 꿈에 대한 벤투라의 견해는 동물을 자기로 인정하는 것과 그 동물의 살생에 필요한 탈주체화 사이에서 내가 느낀 긴장을 중시하지 않았다. 벤투라는 노련한 사냥꾼으로서 이미 이 교섭에 익숙하다. 대신 그는 이 꿈이 동물의 주재자—돼지를 소유한 영—에 대한 나의 관계를 이야기하는 것에 다름 아니라는 점에 관심을 보였다. 숲의 존재들의 주재자들은 종종 유럽인 사제로 묘사되거나 픽업트럭과 돼지우리를 가지고 있으며 로레토로 이어지는 길을 따라 살고 있는 저 거만하게 활보하는 개척민과 같이 유력한 백인 농장주로 그려진다.

이러한 영적인 주재자들은 아빌라의 일상생활의 일부이다. 벤투라 자신도 어린 시절 숲 속에서 길을 잃었을 때 그들의 영역에 들어갔다. 그때 벤투라는 개를 데리고 아버지와 함께 사냥에 나선 참이었다. 해질 무렵 아들은 앞서가는 아버지에 뒤처졌고 아들과 개는 길을 잃고 말았다. 그는 마침내 누이로 생각되는 어떤 소녀를 만났고, 그 소녀를 따라 집까지 이어질 것 같은 길에 들어섰다. 그러나 그 길은 폭포를 지나 주재자의 거처로 향했다. 며칠 후 아빌라의 샤먼은 환각제인 아야 우아스카의 도움을 받아 영적인 영역에 진입할 수 있었고 벤투라의 해방 교섭을 간신히 이뤄냈다. 그러나 그 당시 벤투라와 그의 개는 야성 혹은 야생의 상태(케추아어로 키타quita)로 돌아가 버렸다. 아빌라 주민들을 사람으로 인식하는 능력을 잃어버린 것이다. 개는 불러도 짖지 않았고, 벤투라는 자신의 친어머니인 로사를 알아보기는커녕 무서워하기까지 했다.

그로부터 수십 년 후 내가 아빌라에 머물러 있는 동안, 이제 고령으로 세상을 잘 분간할 수 없었던 벤투라의 어머니도 영적인 주재자들의 영역에 포박되었다. 어느 날 로사는 손주들을 돌보고 있다가 아무 이유 없이 숲으로 들어가 버렸다. 그녀가 행방불명이 되고나서 정확히 5주 후, 한 젊은 여성이 숲 속에서 남동생과 물고기를 낚는 도중 물고기들이 어떤 존재에게 쫓기고 있음을 알아챈 직후 냇가에서 우연히도 로사와 맞닥뜨렸다. 앙상하게 야윈 채 머리부터 발끝까지 온통 벌레에 물린 모습으로 홀연히 나타난 로사는 그 후로도 자신이 어떻게 해서 십대의 손자들 중 하나라고 생각했던 소년을 따라 그녀가 "키토"라고 부르는 주재자들의 지하도시에 갔는지를 이야기할 정도로 오래 살았다. 그녀에 따르면, 이 지하도시는 에콰도르 안데스의 중심도시인 "살아있는 키토처럼" 아름답고 호화로웠다고 한다.

내가 개인적으로 이 주재자의 영역을 체험하리라고는 결코 예상치 못했다. 그런데 벤투라에 따르면, 바로 이 일이 내게 일어났다. 벤투라의 설명으로는, 울타리 안에 있는 페커리 꿈은 그 전날 종을 횡단하는 상호인정이라는 친밀한 순간에 동참하도록 동물의 영적인 주재자가 내게 허락했음을 보여주는 징표다. 돼지는 숲의 영적인 주재자의 것이었고, 내가 본 울타리는 주재자의 목장이었다는 것이다.

특정한 인간적인 사회성을 야생의 그것과 병치시킨다는 점에서 나의 꿈은 후아니쿠의 아들인 아델모Adelmo의 꿈과 아주 흡사하다. 어느 이른 아침 아델모는 침대에서 벌떡 일어나 "꿈을 꿨어!"라고 크게 소리치고는 바로 사냥총을 집어 들고 집 밖으로 뛰쳐나갔다. 그는 몇 시간 후 페커리 한 마리를 어깨에 메고 돌아왔다. 무엇이 그를 뛰쳐나가게 했는지를 내가 그에게 물었을 때, 그는 신발 한 켤레를 사는 꿈을 꾸었다고 대답해주었다. 신발과 고무장화가 잔뜩 진열된 로레토의 신발가게는 진흙구덩이에서 뒹군 한 무리의 페커리들이 남겨놓은 어지러운 흔적과 어울리는 이미지를 제공한다. 게다가 악취를 풍기는 이 잡식성의 돼지들은 사회적인 존재들이지만, 루나족이 적절하다고 생각하는 방식으로 그러한 것은 아니다. 이 점에서 돼지들은 스판덱스 재질의 옷을 입은 (아빌라에서는 누구도 그렇게 하지 않는 방식으로 신체의 일부를 드러내는) 저 개척민 점주들과 닮아 있다. 돼지들은 또한 "문명화된" (그리고 옷을 입은) 루나족의 오랜 "야만적인" 적수인 "벌거벗은" 우라오라니족과도 닮아 있다.[1]

나의 꿈은 또한 우리가 파비안Fabian의 사냥 캠프에 있는 동안 두 아이의 젊은 아버지인 파비안이 꾼 꿈과 일맥상통하는 어떤 것을 공유한다. 그는 쌀 포대와 정어리 캔 등의 물건이 가득 쌓인 잡화점의 꿈을 꾸었는데, 그의 꿈속에서 이 잡화점은 젊은 사제가 운영하고 있었다. 파비안은 나중에 이 꿈이 양털원숭이를 죽이게 될 전조였다고 설명해주었다. 무리를 지어 다니는 이 원숭이들은 루나족의 거주지로부터 멀리 떨어진 산속 깊은 곳에 살고 있다. 한번 발견되면 사냥하기가 비교적 수월하고—보통 몇 마리를 잡을 수 있다—그 두터운 지방층은 누구라도 탐낼 만하다. 이 원숭이들이 자주 출몰하는 깊은 숲 속과 마찬가지로 물건이 가득 찬 잡화점은 루나족의 거주지로부터 어느 정도 떨어져 있다. 그리고 원숭이 무리와 마찬가지로 잡화점은 일종의 음식 창고이다. 원숭이 무리와 잡화점은 모두 힘 있는 백인들이 관리한다. 적절한 수단만 주어진다면 루나족은 이 둘의 부에 접근할 수 있다.

꿈은 인간과 비인간의 사회성을 서로 연속되는 것으로 보는 아마존 사람들의 일반적인 시각을 반영하는데, 이때에도 인간의 길들여진 영역과 비인간의 숲의 영역은 정확히 평행관계에 놓여 있다(Descola 1994). 루나족이 숲에서 마주치는 사냥감인 새는 실제로는 숲의 영적인 주재자들의 닭이며, 이와 마찬가지로 재규어는 주재자들의 사냥개이자 경비견이다.

따라서 우리 인간들이 야생으로 보는 것은 주재자들의 지배적인 퍼스펙티브에서는 길들여져 있는 것이다(4장 참조). 하나의 획일적인 자연과 문화적으로 재현되는 복수의 가변적인 자연 표상들을 가정하는 유로-아메리카의 다문화주의multiculturalism와는 대조적으로, 숲과 숲의 존재들에 대한 아마존 사람들의 이러한 이해는 비베이루스 지 카스트루(1998)가 다자연주의적multinatural 이해라고 부른 것에 더 가까운 어떤 것이다(2장 참조). 우주에 서식하는 다양한 부류의 존재들의 육체에 각인된 기질들의 산물로서 수없이 다양한 자연들이 있다. 그러나 문화—인간과 비인간 모두에게 똑같이 모든 자기들이 거주하는 '나'라는 퍼스펙티브—는 단 하나다. 이런 의미에서 문화란 '나'라는 퍼스펙티브이다. 즉 각각의 '나'라는 퍼스펙티브에서 모든 존재들은 각자가 서식하는 서로 다른 자연들을 문화적인 것으로 본다. (하나의 '나'로서) 재규어는 페커리의 피를 루나족의 식사에 단골 메뉴로 나오는 마니옥 맥주로 본다. 이와 동일한 논리로 영은 숲을 과수원으로 본다.

　문화와 자연, 길들여짐과 야생은 왜 이렇게 공명하는 것일까? 그리고 나는 왜 그것에 접근할 수 있는 것일까? 이것은 다자연주의가 다룰 수 있는 것이 아니다. 이것은 인간적인 것을 넘어선 인류학이 다룰 수 있는 것이다. 이 특수한 종류의 이중적 논리가 내 꿈에 침투하는 방식에 대해 혹자는 지속적인 민족지적 현지조사의 부산물이자 열성적인 인류학자가 빠지기 쉬운 문화적응 같은 것이라고 생각할 수도 있다. 다만 내가 이미 암시한 것처럼 문화는 세계의 일부인 이 지역에서는 차이를 나타내는 최적의 표지가 아닐 수 있다. 실제로 차이는 내 꿈이 말없이 보여준 것과 관련된 더욱 포괄적인 문제를 이해하기에는 적절한 출발점이 아닐 수 있다. 앞으로 나는 이에 대해 2장의 논의에 뒤이어 분명히 밝혀볼 것이다.

　게다가 나는 이러한 공명을 경험한 유일한 외부인이 아니다. 그 일이 있고 난 후 알게 된 것인데, 이 지역을 거쳐 간 몇몇 선교사들과 탐험가들도 분명 자발적으로 인간의 영역과 숲의 영역 간의 이와 같은 평행 관계에 조응해갔다고 한다. 예를 들어 루나족 마을에 잠시 머문 19세기의 영국인 탐험가 알프레드 심슨Alfred Simson은 마르셀리노Marcelino라는 이름의 남자에게 의도치 않게 숲의 영적인 주재자들의 영역을 재현하듯이 영국을 묘사했다. 일련의 동형적인 관계를 통해 그는 한편으로 영국의 도회적이고 호화롭고 길들여진 백인의 영역을, 다른 한편으로 아마존의 험난하고 빈곤하고 야생적인 인디오의 영역을 대치시켰다. 그가 설명하기로, 영국에는 숲 곳곳에 산재한 마을들 대신 대도시들이 있으며, 가난함 대신 "나이프, 도끼, 목걸이 등과 같은 물건들이 차고 넘치도록 쌓여 있다." 그는 계속해서 자신의 고향에는 야생의 짐승 대신 유익하고 식용 가능한 것만이 있다고 했다(Simson 1880: 392-93).[2]

심슨과 마르셀리노가 주고받은 이 대화는 이 영역들을 통약하려는 샤머니즘적인 시도를 암시하는 것이기도 하다. 루나족은 죽으면 영적인 주재자들의 영역에서 영원한 삶을 누린다. 그래서 심슨은 그에 상응해서 영국을 "낙원"으로 언급했다. 심슨에 따르면, 이 영역에 접근하기 위해서는 "열 달" 이상 소요되는 험난한 여행—나중에 우리가 배우기로는, 마르셀리노가 샤머니즘적인 것으로서 이해한 여행—을 거쳐야 한다. 그들이 이야기를 나누는 중에 심슨은 "독한 담배" 파이프를 마르셀리노에게 권했고, 마르셀리노는 그것을 받아 "마실 수 있는 모든 연기를 있는 힘껏" 빨았다(Simson 1880: 393).

담배는 환각제인 아야 우아스카와 마찬가지로 사람들이 주재자들의 관점에 진입하는 데 도움을 주는 매개체 중 하나다. 실제로 아빌라 사람들은 샤먼을 "담배와 함께"tabacuyu 있는 자들이라고 부른다. 그리고 꿈꾸기가 제공해주는 다른 관점에 접근할 수 있는 특권 덕분에 나 또한 마르셀리노처럼, 또 아야 우아스카를 마시고 벤투라와 개를 구한 아빌라의 샤먼처럼, 숲의 있는 그대로의 진짜 모습을 볼 수 있었다. 나는 숲을 길들여진 공간—목장—으로 보게 되었다. 그것이 바로 돼지를 소유한 숲의 영적인 주재자가 지닌 '나'라는 지배적인 퍼스펙티브에서 숲이 나타나는 방식이기 때문이다.

숲과 길들여짐—생태학과 경제학—사이의 그러한 평행관계가 내 꿈을 포함해서 그렇게 많은 장소에 나타나는 이유는 무엇일까? 그리고 왜 키토 같은 장소가 숲 속 깊은 곳에 자리하는 것일까? 내가 이 장에서 하려는 주장은 전혀 별개일 것 같은 이 두 질문을 다루기 위해서는 겉으로는 관련이 없을지 모를 어떤 것에 대한 이해가 필요하다는 것이다. 즉 규칙성, 습관, 패턴의 기이한 성격을 이해해야 한다. 조금 더 추상적인 용어로 말하면, 이 두 질문을 파악하기 위해서는 가능성을 제약하는 특정한 배치들이 창발하는 방식과 그러한 배치들이 일종의 패턴으로 귀결되어 세계 속에서 확산되는 특정한 방식에 대한 이해가 필요하다. 즉 이 두 질문을 다루려면 내가 "형식"form이라고 부르는 것을 이해해야 한다.

논점을 구체적으로 잡아보겠다. 나의 꿈에서 그리고 루나족의 꿈에서 아마존 숲의 생태학과 인간의 경제학이 동렬에 놓이게끔 하는 것은 바로 각각의 체계가 공유하는 패턴 혹은 형식이다. 그리고 여기서 내가 강조하고 싶은 점은 형식이란 이 체계들에 부과되는 인간의 인지적 도식이나 문화적 범주와는 다른 무언가의 결과라는 것이다.

이상적인 삼각형 혹은 사각형이 속하는 초월적인 영역이 별도로 존재한다는 플라톤적인 주장을 제기한다는 혐의를 피하면서, 내가 여기서 행하듯이 인간적인 것을 넘어선 형식이라는 주제를 펼쳐 보이기는 만만치 않은 일이다. 반면 인간적인 것의 영역 내에서 형식이 맡는 역할을 고찰하는 것은 그만큼 논쟁적이지는 않다.

우리는 인간의 정신이 일반성, 추상성, 범주를 취급한다는 것에 대해서는 모두 동의할 수 있다. 달리 말하면 형식은 인간의 사고에서 핵심적이다. 이 진술을 내가 앞서 제안한 '형식'의 정의로 바꿔 말하면 다음과 같다. 즉 가능성의 제약은 우리 인간 특유의 사고방식과 함께 창발하며, 내가 여기서 형식이라고 부르는 패턴으로 귀결된다는 것이다. 예를 들어 (1장에서 다루었고 이 장에서 후술하게 될) 상징적 지시의 연합 논리는 인간의 사고와 언어에서 매우 중심적인데, 그것이 '새'라는 단어와 같은 일반 개념의 창출로 귀결되기 때문이다.

그러한 일반 개념은 그것을 예시해주는 '새'라는 단어의 다양한 실제 발화들보다 오히려 제약되어 있다. 따라서 발화들은 그것들이 표현하는 개념보다 더 가변적이고 덜 제약되고 "더 난잡하다". 즉 '새'와 같은 단어의 어떤 특정한 발화가 실제로 어떻게 발음되는지에 따라 엄청난 변이가 존재할 것이다. 그럼에도 불구하고 이 모든 특정한 발화가 지시하는 일반 개념은 그 수많은 가변적인 발화들이 "새"라는 개념의 의미 있는 예시들로 해석될 수 있도록 해준다. 이 일반 개념(때로는 "타입" type이라고 불리는)은 그것을 예시하는 발화(그러한 타입과의 관계에서 "토큰" token이라고 불리는)보다 더 정규적이고 더 잉여적이며 더 단순하고 더 추상적이며 궁극적으로 더 패턴화된다. 그러한 개념을 형식의 측면에서 사고함으로써 우리는 타입이 보여주는 이 특징적인 일반성을 이해할 수 있다.

상징적인 속성을 가진 언어가 인간 특유의 것이기 때문에 그러한 형식적인 현상들이 인간의 정신에 속한다고 여기는 것은 매우 쉬운 일이다. 그리고 이로 인해 우리는 유명론자의 입장을 취하게 된다. 형식을 단지 인간이 패턴, 범주, 일반성을 결여한 세계에 부과하는 어떤 것으로만 사고하게 되는 것이다. (그리고 우리가 인류학자라면 우리는 우리 자신이 파묻혀 있는 인간 특유의 산물이자 역사적으로 우연하며 변화하는 사회적 및 문화적 맥락 속에서 그러한 범주들의 기원을 탐구하게 된다. 1장 참조) 그러나 그러한 입장을 취하는 것은 우리의 사고를 인간의 언어에 의해 식민화하는 것과 다를 바 없다(서론, 1장, 2장 참조). 내가 앞 장에서 주장한 것처럼, 인간의 언어가 살아있는 비인간적 세계 속에서 창발하고 순환하는 기호 과정으로 구성되는 더 넓은 표상적인 장 안에 내포되어 있다는 것을 고려한다면, 언어를 이러한 비인간적 세계에 투사하는 것은 다른 표상 양식들과 그 특징들을 묵살하는 것이다.

따라서 인간적인 것은 형식의 한 원천일 뿐이다. 지금 이 논의를 위해서는 인간적인 것 너머에 존재하는 기호적 양식들이 보여주는 중요한 특징에 특히 주목해야 한다. 그것은 그 양식들 또한 형식의 속성을 갖추고 있다는 것이다. 즉 상징적 표상과 마찬가지로 (아이콘과 인덱스로 구성된) 기호적 양식들 또한 일정한 패턴으로 귀결되는 가능성의 제약을 보여준다.

앞 장의 마지막 부분에서 나는 비상징적이고 비언어적인 영역에서 "안 돼"라고 "말하기"를 시도할 수 있는 한정된 방식을 논하면서, 그리고 가능성에 대한 이 형식적인 제약의 논리가 동물의 "놀이"에서 가시화되는 비인간적인 의사소통의 패턴—형식—에 나타나는 방식을 이야기하면서 이미 이것을 언급했다. 이 패턴이 수많은 다른 종들 속에서, 나아가 종들을 가로지르는 의사소통의 시도 속에서 몇 번이나 되풀이되는 것은 인간적인 것 너머의 세계에서 형식이 창발하고 순환하는 것의 본보기이다.

1장에서 언급했다시피, 기호작용이 인간의 정신과 그것이 창출하는 맥락을 넘어서 존재한다는 것은 "일반적인 것", 즉 습관 혹은 규칙성 혹은 퍼스의 용어로는 "삼차 요소"third가 "실재한다"는 하나의 표지이다. (여기서 "실재"라는 말은 이러한 일반적인 것이 인간으로부터 독립적인 방식으로 그 자체로 자명할 수 있다는 것을 의미하며, 일반적인 것이 세계에 결과적인 효과를 가져올 수 있다는 것을 뜻한다.) 그러나—그리고 이것이 열쇠이다—기호작용이 인간적인 것 너머의 살아있는 세계 속에 있으며 그에 속하는 반면, 형식은 살아있지 않은 세계의 불가결한 일부로서 살아있지 않은 세계로부터 창발한다.

즉 형식은 살아있지도 않고 사고의 일종도 아니라는 사실에도 불구하고 일반적인 실재의 일종이다. 생명과 사고가 형식을 활용하고 또 형식의 논리와 속성을 통해 도처에서 빚어지는 방식을 고려하면, 이것을 진정으로 받아들이기는 쉽지 않을 수 있다. 그래서 이 장에서 나는 생명 너머의 세계 속에서 일반적인 것의 특정한 현현顯現이 존재하는 방식을 탐구함으로써 인류학이 인간적인 것을 넘어 한 발 더 내딛도록 해보겠다.

이 책에서 특히 1장을 통해 나는 많은 일반적인 것들에 대해 논했다. 창발 현상은 일반적인 것이다. 습관 혹은 규칙성은 일반적인 것이다. 이 모두는 어떤 방식으로든 가능성에 대한 제약의 결과이다(Deacon 2012). 나는 여기서 내가 다루는 일반적인 것의 특정한 현현을 가리키기 위해 '형식'이라는 말을 사용하고 있다. 그것은 아마존에서 일반적인 것이 표현되는 방식 속에 수반되어 있는 몇몇 기하학적인 패턴화를 강조하기 위한 것이다. 이러한 패턴화의 다수는 자기-조직적인 창발 현상 혹은 디콘의 용어로는 "형태역동성"morphodynamic(Deacon 2006, 2012)—즉 형식을 발생시키는 역동성—으로 분류될 수 있다(1장 참조).

앞으로 논하게 되겠지만, 아마존에서 살아있지 않은 창발 형식들의 사례로는 하천의 패턴화된 분포 혹은 하천에서 종종 형성되는 소용돌이의 회귀적이고 순환적인 형태가 있다. 이 각각의 살아있지 않은 형식은 가능성에 대한 제약의 산물이다. 하천에 관해 말하면, 강물은 아마존의 모든 곳으로 흘러가지 않는다. 오히려 하천의 분포는 하나의 패턴으로 귀결되는 다양한 요인들에 의해 제약된다. 소용돌이에 관해 말하면, 적절한 조건하에서 장애물을 둘러싸고 흐르는 빠른 물살은 그렇지 않았다면 다르게 흘러갔을 물살의 가능한 모든 (더 난잡하고 덜 제약되고 더 사나운) 방식들의 부분집합인 자기-강화하는 순환 패턴을 창출한다.

그래서 이 장에서 물리적인 세계 속의 형식의 창발을 인식하기 위해서는 살아있는 것을 넘어서는 여행이 필요하다. 그러나 이 장의 목표는 살아있는 것이 형식을 통해 "행하는" 것이 무엇인지를, 또 살아있는 것이 형식의 기묘한 논리와 속성으로부터 어떤 방식으로 영향을 받는지를 알아가는 것이다. 내가 앞으로 보여주다시피, 아마존에 사는 인간들은 그러한 형식들을 활용한다. 그리고 다른 부류의 살아있는 존재들도 그렇게 한다.

이때 형식이란 인간이든 아니든 생명에 불가결한 것이다. 그럼에도 불구하고 이 불명료한 실체의 작용은 인류학적인 분석에서는 거의 이론화되지 않았다. 이는 형식이 표준적인 민족지적 대상이 지닌 실감성tangibility을 결여한다는 사실에 상당 부분 기인한다. 그러나 돼지의 기본적인 의도성 그리고 손을 뻗으면 만질 수 있는 돼지고기의 물질성처럼, 형식은 실재하는 어떤 것이다. 실제로 그 특정 양식이 지닌 효력은 "실재"를 통해 우리가 의미하는 바에 대해 재고하기를 요구한다. 인류학자로서 우리가 아마존에서 발생하는 형식의 증폭 및 활용 과정을 민족지적으로 주시하는 길을 찾아낼 수 있다면, 형식이 우리를 통과하는 기묘한 방식에 우리 자신을 더 적절하게 맞추어갈 수 있을 것이다. 이는 결국 생각하는 것이 무엇을 의미하는지에 대한 우리의 관념 자체를 재고하는 데에 기여할 수 있는 개념적 도구로서 형식의 논리와 속성을 활용할 수 있도록 해줄 것이다.

고무

형식을 더 잘 파악하기 위해 로사의 숲-속-키토 혹은 마르셀리노의 영국과 다르지 않은 또 하나의 숲/도시의 병치로 눈을 돌려보자. 마누엘라 카르네이루 다 쿠냐(Carneiro da Cunha 1988)는 브라질 아마존의 주루아Juruá 강의 수계에 있는 자미나우아Jaminaua 마을의 어느 샤먼 견습생이 자기 마을로 되돌아올 때 강력한 샤먼으로서 인정받을 목적으로, 아마존 강 본류의 항구도시들에서 수행하기 위해 강을 따라 얼마나 장대한 거리를 어떻게 여행하는지를 기술해왔다. 왜 이 항구도시들이 선주민 샤먼의 능력 강화를 위한 경로가 되는지를 이해하기 위해서는 아마존 역사에서 극히 중대한 시기에 일어난 어떤 것을 이해할 필요가 있다. 그것은 19세기 후반에 시작되어 20세기에 들어선 뒤에도 20여 년 동안 지속되어왔던 고무 붐rubber boom 그리고 무엇보다 이 붐을 가능하게 만든 특정한 부류의 동형적 상응관계다.

여러 방면에서 아마존에 깊숙이 침투한 고무 붐은 과학-기술적이고 "자연-문화"적이며 제국주의적인 다양한 결합의 산물이었다. 자동차와 그 밖의 기계의 발명 및 대량생산과 짝을 이룬 가황처리법의 발견에 의해 고무의 수요는 국제 시장에서 폭발적으로 늘어났다. 외지인들은 숲 전역에 흩어져 있는 이 값비싼 상품을 추출하기 위해 지역 민중의 착취에 대부분 의존했으며, 이 점을 고려하면 아마존 강 상류 유역에 불었던 고무 붐은 어떤 의미에서 제2의 정복이라고도 할 수 있다. 그러나 이 붐은 영국의 박물학자가 아마존에서 고무나무 묘목을 가지고 사라진 후 동남아시아에서 고무 플랜테이션이 정착되면서 어느 순간 종식되었다(Brockway 1979; Hemming 1987; Dean 1987). 잘 알려진 이 이야기는 인간들 간의 상호작용의 관점에서 회자되고 있으며, 나아가 인간과 비인간 존재들 간의 상호작용의 관점에서도 회자되고 있다. 여기서는 이제까지 거의 주목받지 못했던 점에 대해 논해보겠다. 그것은 형식의 기이한 속성이 이 모든 상호작용을 매개하고 이 수탈적인 경제 시스템을 가능하게 만든 방식을 말한다.

내가 무엇을 말하려는지 설명해보겠다. 고무는 하나의 형식에 속한다. 즉 고무나무의 가능한 분포를 제약하는 특수한 배치가 있다. 아마존 숲에 산재하는 고무나무의 분포—외지인이 선호하는 **파라고무나무**Hevea brasiliensis와 그 밖의 라텍스를 산출하는 몇몇 고무나무—는 특수한 패턴에 따른다. 즉 각각의 고무나무는 아마존의 광대한 경관을 가로질러 숲 전역에 광범위하게 분산되어 있다. 넓게 분포하는 식물 종은 종에 특화된 병원균[3]—파라고무나무의 경우에는 남아메리카 잎마름병으로 알려진 질병을 일으키는 곰팡이성의 기생생물(학명: Microcyclus ulei)—의 공격에서 살아남을 가능성이 높다. 이 기생자가 고무나무의 자연적인 서식 영역 전체에 널리 퍼져 있는 풍토병인 까닭에 이 지역에서는 집약적인 플랜테이션을 통한 고무 재배가 용이하지 않다(Dean 1987: 53-86). 이 기생자와의 상호작용에 의해 고무 분포는 특정한 패턴으로 귀결된다. 각각의 고무나무는 대체로 광범위하고 균등하게 분포하며 단일 종의 군집을 이루지 않는다. 그 결과 고무는 특수한 패턴을 나타내는 방식으로 경관을 "탐사하고" 점거하게 된다. 현장에서 고무를 채취하는 자는 누구라도 이 점을 인식해야 한다.[4]

아마존의 경관 전역에 걸친 강물의 분포 또한 특수한 패턴 혹은 형식에 따른다. 여기에는 다양한 원인이 있다. 지구 규모의 수많은 기후적, 지리적, 생물학적 요인에 의해 아마존 강 유역의 수량은 풍부하다. 게다가 강물은 한 방향으로, 즉 아래로만 흐른다. 그래서 작은 개울은 시내로, 시내는 강으로, 강은 더 큰 강으로 순차적으로 흘러가 거대한 아마존 강이 대서양으로 이어지기까지 이 패턴을 스스로 몇 번이나 반복한다(서론의 그림 1 참조).

따라서 서로 거의 무관한 각각의 이유로 인해 두 가지 패턴 혹은 형식이 존재한다. 경관 전체에 걸친 고무나무의 분포와 수로의 분포가 그것이다. 이 규칙적인 패턴들은 공교롭게도 같은 방식으로 경관을 탐사한다. 그래서 고무나무가 있는 곳 부근에는 강으로 흘러들어가는 개울이 있는 경우가 많다.

이 두 패턴이 경관을 같은 방식으로 탐사하기 때문에 하나를 따라가면 다른 하나에 끌려 들어갈 수 있다. 아마존의 고무경제는 이 두 패턴이 공유하는 유사성을 활용했고 그에 의존했다. 고무경제는 고무를 찾아내기 위해 강의 네트워크를 수색하고 고무를 하류로 띄워 보냄으로써, 이 패턴들이 공유하는 형식적인 유사성에 힘입어 이것들을 활용하는 경제 시스템 속에 물리적인 영역과 생물학적인 영역이 결합되도록 이 두 패턴을 연결했다.

인간은 식물과 하천의 분포 패턴을 연결하는 유일한 존재가 아니다. 예를 들어 아빌라에서 **키루유**quiruyu[5]로 알려진 물고기는, 그 모습에 적절하게 이름 붙여진 **키루유 우아파**quiruyu huapa[6]라는 나무 열매가 강에 떨어지면 그 열매를 먹는다. 실제로 이 물고기는 이 자원에 접근하기 위한 통로로 강을 이용한다. 이를 통해 이 물고기는 또한 식물과 하천의 분포가 공유하는 패턴화된 유사성—형식—을 잠재적으로 확산시킨다. 물고기가 이 열매를 먹음으로써 그 종자를 강의 흐름에 따라 흩뿌리면, 이 식물의 분포 패턴은 강의 분포 패턴과 한층 더 긴밀히 일치하게 된다.

아마존의 하천 네트워크는 형식을 통해 고무나무가 활용되는 방식에서 극히 중요하게 작용하는 또 다른 규칙성을 보여준다. 그것은 바로 규모를 가로지르는 자기-유사성이다. 즉 개울이 갈라지고 합쳐지는 양상은 시내가 갈라지고 합쳐지는 모습과 흡사하며, 이는 강이 갈라지고 합쳐지는 모습과도 흡사하다. 이와 같이 그것은 아빌라 사람들이 **치**

친다chichinda라고 부르는 양치식물이 규모를 가로지르는 자기-유사성을 보여주는 것과도 유사하다. 친다chinda란 조금씩 쌓이는 퇴적물, 특히 홍수 뒤에 강둑의 나무뿌리 부근에 걸리는 식으로 흐르는 물에 뒤엉킨 나뭇가지 더미를 가리킨다. 이 말의 일부를 반복하는 이 식물의 이름—치-친다chi-chinda—은 복합적인 양치식물에서 한 층위의 양치잎 분할 패턴이 어떻게 바로 위 층위의 분할 패턴과 같은지를 포착한다. 뒤엉킨 더미 안에 또 다른 뒤엉킨 더미가 내포되어 있음을 암시하는 치친다는 이처럼 양치식물의 규모를 가로지르는 자기-유사성을 담고 있다. 즉 한 차원의 패턴은 더 높고 더 포괄적인 차원의 동일한 패턴 안에 내포되어 있는 것이다.

하천 네트워크의 자기-유사성도 한 방향으로 향해 있다. 작은 강은 큰 강으로 흘러들어가고, 강물은 수계 지리학적 네트워크를 따라 내려가면서 더욱더 작게 트인 경관을 가로지르며 점차 한 곳에 모이게 된다. 다 쿠냐는 고무 붐 시기에 주루아 강 유역에서 나타난 흥미로운 현상을 집중 조명했다(da Cunha 1998: 10-11). 채권자-채무자 관계의 거대한 네트워크가 출현한 것인데, 이것은 하천 네트워크와 동형적인 것으로서 규모를 가로질러 내포되는 자기-유사적인 반복 패턴을 띤다. 강의 합류지점에 자리 잡은 고무 상인은 신용대부업을 강의 상류를 따라 확장하는 한편, 하류의 합류지점에 자리 잡은 더 유력한 상인에게는 채무를 졌다. 이 내포된 패턴은 숲의 가장 깊은 곳에 있는 선주민 공동체를 아마존 강의 하구, 나아가서는 유럽에 있는 고무 남작에까지 연결해 주었다.

그러나 인간은 한 방향으로 내포된 하천 패턴을 활용하는 유일한 존재가 아니다. 아마존의 강돌고래 또한 무역상처럼 강의 합류지점에

모인다(Emmons 1990; McGuire and Winemiller 1998). 돌고래들은 하천 네트워크의 이 내포된 특성으로 인해 강의 합류지점으로 모여드는 물고기를 먹는다.

형식의 내부에 있는 것은 노고를 요하지 않는다. 형식의 인과적 논리는 이런 의미에서 보통 어떤 것을 이루기 위해 필요한 물리적인 노력과 결부되는 푸시풀 메커니즘의 논리와는 매우 다르다. 하류로 흘러가는 고무는 결국에는 항구에 닿을 것이다. 반면 고무를 이 형식으로 끌어들이기 위해서는 상당한 노고가 필요하다. 나무를 찾아서 라텍스를 추출한 후 다발로 묶어 가까운 개천까지 운반하는 것은 탁월한 기술과 상당한 노고를 요한다.[7] 더 중요한 것은 타인에게 이 일을 부리기 위해서는 엄청난 강제력이 불가결하다는 것이다. 고무 붐이 일었을 때 다른 수많은 아마존 강 상류의 마을들과 마찬가지로 아빌라도 노예 노동자를 구하는 고무업자들의 습격을 받았다(Oberem 1980: 117; Reeve 1988).

지역 주민들이 자원에 접근하기 위해 숲의 형식을 활용하는 데에 이미 익숙해져 있었기 때문에 아빌라 등의 마을들이 고무업자들의 타깃이 되었다는 것은 그리 놀랄 만한 일이 아니다. 고무 수색에서 고무나무에 접근하기 위해 하천 형식의 활용이 수반되는 것처럼, 사냥에도 형식의 활용이 수반된다. 종의 다양성의 정도가 높고 각각의 종은 지역적으로 드물게 존재하며 계절적 혜택은 부재하기 때문에 동물들이 먹는 과일나무는 공간적으로도 시간적으로도 매우 분산되어 있다(Schaik, Terborgh and Wright 1993). 이것은 동물을 유인하는 다양한 과실 자원들의 기하학적 군집이 언제라도 존재할 수 있음을 뜻한다. 과일을 먹는 동물들은 이 군집의 패턴을 증폭시킨다. 그들은 단지 과일나무에 유인될 뿐만 아니라 다종multispecies의 연합 속에서 먹이를 찾아다님으로써 확보되는 점차 증가하는 안전성에도 종종 유인되기 때문이다. 각각의 구성원은 종-특유의 능력으로 포식자를 감지하는 데 "기여한다"—그것은 잠재적인 위협에 대비한 더 큰 집단 전체의 앎으로 귀결된다(Terborgh 1990; Heymann and Buchanan-Smith 2000: 특히 181). 결국 포식자는 이 동물들의 군집에 유인되고, 그로써 숲의 경관을 가로지르는 생명의 분포 패턴을 더욱 증폭시킨다. 이것은 잠재적인 사냥고기를 둘러싼 특정한 패턴으로 귀결된다. 즉 상대적으로는 비어 있는 광대한 구역에 점재하는 동물들이 무리를 짓고 이동하면서 잠시잠깐 국지적인 군집을 이루는 것이다. 따라서 아빌라의 사냥꾼들은 동물을 직접 사냥하지 않는다. 오히려 그들은 어느 적당한 때에 열매를 맺는 나무 종들의 특정한 공간적인 분포 혹은 배치에 의해 창출되는 잠시잠깐의 형식을 찾아내고 활용하려 한다. 바로 이것이 동물을 유인하기 때문이다.[8]

이미 숲의 형식을 활용하는 데에 익숙한 자들인 사냥꾼들은 이상적인 고무 채취자들이었다. 그러나 그들에게 이 일을 부리는 것은 때로 동물들에게 하는 것처럼 이 사냥꾼들을 사냥하는 것을 의미했다. 고무업자들은 그럴 의도로 적대적인 선주민 집단의 성원들을 징집하기도 했다. 마이클 타우식(Taussig 1987: 48)이 복사한, 콜롬비아의 아마존 지역에 있는 푸투마요Putumayo 지방의 사냥꾼-의-사냥꾼에 관한 어느 사진에서 맨 앞의 남자가 재규어의 송곳니와 백인의 의복을 몸에 두르고 있는 것은 우연이 아니다(그림 7 참조).

포식자인 재규어와 지배자인 백인의 신체적인 아비투스를 취함으로써(고전적인 다자연주의의 퍼스펙티브에 의한 샤머니즘적 전략. 2장 참조), 저 남자는 자신이 사냥하는 인디오들을 먹잇감인 동시에 부하로 볼 수 있었다. 타우식이 기술한 저 사냥꾼-의-사냥꾼들은 "무차초스"muchachos—소년들—로 언급되었다. 이것은 그들 또한 다른 누군가에게 복종하고 있다는 사실을 상기시킨다. 여기서 그 누군가란 백인 우두머리다. 고무경제는 포식이라는 기존의 위계적인 열대의 패턴을 증폭시켰으며(재규어와 같은 육식동물은 그들이 먹잇감으로 삼는 사슴 등의 초식동물보다 "우위에" 있다), 이 과정에서 고무경제는 포식의 패턴과 가부장적인 식민지적 패턴을 결합시켰다.

앞서 언급한 대로, 아빌라는 결코 노예사냥에서 안전한 곳이 아니었다. 실제로 1992년 내가 아빌라에 처음 방문했을 때 아메리가가 내게 해준 첫 번째 이야기가 이 이야기였다. 그녀의 조모가 어렸을 때 어느 노예사냥꾼이 집 앞까지 들이닥쳤고, 그때 그녀의 조모는 집 뒤편의 대나무 담 쪽으로 인정사정없이 떠밀려진 탓에 노예의 신분을 면할 수 있었다고 한다. 안데스 산맥의 산등성이에 있는 아빌라는 배가 운항할 수 있는 하천과 양질의 고무 자원으로부터 멀리 떨어져 있다. 게다가 아빌라 주변에서는 최상의 고무를 산출하는 파라고무나무가 자라지 않는다. 그럼에도 불구하고 엄청난 강압에 의해 아빌라 주민의 상당수가 고무경제의 형식 속으로 떠밀려 들어갔다. 그들은 지금은 페루 땅이 된 나포 강 하류 유역과 그보다 먼, 배가 운항할 수 있는 하천과 풍부한 고무나무들이 있는 곳으로 강제이주를 당했다. 그들 중 거의 대부분은 돌아오지 못했다.[9]

고무 붐 경제는 포식적 연쇄, 식물과 동물의 공간적 배치, 수계 지리학적 네트워크 등의 부분적으로 중첩되는 일련의 형식들이 공유하는

그림 7. 고무 붐 시대의 사냥꾼−의−사냥꾼. 케임브리지 대학 인류학 박물관 소장품, 위핀 컬렉션 기증.

유사성들을 연결함으로써 이 형식들을 통합했기 때문에 존재할 수 있었고 성장할 수 있었다. 그 결과 이처럼 보다 더 기본적인 규칙적인 패턴들은 사방을 뒤덮은 형식—그 손아귀에서 좀처럼 빠져나오기 힘든 착취적인 정치−경제적 구조—의 일부가 되었다.

사실상 이 형식은 정치적 관계의 창발을 위한 가능성의 조건을 창출했다. 우주적인 포식이라는 다자연주의적 퍼스펙티브 체계 내에서 지배적인 시야로의 진입에 능통한 자, 즉 샤먼은 이 형식을 힘의 획득에 활용했다. 하류의 자미나우아로 수행을 떠남으로써 샤먼은 상류의 사회적 행위자들의 시야를 아우르면서도 그것을 능가하는 퍼스펙티브를 장착할 수 있었다(da Cunha 1998: 12). 하류에 있다는 것은 하천이 지닌 내포된 자기−유사성 패턴의 좀 더 포괄적인 수준—하천의 패턴을 숲과 연계시키고 그 선주민 집단과도 연결시키는 식민주의적 경제로 인해 이제는 사회적으로 중요해진 형식—에 살고 있다는 것을 뜻한다.[10] 아울러 아마존의 샤머니즘은 자신을 부분적으로 창출하고 또 자신이 그에 응답하고 있는 식민지적 위계를 벗어나서는 이해될 수 없다(Gow 1996; Taussig 1987). 그러나 샤머니즘은 단지 식민주의의 산물이 아니다. 샤머니즘과 식민지적 착취는 그것들을 부분적으로 초과하는 공유된 형식에 똑같이 사로잡혀 있으며 그 형식에 의해 제약될 뿐만 아니라 그러한 형식을 활용하도록 강제된다.

창발하는 형식들

고무나무, 하천, 경제를 서로의 관계로 끌어들이는 패턴과 같은 형식은 창발적이다. 여기서 "창발적"이라는 말은 단지 새로운, 미결정된, 혹은 복합적인 것만을 의미하지 않는다. 1장의 논의를 참조해서 말하면, 오히려 그것은 형식을 일으키는 더욱 기본적인 그 어떤 구성요소로도 환원될 수 없는, 전혀 새로운 관계적 속성의 출현을 의미한다.

창발적 속성으로서 형식은 아마존의 물리적인 경관 속에 그 자신을 드러낸다. 이 책의 앞부분과 이 장의 서두에서 논한, 아마존 강에서 때때로 일어나는 소용돌이를 예로 들어보자. 소용돌이는 자신이 출현한 강과 관련해서 참신한 속성을 가지고 있다. 즉 소용돌이는 움직이는 강물을 조직화하는 순환 패턴을 보여준다. 강물이 소용돌이치며 흐르는 이 순환 패턴은, 그와 다르게 더 자유롭고 더 흐트러져 있으며 그래서 덜 패턴화된 강물의 흐름에 비해 더 제약되어 있으며 고로 더 단순하다.

소용돌이의 순환 형식은 강물에서 창발하며, 이것은 강물에 그 특수한 성격을 부여하는 우연한 역사들로 환원될 수 없는 현상이다. 설명해보겠다. 아마존 강의 분수령을 거치는 그 어떤 강물의 단위도 분명 그와 결부되는 특정한 역사를 가지고 있다. 즉 강물은 어느 정도까지는 과거로부터 영향을 받는다. 강물은 특정한 경관을 거쳐 흐르면서 그 결과로 다양한 속성을 획득한다. 이러한 역사들—강물이 어디에서 왔으며 그곳에서 강물에 무슨 일이 일어났는가—은 분명 다양한 아마존 하천들에 그 특수한 성격을 부여한다. 예를 들어 특정한 하천으로 흘러들어가는 강물이 빈영양의 백사토층을 통과했다면, 그 강물은 타닌이 풍부한 물(2장 참조), 고로 어둡고 반투명한 산성의 물이 되었을 것이다. 그런데 지금의 논의에서 결정적인 것은 이러한 역사들이 저 강물들이 취하게 될 소용돌이 형식을 설명하지도 않으며 예측하지도 않는다는 점이다. 강물이 어디에서 흘러 왔는가라는 특정한 역사들과 상관없이 적절한 조건이 갖추어진다면 순환 형태는 창발할 것이다.

그러나 중요한 것은 소용돌이의 창발에 이르는 조건에 강물의 연속적인 흐름이 포함된다는 점이다. 그래서 소용돌이가 취하는 참신한 형식은 결코 소용돌이가 창발한 강물과 완전히 분리되지 않는다. 하천의 흐름이 막히면 형식은 사라질 것이다.

그럼에도 불구하고 소용돌이는 그것이 필요로 하는 연속적인 흐름 이상의 어떤 것이다. 그 이상의 어떤 것이란 그 이하의 어떤 것이기도 하다. 그리고 이 "그 이하의 어떤 것" 때문에 형식의 측면에서 소용돌이와 같은 창발적 실체를 숙고하는 이유가 이해될 수 있다. 앞서 서술한 대로, 소용돌이치며 흐르는 강물은 그렇지 않은 강물이 덜 조직화된 방식으로 다양하게 움직이는 양상과 비교하면 덜 자유로운 방식으로 움직인다. 이 잉여성redundancy—그 이하의 어떤 것—이 우리가 소용돌이와 결부시키는 순환적인 흐름 패턴을 낳는 것이다. 이것이 바로 이 형식을 설명해준다.

자신이 유래하고 의존하는 것과 구별되는 동시에 연속된다는 점에서, 소용돌이는 이를테면 상징적 지시와 같은 다른 창발 현상과 닮아 있다. 1장을 상기해보자. 상징적 지시는 그 안에 자신이 내포되어 있는 더욱 기초적인 다른 기호 양식들로부터 창발한다. 소용돌이처럼 그리고 흐르는 강물과 소용돌이의 관계처럼, 상징적 지시는 자신이 유래하고 의존하는 아이콘 및 인덱스와의 관계에서 새로운 창발적인 속성을 보여준다.

소용돌이와 함께 나타나는 분리되어-있음에도-불구하고-연속적인 이 특징은 또한 고무경제에서 가시화되는 창발적인 패턴에도 적용된다. 고무와 하천의 분포를 이뤄낸 제각각의 원인은 일단 경제 체계가 고무와 하천이 공유하는 규칙성에 의해 그것들을 통합해내면 그것들과 무관해진다. 그럼에도 불구하고 이러한 경제는 모든 곳에서 명백하게 고무에 의존한다. 또한 경제는 고무에 접근하기 위해 하천에 의존한다.

이처럼 창발 현상들은 내포되어 있다. 창발 현상들은 그 자신이 발생한 더 낮은 수준의 과정으로부터 분리된 수준을 누린다. 그러면서도 이 현상들의 존재는 더 낮은 수준의 조건들에 의존한다. 이것은 한 방향으로 나아간다. 즉 소용돌이는 강바닥의 조건이 바뀌면 사라지지만, 강

바닥은 자신이 유지되는 데에 소용돌이가 필요치 않다. 이와 비슷하게 아마존의 고무경제는 그 자체가 존재하기 위해 남아메리카 잎마름병과 같은 기생자가 고무나무의 분포를 제약하는 방식에 전적으로 의존한다. 동남아시아의 고무 플랜테이션―이 기생자와 저 멀리 동떨어진―을 통해 라텍스를 생산하게 되자, 고무나무의 패턴화된 분포를 이뤄낸 이 결정적인 제약은 사라졌다. 전혀 다른 경제적인 배열이 새롭게 가능해졌고, 마치 덧없이 사라지는 소용돌이처럼 그러한 창발적인 형식, 즉 고무, 하천들, 선주민들, 고무업자들을 통합하는 정치-경제 체계는 소멸했다.

형식의 생물사회적인biosocial 효력은 부분적으로는 형식이 그 구성 부분을 초과하면서도 그와 연속하는 방식에 있다. 창발적인 패턴은 언제나 더 낮은 수준의 에너지 및 물질성과 접속된다는 점에서 연속적이다. 여기서 물질성―이를테면 물고기, 고기, 과일, 고무―이란 살아있는 자기들―돌고래, 사냥꾼, 과일 먹는 물고기, 고무업자―이 형식을 활용할 때 접근하고자 하는 것을 말한다. 창발적인 패턴들이 연결되면서 그 패턴들의 유사성이 다종다양한 영역들을 가로지르며 확산된다는 점에서 형식은 물질성 또한 초과한다. 즉 고무가 활용될 때 그 규칙적인 패턴들은 물리적인 것으로부터 생물학적인 것으로, 또 인간적인 것으로 나아가는 것이다.

그러나 형식들이 더 높은 수준에서 결합되는 이러한 과정에서 더 높은 수준의 창발적인 패턴은 또한 앞선 패턴들의 특수한 속성을 획득한다. 고무 붐 경제는 하천들처럼 내포되어 있었고, 열대의 먹이사슬의 일부처럼 포식적이었다. 그것은 이 인간적-이지-않은 형식의 무언가를 포착했다. 그러나 그것은 또한 인간적-이지-않은 형식을 너무나 인간적인 창발적 형식에 통합시켰다(4장 참조). 설명해보겠다. 이제까지 내가 논한 비인간적인 형식들—예를 들어 내포와 포식을 포함하는 것들—은 도덕적이지 않으면서 위계적이다. 비인간적인 세계에서 위계적인 형식의 중요성을 폄하하는 것은 말도 안 된다. 여하간 그러한 형식은 도덕적이지 않기 때문에 우리의 도덕적인 사고를 근거 짓는 방식으로 이해할 수 없다. 위계는 너무나 인간적인 세계에서만 도덕적인 국면에 들어서는데, 왜냐하면 도덕성은 인간 특유의 상징적인 기호작용에서 비롯하는 창발적인 속성이기 때문이다(4장 참조). 위계 그 자체는 도덕적인 것을 넘어서고 고로 몰도덕적(달리 말하면 비도덕적)이지만, 그럼에도 불구하고 그러한 위계적인 패턴들은 너무나 인간적인 창발적 속성을 수반하는 체계—고무 채취에 기초한 고도로 수탈적인 경제와 같은 체계, 즉 그것이 의존하는 위계적인 패턴들이 지닌 더욱 기본적인 형식적 배열들로 환원되지 않는 도덕적 가치의 체계—에 사로잡히고 만다.

숲의 주재자들

아빌라로 되돌아가 나의 꿈을 돌이켜보자. 그런데 왜 영적인 주재자들의 영역은 숲에서의 사냥과 루나족마저 깊게 연루된 더 넓은 정치경제 및 식민지 역사를 통합하는 것일까? 간단히 말해 이 영적인 주재자들이 "백인"이기도 하다는 것은 무엇을 의미하는 것일까?

　　백인성whiteness은 숲의 주재자들의 영적인 영역에 겹겹이 쌓인 일련의 부분적으로 중첩된 위계적인 상응관계의 한 요소일 뿐이다. 예를 들어 아빌라를 에워싼 각각의 산들은 각기 다른 영적인 주재자들이 소유하고 관리한다. 이 중 가장 강력한 주재자가 이 지역의 가장 높은 봉우리인 수마코 화산 내부에 위치한 지하의 "키토"에 살고 있다. 이 화산의 이름은 16세기 초반 이 지역을 관할한 수마코 교구provincia de Sumaco의 유래이기도 하며, 이 지역이 식민통치에 굴복하고 스페인어 이름인 아빌라로 알려지기 전에 곳곳의 모든 추장들이 충성을 맹세했던 최고위 추장에 대한 칭송을 담고 있다.[11] 지위가 낮은 숲의 주재자들은 에콰도르 아마존의 각 지방의 교구 및 소재지를 이루는 더 작은 읍면들과 연결된 도시들 및 마을들에 살고 있다. 이들은 각각 그 지역의 더 낮은 산들에 상응한다. 그곳에 사는 주재자들은 스페인 점령 이전과 식민지 초기의 추장들이 수마코 화산과 연합된 최고위 추장에 대해 표했던 관계와 동일한 관계를 지하의 키토에 사는 주재자에 대해 표한다.

지형상의 위계 위에 스페인 점령 이전과 동시대의 행정적인 위계를 포개놓는 이러한 지도 그리기는 지역의 자원채집 경제를 최근까지 지배했고 그 경제를 키토와 접목시켰던 대농장, 즉 아시엔다hacienda의 네트워크와 부분적으로 일치한다. 고무 붐 시대에 만들어진 나포 강 연안의 거대한 아시엔다처럼, 영적인 주재자들의 영역 또한 분주하고 생산적인 대농장이다.[12] 그리고 주재자들은 자기 소유의 목초지와 휴경지를 오가며 사냥 동물을 픽업트럭이나 비행기로 왕복 운반한다. 일라리오는 몇 년 전 중계 안테나를 설치하려는 군대 기술자 대원들과 수마코 화산의 정상까지 등반한 일이 있었는데, 그때 그는 원뿔형 모양의 정상에서 급격하게 퍼지는 물길을 주재자들의 고속도로라고 보고했다. 키토에서 시작된 그 도로가 에콰도르로 뻗어가는 방식과 마찬가지로, 광대한 아빌라 지역의 모든 주요 하천은 수마코 화산의 정상에서 시작된다.

영적인 주재자들의 영역은 종족적 위계, 스페인 점령 이전의 위계, 식민지적 위계, 탈식민지적 위계를 경관 위로 겹겹이 쌓는다. 이것이 나의 논점이다. 왜냐하면 각기 다른 이 모든 사회정치적 배치는 특정한 생물자원이 공간을 가로질러 이동될 수 있는 방식과 관련된 동일한 제약에 속박되기 때문이다. 즉 만약 아마존의 가족경제와 더 넓은 국가경제, 나아가 글로벌경제가 숲에 저장된 살아있는 부의 일부—사냥감, 고무, 혹은 그 밖의 식물의 생산물 등 그 어떤 형식이라도—를 얻고자 한다면, 이 부가 얽혀 있는 물리적 및 생물적 패턴화의 결합에 접근해야만 한다. 그렇지 않고서는 그러한 부를 얻을 수 없다.[13] 앞서 언급했다시피 사냥꾼은 대개 동물을 직접 사냥하지 않는다. 그들은 동물을 유혹하는 형식을 활용한다. 이와 마찬가지로 대농장의 지주들은 부채노예제를 통해, 그리고 어느 특정한 시기에는 노골적인 노예제를 통해 루나족으로부터 숲의 생산물을 거둬들였다. 이 착취의 패턴은 군집의 분포를 창출한다. 동물을 유혹하는 과일나무의 패턴처럼 아시엔다는 삼림자원과 그에 상응하는 도시자원이 결집되는 분기점이 되었다. "엄청난 물량의 칼, 도끼, 구슬"이 쌓여 있는 곳이 바로 아시엔다였고(Simson 1880: 392–93), 그리하여 루나족이 이것들과 교환하기 위한 숲의 생산물을 모아놓았던 곳 역시 아시엔다였다. 키토와 같은 도시들이 교역 물품의 보고이자 숲의 생산물의 종착지인 한, 그러한 도시들은 부의 축적이라는 집약적인 패턴 또한 보여준다.

저지대 루나족은 키토와 그 부에 대해 친밀하면서도 그만큼 다사

다난한 관계에 있다. 그들은 때로 키토까지 백인들을 등에 태우고 가는 노역을 감당해야만 했다(Muratorio 1987). 그리고 아빌라가 시장과 상당히 떨어져 고립되어 있었을 무렵에 아빌라 주민들은 도시에 쌓여 있는 부의 일부와 자신들의 물건을 교환하리라는 희망을 품고서 숲의 생산물을 들고 여드레 동안 산길을 걸어 직접 키토까지 나왔다.

숲의 영적인 주재자들이 속하는 더 높은 수준의 창발적인 영역에서는 사냥, 대농장들, 도시들이 주변에 존재하는 자원 분포의 패턴과 맺는 관계에서 공유하는 유사성에 힘입어 서로 동렬에 놓인다. 위계는 이처럼 서로 다른 영역들을 넘나드는 형식의 확산에서 결정적이다. 고무 경제가 그것이 통합하는 고무나무와 하천의 패턴보다 "더 높은" 수준에 있는 것과 동일한 방식으로, 영의 영역은 "더 높은" 창발적인 수준에서 다양하게 중첩되어 있는 형식들을 통합한다. 인간적인 영역에서 형식이 증폭되는 방식은 분명 너무나 인간적인 역사들의 우연한 산물이다. 그렇지만 위계 그 자체는 또한 형식의 일종이며, 그것이 그러한 우연성 속에서만 예시된다 하더라도 지상의 신체들과 역사들의 우연성을 초과하는 독특한 속성들을 가지고 있다.[14]

기호적 위계

위계의 논리적 · 형식적 속성들과 그 위계가 도덕적 가치를 획득하기까지의 우연한 방식들 간의 이러한 교차작용은 앞 장에서 논한 것처럼 루나족이 다른 존재들을 이해하고 의사소통하고자 할 때 통로가 되는 종–

횡단적 피진에서 가시화된다. 종을 횡단하는 의사소통에 내포된 위계는 분명 식민지적으로 굴절되어 있다. 바로 이것이 내가 그것을 피진이라고 부르는 이유이다. 4장에서 논했듯이, 예를 들어 개는 루나족이 백인에 대해 점하는 것과 동일한 구조적 위치를 루나족에 대해 점한다. 루나족이 죽으면 그들 중 일부는 힘센 재규어로 변하지만 그들은 또한 재규어처럼 영적인 백인 주재자들의 개가 된다는 점을 상기해보자. 그러나 이와 같은 식민지적 위계는 그 어떤 도덕적인 가치를 전혀 가지지 않는 더 근본적인 비인간적인 위계들을 창발적으로 증폭시키면서 거기에 도덕적인 무게를 부여한다.

더 근본적인 이 다수의 위계들은 기호작용 고유의 내포되는 속성과 한 방향으로 나아가는 속성을 포함한다. 1장의 요점을 되풀이하면서 앞서 언급한 내용을 더욱 발전시켜보자. 상징적 지시, 곧 관습적인 기호에 기초한 인간 특유의 기호 양식은 우리 인간이 다른 모든 생명–형식들과 공유하는 더 기초적인 아이콘적·인덱스적 지시 전략들(예를 들어 제각기 닮음의 기호와 인접성의 기호를 포함하는 것들)에 대해 창발적인 기호적 속성을 가진다. 이 세 가지 표상 양식들은 위계적으로 내포되어 있으면서 서로 연결된다. 생물학적인 세계에서 의사소통의 기초를 형성하는 인덱스는 아이콘들 사이에서 일어나는 더 높은 수준의 관계들의 산물이며, 아이콘에 대해 참신하고 창발적인 지시적 속성을 가진다. 마찬가지로 상징은 인덱스들 사이에서 일어나는 더 높은 수준의 관계들의 산물이며, 인덱스에 대해 참신하고 창발적인 속성을 갖고 있다. 이것은 오직 한 방향으로 나아간다. 상징적 지시는 인덱스를 필요로 하지만, 인덱스적 지시는 상징을 필요로 하지 않는다.

(상징적 지시에 기초하고 있는) 인간의 언어를 독특한 기호 양식으로 만드는 이 창발적인 위계적 속성은 또한 아빌라 사람들이 동물의 영역과 인간의 영역을 구별 짓는 방식을 구조화한다. 루이사, 델리아, 아메리가 그리고 다람쥐뻐꾸기 사이에서 일어난 말의 교환을 통해 이를 묘사해 보겠다. 그들 사이에 오고간 이 대화는 가족의 반려견인 우이키가 재규어로부터 치명상을 입고 숲에서 돌아온 후 얼마 지나지 않아 행해졌다. 이 사례는 위계가 수행하는 역할, 그중에서도 특히 위계가 서로 다른 기호적 사용역register에서 의미의 수준들 간의 지각된 구별을 구조화하는 역할을 보여준다. 액면 그대로의 "발성"으로 간주되는 동물의 울음소리는 의미작용의 한 수준에만 위치하는 반면, 이 울음소리가 포함될 수 있는 더 일반적인 "인간적인" 메시지는 또 다른, 더 높은 수준에서도 창발할 수 있다.

지금 우리가 논하고자 하는 이 대화는 여자들이 텃밭과 휴경지가 번갈아 들어서는 그곳에서 어독을 채집하고 집에 돌아오자마자 시작되었다. 여자들은 집에서 맥주를 홀짝홀짝 마시며 마니옥 껍질을 벗기면서 나머지 두 마리 개들의 여전히 불확실한 운명을 걱정하고 있었다. 그때는 아직 개들을 찾으러 나서기 전이었고 재규어에게 죽임을 당했다는 것을 알지 못했지만 여자들은 이미 무슨 일이 일어났으리라 짐작하고 있었다. 이 시나리오가 당시 여자들이 나눈 대화에 깔려 있던 해석 프레임이었다.

여자들이 이야기를 나누는 중에 돌연 다람쥐뻐꾸기가 나타나 "시쿠악"shicuá'이라고 울면서 집 주변을 날아다니며 대화를 방해했다. 그러고 나서 바로 루이사와 아메리가는 동시에 대화 중간에 다음의 몇 마디를 끼어 넣었다.

루이사: 아메리가:

시쿠악shicuá'   "시쿠우아"shicúhua라고 그것이 말한다

    아빌라에서 **시쿠우아**shicúhua로 알려진 다람쥐뻐꾸기는 울음소리가 다양하다. 아빌라 사람들이 흉내 내듯이 **"틱틱틱"**ti' ti' ti'이라고 들리는 울음소리는 "제대로 이야기하고" 있다고 말하는 것이며, 그 순간 울음 소리를 듣는 사람이 바라는 바가 이루어질 징조라고 한다. 반면 어느 날 우리가 들었던 우리 머리 위를 날아가는 새의 울음소리, 즉 아빌라 사람들이 **"시쿠악"**shicuá'이라고 흉내 내는 소리는 울음소리를 듣는 사람이 생각하는 것이 일어나지 않을 징조이며, 그러므로 새는 "거짓말 하고" 있다고 말한다는 것이다. 다른 동물들도 이와 유사한 방식으로 운다는 것을 말해두어야겠다. **시쿠우아 인디야마**shicúhua indillama라는 이름으로 알려진 애기개미핥기의 불길한 쉿 소리는 친척의 죽음을 알려주는 전조이다.

    그러나 중요한 것은 이 쉿 소리와 다람쥐뻐꾸기의 **시쿠악**은 둘 다 그 자체로는 예언의 기호가 아니라는 점이다. 물론 이러한 발성들이 동물들 자신에게 기호로 다뤄진다는 것은 분명하지만, 이 울음소리들은 케추아어인 **시쿠우아**의 표명으로서 해석될 때에만 어떤 종류의 전조로서 그 특유의 의미작용을 획득한다. **시쿠우아**라는 단어는 뻐꾸기가 내는 **시쿠악**이나 애기개미핥기의 쉿과는 달리, 어미에서 끝에서 두 번째 음절을 강조하는 케추아어의 경향을 따라 발음되는 것으로, 그에 더해

울음소리를 전조로 의미화해서 다루도록 만든다.

뻐꾸기의 울음소리인 **시쿠악** 그리고 이 새가 이 소리를 통해 무언가를 "말하고 있다"고 말하는 **시쿠우아**, 이 둘의 차이는 중요하다. 다람쥐뻐꾸기가 머리 위를 지나갈 때, 루이사는 그녀가 들은 대로 그 울음소리를 "시쿠악"이라고 흉내 내었다. 이와 달리 아메리가는 그것을 "'시쿠우아'shicúhua라고 그것이 말한다"고 인용했다. 이 과정에서 아메리가는 새가 실제로 만들어내는 울음소리에 충실하기보다 케추아어의 강세 패턴에 적합한 방식에 준해서 그 울음소리를 발음했다.[15]

루이사는 그녀가 들은 것을 흉내 내었고 이에 따라 그녀 자신의 발화를 하나의 예시로서 제약한 반면, 아메리가는 더 일반적으로 새가 무엇을 "말하고" 있는지를 파악하고자 했다. 실제로 아메리가는 새의 메시지를 "인간의 언어"—덧붙이자면 이것은 루나 사람들이 말한다는 것을 뜻하는 케추아어 단어인 **루나 시미**runa shimi의 문자 그대로의 의미다—내에서 해석하고 있었다. 이와 같이 그녀는 동물이 발화한 "토큰"token을 하나의 "타입"으로서 의미화하면서 뻐꾸기의 울음소리를 다루었다. 영어를 예로 들어 설명해보겠다. 영어에서는 예컨대 "새"bird라고 발음되는 모든 개별 발화는 일반 개념—즉 타입—을 나타내는 '새'Bird라는 단어의 예시—즉 토큰—로 간주된다. 나의 논점은 이와 유사한 어떤 것이 여기서도 일어난다는 것이다. 아메리가는 다람쥐뻐꾸기의 울음소리를 "인간적인" 단어인 **시쿠우아**에 대한 일종의 종-특유의 토큰의 예시로서 다루었으며, **시쿠우아**를 이 울음소리에 대한 일종의 타입으로 보았다. 그리고 우리가 영어에서 '새'라는 단어와의 관계 덕분에 모든 "새" 발화를 해석할 수 있듯이, 아메리가는 더 일반적인 "인간적" 단어인 시쿠우아의 일례로서 이 동물의 울음소리를 해석했다. 이렇게 해서 이 울음소리는 이제 특정한 메시지를 전달하는 것으로 이해된다. 종-특유의 울음소리는 (그것이 다람쥐뻐꾸기의 울음소리든 애기개미핥기의 쉿 소리든) 그것의 타입에 해당하는 "인간적인" 케추아어에서 더 일반적인 단어의 개별적인 토큰으로 작동할 수 있는 것이다.

나는 울음소리가 그 자체로 반드시 무의미한 것만은 아님을 강조해두고 싶다. 즉 울음소리는 여전히 인덱스적인 기호로서 인간에 의해 (그리고 다른 동물들에 의해) 해석될 수 있다. 그러나 울음소리는 더 일반적인 어떤 것의 예시로 간주될 때, 특수한 예견적 체계 속에서 특정 종류의 전조로서 부가적인 의미를 획득한다.

예견적 체계라는 수준에서 이 울음소리를 의미 있게 다루기 위해—즉 울음소리를 어떤 전조로 다루기 위해—아메리가는 다람쥐뻐꾸기의 울음소리를 언어 안으로 불러들였다. 이제 시쿠악이라는 울음소리는 시쿠우아의 예시로 읽을 수 있게 된다. 이처럼 "인간적인 언어"의 어떤 현현으로 이해되면서(그렇지 않았다면 인덱스적으로 의미 있는 것으로 이해되었을 것이다) 이 울음소리는 이제 상징적인 사용역 속에서 부가적인 예언의 메시지를 전달한다.

그리고 여자들은 이에 따라 행동했다. 지금까지 대화를 이끌었던 유효한 가정—개는 죽임을 당했다—은 이제 틀린 것처럼 보인다. 그리하여 아메리가는 울음소리가 시사하는 새로운 가정의 틀 내에서 개의 궁지를 재해석했다. 뻐꾸기의 메시지에 귀 기울임으로써 그녀는 이제 개가 왜 아직까지 집에 돌아오지 않는지를 설명하는 대안적 시나리오를 상상해냈다. 그녀는 이렇게 추측했다. "긴코너구리를 먹었나봐. 개들은 배불리 먹고 여기저기 돌아다니는 모양이야."[16] 델리아는 집에 돌아온 개의 머리에 난 물린 상처를 어떻게 설명할지를 문제 삼았다. "그렇다면 무슨 일이 있었던 거지?"라고 그녀는 물었다.[17] 아메리가는 조금 생각한 후 개가 긴코너구리를 습격할 때 긴코너구리가 개를 물었을 것이라고 말했다. 이와 같이 다람쥐뻐꾸기의 울음소리와 그에 대한 그녀들의 해석 체계에 힘입어 아메리가, 루이사, 델리아는 개들이 고양이과 동물을 만난 것이 아니라 긴코너구리와 격렬하게 싸웠을 것이라며 아직 살아있으리라는 기대의 끈을 놓지 않았다.

내가 지금까지 묘사해온 이 특정한 전조 체계는 인간들에게 특유한 것이라고, 혹은 어느 특정 문화에 특유한 것이라고 말할 사람도 있을 것이다. 그러나 여자들이 행한 것처럼, 동물적인 토큰과 인간적인 타입의 구별은 "자연"에 대한 인간적인 (혹은 문화적인) 부과 이상의 어떤 것이다. 이것은 이 구별이 인덱스로부터 상징을 구별해내는 형식의 위계적인 속성들에 의지하기 때문이다. 이러한 형식의 기호적인 속성들은 선천적인 것도 관습적인 것도 반드시 인간적인 것도 아니지만, 생물학적인 세계를 관통하는 더 일반적으로 분포하는 기호작용과 비교하면 인간의 상징적 지시에 그 특이한 표상적인 성격들을 부여한다. 인덱스가 예시를 가리키는 반면, 상징은 더 일반적으로 적용된다. 왜냐하면 상징의 인덱스적인 힘은 상징들이 담긴 상징체계 곳곳에 분포하기 때문이다. 그러면서도 상징은 특수한 방식으로 인덱스들에 의지하면서 표상한다(Peirce CP 2.249). 이것은 아빌라 사람들이 **시쿠악**과 **시쿠우아** 사이에서 만들어내는 구별에서 가시화된다. 그렇지 않았다면 단순히 인덱스적으로 해석될 수 있는(새의 존재, 위험의 존재 등을 의미하는) **시쿠악**, 즉 동물의 울음소리인 토큰은 그것을 타입으로서 표상하는 더 일반적인 인간적 단어인 **시쿠우아**의 예시로 해석될 때, 부가적인 메시지를 전달하는 것으로 이해될 수 있다. 타입은 토큰의 현현에 힘입어 세계 속에서 영향력을 얻는다.

요컨대 루이사와 아메리가가 각각 어떻게 다람쥐뻐꾸기의 울음소리를 다루었는가에서 나타나는 차이는 반드시-인간적이지-않은 생명의 기호작용과 이 비인간적인 기호작용을 특수한 방식으로 받아들이는 인간적인 기호작용 형식 사이의 위계적인(예컨대 한 방향적인, 내포적인) 구별을 드러낸다. 이 두 종류의 기호작용 사이의 구별은 생물학적인 것도 문화적인 것도 인간적인 것도 아니다. 이 구별은 형식적인 구별이다.

형식의 놀이

숲의 기호작용을 이해하려는 루나족의 시도 속에서 타입/토큰 구별이 나타나는 양상을 밝혀내면서, 나는 형식-으로서의-위계를 논해왔다. 그러나 나는 여기서 잠시 멈추고 이러한 종-횡단적 피진에서도 나타나는, 또 다른 종류의 형식 확산에 내재하는 가능성을 성찰해보고 싶다. 이것은 덜 위계적이고 더 수평적인 또는 "리좀적인"rhizomatic 방식의 형식 확산이다. 그날 늦은 오후 다람쥐뻐꾸기의 울음소리에 대한 아메리가의 해석이 대화의 방향을 바꾸고 나서—이러한 방향 전환에도 불구하고 한참 후 우리는 개들이 재규어에게 죽임 당했음을 발견했다—아메리가와 루이사는 숲에서 어독을 채집할 때에 개미잡이새의 울음소리를 들었던 순간을 제각기 떠올렸다. 아빌라 사람들의 흉내에 따르면, 개미잡이새는 재규어에게 위협당할 때 "치리킥"chiriqui'이라고 운다. 그러므로 이 울음소리는 재규어가 가까이에 있음을 알려주는 지표다. 그것은 또한 아빌라에서 이 새를 나타내는 이름인 **치리키우아**chiriquihua의 의성어적 유래이기도 하다.

집에 돌아온 아메리가와 루이사는 덤불숲 속의 각자의 위치에서 이 개미잡이새가 공격받은 순간에 냈던 울음소리를 어떻게 들었는지를 동시에 되새겼다.

아메리가:

shina manchararinga
저렇게 그것은 겁먹었어

runata ricusa
사람을 보았다니

manchana
그것은 겁먹었어

"Chiriquihua Chiriquihua," nin
"치리키우아 치리키우아"라고 말한다

"-quihua"
"-키우아"

imachari
무얼 말하고 싶은 거지?

루이사:

paririhua paririhua
헬리코니아에서 헬리코니아로

shuma' shuma'
이곳에서 저곳으로

chiriqui' chiriqui'
치리킥 치리킥

chi uyararca
들려온 것은 그것뿐

나란히 놓인 이들의 대화 속에서 이 사건이 회상될 때, 아메리가는 새의 이름을 말하며 그 의미에 대해 이리저리 생각했다. 새는 "'**치리키우아**'라고 말한다"(그리고 단순히 **치리킥**이라고 울었던 것은 아니다). 그리고 그 발화는 이제 일반적이며 전우주적인 루나 시미의 언어 체계적 규범에 따르기 때문에, 이것이 정확하게 무엇을 내포하는지를 아메리가가 그 순간에 확신할 수 없더라도 새가 말한 것은 확실히 어떤 불길한 전조의 의미를 갖고 있었다.

반면 루이사는 "들렸던" 것을 단지 흉내 내고 이것을 다른 소리 이미지로 반향시켰다.

paririhua paririhua
shuma' shuma'
chiriquí chiriquí

루이사가 떠올린 것은 개미잡이새가 재규어에게 겁을 먹고 덤불 속 헬리코니아 잎의 이곳저곳을 신경질적으로 날아다니는 이미지였다. 의역해보면 이 새가 왔다 갔다 하는 이미지를 가질 수 있다.

잎에서 잎으로
뛴다 뛴다
치리킥 치리킥

울음소리의 의미를 고정시키려는 해석적 충동에서 자유로운 루이사는 음향 형식의 아이콘적인 확산에 내재한 가능성을 열어두는 일종의 놀이를 통해 새의 생태학적인 삽입 과정을 추적할 수 있었다. "치리킥"이 치리키우아—더 포괄적이며 상대적으로 더 고정된 상징체계에서 어떤 것을 "의미하는" 단어—를 "위로" 참조하는 방식을 잠시 무시함으로써 새의 울음소리를 다른 이미지와 공명하도록 놓아두고 이 관계들을 추적하는 것은 그 자체의 "의미작용"을 펼칠 가능성을 열어준다.

어떤 종류의 고정된 의미를 삼가는 것이 루이사의 탐색을 비기호적으로 만드는 것은 아님을 강조해두고 싶다. "치리킥"은 반드시 어떤 것을 의미하지 않고서도 의미가 있다. 그것은 다른 종류의 의미작용을 실어 나른다. 즉 상대적으로 보면, 논리적으로 더 아이콘적인 것이다. 이와 달리 아메리가는 개미잡이새의 울음소리에서 정보를 추출하려고 했다. 물론 기호작용은 베이트슨이 "차이를 만드는 차이"라 이름 붙인 것을 운반하는 역할을 한다(2장 참조). 그러나 개미잡이새의 울음소리에 대한 루이사의 반응이 알려주듯이, 표상 체계가 차이를 운반하는 방식에만 초점을 맞추면 기호작용이 형식의 노고 없는 확산에 의존하는 근본적인 방식을 놓칠 수 있다. 아이콘성이 바로 이 중심에 있다.

이 측면에서 나는 1장의 논의로 되돌아가 영어로는 "막대기 벌레" walking stick라고 불리고 곤충학자들에게는 대벌레phasmids로 칭해지며 사람 눈에 잘 띄지 않게 의태하는 아마존의 벌레를 다시 논해보겠다. 여기서는 형식의 관점에서 이 벌레에 대해 사고한다. 앞서 언급한 것처럼, 대벌레의 아이콘성은 그것이 작은 나뭇가지와 닮아 있음을 알아채는 누군가에 기초하지 않는다. 오히려 대벌레의 닮음은 잠재적인 포식자의 선조들이 대벌레의 선조와 실제 나뭇가지 간의 차이를 알아채지 못했다는 사실의 산물이다. 진화의 시간을 거쳐 자신의 모습을 들키지 않았던 대벌레의 계통이 살아남았다. 이렇게 해서 어떤 형식—나뭇가지와 벌레 간의 "들어맞음"—이 노고 없이 미래로 확산되었다.

이때 형식이란 위로부터 부과되는 것이 아니다. 그것은 퍼져 나가는 것이다. 이것은 물론 우리에게 더 직관적으로 친숙한 일종의 해석적인 노력의 결과물이다. 그것은 포식자들이 어떤 벌레와 그것을 둘러싼 환경 간의 차이를 알아차리기 위해 "일하는" 방식에 기인한다. 잡아먹힌 벌레들은 나뭇가지로 보이기에는 충분치 않았다. "나뭇가지다움" twigginess의 증식이 드러내는 것처럼, 혼동 혹은 무분별(2장 참조)에 대한 아이콘성의 관계는 형식의 기묘한 논리와 그 노고 없는 확산의 어떤 측면에 도달한다.

루이사의 말장난이 묘사하듯이, 아이콘성은 우리의 제한된 의도로부터 일정 부분 자유롭다. 그것은 상징적인 것에서 뛰쳐나올 수 있다. 그러나 기호작용 혹은 의미작용에서는 그럴 수 없다. 적절한 조건이 주어진다면, 그것은 예기치 않은 연합을 창출하면서 노고 없이 세계를 탐색할 수 있다.

이러한 탐색의 자유야말로 클로드 레비-스트로스가 ("미개인"의 사고와 혼동되어서는 안 되는) 야생의 사고에 대해 "효율을 올릴 목적으로 계발되거나 길들여진 사고와는 다른 야생 상태의 사고"(Lévi-Strauss 1966: 219)라고 기술할 때에 파악한 것이라고 나는 생각한다. 그것은 또한 레비-스트로스가 시사하고 있듯이 자기-조직적인 논리의 성질을 띠는 무의식의 양상을 지그문트 프로이트가 인식할 때 파악한 것이라고 나는 생각한다. 그러한 논리는 꿈에 관한 프로이트의 서술(Freud 1999)에 잘 예증되어 있다. 그것은 또한 프로이트가 실언, 말의 오용malapropism, 망각된 이름들을 어떻게 다루는지를 보면 잘 알 수 있다. 이런 것들은 일상의 대화 과정에서 어떤 이유에서건 의도된 말이 억압될 때에 나타난다(Freud 1965). 그리고 그것들은 때때로 프로이트가 놀라워하며 기술한 것처럼, 한 사람에게서 다른 사람으로 전염되듯이 순환한다(Freud 1965: 85). 그의 저작의 영역본에서 이 "잘못된"mistaken 발화들은 어떤 목적적 행위의 불완전한 수행인 착오행위parapraxia라고 불린다. 즉 사고의 "효율을 올릴 목적"이 제거될 때 남는 것은 실용적인 그 무엇에 부수적인 것이거나 그것을 넘어서는 것이다. 그것은 환경과 공명하며 그에 따라 환경을 탐색하는 자기-조직적인 사고에 깃들인 연약하지만 노고 없는 아이콘적인 증식이다. 착오행위의 경우, 그것은 망각된 단어를 억압된 사고와 연결하는 두운체의 연쇄가 자발적으로 산출되는 형식을 취할 수 있다(Freud 1965: 85). "마음의 생태학"을 문자 그대로 직접 보여준 프로이트의 통찰이란 사고의 아이콘적인 연합의 연쇄를 터득하는 방법을 개발하는 것(나아가 그 증식을 독려하는 방법을 발견하는 것)이며, 그리고 이때 그 양상을 관찰함으로써 그것이 정신분석가를 통해 반향될 때 이러한 사고가 탐색하는 내부의 숲에 관한 어떤 것을 습득하는 것이다.

물론 프로이트는 이러한 종류의 사고를 길들이고자 했다. 그에게 이러한 사고는 목적지로 가기 위한 수단이었다. 그 목적지란 궁극적으로 이 사고와 접속되는 억압되고 숨겨진 사고를 끌어내는 것이며, 이를 통해 환자를 치료하는 것이다. 연합 그 자체는 카자 실버만이 언급한 것과 같이(Silverman 2009: 44), 프로이트에게는 궁극적으로 중요한 것이 아니었다. 그러나 실버만에 따르면(Silverman 2009: 65), 이러한 연합의 연쇄를 숙고하는 또 다른 길이 있다.[18] 이러한 연합은 자의적이거나 오직 정신분석가에게로 향하는 것이 아니라 오히려 세계 속의 사고—특정한 인간의 정신과 그 특정한 목적에 의한 순치에서 잠시 벗어난, 일종의 세계 내적인 사고의 전형—로 볼 수 있다.

이것이 바로 루이사의 사고가 제안한 것이다. 그것은 듣기의 형식 (Silverman 2009: 62)으로 도래하는 일종의 창조성이다. 그리고 그 논리는 인간적인 것을 넘어서는 인류학이 우리를 에워싼 세계를 더 잘 경청할 수 있는 방법에 핵심적이다. 아메리가가 사고의 효율을 올리고자 애썼다면, 루이사는 숲의 사고가 그녀 자신을 통과하면서 조금 더 자유롭게 반향되도록 숲의 사고를 놓아주었다. 개미잡이새의 울음소리에 대한 자신의 모방을 상징적인 수준 밑으로 유지하면서 그 잠재적으로 고정화된 "의미"를 미결로 남겨놓음으로써 루이사는 이 울음소리의 음향 형식이 확산되도록 놓아두었다. 부분적인 음향적 상동성의 연쇄를 통해 **"치리킥"**은 그 뒤로 일련의 생태학적인 관계들에 관한 더 많은 이야기를 이끌어냈다. 그 결과 고양이과 동물의 흔적은 밀집한 덤불숲을 헤치며 공간과 종들의 선을 가로질러 루이사의 개들이 공격받았던 순간에 루이사가 어독을 채집하고 있었던 그 장소로 옮겨졌다.

수양

그럼에도 불구하고 이러한 놀이에 내재한 가능성, 즉 타입-수준의 퍼스펙티브로 접근해가는 것—뻐꾸기의 **시쿠악**이라는 울음소리 혹은 개미핥기의 쉿 소리를 **시쿠우아**라는 전조의 예시로 인식할 수 있는 것—은 힘을 불어넣는 것이다. 그리고 이 형식의 위계적인 논리가 하류로 수련을 떠나는 자미나우아 샤먼의 원정 탐구를 해명해준다. 그는 하류로 향함으로써 자신이 원정을 출발한 특정 하천이 더 넓고 더 일반적인 패턴의 하나의 예시에 불과하다는 것을 볼 수 있었다. 이 "수양"upframing[프레이밍 상향]의 과정을 통해 그는 이제 개개의 하천과 마을을 에워싸는 더 높은 차원의 창발적인 수준(일종의 "타입")의 시야에 접근할 수 있다. 따라서 개개의 하천과 마을은 더 낮은 차원의 구성 부분들("토큰들")로 이해될 수 있다. 하나의 생태계로 예시되는 이러한 논리적인 위계의 속성 덕분에 이 샤먼은 사회정치적인 위계 내부에서 그 자신의 위치를 변경할 수 있게 된다.

그러므로 인간들과 영들의 관계가 인간들과 동물들의 관계처럼 기호작용에 고유한 위계적인 속성들에 의해 구조화되는 것은 그리 놀랍지 않다. 여기서도 위계가 상승할수록 해석의 능력이 내포적으로 점차 증가한다. 앞 장에서 루나족은 개의 발성의 의미를 쉽게 이해할 수 있지만, 개는 환각제가 주어져야만 인간의 말을 이해할 수 있다고 한 내용을 상기해보자. 이와 마찬가지로 우리 인간은 숲의 주재자들을 이해하기 위해 환각제가 필요하지만, 이 영들은 인간의 말을 별 어려움 없이 이해할 수 있다. 실제로 루나족은 숲에서 때때로 그러듯이 영들에게 이야기하는 것만으로 충분하다. 동물의 울음소리를 토큰—이를 타입과 합치되는 것으로 보기 위해서는 한 단계 더 나아간 해석이 필요하다—으로 볼 수 있는 것처럼, 영들의 영역에 대한 인간의 한정된 지각도 영들의 진실 속에서 이해되기 위해서는 보다 일반적인 어법으로 적절히 번역되어야 할 필요가 있다. 일상적으로 루나족은 그들이 숲에서 사냥하는 동물을 야생동물로 본다. 그러나 루나족은 이것이 동물의 진정한 현현이 아님을 알고 있다. 이 창조물들을 소유하고 보호하는 영적인 주재자들의 더 높은 퍼스펙티브에서 보면, 이 동물들은 실제로는 가축이다. 루나족이 나팔새, 들닭, 봉관조, 메추라기로 보는 것은 실제로는 영적인 주재자의 닭이다. 여기서도 어떤 논리적인 기호적 속성을 전제하는 위계가 있다. 이 모든 야생 새들은 루나족이 숲에서 경험하듯이 더 높은 수준에서 해석되면 더 일반적인 타입—닭—을 예시하는 토큰이다. 그리고 그 이상의 어떤 것—더 높은 창발적인 수준—은 그 이하의 어떤 것이기도 하다. 숲의 저 모든 새들은 일반적으로 닭과 어떤 것을 공유하지만, 숲의 새들을 닭으로만 다루는 것은 어떤 실재적인 의미에서도 그들만의 종-특수한 특이성들을 제거하는 것이다.

혹자는 영적인 주재자의 새에 대한 지각에는 해석의 노력이 덜 필요하다고 말할 수도 있을 것이다. 퍼스의 주장(CP 2.278)에 의하면, 기호적인 해석의 연쇄가 언제나 아이콘 작용으로 끝나는 것은, 디콘이 강조한 바(Deacon 1997: 76, 77), 더 해석되어야 하는 차이가 있는데도 더는 인지되지 못할 때 남는 것이 아이콘 작용이기 때문이다(즉 정신의 노력이 끝난 곳에 아이콘 작용이 있다). 이에 따라 숲의 새들을 그 진짜 모습으로—가축인 닭들로—보는 주재자들은 아주 조금의 해석적인 노력만을 필요로 한다고 말할 수 있다. 이와 달리 우리 인간들은 아빌라 사람들이 말하는 것처럼, 숲에서 만나는 다양한 종류의 야생 사냥감인 새들을 진짜 모습인 닭으로 보는 특권을 누리기 위해서는 "독한" 담배를 연달아 핀다거나 환각제를 흡입한다거나 무엇보다 "길몽"을 꾸어야 한다.

내부

영적인 주재자들은 우리 인간이 필요로 하는 해석적인 노력을 애써 할 필요가 없다. 강물을 따라 떠내려가는 고무, 혹은 과일나무에 이끌리며 무리를 짓는 동물들, 혹은 그렇게 모여든 상류의 부로 북적거리는 항구 마을처럼, 이미 영적인 주재자들은 이 창발하는 형식의 내부에 있기 때문이다. 실제로 아빌라 사람들은 **하우아만**jahuaman(표면)이라 불리는 일상적인 인간의 영역과는 반대로, 영적인 주재자의 영역이라는 현실을 **우쿠타**ucuta(내부)라고 부른다. 영적인 주재자의 영역은 정의상 항상 형식의 내부에 있기 때문에 우리 인간에게 보이지 않는다 해도 그곳에는 항상 동물들로 넘쳐난다. 어느 날 우리는 사냥 중에 양털원숭이 한 무리를 만났다. 내가 쌍안경으로 하나하나 세어봤을 때에는 대략 개체 수가 30마리 정도였다. 그런데 노련한 사냥꾼이자 숲의 존재들을 세심하게 주시하는 관찰자인 아센시오는 원숭이 무리의 개체 수를 수백 마리로 묘사했다. 고도가 더 낮고 따뜻한 곳에 많이 사는 다람쥐원숭이와 이 지역에서는 이제 발견되지 않는 흰입페커리 등의 동물들은 아빌라 주변 숲에서는 더 이상 찾아볼 수 없음에도 불구하고 여전히 숲의 주재자들의 영역 "내부"에 있다고 아빌라 사람들은 말한다. 동물들이 그곳에 없는 것이 아니다. 다만 주재자들이 우리가 동물들을 보도록 허락하지 않을 뿐이다. 주재자들은 자신들을 지탱하는 형식의 내부에 우리를 들이지 않는다.

영적인 세계에서 불변하는 것은 동물의 풍부함만이 아니다. 주재자들의 영역은 일종의 사후세계인 마르셀리노의 낙원이기도 하다. 그리고 그곳에 가는 루나족은 나이를 먹지도 않고 죽지도 않는다. 물고기를 낚던 젊은 여성이 숲 속에서 로사를 발견한 후 얼마 지나지 않아 로사는 주재자들의 영역으로 되돌아갔다—이번에는 영원히. 벤투라는 자신의 어머니인 로사가 죽었을 때 "그저 그녀의 피부를 묻었을 뿐"이라고 나중에 내게 말해주었다(3장 참조). 즉 풍파에 찢기고 세월에 헤지고 구더기에 파먹힌 그녀의 아비투스—재규어의 송곳니 그리고 백인의 의복과 마찬가지로, 그녀에게 그녀 고유의 나이 듦의 결과로 주어진 일종의 의복—를 매장한 것이다. 벤투라가 설명하기를, 주재자들의 영역에서 로사는 언제나 그녀의 손녀들처럼 묘령의 처녀일 것이며 이제 그녀의 신체는 역사적 효과에 면역력을 갖는다(그림 8).

주재자들의 영역에서 로사가 결코 나이 들지 않는다는 것 또한 형식의 기이한 속성의 결과이다. 우리가 통상 상상하는 역사—현재에 작용하는 과거 사건들의 효과—는 형식의 내부에서는 가장 유효한 인과적 양식이기를 멈춘다.[19] 하천과 식물의 공간적인 패턴들을 결정하는 원인들이 고도로 패턴화된 창발적인 사회경제적 체계에 의해 그 패턴들이 연결되는 방식과는 어떤 의미에서 무관한 것처럼, 그리고 한 언어의 단어들이 그 기원들이 지닌 개별 역사들로부터 크게 이탈되는 방식으로 서로 관계할 수 있는 것처럼, 주재자들의 영역에서는 역사의 선형성이 형식에 의해 교란된다. 스페인 점령기 이전의 추장제의 위계들, 도시들, 번화한 시장이 있는 읍면들, 그리고 20세기 초반의 대농장들은 당연하게도 각각의 고유한 시간적인 맥락을 가진다. 그러나 그것들은 이제 모두 동일한 형식에 사로잡혀 있고, 그렇게 해서 어떻게 언제 그것들이 생겨났는지에 관한 특정한 역사들은 어떤 의미에서 무관해진다. 따

그림 8. 복숭아야자로 술을 빚는 "손녀들". 저자 촬영.

라서 형식은 잠시 그리고 어떤 의미에서 시간을 "동결한다".[20] 이처럼 다양한 상황에 놓여 있는 역사적으로 우연한 이 모든 배치는 이제 아빌라 사람들이 사냥감의 고기를 손에 넣기 위해 활용하려는 자기-강화하는 패턴에 "몰역사적으로" 참여하게 된다.

규칙성이 존재론적인 영역들과 시간적인 예시들을 잠재적으로 초과할 수 있듯이, 이러한 종류의 형식은 "언제나 이미"라는 창발적인 영역을 창출한다. 여기서 내가 말하고자 하는 것은 다음과 같다. 규칙성을 파악하고 유지하는 어떤 종류의 체계들—물리적 및 생물학적인 규칙성을 이용하는 사회경제적인 체계이든, 토착어들의 용어들을 통합하는 확장된 언어이든, 혹은 역사적으로 계층화된 숲의 영적인 주재자들의 영역이든—에서 생겨나는 하나의 결과는 그 체계들이 순환의 인과율이 작동하는 영역을 창출한다는 것이며, 이 영역에서는 이미 일어난 일들이 결코 일어나지 않은 일이 된다는 것이다. 영어를 예로 들어보자. 우리는 어떤 주어진 문장이 이를테면 그리스어, 라틴어, 프랑스어, 독일어에서 연원하는 단어들을 포함할 수 있음을 알고 있다. 하지만 이러한 역사들은 언어적 체계의 순환적 폐쇄성에 힘입어 그 단어들 각각이 서로에게 의미를 부여하는 "무시간적인" 방식에는 아무런 영향을 미치지 않는다. 나의 논점은 다음과 같다. 언어와 마찬가지로, 이러한 다른 체계들, 내가 지금까지 논한 것처럼 반드시 인간적인 것도 아니며 반드시 상징체계도 아닌 체계들 또한 그것들을 낳은 역사들—현재에 대한 과거의 효과들—로부터 부분적으로 이탈된 창발적인 영역을 창출한다는 것이다.

숲의 주재자들의 "언제나 이미"라는 영역은 형식 내부에 있는 존재의 성질의 어떤 측면을 포착한다. 아빌라 사람들에 따르면, "죽은 자들"은 우쿠타, 즉 내부인 주재자들의 영적인 영역에 들어갈 때 "자유"를 얻는다. "우아뉴구나카 루우아르"Huañugunaca luhuar라고 그들은 말한다. 즉 "죽은 자들은 자유롭다". 루우아르luhuar는 "자유"로 번역되는데, 이 말은 가장 기본적인 의미에서 "장소"를 뜻하는 스페인어의 루가르lugar에서 유래한다. 그러나 루가르는 시간적인 지시대상도 갖는다. 테네르 루가르 tener lugar라는 문장은 현재 에콰도르 스페인어에서는 거의 사용되지 않지만, 어떤 것을 하기 위한 시간이나 기회가 있음을 뜻한다. 케추아어에서 루우아르는 현실세계의 시공간적인 제약이 완화된 영역을 가리킨다. 그것은 원인과 결과가 더 이상 직접적으로 적용되지 않는 어떤 영역이다. 아빌라 사람들이 설명하기를, 루우아르가 되는 것은 이 세상의 "고역"과 "고뇌"로부터 자유로워지는 것,[21] 신의 심판과 처벌로부터 자유로워지는 것,[22] 그리고 시간의 효과로부터 자유로워지는 것이다. 숲의 주재자들의 이 영속적인 언제나 이미라는 영역 내부에서 죽은 자들은 계속 살아간다―자유롭게.

인간이 형식을 열대의 숲에 부과한 것이 아니다. 숲이 형식을 증식시킨다. 공진화는 상호작용하는 종들 간의 규칙성과 습관의 호혜적인 증식으로서 이해될 수 있다(1장 참조).[23] 열대의 숲은 수많은 부류의 자기들이 상호 관계하는 방식에 힘입어 무수한 방향으로 형식을 증폭시킨다. 유기체들이 점차 증가하는 특수성으로 표상되는 진화의 시간을 거침에 따라 다른 유기체들이 자신의 주변을 더욱더 철저하게 표상하게 되는 방식 속에서 환경은 한층 더 복잡해진다. 열대 아메리카의 숲에서는 이 지구상의 그 어떤 다른 비인간적인 체계와 비교할 수 없을 정도로

이 습관의 증식이 발생해왔다(2장 참조). 숲의 살아있는 존재들을 활용하려는 모든 시도는 그 존재들이 이러한 규칙성들에 잠겨 있는 방식에 전적으로 의존한다.

앞서 말한 것처럼 형식의 편재성은 시간에 관여한다. 형식은 시간을 동결한다. 이것은 변화에 기꺼이 응하는 "뜨거운" 서구 사회와 병치되는 "차가움"—즉 역사적 변화에 저항하는 것—으로 아마존 사회를 특징지었던, 그래서 비방에 시달린 레비-스트로스의 특성화와 관련된다(Lévi-Strauss 1966: 234).[24] 그러나 여기서 "차가운" 것은 폐쇄된 사회가 아니다. 아마존 사회에 이 "차가운" 성격을 부여하는 것은 형식들이다. 형식들은 인간적인 영역 내부에 있으면서도 그것을 넘어서 존재하는 수많은 경계선들을 넘나들기 때문에 "차가운" 것이다. 20세기 초엽의 국제적인 고무경제는 아빌라의 사냥처럼 숲의 형식에 제약받았다. 부류들처럼(2장 참조), 형식은 우리 인간이 세계에 부과하는 구조에서 생겨날 필요가 없다. 그러한 패턴들은 인간적인 것 너머의 세계에서 창발할 수 있다. 형식적 패턴들은 더 낮은 차원의 역사적 과정, 즉 현재에 대한 과거의 효과를 포함하고 그러한 효과를 발생시키며 나아가 유용하게 만드는 그러한 과정에 대해 창발적이다.

역사의 파편

숲의 창발적인 형식들이 자신을 발생시킨 역사들로부터 부분적으로 이탈된다는 사실은 숲의 영적인 주재자들의 영역에서 역사를 소거한다는 것이 아니다. 역사의 조각, 선행하는 형식적 배열의 파편은 숲의 형식 내부에서 동결되며 그 잔해는 그곳에 남는다.[25] 예를 들어 산오동나무(학명: *Tetrathylacium macrophyllum*)는 반투명의 검붉은 과실인 원추형의 꽃차례를 피우며, 케추아어로는 **우알카 무유**hualca muyu라고 불리는데, 그 모습과 어울리게도 "목걸이 구슬"이라는 뜻이다. 그런데 이 나무의 과실은 지난 세기 아마존 교역의 주력상품으로서 널리 유행한 보헤미안 기원의 불투명한 유리목걸이 구슬과 유사한 것이 아니라, 그보다 더 일찍이 식민지 및 신식민지 세계 전체에 광범위하게 유통된 베네치아 상인의 교역품이었던 투명한 검붉은 구슬과 놀라울 정도로 유사성을 띠고 있다. 그것은 이그나시오 데 베인테미야Ignacio de Veintemilla 통치기 (1878-82)에 에콰도르로 전해졌고 그에 따라 지금까지도 몇몇 에콰도르인에게 **베인테미야**veintemilla로 알려져 있다. 아빌라의 식물 **우알카 무유**가 19세기의 이 구슬과 연결된다는 것은 시간을 동결하는 형식의 기이한 속성의 산물이다. 심슨의 구슬처럼 숲의 생산물과 맞교환된 교역품의 역사적인 궤적은 설령 사람들이 오래전에 그것을 잊었다 해도 숲의 주재자의 영역에서 "언제나 이미"라는 형식에 사로잡혀 남는다. 또 다른 예를 들어보자. 숲을 배회하는 악마인 수파이supai의 몇몇 부류는 현지의 수도사가 검은 로브를 두르는 것을 그만둔 이후로 긴 시간이 흘렀음에도 불구하고 여전히 수도사의 복장을 입고 있는 것으로 묘사된다.

그러므로 비판적인 문화지리학자와 역사생태학자가 오염되지 않은 야생적인 아마존의 "자연"이라는 낭만적인 신화에 대한 반론으로서 제기한 것처럼, 역사는 단순히 아마존의 경관에 스며든 것이 아니다.[26] 대신에, 숲에 사로잡힌 역사는 인간적인 사건이나 경관으로 결코 환원될 수 없는 형식에 의해 매개되고 변이된다.

　루나족의 과제는 부가 집적되는 숲의 형식에 어떻게 진입할 것인가에 있다. 이 "언제나 이미"라는 영역에는 동물들이 변함없이 풍부하게 존재하기 때문이다. 주루아 지역의 샤먼과 마찬가지로, 루나족이 이것을 행하는 방식은 동물들을 주재자들의 특권화된(그리고 대상화하는) 퍼스펙티브에서—즉 각기 자신만의 관점을 가진 단독적 자기가 아니라 자원으로서, 그리고 덧없는 주체가 아니라 안정된 객체로서, 더 강력하며 창발적인 자기인 주재자에게 소유되고 관리되는 대상으로서—보기 위한 수양upframing의 과정을 수반한다. 루나족은 주재자들의 형식 내부에 사로잡힌—베네치아 상인의 구슬이나 수도사의 의복과 같이 동결된—상이한 역사적 궤적을 지닌 전략들을 그들 자신보다 더 강력한 사람들과의 교섭을 위해 동원함으로써 숲의 주재자들의 부를 손에 넣고자 한다.

　예를 들어 루나족이 정부 관료와 성직자에게 정기적으로 공물을 바쳐야 했던 과거에서 150여 년이 흘렀지만(Oberem 1980: 112), 여전히 주재자들의 영역에는 공물이 존재한다. 영적인 주재자들이 앞으로도 고기를 계속해서 공급할 것이기에 사람들은 맥을 죽일 때 이 동물을 소유한 영적인 주재자들에 대해 교역품의 구슬을 공물로 제공해야 한다. 사냥을 나갈 때 후아니쿠는 이 식민지적 약정에 따라붙는 호혜적인 의무를 다하고자 한다. 그는 나무 뿌리 부근의 갈라진 틈에 옥수수분을 채워 넣는 형태로 주재자에게 공물을 바친다. 주재자가 우리에게 그의 의무인 사냥고기를 공급하지 못하면 후아니쿠는 충실히 약속을 지켜왔기에 노골적으로 그 주재자를 질책한다. 숲 속 깊은 한가운데에서 "째째한

놈아!"라고 울부짖는다. 이것은 선거 기간에 아빌라를 방문해서 담배와 술을 갖다 바치기를 게을리한 정치가를 질책할 때 하는 것과 완전히 똑같은 방식이다.

또 다른 경우에서도 루나족은 16세기의 선조들이 스페인인을 상대로 평화협정을 교섭할 때의 레토릭과 똑같은 표현을 사용해서 주재자들과 의사소통을 시도한다. 여기서는 다른 맥락에서 리사 로펠(Rofel 1999)이 "공평하지 않은 대화"[27]라고 부른 것보다는 더 균형을 맞추려는 시도로서 숫자상으로 동등한 구조에 호소한다. 즉 식민지 시기의 사례로서 16세기 후반 이 지역의 선주민 추장과 스페인 정복자 간에 이뤄진 협정이 보여주듯이, 그들은 스페인 당국에게 다섯 가지의 양도를 이끌어낸 요구를 관철시켰다(Ordóñez de Cevallos 1989 [1614]: 426). 최근 사례로는 열흘간 특별한 단식을 해야 하는 사냥 및 어로를 위한 주술에서 명확하게 드러난다. 아빌라 사람들은 "5일은 주재자들을 위해, 5일은 루나를 위해" 열흘의 기간을 두었다고 말한다.[28]

로사가 다녀온 숲-속-키토는 아빌라 지역 사람들이 그곳에 사는 힘 있는 존재들의 부의 일부에 접근하기 위해 그들과 교섭해온 지난 4세기 이상 지속된 진지한 시도를 반영한다. 실제로 16세기의 교섭 가운데 일부는 아마존에 키토를 만들자고 스페인인을 설득했지만 뜻을 이루지 못했던 애석한 시도를 포함한다. 이 시도는 식민지 시기의 문헌들(Ramírez Dávalos 1989 [1559]: 50, 39)과 현대의 신화들이 증언하고 있으며, 그 신화들은 숲 속에 쌓인 부를 활용하려는 그 지연된 욕망을 계속해서 자극하고 있다.[29]

힘 있는 자들의 축적된 부를 손에 넣기 위한 각각의 전략에는 개개의 인과적인 역사가 담겨 있다. 그러나 이것은 더 이상 문제가 되지 않는다. 이제 그 역사들은 모두 일반적인 어떤 것, 숲의 주재자들의 형식의 일부를 이룬다. 그리고 각각의 전략은 그 부의 일부를 손에 넣으려고 시도할 때 제 역할을 다한다.

그러나 그러한 전략들이 약속하는 것은 풍부한 사냥고기만이 아니다. 왜냐하면 이 사냥고기에 대한 탐색이 표상하는 것은 지연된 욕망들이며, 그 전략들은 또한 지연된 욕망들이 오랜 세월에 걸쳐 켜켜이 퇴적된 역사에 접근할 어떤 가능성을 드러내기 때문이다.

형식의 노고 없는 효력

나의 바람대로 나는 여기서 형식의 일부 기이한 속성들을 서술했고 또 인류학이 왜 형식에 좀 더 주목해야 하는지를 설명했다. 바람대로 충분히 이뤄지지 않았다 해도 그것마저 실은 형식의 기이한 속성의 효과다. 인류학자로서 우리는 각양각색의 것들을 분석할 만반의 준비가 되어 있다. 그러나 애널리스 라일즈(Riles 2000)가 피지 사람들의 유엔회의 참가를 둘러싼 관료적인 형식의 순환에 관한 연구에서 주목한 것처럼, 우리는 그 "내부"에 있기 때문에 비가시적인 것에 대해서는 연구할 자세를 갖추지 못하고 있다. 형식은 전통적인 민족지적 대상의 감지 가능한 타자성—이차성(1장 참조)—을 크게 결여하고 있다. 왜냐하면 그것은 오로지 그 자기-유사성이 확산되는 과정 속에서만 형식으로 현현하기 때문이다. "승당의 분위기를 느끼는 것은 승당 밖에 있는 사람들이다.

승당에서 수행을 하고 있는 사람들은 사실 아무것도 느끼지 못한다."
(Suzuki 2001:78).

이런 이유 때문에 인덱스성indexicality—차이를 알아차리는 것—의
기호적 중요성을 이해하는 것이 그 특유의 제약된 무차별성을 통해 규
칙적인 패턴을 확산시키는 아이콘성iconicity을 이해하는 것보다 훨씬 쉽
다(2장 참조). 아마도 이 점이 식별되지 않음을 통해 유사한 패턴을 확산
시키는 아이콘성이 때때로 표상이 아닌 다른 어떤 것으로 오인되는 이
유일 것이다. 그러나 신체뿐만 아니라 종들의 분할선까지도 가로지르
며 확산하는 대벌레의 "나뭇가지성" 그리고 전염되는 하품은 (아이콘성이
두드러지는 두 사례로서) 비록 인덱스적인 요소—그 자신이 예시하는 규칙
적인 패턴의 또 다른 예시가 아니라 다른 어떤 것을 가리키는 것으로서
해석될 수 있는 것—를 크게 결여한다 할지라도 분명 기호작용의 현상
이다. 혹자는 우리의 습관은 그것이 붕괴될 때에만, 즉 우리가 그 습관
바깥으로 떨어져 나갈 때에만 알아차릴 수 있게 된다고 말할 수도 있다
(1장 참조). 그렇지만 알아차리지 못한 습관의 작동을 이해하는 것은 인
간적인 것을 넘어선 인류학에서 매우 중요하다. 형식이 바로 이와 같은
비가시적인 현상이기 때문이다.

형식은 우리가 "실재"라고 할 때에 무엇을 의미하는지를 다시 생
각해보라고 요구한다. 일반적인 것—즉 습관, 규칙성, 잠재적 회귀, 패
턴—은 실재한다(1장 참조). 그러나 현존하는 대상의 실재성과 관련되는
성질 같은 것들을 일반적인 것에 귀속시키는 것은 잘못이다. 주재자들
의 퍼스펙티브에서 사냥감 새는 진짜 닭이라고 내가 말할 때, 나는 일반
적인 것이 실재하는 바로 이 방식을 가리키고 있다. 주재자의 닭의 실재

성은 일반적인 것의 실재성이다. 그러면서도 그 실재성은 가능한 최종적인 효력을 가진다. 즉 그것은 일종의 타입으로서 봉관조든, 들닭이든, 메추라기든 다양한 종류의 새들과의 특수한 만남들을 인덱스로 지시할 수 있다. 이 측면에서 그런 만남들은 비 오는 어느 날 숲에서 이뤄진 나와 페커리의 만남과 다르지 않다.

사냥감 새들과 루나족이 매일 상호작용하지 않는다면, 주재자들의 영역에 닭 또한 없을 것이다. 그렇다 해도 주재자들의 영역은 숲의 상호작용이 지닌 이러한 일상적인 순간들로부터 부분적으로 이탈되는 안정성의 차원에 있다. 이것이 최근 몇 년간 아빌라 주변의 숲에서 흰입페커리가 보이지 않음에도 불구하고 주재자들의 영역에서는 여전히 넘쳐나는 이유이다.[30]

형식은 안정되더라도 파손되기 쉽다. 그것은 특수한 환경에서만 창발될 수 있다. 내가 이 점을 상기한 순간이 있다. 아들들에게 오트밀을 만들어주기 위해 이 장의 저술을 잠시 멈춘 때였다. 내 눈 바로 앞에서 베나르 세포로 알려진 자기-조직적인 육각형의 구조, 즉 적절한 조건 하에서 바닥부터 데워지고 표면부터 식으면서 만들어지는 액체로서의 형식이 끈적끈적하게 끓어오르는 시리얼의 표면을 가로지르며 저절로 창발했다. 뻑뻑해진 오트밀에서 이 육각형의 구조가 일순간 붕괴한 것은 형식의 취약성의 증거이다. 생명은 그렇게 취약한 자기-조직적인 과정을 예측한 대로 발생시킬 수 있게 하는 조건을 창출하고 유지하는 데에 특히 탁월하다(Camazine 2001). 이것이 바로 내가 부분적으로, 우리가 다종들 간의 복합적 연합의 "육체성"fleshliness 속에 담겨 있게 될 때에 그 연합이 우리를 통과하는 방식을 사고하는 동시에 형식을 길러내는 방식에도 주목한 이유이다.

형식은 일반적인 것이 현존하는 것들과 맺는 연속성과 접속을 주시하지 않는다면 이해되지 않는다. 따라서 나는 형식과 형식을 독특하게 만드는 속성들—형식의 비가시성, 형식의 노고 없는 확산, 역사를 동결시키는 듯한 형식과 연합된 일종의 인과성—뿐만 아니라 살아있는 존재들의 세계에서 그 독특한 속성들이 물질화되면서 형식이 다른 현상들로부터 창발하고 그 현상들과 관계하는 방식들도 예의주시해왔다. 나는 "내부"에 있는 것뿐만 아니라 어떻게 그러한 내부가 존재하게 되는지, 나아가 형식의 확산에 필요한 물질적 조건—강바닥이든, 기생자든, 유엔의 급료명세서든—이 더는 존재하기를 멈출 때에 형식이 어떻게 소멸되는지에 대해서도 관심을 갖고 있다. 그리고 나는 형식 그 자체뿐만 아니라 우리가 어떻게 형식과 "함께 일하는지"에도 관심을 갖는다. 그러나 형식과 함께 일하기 위해서는 형식의 인과적인 논리에 전염될 필요가 있다. 이 논리는 푸시풀 메커니즘이라는 효율적인 인과성과 연합되는 것, 즉 과거가 현재에 영향을 주는 방식과는 완전히 다르다. 형식과 함께 일하는 것은 그 노고 없는 효력에 굴복하기를 요구한다.

이는 형식의 독특한 속성들을 예의주시할 뿐만 아니라, 라일즈가 주목한 것처럼, 비가시적인 "내부"를 보다 명료하게 만드는 방법을 시도함으로써 인류학을 재현의 위기에서 구출할 가능성을 결코 시야에서 놓지 않는 것이다. 스트래선의 논의(Strathern 1995, 2004 [1991])를 발전시킨 라일즈의 해법은 형식을 "까뒤집는" 것이다. 즉 그녀는 형식을 증폭시키는 민족지적 방법론을 통해 형식을 가시화하고자 한다. 우리와 형식과의 불연속성을 보여줌으로써 외부의 관점으로부터 형식을 명료하게 하려는 것이 아니라, 관료적인 문서가 증식하는 그 고유한 패턴화와 그에 관한 우리 연구자의 논문이 생산하는 패턴화를, 이 둘 간의 유사성이 명증해질 때까지 동시에 작동시키는 것이다.

나는 여기서 형식을 설명하는 문제에 이러한 미학적인 해법을 제공하지는 않겠다. 나는 다만 형식이 나를 관통하는 어떤 방식들이 이해되기를 바랄 뿐이다. 벤투라의 집에 머물던 그날 밤 울타리 안에 있는 페커리를 보는 꿈을 꾸었을 때, 아마도 나는 잠시 숲의 주재자들의 형식 "내부"에 사로잡혔을 것이다. 나는 다음을 제안하고 싶다. 내가 여기서 탐구하는 형식의 기이한 속성들의 관점에서 이해되는 꿈의 기호학은, 내부와 외부 간의 일반적으로 인식되는 어떤 경계들을 소멸시킬 수 있는 방식으로 아이콘적 연합의 자발적이며 자기-조직적인 통각작용 및 확산을 수반한다는 것이다.[31] 즉 차이를 분간하는 의식적이며 목적지향적인 주간 작업이 완화될 때에, 더 이상 "효율"을 위한 사고를 요구하지 않을 때에, 우리는 자기-유사성의 반복—닮음이 우리를 관통하여 노고 없이 확산되는 방식—에 내맡겨진다. 이것은 개미잡이새를 헬리코니아와, 개들을 죽인 재규어와, 그리고 이 모든 것들을 자신의 개가 있었던 숲 속에 있는 인간과 연결시키는 루이사의 음향적인 그물망과 유사하다. 루이사는 새의 울음소리를 모방했을 뿐 그 의미를 특화하려 하지 않았기 때문에, 음향적인 그물망이 나타날 수 있는 가능성의 공간이 열린 것이다. 이 점에서 보면, 루이사는 자유롭다.

이와 더불어 그리고 내가 여기서 논한 그 외의 다양한 형식의 확산과 더불어 내 꿈을 생각해보면, 그 꿈이 정말로 내 자신의 꿈이었는지, 참으로 기이하게 느껴진다. 아마도 나의 사고는 잠시잠깐 숲이 생각하는 방식과 하나였을 것이다. 레비-스트로스가 말하는 신화처럼, "우리 자신도 모르는 사이에 우리 속에서 생각이 일어나는"[32] 그러한 꿈에는 진정 무언가가 있으리라. 그리하여 꿈꾸기는 야생 그 자체로 움직이는 하나의 사고—인간적인 것을 저 멀리 넘어선 인간적인 사고 형식이며 따라서 인간적인 것을 넘어선 인류학의 핵심에 있는 사고 형식—일 것이다. 꿈꾸기는 일종의 "야생의 사고"pensée sauvage다. 그것은 그 자체의 목적에 속박되지 않는 사고 형식이며 그렇기에 그 자신이 그 속에 잠겨 있는 형식의 놀이에 민감한 사고 형식이다. 나의 경우에, 그리고 아빌라 루나족의 경우에, 꿈꾸기는 다수의 종들에 사로잡혀 있고 다수의 종들을 통해 증폭되는 사고 형식이자 아마존 숲의 기억을 가득 실은 야생 상태이다.

6장

살아있는 미래

(그리고 죽은 자의 가늠할 수 없는 무게)

가시 박힌 털 뭉치는 오스왈도가 몇 시간 전에 쏘았던 페커리의 신체로 우리를 이끄는 마지막 단서였다. 우리는 바사키 우르쿠Basaqui Urcu, 곧 아빌라의 북서쪽에 위치한 수마코 화산의 가파른 산기슭에 있었다. 이 사냥감에게서 물려받은 흡혈성의 파리[1] 떼를 손으로 쫓아내면서 우리는 잠시 앉아 쉬고 있었다. 우리가 한숨 돌리자, 오스왈도는 지난밤에 꾸었던 꿈 이야기를 꺼냈다. "로레토에 사는 친구를 찾아갔어." 아빌라에서 걸어서 반나절이 걸리는 읍내 시장이자 개척민들의 세력 확장의 본거지를 언급하면서 그는 말했다. "그때 갑자기 살벌한 분위기의 경찰관이 나타났지. 셔츠가 온통 잘린 머리털로 뒤덮여 있었어." 놀란 오스왈도는 잠에서 깼고 아내에게 이렇게 속삭였다. "악몽을 꿨어."

다행히도 그는 틀렸다. 그날의 사건이 입증하듯이 오스왈도는 실은 길몽을 꾸었던 것이다. 경찰관의 셔츠를 뒤덮은 머리털은 페커리를 죽이고 그 신체를 우리 옆에 누이게 될 전조임이 판명되었다. (페커리의 사체를 끌면 정말로 잘린 머리털처럼 짧고 뻣뻣한 털들이 사냥꾼의 옷에 달라붙는다.)

그럼에도 불구하고 오스왈도가 겪은 해석의 딜레마는 루나족의 삶을 관통하는 근본적인 양가성을 암시한다. 즉 사람들은 자신을 경찰관 등의 유력한 "백인"과 흡사한 힘센 포식자로 볼 수도 있지만, 또 자신을 그 탐욕스러운 "백인"의 가련한 먹잇감으로 느끼기도 한다.

오스왈도는 경찰관이었을까, 아니면 먹잇감이었을까? 바사키 우르쿠에서 일어난 그날의 일은 오스왈도가 처한 위치의 복잡성을 말해준다. 꿈속에서 그렇게 친숙하면서도 무시무시한 형상은 누구일까? 그렇게 살벌하고 낯선 존재인 경찰관이 어떻게 그 자신일 수 있을까? 이 섬뜩한 병치는 존재하는 것과 변화하는 것을 둘러싼 오스왈도의 현재 진행 중인 고군분투에 관해서 중요한 무언가를 드러낸다. 그를 그로 만드는 것은 아빌라 주변 숲에서 그가 만나는 수많은 부류의 타자들과의 관계다.[2]

아빌라 주변 숲에 "모여 사는" 이 수많은 부류의 타자들은 루나족이 사냥하고 또 때로는 루나족을 사냥하는 살아있는 타자들을 포함한다. 그러나 그 타자들의 대열에는 스페인 점령 이전과 식민지 시대 그리고 공화국의 긴 역사에서 비롯한 망령들 또한 넘쳐난다. 이 망령들 가운데에는 죽은 자들, 진짜 악령들(루나족을 잡아먹을 수도 있는 자들), 동물의 주재자들이 있다. 이들 모두는 오스왈도가 횡단한 저 숲 속을 각기 다르지만 실재하는 방식으로 끊임없이 돌아다닌다.

오스왈도가 누구인가라는 문제는 이 수많은 부류의 존재들과 그가 어떻게 관계하는가라는 문제에서 결코 자유로울 수 없다. 로레토를 방문할 때와 마찬가지로 숲에서 사냥할 때 오스왈도가 끊임없이 교섭해야 하는 저 변신하는 자기들의 생태학(2장 참조)은 그의 내부에도 있다.

즉 자기들의 생태학은 오스왈도가 지닌 자기의 "생태학"을 형성한다.

더 중요한 점은 오스왈도의 딜레마가 하나의 자기로서 어떻게 생존할 것이며 그러한 연속성이 무엇을 의미하는지에 대해 말해준다는 것이다. 사냥꾼의 위치—사냥 관계 속의 '나'—를 이제 그 자신보다 힘 있는 외부자가 차지하게 되었을 때, 오스왈도는 어떻게 먹잇감, '그것', 죽은 고기가 되는 운명을 피해갈 수 있을까?

루나족은 오랫동안 백인—유럽인과 그 뒤를 잇는 에콰도르인, 콜롬비아인 및 페루 국민까지—이 그들에 대해 노골적으로 지배자의 위치를 표명하고 백인이 백인으로서 이 위치를 정당화하는 세계관을 의도적으로 주입해온 세계에 살고 있다. 고무 붐 시대에 비야노Villano 강과 쿠라라이Curaray 강의 합류지점에 살았던 어느 대농장 지주는 다른 어느 지주가 그의 루나족 일꾼들에게 이런 방식으로 상황을 보도록 가르치는 시도에 관해 그 방법을 다음과 같이 적어놓았다.

우리의 관습과 지식을 근거로 인디오에 대한 백인 남성의 우월성을 그들에게 납득시키기 위해, 그리고 스페인 언어에 대한 그들의 혐오감을 없애기 위해, 이 강에 사는 나의 이웃 지주이자 고무 상인이며 수많은 노동자들의 고용주는 어느 날 모든 인디오들을 한자리에 모아놓고 그들에게 그리스도의 동상을 보여주었다. "이것이 신이다"라고 그는 인디오들에게 말했다. 그리고 그는 이렇게 덧붙였다. "신이 아름다운 수염을 가진 비라코차viracocha[백인 남성]임이 진실 아니겠습니까?" 모든 인디오들은 신이 비라코차임을 인정하고 그 신이 모든 것의 아모amo[주재자]임을 받아들였다. (Porras 1979: 43에서 인용)

대농장의 소유주가 제시한 루나족-백인 관계에는 쉽게 무시할 수 없는 아마존 강 상류 유역의 정복과 지배를 둘러싼 역사가 요약되어 있다. 백인이 "모든 것"의 **아모들**—주재자들—이 된 것은 역사적인 사실이다. 지배를 둘러싼 이 식민지적 정황을 역사로서 대면할 때 우리는 두 가지 반응을 예상할 수 있다. 루나족은 주종의 지위를 받아들이고 그저 묵인할 수 있다. 또 그렇지 않고 저항할 수도 있다. 그러나 오스왈도의 꿈이 이미 보여준 것처럼, 이 정황을 살아내기 위한 또 다른 길이 있다. 이 길은 과거가 현재를 빚어내는 방식에 대한 우리의 이해를 의문시하도록 이의를 제기함과 동시에 미래를 살아가는 하나의 방식을 제시한다.

루나족의 정치는 그렇게 일목요연하지 않다. 지배는 역사적인 사실이지만, 그것은 형식에 사로잡혀 있는 사실이다(5장 참조). 이 장에서 탐구하듯이 지배는 숲의 영적인 주재자들의 영역—오스왈도와 같은 사람들이 그들 자신의 생존을 위해 숲의 자기들의 생태학에 지속적으로 관여하는 방식에 의해 그 특정한 배치가 유지되는 영역—에서 모양을 획득하는 형식에 사로잡혀 있다.

숲의 영적인 주재자들의 이 영역은 또한 정신적인 면에서 오스왈도를 떠받치고 있다. 그리고 그는 이 조건을 회피하거나 저항할 수 있는 유리한 입장에 서지 못한다. 그는 언제나 이미 어떤 식으로든 그 형식의 "내부"에 있다. 정치이론가인 주디스 버틀러는 그러한 역동성을 다음과 같이 언급한다.

우리 자신에게 외부적인 권력에 의해 지배당하는 것은 권력이 보여주는 낯익은 고통의 형식이다. 그러나 "우리"가 무엇인지, 즉 주체로서 우리의 형성 그 자체가 어떤 면에서 그러한 권력에 의존하고 있는지를 발견해내는 것은 그와 전혀 별개의 문제이다. 우리는 권력을 외부에서 주체에 압력을 행사하는 무엇으로 생각하곤 한다. (…) 그러나 만약 (…) 권력을 주체를 **형성하는** 것이자 주체의 존재 조건 그 자체를 제공하는 것으로 이해한다면 (…) 그때 권력이란 단순히 우리와 대립하는 것이 아니라, 강한 의미에서 우리가 존재하기 위해 의존하는 무엇이자 우리의 존재를 품고 보호하는 무엇이다. (Butler 1997: 1-2)

버틀러는 냉혹한 외재성으로 다가오는 권력의 잔인한 측면을, 우리 존재 자체에 스며들어 우리 존재를 창출하고 유지하기에 쉽게 감지되지는 않지만 그럼에도 실재하는 권력의 작동 방식과 대조한다. 버틀러가 묘사하듯이 권력은 잔인한 행위의 총합으로 환원될 수 없기 때문이다. 권력이 세계와 우리의 신체에서—명백히 느낄 수 있는 고통으로—예시된다 해도, 권력은 또한 일반적인 형식을 취한다.[3]

이 책의 마지막 장에서는 오스왈도의 곤경을 주시하면서 버틀러의 논지를 따라가며 "형성"formation 과정에서 존재하는 것과 변화하는 것이 무엇을 의미하는지를 탐색하고자 한다. 다만 이 질문은 우리가 형식을 인간적인 것을 넘어선 일종의 실재로서 인정할 때, 권력 그 자체의 작동 방식에 대한 우리의 이해가 형식을 통해 어떻게 변하는지를 성찰하는 질문으로 재구성될 것이다.

이 측면에서 나는 앞 장에서 논한 형식을 기반으로 하겠다. 내가 앞 장에서 주장한 대로, 형식이 생명을 통해 포착되고 양성된다 해도, 나아가 아빌라 주변 숲에 존재하는 형식들처럼 자기들의 농밀한 생태학 속에서 증식된다 해도, 형식은 반드시 인간적인 것도 아니며 반드시 살아있는 것도 아니다. 5장에서 나는 형식의 활용이 어떻게 노고 없는 효력—현재에 대한 과거의 효과가 작동 중인 유일한 인과적 양식이기를 멈추게 하는 일종의 효력—이라는 형식의 기묘한 양식에 의해 형성되는 존재를 포함하는지를 논했다. 만약 우리가 형식의 기묘한 인과율을 활용함으로써 형성된다면—형식을 활용하는 자기는 단지 밀거나 당기거나 저항함으로써 그렇게 하는 것이 아니다—행위주체성이 의미하는 바가 바뀔 수 있다. 그리고 만약 행위주체성이 다른 어떤 것이 된다면, 정치 또한 바뀔 것이다.

그런데 오스왈도의 곤경을 이해하기 위해서는 숲이 증폭시키는 형식의 논리의 관점뿐만 아니라 형식이 생명 본래의 또 다른 논리와 맺는 관계의 관점에서도 생각해볼 필요가 있다. 오스왈도에게 궁극적인 관건은 그의 꿈이 나타내주는 것처럼 생존이기 때문이다. 그리고 생존의 문제는 살아있음에 관한 문제이다(결국 살아있는 것만이 죽기 때문이다). 앞 장에서 논한 것처럼, 형식이 때로 시간을 동결시키는 효과를 가질 수 있으며 그에 따라 인과성과 행위주체성에 관한 우리의 이해를 바꾼다면, 생명은 그와 다른 방식으로 시간의 흐름에 대한 우리의 상식적인 이해를 붕괴시킨다. 오스왈도의 곤경을 이해하려 한다면 이 문제 또한 반드시 고려해야 한다. 왜냐하면 생명의 영역에서는 현재에 영향을 주는 것이 과거만이 아니며 또 시간이 그저 동결되어 있기만 한 것도 아니기 때문이다. 오히려 생명은 이뿐만 아니라 미래가 현재에 영향을 주게 되는 특수한 방식까지도 포함한다.

생명의 영역에서 미래가 현재에 영향을 주는 이 방식을 숲에서 일어나는 간단한 사례를 통해 묘사해보겠다. 재규어가 아구티를 덮치는 데 성공하기 위해서는 아구티가 어디에 있게 될지를 "재-현전"할 수 있어야 한다. 이 재-현전은 기호의 매개를 통해 현재 속으로 미래—아구티의 미래 위치에 대한 "추측"—를 가지고 들어오는 것과 같다. 철두철미하게 기호적인 생명체가 되기 위해서(2장 참조) "우리" 모두는 항상 미래에 한 발(발끝이라도) 내딛고 있어야 한다.

이 장에서 나는 생명과 미래 사이에 존재하는 이 고유한 관계성을 퍼스가 "살아있는 미래"(CP 8.194)라고 부른 것을 참조하면서 생각해보고 있다. 내가 여기서 주장하는 것처럼, 이 살아있는 미래를 이해하기 위해서는 생명을 가능케 하는 모든 죽은 자에 대한 생명의 특수한 연결을 더 깊이 숙고해야 한다. 이런 의미에서 살아있는 숲은 신들린 숲이기도 하다. 그리고 이 신들림은 내가 영들은 실재한다고 말할 때에 의미하는 것과 부분적으로 맞닿아 있다.

생존—미래에 거하기 위해 어떻게 해야 하는지의 방법—바로 이것이 오스왈도의 시련이다. 그리고 그가 찾아낸 생존의 해법은 그 자신이 횡단하는 숲에서 증폭되는 살아있는-미래의 논리에 의해 굴절된다. 그러나 여기서 오스왈도에게 생존은 너무나 인간적인 문제(4장 참조), 곧 권력이라는 논점을 피해갈 수 없는 문제이기도 하다. 그리고 이것이 생존의 문제를 정치적인 문제로 만든다. 왜냐하면 이 문제는 "우리"가 성장하고 나아가 번영할 수 있게 하는 방식으로 궁극적으로 우리의 존재를 지속시키는 권력을 활용하는 또 다른 길을 찾아내는 방법을 생각해내라고 촉구하기 때문이다.

그리하여 이 장에서는 숲의 영적인 주재자들의 영역에 초점을 맞춘다. 그럼으로써 죽음과 (인간적, 비인간적) 삶이, 유한성과 연속성이, 과거와 미래가, 현전과 부재가, 자연적인 것과 초자연적인 것이, 그리고 감지 가능한 특이성과 잡히지 않는 일반성이 접속되는 방식의 어떤 측면을 저 영역이 어떻게 밝혀주는지에 대해 각별히 주시해보겠다. 이 모든 것들은 궁극적으로 하나의 자기가 그의 수많은 타자들과 접속하면서 형성되는 과정에 관해 어떤 것을 말해준다. 여기서 나의 관심은 이 접합들이 주재자들의 영역에서 표현됨으로써 어떻게 생각하는 숲의 살아있는-미래의 논리—인간적인 것을 넘어선 인류학으로 우리를 이끌어주는 논리—를 증폭시키며 또 개념적으로 이용 가능하게 만드는지를 이해하는 것이다.

오스왈도가 숲에서 한순간 백인 경찰관이 될 수 있다는—어쩌면 되어야 한다는—것은 그의 미래의 자기가 지닌 어떤 측면이 특수하고 때로는 혼란스럽고 고통스럽기까지 한 방식으로 숲의 주재자들의 영역으로부터 되돌아와 그에게 영향을 준다는 것을 뜻한다. 이 과정에서 앞서 언급한 접합의 어떤 논리가 드러난다. 숲의 생명으로부터 창발하는 이 영적인 영역은 종의 분할선과 시간의 구분선을 가로지르는 무수히 많은 관계들의 산물이며 따라서 연속성과 가능성의 지대다. 그리하여 오스왈도의 생존은 이 영역에 접근할 수 있는 그의 능력에 달려 있다. 그렇지만 오스왈도의 생존은 또한 이 영적인 영역이 그 배치 속에 보존하고 있는 것이자 살아있는 미래를 가능케 해주는 수많은 부류의 죽은 자들과 수많은 부류의 죽음들에도 의존한다. 우리가 누구인지는 우리가 아닌 저 모든 자들과 밀접하게 관련되어 있다. 즉 우리는 우리를 "우리"로 만드는 이 수많은 타자들에게 영속적으로 우리 자신을 증여하고

있으며 또 빚지고 있다(Mauss 1990 [1950]).[4]

영적인 주재자들의 영역은 그 자신들의 세계를 살아가는 수많은 부류의 자기들에 관여하고 있는 루나족의 역사들로부터 창발하지만, 그것은 또한 이 관여의 역사들이 만들어낸 산물 이상의 어떤 것이다. 이 영역은 그에 앞서 도래한 생명과 깊이 관계하면서도 그것으로 환원되지 않는 일종의 사후세계다. 이런 의미에서 영적인 영역은 고유한 방식으로 창발하는 실재―자연적인 것도 엄밀히 문화적인 것도 아닌 실재―이다.

나는 이 창발적인 영묘한 영역을 그것이 품을 수 있는 희망의 정치뿐만 아니라 그 특수한 속성들의 일부가 드러나는 민족지적 현현顯現을 주의 깊게 주시하면서 탐구해보겠다. 나의 목적은 생각하는 숲이 드러내는 살아있는 논리에 관해서 살아있는 것 너머의 이 영역―숲이 제공하는 자기들의 풍요로운 생태학에서 창발하는 영역―이 우리에게 무엇을 말해줄 수 있는지를 더욱 일반적으로 성찰하는 것이다.

내가 여기서 행하듯이, 살아있는 것 너머로 감행하는 것은 내가 발전시키려고 하는 인간적인 것을 넘어선 인류학에서 특히 중요하다. 숲의 영적인 주재자들의 영역을 주시함으로써, 우리는 연속성이 무엇을 의미할 수 있으며 또 연속성을 위협하는 것과 대면하는 최상의 방법은 무엇인지를 더 잘 이해할 수 있기 때문이다. 간단히 말해 연속성, 성장, 나아가 "번영"에 관한 저 숲의 영들의 가르침에 귀 기울임으로써, 살아있는 미래를 살아가기 위한 더 좋은 방법을 "우리"가 어떻게 찾아낼 수 있는지를 생각해내는 또 다른 길이 우리에게 열릴 것이다.

언제나 이미 루나

FOIN, 즉 나포 지방의 루나족 공동체를 대표하는 연맹의 본부가 있는 다목적 홀에는 기묘한 벽화가 걸려 있다(그림 9). 이 벽화는 아마존의 야만성에서 유럽의 문명으로의 진보를 묘사한 것처럼 보인다. 일렬로 서 있는 다섯 남자들의 가장 왼편에는 바람총과 친지들을 불러 모으는 데 사용하는 나각처럼 생긴 것을 가지고 있는 긴 머리의 "야만적인" 인디오가 서 있다.[5] 그는 음경 주머니, 얼굴 분장, 목걸이, 완장, 팔찌, 머리띠를 착용하고 있지만, 그의 모습은 "벌거벗었다"고 할 만하다. 그 옆의 남자는 샅바를 두르고 있으며, 그의 뒤의 지면에는 뿔이 놓여 있다. 말하자면 그도 앞서의 남자와 거의 다를 바가 없다. 그 옆에는 19세기 후반 루나족의 복장 그대로 짧은 바지와 소매 없는 티를 입은 남자가 서 있다. 그는 약간의 얼굴 분장을 하고 있고 바람총을 등 뒤에 숨기려 한다. 그다음 남자는 그보다 진보해서 옷을 다 입었다. 그는 구두, 긴 바지, 그리고 청결한 흰색의 반소매 셔츠까지 갖춰 입었다. 앞서의 남자들이 머리는 작고 목은 짧고 팔뚝은 굵었던 것과는 달리, 잘생긴 용모의 이 남자의 신체는 균형 잡혀 있다. 바로 전 남자가 부끄러워했던 바람총은 이제 그의 뒤편에 버려져 있다. 그는 또한 희미한 미소를 띠고 있는 유일한 남자다. 이 인물상은 1970, 80년대의 노동조합에 영향력을 발휘한 FOIN의 지도자층, 즉 국제 NGO들이 유입되기 이전 시대에 출현한 지도층이자 문화적으로 혹은 환경적으로 "의식 있는" 지도층에 대해 현대의 루나족 남성들이 품고 있는 이미지의 전형이다. 그는 루나족 농장 노동자일 뿐, 인종적이지도 엘리트적이지도 않으며 숲에도 도시에도

그림 9. "짐승을 인간으로, 그리고 인간을 기독교도로 만들기"(Figueroa 1986 [1661]: 249). 1980년대 후반 FOIN 본부에 걸린 이 벽화는 식민지 사업의 유산을 양가적으로 잘 묘사하고 있다. 저자 촬영.

속하지 않는다. 무시간적인 야만성의 버려진 장식물들로 흐트러진 배경 속에서 이제 막 등장한 마지막 인물은 안경을 쓰고 정장을 입고 넥타이를 매고 있다. 그의 머리는 정중앙의 가르마로 잘 빗겨져 있고, 콧수염은 연필로 그린 듯하다─백인에게는 전혀 문제가 되지 않는 징그러우면서도 엄청나게 수북한 얼굴 털은 세심하게 잘 정돈되어 있다. 그의 체형은 많은 시간을 실내에서 보내는 듯 날씬하다. 그는 엄숙한 표정을 짓고 있으며 긴장한 것 같다. 오른손에는 서류가방을 들고 있다. 왼팔에 찬 손목시계는 이 남자도 그 일부가 된 선형적인 시간성 안에서 그가 하루의 일분일초도 헛되이 보내지 않음을 말해준다.

1980년대 후반 나는 **FOIN**에서 봉사활동을 했으며, 그 기간 동안 본부에 살았다. 이 벽화는 본부 건물 내부의 한쪽 벽면을 장식했다. 어느 날 저녁 워크숍의 종료를 축하하기 위해 참가자들이 본부에서 파티를 열었다. 그들 대부분은 아빌라보다 훨씬 도회적이며 숲과는 거리가 먼 도시인 테나와 아르치도나 그리고 그 주변 마을들에서 온 루나족 남녀들이었다. 벽화는 그날 밤 내내 하나의 농담거리로 사람들의 입에 오르내렸다. 종종 예외 없이 꼭 남성들이 자신이 물려받은 술고래 유전자를 보여주기 위해 잘생긴 루나족 남자의 왼편에 서 있는 "야만적인" 인디오들을 가리키곤 했다.

이 벽화는 이 지역의 선교사와 개척민 모두를 선도한 원시주의의 서사를 웅변한다. 즉 유럽인이 도래하기 전에 아마존의 선주민들은 그저 벌거벗은 "야생의 야만인들"이었다는 것이다. 식민지 시기와 초기 공화국 시기를 거쳐 오늘날까지 이어져온 "길들이기" 과정을 통해 이 야생의 야만인들 중 일부는 문명화되고 옷을 입고 단혼을 하고 소금을 먹고 더 이상 위협적이지 않은 루나족이 되었다. 식민지적 용어법을 빌리면, 그들은 **인디오스 만소스**indios mansos, 즉 순화된 인디오가 되었다 (Taylor 1999). 이 논리에 따르면, 원초적인 야생의 기질은 지금도 고립된 지역에서 발견된다. 살인을 저지르고 복혼을 하며 옷을 입지 않는 종족 집단으로 알려진 우아오라니족(때로는 케추아어에서 멸시의 뜻을 담고 있는 아우카족Auca이라는 이름으로 불리기도 한다)의 일부 구성원들은 이 벽화의 가장 왼쪽에 묘사된 야만성의 현대적인 모델을 제공한다.[6] 17세기의 예수회 사제인 프란시스코 데 피게로아Francisco de Figueroa는 특정 부류의 인격을 형성하려는 이 식민지적 프로젝트를 간단명료하게 기술했다. 그의 기록에 의하면, 선교의 목적은 아마존의 "짐승을 인간으로, 그리고 인간을 기독교도로 만드는" 데에 있었다(Figueroa 1986 [1661]: 249).[7] 그날 밤의 흥청거림은 이 프로젝트가 물려준 유산을 가지고 논 하나의 유희였다(Rogers 1995).

아빌라의 많은 사람들은 야만과 문명의 이러한 구별에 반대하지 않는다. 그들은 인간의 순리는 소금을 먹고 옷을 입고 살인 및 복혼을 하지 않는 것에 있음에 적극 동의한다(Muratorio 1987: 55). 그러나 그들은 이 특질들을 시간 속에 놓아두는 방법—나아가 놓아둘 것인가 말 것인가—에서 차이를 보인다. 선교사들은 이 특질들을 아마존의 거친 기질을 "길들이는" 점진적 과정의 결과로 보았다. 반면 아빌라 사람들에게 단혼과 소금 섭취와 같이 "문명화된" 속성은 루나족이 지닌 태곳적 인간성의 한 측면이다. 루나족은 언제나 이미 문명인이었다.

아빌라의 홍수 신화는 이를 잘 설명해준다. 옛날 대홍수가 온 대지를 휩쓸었을 때 많은 루나족들은 지역의 가장 높은 봉우리 중 하나인 야우아르 우르쿠Yahuar Urcu의 정상에 올라가 목숨을 부지하려 했다. 나머지 루나족들은 카누를 타고 도망치려 했다. 카누에 올라탄 여자들은 그들의 긴 머리카락을 땋아서 그때까지 물에 잠기지 않고 물 위로 드러난 나무꼭대기에 잡아매었다. 이렇게 묶은 매듭이 풀려버리자 카누는 하류로 휩쓸려 떠내려갔고 오늘날의 우아오라니족의 땅에 당도했다. 루나족들이 입은 옷은 결국 찢겨져 헤지고 소금도 바닥나고 말았다. 그들은 이제 사람들을 죽이기 시작했고 그래서 오늘날의 아우카족이 되었다. 즉 아우카족은 루나족이 기독교를 받아들이면서 진보하기 이전 상태의 원초적인 야만인이 아니다. 오히려 그들은 타락한 루나족이다. 그들 또한 한때는 소금을 먹고 옷을 입었던 평화적인 기독교 신자였다. 케추아어에서 **아우카**는 통상 "야만인" 또는 "불신자"로 번역되지만, 아우카족을 배교자로 생각하는 것이 더 적절할 것이다. 그들은 선조 루나족의 생활방식을 폐기한 자들이기 때문이다.[8] 루나족은 언제나 이미 루나였다. 이와 달리 "야만인"은 그들을 태운 카누가 물이 불어난 강에 휩쓸려 내려가 변치 않는 루나족의 고향으로부터 멀어진 탓에 그렇게 된 것이다. 즉 그들은 형식에서 떨어져 나가 시간 속으로 들어간 자들이다.

그러므로 원시주의적 벽화에 그려진 "루나족" 남자—그의 과거에 의해 형성되고 미래 속에서 지워지는—는 이 다른 부류의 존재, 곧 "언제나 이미" 아빌라 루나인 자와는 전혀 일치하지 않는다. 내가 말하려는 것은 다음과 같다. 아빌라 루나족이 보기에 이 벽화는 어딘가로 향하는 진보를 묘사하지 않는다. 그것은 계속해서 진행되는 끝없는 생성 속에서도 언제나 이미 그 자신으로 존재하는 어떤 핵심적인 인물상—루나족의 자기—을 둘러싸고 계속해서 순회하며 변주되는 목적 없는 과정을 보여준다. 이 끊임없이 변화하는 자기, 나아가 그의 과거 및 잠재적인 미래의 예시들과도 연속하는 자기는 자기들의 생태학 속에서 생명과 번영에 관한 중요한 무언가를 암시한다.

이름

우리는 **루나**와 같은 용어를 종족명, 즉 다른 자에게 이름 붙이는 데 사용하는 고유명사로 생각하는 경향이 있다. 이 책에서도 그런 방식으로 이 이름을 사용해왔다. 이러한 용어가 적절하다고 여겨지는 까닭은 현지 사람들이 자신을 표현하기 위해 사용하는 이름을 활용하는 것이 표준적인 인류학적 관행이기 때문이다. 이것은 우아오라니족을 경멸의 뜻이 담긴 케추아어 이름인 "아우카족"으로 지칭하지 않는 이유이기도 하다. 물론 적어도 지명으로 한정될 때에 아빌라에서 "루나"는 에콰도르 아마존에 거주하는 케추아어 원어민을 가리키는 종족명으로 사용된다. 예를 들어 "산호세 루나"San José Runa는 산호세 데 파야미노San José de Payamino 출신 사람들을 가리킨다. 그리고 산호세 데 파야미노 사람들은 아빌라의 이웃들을 "아빌라 루나"라고 부른다. 타자에게 이름 붙이기는 불가피하다.

그럼에도 불구하고 아빌라 사람들은 그들 자신에게 이름을 붙이지 않는다. 그들은 자신을 루나(혹은 아빌라 루나)로 부르지 않는다. 그들은 또한 동시대의 지역적, 특히 국민적 차원의 선주민 정치운동에서 널리 통용되는 종족명인 **키추아**Kichwa도 사용하지 않는다. 만약 우리가 "루나"를 이름표로 파악한다면—그것이 적절한 이름표인가만을 묻는다면—중요한 어떤 것을 보지 못하게 된다. 즉 루나족이 그들 자신에 대해 이름표를 사용하지 않는다는 점을 간과하게 되는 것이다. 단도직입적으로 말해 케추아어에서 루나는 그저 "사람"person을 뜻한다. 이것은 단지 하나의 종족명으로서, 즉 이름표로서 채택된 실질명사substantive로만 기능하지 않는다.

앞서의 벽화로 되돌아가면, "야만인"과 "백인" 사이에서 희미한 미소를 띠고 빳빳한 흰 셔츠를 입은 남자는 어떤 해석을 붙이든 "루나"다. 원시주의적 관점에서 보면 여기서의 "루나"는 하나의 종족명, 즉 한 부류의 존재가 다른 부류의 존재로 개조되는 역사적인 변형 과정 속에서 아직도 다른 부류의 존재가 되어가는 중인 그 중간지점을 나타내는 이름표다. 그러나 아빌라에서 이것은 다르게 받아들여진다. 빳빳한 흰 셔츠의 남자는 여전히 "루나"지만 그 이름표는 다른 어떤 것, 즉 그 남자를 산출한 문화 집단에서는 쉽게 이름 붙일 수 없는 어떤 것을 가리킨다. 이 남자는 결코 루나가 될 수 없다. 그는 언제나 이미 루나였다.

내가 말하려는 것은, 그리고 이 장의 전개에 따라서 더 분명해지기를 바라는 것은, 모든 존재가 자신을 사람person으로 보는 자기들의 우주적인 생태학 속에서 "루나"가 관계상의 주체의 위치를 더 정확하게 표시한다는 점이다. 여기서 "루나"는 형식과 연속하는 자기다. 모든 존재들은 그들 자신의 관점에서 보면 어떤 의미에서 "루나"다. 왜냐하면 '나'라고 "말할" 때에 그들은 자신을 "루나"처럼 경험하기 때문이다.

만약 우리가 "루나"를 실질명사로 다룬다면 그것이 사실상 인칭 대명사처럼 기능하는 양상을 놓치게 된다. 보통 우리는 대명사를 명사의 위치를 점하는 단어로 생각한다. 그러나 퍼스는 우리가 이 관계를 뒤집는다는 것을 보여주었다. 대명사는 명사를 대신하는 것이 아니다. 오히려 대명사는 사물을 가리킴으로써 "가능한 가장 직접적인 방식으로 사물을 나타낸다". 명사는 간접적으로 자신의 참조항과 관계한다. 이 때문에 명사는 자신의 의미를 나타내기 위해 간접적인 지시 관계들에 궁극적으로 의존한다. 그래서 퍼스는 "명사는 대명사의 불완전한 대리자substitute"며 그 반대가 아니라고 결론지었다(Peirce 1998b: 15). 나는 여기서—아빌라에서 받아들이는—벽화의 주제인 루나 남성이 특수한 종류의 1인칭 대명사로, 즉 모든 도래할 가능성 속에서 '나', 혹은 아마도 더 정확하게는 '우리'로 기능한다는 것을 주장하려고 한다.

명사로서 "루나"는 "대명사의 불완전한 대리자"다. 그 불완전함 속에서 그것은 '우리'가 될 때에 관계하는 모든 타자의 흔적을 운반한다. 그것이 무엇인지 그리고 무엇이 될 수 있는지는 그것이 획득한 모든 술어부—소금 섭취, 복혼 등등—를 통해 형상화된다. 그것이 이 모든 것들의 총합 이상의 어떤 것이라고 할지라도 그러하다.

'나'는 항상 어떤 의미에서 비가시적이다. 반면 타자—대상화된 '그', '그녀', '그것'—는 보일 수 있고 이름 붙일 수 있다. 3인칭—타자—은 퍼스의 이차성에 대응한다는 것을 언급해 두어야겠다. 그것은 우리의 외부에 위치하기 때문에 감지 가능하고 가시적이며 현실적인 것이다(1장 참조). 이것은 왜 아마존의 자기들의 생태학에서 자기 명명이 그렇게 드문 일인가를 부분적으로 설명해준다. 비베이루스 지 카스트루가 말했듯이, 이름 붙이기는 실제로 타자를 위해 마련된 것이다. "종족명은 제3자를 위한 이름이다. 그것은 '그들'의 범주에 속하기 때문에 '우리'의 범주가 아니다"(Viveiros de Castro 1998: 476). 따라서 문제는 어떤 종족명을 사용하는가가 아니라 어떤 종족명이든지 그것이 자기의 관점을 담아낼 수 있는가이다. 이름 붙이기는 대상화하는 행위이며 타자에 대해—'그것'에 대해—행하는 무엇이다.[9] 루나—나도 어느새 대상화의 이름표를 사용하고 있다—는 역사에 속한 '그것'이 아니다. 루나는 '나'이자 계속되는 '우리'의 일부로서 삶 속에서 살아남고 살아가며 번영하고 있다.

'나'-로서-루나, '우리'-로서-루나는 사물들의 인과적인 존재 방식 속에서 과거로부터 영향을 받는 하나의 사물이 아니다. 루나는 역사의 대상도 아니며 그 산물도 아니다. 루나는 이 인과적인 의미의 역사로부터 만들어지지 않는다. 그러나 물론 그들이 누구인지는 과거와의 어떤 친밀한 관계의 결과다.

이 관계는 그뿐만 아니라 또 다른 종류의 부재를 포함한다. 그것은 부재하는 죽은 자와의 관계다. 이 측면에서 루나는 대벌레로 알려진 아마존의 위장벌레, 즉 자신이 아닌 다른 모든 존재들 덕분에 나뭇가지와 분간할 수 없게 됨에 따라 점차 보이지 않게 된 벌레와 닮아 있다. 조금 덜 "나뭇가지 같은" 다른 대벌레들은 가시적이며 그 가시성 속에서 그들은 감지 가능해지고 포식의 실제 대상—타자들, '그것들'—이 되지만, 여전히 비가시적으로 남아 있는 대벌레들의 잠재적인 미래의 계보는 이러한 타자들에 의해 (이 구성적인 부재 덕분에) 숨겨지고 또 그 타자들에 사로잡힌 채로 계속해서 이어진다.

주인

하나의 '나'로서, 루나로서 오스왈도의 연속성은 그가 푸마—포식자—이기를 요구한다. 친구 집 문 앞에서 잘린 머리털로 뒤덮인 경찰관과 만났을 때, 그는 사냥꾼이어야 했고 자신이 그렇게 될까봐 두려워하는 사냥감 페커리여서는 안 되었다. 푸마는 종종 재규어—그 전형적인 사례—로 실체화된다는 점을 떠올려보자. 그러나 더 정확히 말하면 푸마는 자기의 관계적인 위치를 표시한다. 즉 이 자기가 포식을 통해 창출하는 다른 자기들과의 대상화하는 관계 덕분에, '나'로서 지속하고 '나'로서 살아가는 '나'를 나타낸다. 그렇게 "루나"처럼 푸마 또한 "대명사의 불완전한 대리자"로 기능한다. 살아남으려면 오스왈도는 루나 푸마, 즉 재규어-인간이어야 한다.

아빌라에서 **루나 푸마**는 일종의 자기성숙과 동의어다. 많은 남성들, 그리고 많은 여성들 또한 일종의 푸마가 되도록 길러진다. 그리하여 사후에, 그들의 인간적인 피부가 매장된 후에 그들은 재규어의 신체로 들어가 하나의 자기로서 그리고 하나의 '나'로서 존속하게 된다. 스스로에게 비가시적인 '나'는 타자들을 먹잇감으로 볼 수 있으면서 이 타자들에게 포식자로 보일 수 있다. 그들은 죽은 뒤의 미래를 대비하기 위한 것일 뿐만 아니라 더 중요하게는 하나의 자기로서 계속해서 살아가는 현재의 능력을 이 미래의 푸마 또한 숙지하도록 푸마의 본성을 기른다. 즉 푸마-되기는 현세의 권력 강화의 한 형식이다.

그렇지만 포식은 얽히고설킨 관계 맺음의 형식이며 그 자체의 불안정성을 갖는다. 멧돼지를 죽이고 몇 개월 후 오스왈도는 또 다른 만남의 꿈을 꾸었다. 이 만남에서 그는 총을 갖고 있지 않았다. 가진 것이라고는 비어 있는 충전용 산탄총 카트리지뿐이었다. 그는 마치 그것이 바람총인 것처럼 카트리지 바닥의 작은 구멍을 입으로 불어서 어떻게든 사냥감을 쏘려고 했다.[10] 그는 이런 식으로 쏜 "먹잇감"이 멧돼지가 아니라 로레토에 사는 친구라는 것을 불현듯 알아차리고 당황했다. 목덜미에 상처를 입은 이 친구는 자신의 집으로 피신했고 잠시 후 다시 나타났다. 그런데 이번에는 무기를 가지고 오스왈도를 쫓아왔다. 이처럼 포식에는 제어불능의 무질서하고 몰도덕적인 어떤 것이 있다. 그것은 당신을 괴롭히려고 다시 돌아오는 권력과 같은 것이다.

1920년대 나포 강 출신의 루나족은 탐험가이자 민족지학자인 마르키스 로베르 드 와브린Marquis Robert de Wavrin에게 수 세대 전에 몇몇 샤먼들이 재규어의 모피—"검은 모피, 얼룩무늬 모피, 노란 모피"—를 몸에 두르고 푸마가 됨으로써 어떻게 스페인의 지배로부터 벗어났는지를 말해주었다. 그들은 숲 속 깊은 곳으로 들어가 포식자로 살아가면서 스페인인의 지배에서 빠져나오려 했지만, 결국에는 동료 루나족까지 공격하기 시작했다—처음에는 숲에 뛰어든 불운한 사냥꾼을 사냥했으며 그다음에는 루나족 마을을 습격했다(Wavrin 1927: 328 - 29).

아마존에서 관계를 맺는 데에 포식이 이처럼 중요한 의미를 갖게 된 이유에 대해서는 충분히 해명되지 않고 있다. 물론 그 외에도 수많은 종-횡단적인 관계 맺음의 형식이 존재한다. 예를 들어 흡혈성의 파리 떼가 그 전까지 달라붙어 피를 빨았던 오스왈도의 사냥감을 떠나 새로운 숙주로 옮겨감에 따라, 오스왈도와 나의 피가 서로 섞이고 숲 속 페커리의 피와도 서로 섞이는 것은 기생적인—포식적이지 않은—관계를 통한 것이다. 그러나 분명한 것은 포식이 사냥과 공명하는 만큼 식민지적 과거 및 그 산물인 사회적 위계와도 공명한다는 점이다. 포식자로 존재한다는 것, 그래야만 한다는 것은 포식 그 자체의 양가성에서 결코 자유로울 수 없는 끔찍한 전망이다.

오스왈도가 성공한 사냥꾼이 되기 위해서는, 다시 말해 그가 살아남기 위해서는 포식자가 되는 것만으로 충분치 않다. 그는 또한 "백인"이어야 한다. 즉 백인이 사냥꾼이라면—루나족을 먹잇감으로 삼았던 백인의 역사를 고려하면 이것은 틀림없는 사실인데, 고무 붐이 일었던 시기에 백인은 개를 앞세워 루나족의 선조를 사냥하고 노예로 부렸다―오스왈도 또한 그 자신을 하나의 '나'로서 볼 때 이 입장에 있어야만 한다. 그것 이외의 선택지는 대상이 되는 것뿐이다. 루나는 언제나 이미 루나이고 푸마이자 또한 "백인"이어야 한다.

더 정확하게 말하면, 그들은 백인이라기보다 언제나 이미 주인, 즉 아모여야 한다. 아모amo란 스페인어로 "주재자", "주인", "우두머리"를 뜻하며, 그와 동시에 전통적으로 대농장의 소유주와 정부 관료를 가리키는 용어로도 사용되어왔다. 이 호칭이 표시하는 권력은 불가피하게 백인성whiteness과 연결된다. 예를 들어 19세기 중엽 아프리카계의 고요 Goyo라는 이름의 남자가 (당시에는 오리엔테 지방으로 알려진) 아마존 지역의 어느 행정구의 지사로 임명되었다. 이 신임지사는 흑인이었기 때문에 루나족은 그를 주재자로 받아들이기를 거부했다. 그래서 그는 전임지사인 마누엘 라세르다Manuel Lazerda에게 지사직을 계속 이어가기를 요청할 수밖에 없었다. 라세르다는 이에 관해 다음과 같이 보고했다.

인디오들은 흑인이 지옥에 떨어져서 지옥불에 새카맣게 탄 것이라고 그렇게 믿고 있다. 그들은 절대로 고요에게 복종하지 않을 것이다. 나는 고요의 친구이므로 그의 부탁을 받아들이겠다. 수입[주로 인디오에게 강매한 상품에서 얻은 수입]을 둘로 나누겠다. 반은 내가 갖고 반은 그에게 주겠다. 그는 혼자서 이 일을 할 수 없다. 교의를 받아들인 인디오는 고요를 자신의 아푸apu로서 결코 인정하지 않을 것이다.

―아푸란 무엇인가?
―아모를 뜻하오, 세뇨르. 나는 그들을 위해 그들의 진정한 주재자이자

주인이 될 것이오. (Avendaño 1985 [1861]: 152)

아빌라에서는 지금도 **아모**─케추아어로는 **아무**amu─는 백인, "진정한" 주재자, 주인과 불가분하게 결합되어 있다. 그러나 아무는 또한 외부의 더 넓은 시야의 위치에 있는 것으로 인식되는 또 다른 '나'의 퍼스펙티브를 표시한다. 그리고 "루나"와 "푸마"처럼 그것은 "대명사의 불완전한 대리자"로 기능한다. 즉 아무는 대명사로 기능하지만, 그 과정에서 그것과 연결된 식민지적 지배의 역사와 연합하는 모든 술어부를 일깨운다.

다음은 앞서 3장에서 다루었던 나르시사와 사슴의 만남에 대해 나르시사가 어떻게 회상하는지를 보여준다. 그녀는 가족과 함께 숲에서 몇 마리의 마자마사슴을 만났고 그에 앞서 좋은 징조를 알려주는 꿈을 꾸었다.

"cunanca huañuchichinga ranita," yanica amuca
"그래서 그가 그것을 죽일 수 있을 거야"라고 나─아무─는 생각했다

그녀가 앞선 대화에서 "길몽"으로 묘사한 꿈 덕분에 그녀는 적어도 그들이 마주친 사슴들 중 한 마리를 남편이 수월하게 죽일 수 있을 것이라고 확신했다. 여기서 **아무**amu는 화제-표지 접미사인 **카**-ca와 조합되어 (그녀의 대화 상대방이 기대했을 법한 남편의 행위가 아니라) 그녀의 꿈이 중요한 것이었음을 강조한다.[11] 사슴을 쏘았던 그녀의 남편은 단지 그녀의 행위주체성의 직접적인 확장 부분이었다. 이것이 바로 그녀─아무─

가 이 구문의 화제인 이유이다. **아무카**amuca는 그날 숲에서 일어난 사건을 그녀의 행위주체성을 중심으로 이해해야 한다는, 전혀 예상치 못했던 사실에 주목하라고 우리에게 말한다. 총을 가진 남편이 아니라 꿈을 꾼 그녀의 자기(어느 정도 외부적인 위치에 있는 아무로서 간주될 수 있는, 그녀의 이야기하는 자기)야말로 원인의 처소다. 처음부터 그리고 지금까지도 "백인 주인"을 뜻하는 이 단어가 이 사실을 의미하는 데 사용되는 것은 결코 우연이 아니다.

단지 인간적인 자기들뿐만 아니라 모든 자기들이 '나'이기 때문에, **아무**는 또한 동물들의 주관적인 관점을 표시한다. 막시Maxi가 사냥-맹hunting blind의 상태에서 어떻게 아구티를 쏘았는지를 루이사에게 묘사한 후 루이사는 그에게 이렇게 물었다.

amuca api tucuscachu
그래서 아무[즉, 아구티]는 총에 맞았어?

막시는 답했다. "그래, 등뼈 한가운데에." 루이사는 "**티아스**"tias라고 말하며 끼어들었다. 이 말은 불운한 아구티의 살과 뼈를 보기 좋게 관통한 총알을 모방하는 소리 이미지로(1장 참조), "제대로 뚫고 지나갔다"는 뜻이다.[12] 이 대화 속에서 **아무카**는 이야기의 화제를 막시의 행위에서 '나'-로서-아구티의 운명으로 이동시킨다.

라세르다가 목격한 것처럼, 루나족이 백인에게만 부여했던 경칭인 **아무**라는 용어는 이제 모든 루나의 '나'를 가리킨다. 그러나 인간뿐만 아니라 모든 존재들이 그들 자신을 '나'로서 (그러므로 어떤 의미에서는 루나로서) 보기 때문에, 그에 따라 그들 또한 자신을 주재자로서 보게 된다. 백인성은 이제 '나'라고 "말할" 때에 자기에 대해 느끼는 각자의 감각으로부터 분리될 수 없는 것으로 이해된다. '나'라고 "말하는" 자기가 반드시 인간이 아니라 할지라도 말이다.

아무는 루나와 푸마처럼 주체의 위치를 표시한다. 이 모든 명사들은 제각기 백인, 선주민, 동물의 정수를 표시하지만, 그와 더불어 더 넓은 시야의 위치—'나'의 위치—를 표시한다. 아무라는 용어는 특정한 신체적인 특징과 특정한 권력 위계 내 위치를 가진 특정한 사람들과의 그 역사적인 연합을 놓치지 않으면서도, (실제로 이 축적된 연합들 때문에) 어떠한 자기의 관점이라도 표시할 수 있게 되었다. 이 자기들의 생태학 속에서 살아있는 '나', 자기, 자기로서의 모든 자기는 아무이다. 그러한 자기는 정의상 주재자이며 따라서 어떤 의미에서는 "백인"이다.

이 특정한 "대명사의 불완전한 대리자"에는 독특한 성질이 있다. 푸마(혹은 백인)와 더불어 아무는 위계를 환기시킨다. 그러나 아무는 산 자의 차원을 넘어선 차원 속으로 자기를 내던지듯이 그렇게 한다. 그리고 이 사실은 연속성 속에서 하나의 '나'가 된다는 것이 무엇인지를 나타내는 데에 중요한 함의를 가진다.

경찰관에 대한 오스왈도의 양가적인 관계처럼, 루나족은 "모든 것의 주재자"인 동시에 명백히 그렇지 않다. 아무는 자기가 스스로와 관계를 맺음으로써 가지게 되는 분리되고 소외되는 본성의 어떤 측면을 담고 있다. 주재자는 루나족과 더불어 산 자의 영역뿐만 아니라 생명 너머로 이어지는 저 영역들의 바로 그곳에 언제나 이미 존재해왔다. 동물을 통제하면서 숲 속 깊은 곳의 언제나 이미 저 무시간적인 영역에 살고 있는 영들은 아빌라에서 수많은 이름을 갖고 있지만, 그들은 주로 간단하게 "주재자들"—아무-구나amu-guna—로 불린다. 이 숲의 주재자들은 꿈과 환상 속에서 고무 농장의 백인 지주 혹은 이탈리아인 사제로서 루나족에게 나타난다. 주재자들이 차지하는 더 넓은 시야의 위치에 서면—루나족이 그곳에 거하려고 애쓸 때—루나족은 사냥에 성공할 수 있다. 오스왈도가 자신의 꿈에서 나온 백인 경찰관임을 인정하게 될 때, 그는 테나 혹은 코카 등의 시내 상점가를 걷는 관리들 중 하나가 될 뿐만 아니라 숲의 주재자들 중 하나가 되며, 이 과정에서 어떤 식으로든 이러한 영들의 영역에 거하게 된다.

　루나족은 언제나 이미 루나이므로, 주재자들의 무시간적인 영역에 살고 있는 이러한 형상들과 언제나 이미 친밀하게 관계하고 있다. 신화의 시대에 주재자들은 기독교 사도의 한 무리로서 "문화 영웅"의 역할을 맡아 지상을 걸어 다녔고 루나족을 인도했다. 그렇게 주재자들은 언제나 이미 그곳에 있었다.[13] 주재자-사도의 인도를 받는 것은 분리와 소외가 뒤섞인 다소간의 친밀감을 포함한다. 20세기 초엽에 나포 지방의 루나족이 이야기한 홍수 신화에 의하면(Wavrin 1927: 329), 신화의 시대에 아마존은 신과 성인들이 더불어 사는 땅이었다. 물이 불어 범람하자 신은 증기선을 만들어서 그것을 타고 성인들과 함께 천국으로 도망쳤다. 물이 다 빠진 후 이제는 사용하지 않게 된 신의 배가 이방인들의 땅에서 깨끗이 씻겼다. 이방인들은 이 배를 뜯어본 후 다른 기계와 마찬가지로 배 만드는 방법을 습득했다. 근대 기술의 최초 소유자는 백인의 신들이었지만, 그들은 또한 언제나 이미 아마존에 살고 있으며 루나족의 삶과 떨어져 있는 것 같지만 친밀하다.

친밀함과 떨어짐 사이에 있는 이 관계성이 무엇을 의미하는지를 설명해보겠다. '나'라고 "말할" 때 루나족이 아무라는 것(그리고 루나족이 또한 언제나 이미 그 영역에 살고 있는 저 아무와 친밀하지만 떨어져 있고 또 때로는 종속적인 관계에 놓여 있다는 것)은 자기를 배분하고 그것을 계승하는 예시화들로 갈라지는 저 분절의 고통을 표시한다.

이렇게 자기를 계승하는 예시화들에 관해서는 브라질 중앙 아마존의 제Gê족과 투피 과라니Tupi Guarani족에 대해 현지조사를 진행한 언어인류학자들이 다룬 바 있다. 그들에 따르면, 어떤 서사적 연행에서 사용된 1인칭 단수―'나'―는 때때로 신화 혹은 노래를 연행하는 피부에-싸인 자기를 가리킬 수 있다. 반면 다른 때에 그것은 인용구를 통해 피부에-싸인 다른 자기들을 가리킬 수 있고, 또 다른 때에는 연행자와 연행자의 선조 모두를 포괄하는 계보를 넘어 분포하는 자기를 가리킬 수도 있다(Urban 1989; Graham 1995; Oakdale 2002; Turner 2007). 이 후자에 관해서는 그레그 어번(Urban 1989: 41)이 소클렝족Shokleng의 기원 신화를 이야기하는 화자가 그의 선조의 '나'로 신체화될 때 어떻게 무아지경의 상태에 들어가는지를 통해 묘사한 바 있다. 어번은 자기가 하나의 계보이기도 한 것처럼 행위하는 이 특수한 종류의 자기-참조를 "투사된 나"로 지칭한다. 그것은 "과거의 나"를 신체화함으로써 화자 또한 그의 자기―더 일반적으로 "창발적인" 자기들의 계보(42)의 일부가 되는 자기―의 "연속성"(45)을 신체화하기 때문에 투사적이다.[14] 즉 그의 '나'는 하나의 '우리'가 된다.

나의 주장은 아무가 이 "투사된 나"에 대해 중요한 어떤 것을 파악하고 있다는 것이다. 그것은 연속성 속의 자기―"무한한 가능성"을 갖는 "우리"—를 지시한다(Peirce CP 5.402; 1장 참조). 이 연속성은 단지 선조들에게로 소급되지 않는다. 그것은 미래를 향해서도 투사된다. 그리고 그것은 또한 어떻게 '나'가 '나-아닌-것'—살아있는 루나이면서 루나가 아닌 백인들, 영들, 죽은 자들—과 구성적으로 관계하는지를 포착한다.

미래에 있음

루나족의 자기는 언제나 이미 루나이며 푸마이고, 특히 언제나 이미 주재자, 즉 아무다. 이 자기는 그저 현재에만 위치한 것도 아니고 누적된 과거들의 단순한 산물도 아닌 영적인 영역에 항상 적어도 한 발을 걸치고 있다. 여기에는 형식의 기호적 논리가 있다. 내가 이 책의 1장에서 논했다시피, 기호는 살아있으며 모든 자기들은 인간이든 비인간이든 기호적이다. 가장 최소한의 의미에서 자기란 기호 해석을 위한—덧없는—처소다. 즉 자기는 그에 앞서는 저 기호들과 연속성 속에 있으면서도 또한 참신한 기호("해석체"라는 용어로 불릴 수 있다. 1장 참조)를 산출하는 처소다. 인간이든 비인간이든 단순하든 복잡하든, 자기는 기호 과정의 경유지다. 자기는 기호작용의 결과이며, 나아가 미래의 자기로 결실을 맺는 새로운 기호 해석의 출발점이다. 자기는 현재에 확고히 존재하지 않는다. 자기는 그것이 해석될 미래에 있는 해석의 처소들—미래의 기호적 자기들—에 의존하기 때문에 "시간의 흐름 속에서 때마침 삶을 시작한다"(Peirce CP 5.421).

따라서 모든 기호작용은 미래를 창출한다. 이것은 자기에 특유한 어떤 것이다. 인간이든 비인간이든 기호적 자기로 있는 것은 퍼스가 "미래에 있음"being *in futuro*(CP 2.86)이라고 부른 것을 포함한다. 즉 자기들의 영역에서는 활기 없는 세계에서와는 반대로, 현재에 영향을 주는 것은 과거만이 아니다. 이 장의 도입부에서 논했다시피, 미래 또한 재-현전됨으로써 현재에 영향을 준다(CP 1.325; CP 6.127, 6.70).[15] 그리고 이것이 자기의 핵심이다. 미래 그리고 미래가 현재로 들어오는 방식은 과거가 현재에 영향을 주는 인과관계의 역동성으로 환원되지 않는다. "추측"으로서 기호는 가능한 미래를 재-현전하며, 이러한 매개를 통해 현재가 품을 수 있는 미래를 현재에 들여온다. 현재에 대한 미래의 영향력은 고유한 방식의 실재성을 갖는다(CP 8.330). 그리고 바로 이것이 자기가 세계 속에서 독특한 존재인 이유이다.

퍼스는 과거—원인과 결과의 소산—를 고정된 것 혹은 "죽은 것"이라고 간주한다. 반면 미래에 있는 것은 "살아있는 것"이며 "빚어질 수 있는 것"이다(CP 8.330). 모든 기호작용은 성장하고 살아감에 따라 미래를 창출한다. 이 미래는 가상적이고 일반적이며 반드시 현존하는 것은 아니지만 그럼에도 불구하고 실재한다(CP 2.92). 모든 자기들은 이 "살아있는 미래"를 함께 나눈다(CP 8.194). 아빌라 주변의 숲처럼 라틴아메리카 대륙의 열대림은 생물학적 세계에서 전례를 찾아보기 어려울 만큼 기호적인 습관들을 증식시키며 또한 그 과정에서 미래들을 증식시킨다. 인간들—루나족과 외지인들—은 숲에 들어가 숲의 존재들과 관계하기 시작하면서 바로 여기에 발을 디딘다.

그러나 인간들이 창출하는 미래는 그러한 미래가 내포되어 있는 비상징적인 기호적 세계를 특징짓는 미래들과의 관계 속에서 창발한다. 아이콘 및 인덱스처럼 상징은 기호로서 기능하기 위해 잠재적으로 존재하게 될 미래의 기호에 의해 해석될 수 있어야 한다. 그러나 이와 더불어 상징은 바로 그것이 가진 성질 때문에 이 미래의 기호들에 의존한다. 상징의 "특징은 (…) 그 해석체의 도움을 받을 때만 실현될 수 있기"(CP 2.92) 때문이다. 예를 들어 '개'와 같은 단어의 음운적 성질은 자의적이며 오로지 그 이해와 해석의 맥락을 제공해주는 다른 단어들(및 대립적인 음운적 성질들)의 가상적이고 희미하지만 실재하는 거대한 영역과의 관습적인 관계에 의해서만 고정된다(CP 2.304; 2.292-93). 이와 달리 아이콘 및 인덱스는 자신들의 해석체와 구별되는 독립적인 성질을 보유한다(그러나 기호로서 기능하는 능력에 대해서는 그렇지 않다). 예를 들면 케추아어의 "추푸"와 같은 음향적 이미지의 아이콘은 물속으로 뛰어드는─추푸─개체들이 존재하지 않더라도 혹은 그것이 그렇게 뛰어드는 개체들이 내는 소리로 해석되든 말든, 그것을 의미 있는 것으로 만드는 음향적 성질을 보유한다. 마찬가지로 인덱스를 의미 있는 것으로 만드는 성질이 그 지시 대상과의 어떤 상관관계에 의존한다 해도, 아이콘처럼 인덱스는 기호로서 해석되지 않을 때조차 그 특성을 보유한다. 숲에서 쓰러지는 야자나무는 이 충돌을 위험의 인덱스로서 받아들이는 누군가가─겁 많은 양털원숭이조차─주변에 없을 때에도 여전히 어떤 소리를 만들어낸다(1장 참조). 요컨대 아이콘 및 인덱스와 달리 상징은 상징으로서 그 존재 자체가 그것을 해석하게 될, 반드시 현존하지는 않지만 그럼에도 실재하는 총체적인 기호 집합의 창발에 의존한다. 상징은 이중적으로 미래에 의존하는 것이다.

주재자들의 영역은 미래에 있음이라는 이 논리를 증폭시킨다. 이 논리는 모든 기호적인 생명에 중심적이며 그와 동시에 인간의 상징적인 기호작용에 의해 다른 어떤 것으로 바뀌기도 한다. 오스왈도가 살아 있는 기호로 남아 있기 위해서는 그 자신이 이처럼 가상적이지만 그럼에도 실재하는 주재자들의 영역—살아남기 위해 '그것'이 아니라 '나'로서 대해질 필요가 있는 영역—에 의해 해석될 수 있어야 한다. 간단히 말해 그는 주재자에 의해 '너'로 불릴 능력을 갖춰야 한다. 그리고 이것은 주재자들의 영역에서 실제로 그 역시도 미래를 향해 있는 하나의 '나'가 될 때만이 가능하다.

주재자들의 이 가상의 영역은 물리적으로 숲 속 깊이 위치한다. 그 것은 숲의 살아있는 자기들의 생태학—미래로 증식하는 네트워크들을 스스로 창출하는 생태학—에서 창발한다. 이 증식하는 네트워크들이 주재자들이 속한 미래의 영역을 형성하게 된다. 그래서 이 영적인 영역은 그 영역에 참여하는 인간들의 언어 혹은 문화의 관점만으로는 설명할 수 없는 방식으로 "살아있는 미래"의 논리를 담아낸다. 그리고 이것은 이 영역을 비상징적인 비인간 세계에 대한 상징적인 주석 이상의 것으로 만든다.

아무란 미래를 만드는 습관들의 성장하는 집합체이자 인간적이지 않은 수많은 것들로 충만한 자기들의 생태학 속에서 하나의 자기로 존재하는, 식민지적으로 굴절된 특정한 방식이라고 말할 수 있다. 이 과정에서 아무는 어떻게 살아있는 미래가 그 특수한 속성들을 생명에 부여하는가를 그리고 어떻게 이것이 과거에 연루된 (그러나 과거로 환원되지 않는) 역동성을 포함하는가를 가시화한다. 이를 통해 아무와 그 힘을 이끌어내는 영적인 영역은 생명에 관한 일반적인 어떤 것—즉 미래에 있음이라는 생명의 성질—을 증폭시킨다. 그럼으로써 이 영역은 생명의 성질을 단계적으로 상승시킨다. 즉 주재자들의 영적인 영역은 생명 그 자체보다 미래에 "좀 더" 가깝다. 영들의 영역은 이 살아있는 미래의 논리를 증폭시키고 일반화하며 나아가 이 논리로 일상의 정치적이고 실존적인 문제, 즉 생존의 문제를 풀어낸다.

사후

18세기 아마존 강 상류 유역에 있었던 페바족Peba으로 알려진 어느 종족의 사후세계관에 관해 예수회 사제인 후안 마그닌(Magnin 1988 [1740]: 477)은 격노를 띤 다음의 보고서를 제출했다. "이 건에 관한 그들의 견해는 명쾌하다. 그들이 말하기로는 (⋯) 그들은 모두 성자다. 그들 중 어느 누구도 지옥에 가지 않을 것이다. 대신 그들은 그들과 같은 성자인 친척들이 있는 천국에 갈 것이다." 선교사들은 페바족이 그러했듯이 루나족 및 그 외 아마존 강 상류 유역의 선주민 조상들에게 별로 힘들이지 않고 천국을 이해시킬 수 있었다. 그러나 선교사들은 현지인들이 사후세계를 숲 속에 펼쳐진 너무나 세속적으로 풍요로운 세계로서 이해하려는 고집을 꺾지 않으려는 것을 발견하고는 유감을 떨쳐낼 수 없었다. 루나족들 사이에서 활동한 어느 선교사의 곤혹스러운 관찰에 의하면, 그곳에는 "물보다 물고기가 많은 강"이 흐르고 또 가장 중요하게는 "천문학적인 양"의 마니옥 맥주가 있다(Porras 1955: 153). 17세기와 18세기의 서술은 오늘날의 서술과도 공명한다. 인디오들이 "결코 죽지 않는"

(Figueroa 1986 [1661]: 282) "저 세상의 삶"에서는 "마니옥이 아주 많고 고기와 음료수를 원 없이"(Magnin 1988 [1740]: 477) 손에 넣을 수 있다.[16] 그곳은 "철제도끼, 교역용 구슬, 원숭이로 차고 넘치며, 술잔치, 나팔과 북이 끊이지 않는" 곳이다(Magnin 1988 [1740]: 490; Maroni 1988 [1738]: 173).

지옥에 관한 이야기는 이와 완전히 다르다. 많은 아마존 강 상류 유역의 선주민들은 현세에서 지은 죄에 대한 개인적인 처벌의 형식으로서 지옥을 상정하려 하지 않았다. 이것은 마그닌 신부를 비롯해서 그 이전의 선교사들에게 풀리지 않는 고민거리였다. 오랜 세월에 걸쳐 수없이 제출된 보고서들이 증언하듯이, 루나족에게 지옥은 조금도 끼어들 틈이 없다.[17] 그들에 따르면, 지옥은 타자들, 그중에서도 백인과 흑인이 고난을 겪는 곳이다.[18]

벤투라의 어머니 로사가 죽은 후, 그녀는 영적인 주재자들의 세계 "내부"로 갔다(3장, 5장 참조). 그녀는 저 주인들 중 하나와 결혼했고 그들 중 하나, 즉 아무가 되었다. 그녀의 낡고 헤진—뱀이 허물 벗듯 벗어버린—신체가 자식들이 매장하도록 남겨진 그녀의 모든 것이었다. 벤투라의 어머니는 고령으로 죽었지만, 아들은 이제 그녀가 주재자들의 영역에서 영원한 젊음을 누리며 살고 있다고 설명했다. 앨런 긴즈버그가 어머니의 죽음을 추억하는 불경스러운 추모시에서 썼듯이, "당신처럼 낡은 비상계단 / 당신은 이제 나이를 먹지 않아, 나와 함께 여기에 남을 테니까." 벤투라의 어머니도 이제 늙지 않는다. 다시는 죽지 않을 것이며 고통을 겪을 일도 없을 것이다. 그녀는 솜털이 채 가시지 않은 그녀의 손녀처럼 또다시—그리고 영원히—젊음을 가졌다.[19] 아들에게 남겨진 것은 녹슨 비상계단처럼 노후한 그녀의 신체뿐이었다.

로사는 주재자가 됨으로써 어떤 의미에서 성자가 되었다. 그녀는 사냥감과 맥주, 현세의 부로 넘쳐나는, 숲 속 깊은 곳에 있는 키토의 끝없이 풍요로운 저 세계에 영원토록 살기 위해 떠났다. 그녀는 결코 지옥에 간 것이 아니고 두 번 다시 고통을 겪지 않을 것이며 영원히 자유로울 것이다. 앞 장에서 논한 것처럼 로사는 시간의 영향, 즉 현재에 대한 과거의 영향이 희박한 형식—언제나 이미 있는 주재자들의 영역—의 내부에 들어갔다. 물론 로사는 유일한 성자가 아니다. "우리 모두는 성자"라고 주장하여 18세기 예수회 선교사를 크게 실망시킨 페바족 인디오들도 있다.

로사가 성자라는 이 주장을 나는 해명해보고 싶다. 나아가 우리의 자기들이 모두 성자일 수 있는 가능성을 탐색해보고자 한다. 이를 위해서는 로사와 같은 자기들이 가상적이며 "미래에 있는" 창발하는 주재자들의 영역과 맺는 관계를 주시해보아야 한다. 주재자들의 영역은 미래 가능성의 영역이며 이 속에서 하나의 '나', 하나의 자기로 존재한다는 것은 수많은 부류의 죽은 자들, 그들의 수많은 부류의 신체들, 그리고 그 많은 죽음들이 지닌 각각의 역사에 의해 형상화된다는 것이기도 하다. 그러나 로사가 정말로 주재자로서, 또 어쩌면 성자로서 계속 존재한다는 것은 단지 이 타자들의 직접적인 효과에 의한 것만이 아니다. 왜냐하면 그녀의 연속성은 오로지 그들과의 부정적인 관계를 통해서만 가능해지기 때문이다. 그녀의 연속성은 저 모든 타자들의 감지 가능한 현존으로부터 직접적으로 영향을 받은 것이 아니라 오히려 저 타자들의 구성적인 부재에 의한 결과이다. 이에 대해 다음 절에서 더욱 분명히 밝혀보겠다.

죽은 자의 가늠할 수 없는 무게

어느 날 후아니쿠는 물고기의 미끼로 쓸 벌레를 모으기 위해 그의 개들과 함께 숲에 갔다가 큰개미핥기로부터 치명상을 입었다. 이 상처로 인해 그는 거의 죽을 뻔했다. 큰개미핥기는 위험에 몰리면 뒷발로 딛고 일어나 앞발의 휘어진 큰 발톱으로 휘갈긴다고 알려져 있으며 실제로도 어마어마한 생명체이다. 심지어 재규어도 그들을 무서워한다고 한다 (3장 참조). 후아니쿠는 자신의 불운을 그와 교전 중의 적수인 샤먼의 탓으로 돌렸고, 보다 세속적으로는 그 동물로 자신을 이끈 개들을 탓했다 (개들은 후아니쿠를 따라나설 것이 아니라 집에 있어야 했다). 후아니쿠는 이 두 가지 설명 사이에서 오락가락했지만 절대로 자신을 탓하지는 않았다. '나'-로서-후아니쿠는 결코 스스로를 해칠 수 없다. 오직 타자만이 그렇게 할 수 있다.

내가 좋아했던 아빌라의 어느 젊은 남자가 우아타라쿠Huataracu 강에서 죽임을 당했다. 그의 유체는 깊은 강바닥에서 끌어올려졌다. 그의 가슴은 찢겨 있었다. 그는 다이너마이트를 터뜨려 물고기를 잡다가 죽었다. 이에 대해 아무도 의심하지 않았다. 그런데 그의 죽음의 궁극적인 이유, 혹은 직접적인 사인에 대해서는 견해가 전혀 일치하지 않았다. 어떤 이들은 요술사 혹은 요술사가 자신의 적을 공격할 때 날리는 화살이나 아나콘다의 탓을 했다. 다른 이들은 그가 다이너마이트로 물고기를 잡은 그날의 정황들에 책임을 물었다. 즉 물고기를 요구한 그의 처남, 그에게 다이너마이트를 건네준 동료, 그를 강에 데리고 간 마을 사람들을 비난했다. 모두들 다른 사람의 잘못을 탓했다. 그러나 내가 들었던 예닐곱 개의 설명 중에 죽은 청년 탓으로 돌리는 것은 하나도 없었다.

전조前兆도 이와 비슷한 논리를 드러낸다. 카마라나 피스쿠camarana pishcu라는 일종의 개미때까치antshrike[20]는 군대개미들의 행진을 피해 다니는 벌레들을 잡아먹는데, 이 새가 집 주변에 나타나면 누군가가 죽는다고 한다. 이것은 개미때까치가 마치 아버지나 어머니가 죽을 때 자식이 슬피 울며 집 주변을 뱅뱅 도는 것처럼 비행하기 때문이다. 또 "무덤 파는" 말벌[21]이라는 이름으로 알려진 것이 있는데, 이 이름은 이 벌이 마비시킨 독거미나 큰 거미를 땅 속에 묻으며(Hogue 1993: 417) 마치 무덤을 파는 것처럼 그 과정에서 파낸 다량의 적토를 뱉어내는 모습에서 유래한다. 개미때까치와 마찬가지로 이 벌을 집 가까이에서 보면 친척이 죽게 된다는 것이다. 아빌라 사람들은 그러한 신호들(이런 전조들은 아주 많다)을[22] 타피아tapia, 즉 불길한 전조라고 부른다. 당초 나는 이것을 죽음의 전조라고 생각했지만, 나중에서야 그것이 더 구체적인 것을 지시한다는 사실을 알게 되었다. 즉 그러한 전조는 그것을 본 사람의 죽음이 아니라 타자의 죽음을 예언한다. 실제로 발견자의 죽음을 예지하는 전조는 전혀 존재하지 않는다.

이 사례들은 자기가 아닌 것에 대해 자기가 갖는 반직관적인 관계의 어떤 측면을 이야기해준다. 자기의 죽음은 형언할 수 없는 것이다. 왜냐하면 자기란 그저 생명의 연속됨이기 때문이다. 자기는 일반적인 것이다(1장 참조). 너무나도 견디기 어려운 것은 살아있는 자가 경험하는 타자의 죽음이다. 왜냐하면 그것은 감지 가능한 것이기 때문이다. "생명의 실타래가 삼차적인 것"인 반면 "그것을 끊어내는 운명은 그에 있어 이차적인 것"이라고 퍼스는 말했다(CP 1.337; 1장 참조).

지금까지 논한 상장喪葬의 전조는 타자—이차적인 것, 사물—가 되는 어떤 사람, 즉 더 이상 하나의 '나'가 아니고, 더 이상 관계-속의-'우리'를 이루는 일부일 수도 없으며, 잠시라도 그렇게 될 수 없는 어떤 사람과 연합된 고통을 대변한다. 살아있는 상주에게 죽음은 파열을 표시한다. 즉 죽은 자는 **수크 투누**shuc tunu 혹은 **시칸**shican—다른 것, 타자—이 된다. 3장에서 다뤘던 후리후리라는 악마에게 산 채로 잡아먹힌 남자에 관한 신화는 스스로를 그러한 사물로서 경험하게 될 때—그것은 우리가 실제로 사물이 될 때에는 결코 하지 않을 경험이다—예상되는 무시무시한 전망을 탐색한다.

그러나 혼은 그냥 죽지 않는다. 혼은 살아있는 자(및 그와 결부된 죽음들)가 창출하는 가상적인 미래의 영역에서 존속할 수 있다. 유대인이 죽은 자를 그리워하며 암송하는 전통적인 카디시는—긴즈버그의 불경한 버전과는 대조적으로—결코 죽음을 언급하지 않는다.[23] 죽음은 외부에서만 경험될 수 있다. 타자만이 생명의 실타래를 끊어낼 수 있다. 그리고 타자만이, 루나족에게는 다른 부류의 사람들만이, 특히 (본질적인 의미에서) 백인과 흑인만이 지옥에 간다.

가시성이 대상화—이차성—를 필요로 하고 이차성이 살아있는 자기의 결정적인 어떤 측면을 간과한다는 의미에서, 자기는 항상 그 자신에게 부분적으로 비가시적이다. '나'가 '나'인 것은 형식 안에 있기 때문이다—즉 자신의 그 어떤 특정한 예시화도 초과하는 일반적인 존재 양식을 나누어가질 수 있기 때문이다. 로사가 주재자(그리고 성자)가 될 수 있다는 것이 그녀를 살아있는 자기로 만든다. 차이에 초점을 맞추는 인류학—"아닌 것들"과 "이차적인 것들"에 주목하는 인류학(2장 참조)—은 이러한 자기의 비가시적인 연속성을 주시할 수 없다.

이와 유사한 방식으로 대벌레는 더 가시적이고 나뭇가지로 덜 보여서 모습을 들켜버린 모든 동류들과의 특수한 관계 덕분에 비가시적이지만, 그렇게 대상화된 타자에만 주목하면, 이 경우에 "나뭇가지다움"이라 불릴 만한 일반적인 어떤 것의 가시적인 증식을 통해 우리에게 남겨지는 하나의 형식 안에 있는 비가시적인 '나'의 연속적인 지속성을 간과하게 된다.

모든 기호는 지금 여기에 없는 어떤 것과의 관계를 포함한다. 아이콘은 자신의 존재에 근본적인 방식으로 이 일을 행한다. 앞 장의 논의를 상기해보자. 우리는 일반적으로 아이콘을 닮음의 관점에서 생각하지만, 아이콘성은 실상 들키지 않는 것(예를 들어 우리가 첫눈에 대벌레와 나뭇가지의 차이를 알아채지 못하는 것)의 산물이다. 이와 달리 인덱스는 현재 상황에서 발생하는 변화—우리가 주의를 기울여야 하는 다른 어떤 것이 있음(또 다른 종류의 부재)—를 가리킨다. 상징은 이 특질들을 조합하는데 다만 특수한 방식으로 그렇게 한다. 즉 상징은 자신을 의미화해주는 다른 상징들의 부재하는 체계와의 관계를 경유해서 표상된다.

생명은 본질적으로 기호적이기 때문에 부재와 관련된 연합을 맺는다. 아마존의 개념을 사용하면 계보-내-유기체, 즉 '나'-의-연속성-내-유기체인 무엇은 그렇지 않은 것의 산물이다. 그것은 살아남지 못한 많은 부재의 계보들과 긴밀한 관계에 있으며, 그 계보들은 주변세계와 맞는 형식을 밝혀내는 과정에서 선별된다. 어떤 의미에서 살아있는 자들은 나뭇가지와 혼동되는 대벌레와 같이 들키지 않은 것들이다. 즉 살아있는 자들은 자신이 아닌 것과의 관계 덕분에 형식 안에서 존속할 수 있는 가능성을 가지며 시간의 외부에서 계속해서 존재하는 것들이다. 여기서 일어나는 논리의 전환에 주목해보자. 초점은 지금 여기에 없는 것으로 옮겨진다. 그것은 바로 죽은 자의 가늠할 수 없는 "무게"다(나는 이 모순어법이 주장의 반직관적인 성질의 어떤 것을 포착한다고 생각한다).

따라서 모든 생명은 이러한 구성적인 부재 덕분에 그것에 앞서는 모든 것들의 흔적—그것이 아닌 것들의 흔적—을 담고 있다. 반직관적인 논리에 따라 주재자들의 비가시적인 영역은 이러한 모든 것을 가시화한다. 살았던 자들(스페인 점령 이전의 추장, 검은 옷을 두른 사제, 조부모, 부모)과 일어났던 사건들(스페인인에 저항한 16세기의 대반란, 옛 교역품 구슬의 유통, 공물의 강제납입)의 흔적이 지워지지 않고 남는 곳이 바로 주재자들의 영역이다. 그리고 이곳은 또한 미래의 영역, 즉 살아있는 자(인간적인 자)에게 해석 가능성을 부여하는 영역이기도 하다. 주재자들의 영역은 과거의 모든 망령들을 머금는다. 그리고 이 부재들과의 긴밀한 관계 덕분에 무시간적인 '나'는 이 영역 안에서 계속 이어진다.

'나'는 형식 속에 있으며 역사 외부에 있다(5장 참조). '나'에게 어떤 일도 일어나지 않는 것은 바로 이 때문이다. 천국이란 형식의 연장이다. 지옥이란 역사이며 타자에게 일어나는 무엇이다. 천국은 사람들이 시간에 종속당하지 않는 영역이다. 천국에 있는 이들은 전혀 나이를 먹지 않는다. 그들은 그곳에서 결코 죽지 않는다. '그것'들만이 시간 속에 있다. '그것'들만이 과거의 영향을 받을 수 있고 이항적인 인과관계에 얽매일 수 있고 형식 밖에 있을 수 있고 역사에 종속당할 수 있다—즉 벌을 받는다.

자기의 '너'

주재자들의 영역은 숲이 창출하는 수많은 미래의 산물이다. 그러나 이 영역은 숲 이상의 것이다. 하나의 단어는 그 의미를, 그것을 해석하게 될 거대한 상징체계의 창발에 의존한다. 이와 똑같은 일들이 숲에서도 일어난다. 주재자들의 영역은 숲의 인간적이지-않은 기호작용에—인간 특유의 방식으로—관여하는 인간적인 시도로서 창발하는 거대한 가상의 체계다. 이때 주재자들의 영역은 언어와 같다. 단, 이 영역은 언어보다 "육체적"fleshly(Haraway 2003)이다—비인간적인 기호작용이 휩쓸고 간 광대한 자취에 사로잡혀 있기 때문이다. 그와 동시에 주재자들의 영역은 지극히 영묘하다. 그것은 숲 속에 있는 영역이지만 또한 자연과 인간 모두를 넘어선다. 한마디로 주재자들의 영역은 "초자연적"이다.

이 주재자들의 영적인 영역은 누가 어떻게 하나의 '나'일 수 있는지를 해석하고 또 그에 따라 '나'를 허용하고 속박하게 되며, 그와 동시에 '나'의 연속성—생존—을 위한 그릇을 제공한다. 아빌라에서 백인성은 이러한 '나'의 관점을 표시해왔다. 백인성은 우주 전체에 퍼져 있는 위계—비인간적인 것에서 인간적인 영역으로 또 인간적인 영역에서 영적인 영역으로 뻗어가는 위계—내에서 상대적인 위치를 표시한다. 오스왈도의 곤경은 그 안에 있다. 한편에서 루나족은 언제나 이미 백인이었다. 다른 한편에서 루나족은 자신의 백인성과 연동되는 역사적으로 굴절된 우주적인 위계 내에서 더 우월한 지위에 있는 다양한 존재들—경찰관, 사제, 지주뿐만 아니라 동물의 주재자와 악마—을 인식한다.

그러나 이 주재자들의 영역은 '나'에 관한 것만이 아니다. 비베이루스 지 카스트루는 다음과 같이 말한다. "문화라는 재귀적인 '나'와 자연이라는 비인격적인 '그것' 사이에는 간과된 입장이 있다. 그것은 '너'라는 2인칭, 혹은 또 다른 주체로 다뤄지는 타자이다. '너'의 관점은 '나'의 관점의 잠재적 메아리다"(Viveiros de Castro 1998: 483). ("문화"라고 말할 때 그는 자기가 자기 자신을 보는, 즉 자기 자신을 사람으로 보는 더 넓은 시야의 관점을 뜻한다고 나는 이해하고 있다.) 비베이루스 지 카스트루에게 이 '너'는 초자연적인 영역―자연으로 환원되지 않을 뿐 아니라 문화로도 환원되지 않는 영역이라고 덧붙여두겠다―에 대하여 중요한 어떤 것을 시사한다. 형식의 위계적인 논리에 따르면, '너'라는 것은 그것을 가능하게 하는 인간적인 영역 "위에" 위치한 영역이다.

비베이루스 지 카스트루는 뒤이어 "초자연은 주체로서의 타자의 형식이다"라고 말한다(1998: 483). 나라면 이렇게 말하겠다. 초자연은 낯설면서도 친숙한 더 높은 수준의 또 다른 자기로 인해 존재할 수 있게 된 어떤 자가 불리는 장소다. 이를테면 그곳은 경찰관이 오스왈도를 불러들인 영역이다. 초자연적 장소는 또한 모든 자기들이 자신을 주인―아무―으로 경험할 수 있는 영역이다. 그래서 아빌라에서 아무라는 용어가 사용될 때, 그것이 나르시사의 경우처럼 자기를 언급하는 것이든 인간적 혹은 비인간적 타자 존재를 가리키는 것이든, 아무는 또 다른 주체로서 대해지는 이 또 다른 '나'―비록 그 음성이 희미하다 해도 그것은 미래에 있는 '나'의 "잠재적 메아리"다―를 정확하게 불러낸다.

이 호명의 과정에서 대상이 되지 않도록 하는 것이 과제이자 시련이다. 그리고 이것은 실재하는 위험이다. 이에 대한 두려움 때문에 오스왈도는 잘린 머리털이 어깨에 수북이 쌓인 경찰관이 그에게 인사하는 꿈을 꾸었을 때 애초에 악몽을 꾼 것이라고 결론지었다. 그것은 이를테면 **우아투리투 수파이**huaturitu supai, 즉 사제복을 입고 한 손에 성경을 들고 숲을 헤매는 새의 발톱을 한 악마를 보아서는 안 되는 이유이기도 하다. 그와 같은 '나'에게 '너'가 되는 것은 우리를 산 자의 영역에서 영원히 밀어내는 것이기 때문이다(Taylor 1993; Viveiros de Castro 1998: 483). 그렇지만 끊임없이 마주하는 '그것'들과 '너'들에게 흔들리지 않는 자기, 이들을 더 넓은 '우리'로 끌어안지 않는 자기는 살아있는 '나'가 아니라 죽은 껍데기일 뿐이다.

따라서 루나족에게 문제는 하나의 '나'의 관점에 거하기를 계속할 수 있는 조건들을 어떻게 창출할 것인가에 있다. 즉 '나'이면서도 결코 완전한 '나'가 아닌 이 더 높은 수준의 '너' 안으로 어떻게 들어갈 것인가가 문제다. 이를 위해 그들이 사용하는 기법은 샤머니즘적이다. 그 기법이란 산 자의 영역으로 저 미래의 일부를 되돌리기 위해 미래로 한 손을 뻗는 것이다.

샤머니즘을 위한 가능성의 역사적 조건은 샤머니즘이 이용하려는 위계 그 자체임을 강조해두어야겠다. 자기들의 생태학을 구조화하는 식민지적으로 굴절된 포식의 위계가 없다면, 그 누가 진입해서 틀 지을 더 높은 위치의 위계도 있을 수 없다. 샤머니즘이 자신 속에 침투한 위계의 역사와 관계하는 방식의 전형적인 상징으로서 아빌라에서는 "샤먼"에 해당하는 이름들 중에 **미리쿠**miricu라는 용어가 있다.[24] 이 용어가 가진 힘은 그것이 이중 언어의 언어유희라는 사실에 기인한다. 이 말은 두 개의 서로 다른 언어의 사용역에 놓인 두 개념을 일거에 파악한다. 즉 그것은 의사를 뜻하는 스페인어인 **메디코**médico가 케추아어화한 것이면서 또 "보다"라는 뜻의 케추아어 동사인 **리쿠나**ricuna의 동작 주격 형태를 포함하고 있다(리쿠ricu란 "보는 자"를 뜻한다). 샤먼은 의학의 모든 강력한 무기로 무장한 근대성의 첨병인 의사처럼 사태를 볼 수 있다. 그러나 이것은 반드시 서양의 의사처럼 되려는 욕망을 내포하지는 않는다. 샤머니즘적으로 보는 것은 본다는 것의 의미를 바꾼다.

어떻게 해서 누군가가 '너'의 퍼스펙티브에 거하는 것일까? 어떻게 해서 누군가가 '너'의 퍼스펙티브를 그 자신의 '나'로 만드는 것일까? 그 누군가는 우리가 의복이라 부르는 것—특정한 부류의 존재를 특정한 부류의 세계에 거하게 하는 장비, 신체적 장신구, 소지품—을 몸에 두름으로써 그렇게 한다. 그러한 장비는 재규어의 어금니와 가죽(Wavrin 1927: 328), 백인의 바지(Vilaça 2007, 2010)[25], 사제복, "아우카족"의 얼굴 분장 등을 포괄한다. 그리고 이러한 의복은 벗어버릴 수도 있다. 로사는 죽을 때 자신의 늙은 신체를 벗어버렸다. 또 아빌라에서는 숲에서 재규어와 만났을 때, 더군다나 재규어를 겁주어 쫓아낼 수 없을 때, 싸움을 준비하면서 옷을 벗는 남자들이 있다고 한다. 이렇게 하면 재규어는 자신의 권력이 자신의 의복에서 나오며 의복에 숨겨진 그도 사람이라는 것을 인정하지 않을 수 없다는 것이다.[26] 이것이야말로 이를테면 어느 재규어에게 개들이 죽임을 당한 후 아메리가가 복수의 희열에 들떴던 몽상 속에서와 같이 재규어가 숲의 초목들 사이로 들려오는 "**틀린 틸린**" tlin tilin이라는 도끼칼의 칼 가는 소리를 그렇게나 무서워한 이유이다. 이 소리가 그들의 **쿠스마**cushma, 즉 외투[27]—재규어는 자신을 숨기는 모피를 그런 종류의 의복이라고 여긴다—를 찢는 것이 인간에게는 얼마나 손쉬운가를 재규어에게 상기시키기 때문이다.[28]

샤머니즘적 장비의 예를 하나 더 들어보겠다. 어느 혼례의 자리에서 루나족 이웃마을의 어느 남자가 내게 가까이 다가와 아무 말도 하지 않고 그의 매끈한 뺨을 나의 수염에 문지르기 시작했다. 곧이어 또 다른 젊은 남자가 내게 가까이 다가와 그의 정수리에 내가 숨을 내쉼으로써 내가 가진 "샤머니즘적인 지혜"를 가져가고 싶다고 부탁해왔다.[29] 우리가 빙 둘러앉아 마니옥 맥주를 마시는 동안 몇 번이나 장년의 남자들이 갑자기 나의 배낭을 메고 그 모습을 과시한 후에 나의 배낭과 함께 산탄총, 도끼, 마니옥 맥주가 든 바구니 등의 장비를 가지고 있는 그들의 사진을 찍어달라고 내게 부탁했다. 한 남자는 내게 가족사진을 찍어달라고 했다. 그는 내게 가족들 모두가 가장 좋은 옷을 입고 자신은 내 배낭을 등에 멘 모습의 가족사진을 부탁했다.[30] 이것들은 모두 미세한 샤머니즘적 행위—더 강력한 '너'로 상상되는 그 무엇의 어떤 측면을 전유하려는 시도—다.

여기서 나는 일종의 문화적응의 의미에서 루나족이 백인이 되기를 원한 것이 아님을 분명히 밝혀둔다. 이것은 문화를 획득하는 문제가 아니기 때문이다. 또 백인의 백인성은 본질적으로 고정된 것이 아니다. 이것은 인종에 관한 문제가 아니다. 스페인인 히메네스 데 라 에스파다Jiménez de la Espada는 아빌라에서 걸어서 하루 거리에 있는 수마코 화산 기슭의 지금은 버려진 마을인 산 호세 데 모토San José de Mote에 살고 있는 루나족을 1860년대에 방문해서 다음과 같은 사실을 습득했다.

십자가, 메달, 구슬을 나누어주는 나의 관대함에도 불구하고 내가 그녀들 중 한 명과 결혼하고 싶다고 농담을 건네자 그녀들은 내가 기독교 신자가 아니므로 누가 그러기를 바라겠냐며 응수했다. (…) 나는 악마였던 것이다. (Jiménez de la Espada 1928: 473)

루나족은 사람이 되기 위해 또 앞으로도 사람이기 위해 다양한 종류의 백인의 장비에 의존하지만, 그렇다고 해서 그들이 만나는 실제 백인들에게로 그러한 사람됨personhood을 항상 확장하는 것은 아니다. 백인은 상대적인 범주이며 본질주의적인 범주가 아니다. 재규어가 항상 어금니를 가지고 있는 것도 아니고, 백인이 항상 주재자인 것도 아니다.

살아있는 미래

오스왈도가 페커리를 죽이는 데 성공함으로써 그러한 행위를 가능하게 만든 것, 지금까지 단지 가상으로만 실재한 것이 예시화되었다—즉 현존하게 되었다. 그날 숲에서 오스왈도는 경찰관이 되었고, 그 과정에서 그는 미래의 영역에 속하는 어떤 것—그의 꿈속에서 어렴풋이 나타난 것—을 현재의 세계로 갖고 왔다. 주재자들의 영역은 실재한다. 그 영역은 현존하는 것을 알려줄 수 있기 때문에 실재하며, 또 앞으로 일어날 일로 환원되지 않는 일반적인 가능성으로서 실재한다. 실재성은 현존하는 것 이상이다. 주재자들의 영역은 인간적인 것이나 문화적인 것 이상의 어떤 것이다. 그렇지만 이 영역은 인간적인 것 너머에 놓여 있는 살아있는 세계에 참여하며 그와 관계하는 특별히 인간적인 방식으로부터 창발하는 것이기도 하다.

영들은 실재한다(Chakrabarty 2000; de la Cadena 2010; Singh 2012). 우리가 어떻게 이 실재성을 다루는가는 그것을 그 자체로 인정하는 것만큼 중요하다. 그렇지 않으면 우리는 영들을 "너무나 인간적"이고 너무나 친숙한 부류—사회적으로 혹은 문화적으로 구축된 부류—의 실재로 대하는 위험에 빠질 수 있다. 나는 신들이 인간의 실천과 함께 창발한다는 것에 동의한다(Chakrabarty 1997: 78). 그러나 그렇다고 해서 신들이 인간의 실천이 열어놓은 인간적인 맥락으로 환원되는 것도 아니며 포섭되는 것도 아니다.

숲의 주재자들의 영적인 영역은 그 자신만의 방식으로 일반적인 실재성을 가진다. 즉 주재자들의 영역은 생명의 살아있는 미래와의 관계에서 창발하는 산물이며, 생명에 머무는 어떤 속성들을 "단계적으로 상승시킨다". 일반성 그 자체, 구성적인 부재, 분리를 넘나드는 연속성, 인과적인 시간적 역동성의 붕괴 등과 같은 속성들이 주재자들의 영역에서 한층 더 증폭되기 때문에 이 속성들은 그 비가시성에도 불구하고 어떤 의미에서 가시화된다.

영들이 어떻게 고유한 부류의 실재인가를 이해하는 것은 인간적인 것을 그 너머에 놓인 것들과의 관계 속에서 주시할 수 있는 능력을 함양하려는 인류학에서 특히 중요하다. 그러나 그렇게 하려면, 영들을 실재하게 하는 일반적인 어떤 것—영들을 실재로서 받아들이는 다른 사람들이 있다는 사실, 그리고 그 사실을 우리가 진지하게 받아들여야 하고 이러한 실재가 우리에게 어떻게 영향을 주는가에 대해서도 열려 있어야 한다는 것, 이 모든 것들을 포함할 뿐만 아니라 그것들을 넘어서는 어떤 것—을 말할 수 있어야만 한다(다음의 예를 참조. Nadasdy 2007).

아빌라 주변의 숲 속 깊은 곳에 있는 주재자들의 영역을 창발하는 실재로 다루면서 내가 바라는 것은 세계가 주술로 넘쳐나고 있음을 재발견하는 것이다. 우리가 애니미스트animist든 아니든 세계는 활기에 넘친다animate. 세계는 인간적이든 그렇지 않든 자기들—내가 감히 혼이라고 부르는 것들—로 가득하다. 그리고 세계는 지금 이곳에 혹은 과거에 위치할 뿐만 아니라 미래에 있는 존재—잠재적인 살아있는 미래—속에도 있다. 인간의 혼들과 비인간의 혼들의 특수한 혼합은 아빌라 주변의 숲 속에서 이처럼 주술로 넘쳐나는 영적인 주재자들의 영역을 창출한다—비록 이 영역이 숲과 관계하는 인간들의 문화들과 역사들에서 창발하고 그것들 없이는 존속할 수 없다 해도, 이는 숲으로도 문화들과 역사들로도 환원될 수 없는 영역이다.

살아있는 자기들이 미래를 창출한다. 살아있는 인간적인 자기들은 훨씬 더 많은 미래를 창출한다. 주재자들의 영역은 인간적인 것 너머의 세계 속에서 살아가기 위한 인간적인 삶의 방식의 창발적인 산물이다. 그것은 사냥에서 빈번하게 나타나듯이 무수히 많은 종들과의 상호 관계, 즉 함께함의 산물이다. 주재자들의 영역은 모든 죽은 자들에게 홀려서 일반적이고 비가시적인 방식으로 미래를 만들어내는 모든 것들의 거처다. 어쩌면 그것은 미래의 미래다.

저 미래—초-자연—속에 살아있는 미래를 위한 가능성이 있다. 저 멧돼지를 죽이고 자신은 죽임당하지 않음으로써 오스왈도는 살아남았다. 살아남는다는 것to survive은 생명을 넘어서 살아가는 것이다. 다시 말해 삶을 넘어서는 것이다super + vivre. 그러나 누군가가 살아남기 위해서는 생명과 관계해야 할 뿐만 아니라 그 수많은 부재들과도 관계해야 한다. 『옥스포드 영어 사전』에 의하면, "생존하는 것"은 "다른 자의 죽음 이후, 혹은 어떤 상황이나 조건의 종료나 중지 이후, 혹은 어떤 사건의 발생 이후 계속해서 살아가는 것"을 의미한다. 생명은 생명이 아닌 것과의 관계 속에서 성장한다.[31]

일상적인 현재와 일반적인 미래 사이에 파열적이면서도 불가피한 관계는 리사 스티븐슨이라면 루나족의 자기가 겪는 "정신적 삶"(Stevenson 2012; Butler 1997)이라고 불렀을 상황 속에서 특수하고 고통스러운 방식으로 전개된다. 루나족의 자기는 자신이 그 속에서 살아가고 있는 식민지적으로 굴절된 자기들의 생태학에 빠져들어 있으며 그에 의해 영향을 받고 있다. 루나족은 영적인 세계의 영역에 속하면서도 그로부터 소외된다. 그리고 생존은 누군가의 미래의 자기—숲의 주재자들의 영역에서 미약하게 살아가는 자기—가 그 자신의 보다 일상적인 부분을 되돌아보고 또 거기에 희망적으로 응답할 수 있는 길을 열어놓기를 요구한다. 이 연속성과 가능성의 영묘한 영역은 종을 횡단하는 초역사적인 일군의 관계들의 창발적인 산물이다. 이것은 살아있는 미래를 가능하게 만드는 수많은 죽은 자들의 가늠할 수 없는 무게의 산물이다.

하나의 '나'로서 살아남는 오스왈도의 과제는 그의 꿈에서 드러나고 이 자기들의 생태학에서 전개되는 것처럼 그가 타자를 불러들이는 방식에 좌우된다. 이 타자들은 인간이기도 하고 비인간이기도 하며 육체적이기도 하고 가상적이기도 하다. 그들은 모두 어떤 방식으로든 오스왈도라는 인물을 만들어낸다. 오스왈도의 생존은—숲 속 깊은 곳의 키토에서 계속 이어지는 로사의 존재처럼—숲이 증폭시키는 생명의 퍼즐을 대변한다. 또한 그것은 개체들의 배열로 나타나는 계보의 연속적인 창발을 대변한다(5장 참조). 나아가 그것은 그것이 아닌 것의 구성적인 부재 속에 정립되는 형식의 창출을 대변한다.

혼, 특수하지 않지만 실재하는 혼은 그러한 형식의 연속성 속에서 살아간다(Peirce CP 7.591; 3장 참조). 혼은 일반적이다. 신체들(자리를 잡고 장비를 갖추고 실수를 범하고 동물적인 신체들)은 개별화한다(Descola 2005: 184-85, 데스콜라는 뒤르켐을 인용하고 있다). 이것은 살아있는 미래들에 관한 어떤 것을 포착한다. 생명은 어떤 방식으로든 항상 그러한 종류의 분리를 넘나드는 연속성—혼이 그 좋은 예이다—에 관한 것이기 때문이다.

그렇다면 이 특정한 미래의 미래는 무엇인가? 아빌라 주변의 신대륙 열대림에서 전개되는 것인가? 그 예시화와 계속되는 가능성 속에서, 농밀한 자기들의 생태학에 머무는 저 존재들의 일부를 죽이는 것을 전제하고 있는 미래의 미래란 무엇에 관한 것인가? 숲의 주재자들의 영적인 영역의 창발은 이 생각하는 숲을 구성하는 수많은 부류의 자기들 간의 관계들의 산물이다. 이 관계들의 일부는 계보적이고 다른 일부는 리좀적이다. 일부는 수직적이고 다른 일부는 수평적이다. 일부는 수목적이며 다른 일부는 그물적이다. 일부는 기생적이며 다른 일부는 포식적이다. 그리고 마지막으로 일부는 낯선 이들과 함께하며 다른 일부는 친밀하고 익숙한 자들과 함께한다.

숲과 숲의 수많은 과거를 품은 미래의 영역에서 전개되는 이 광활하면서도 연약한 관계맺음의 영역은 너무나 많은 관계들이 죽임당하지 않는 한 가능성의 세계가 된다. 해러웨이(Haraway 2008)가 지적하듯이 죽이는 것은 관계를 죽이는 것과 같지 않다. 실제로 죽임으로써 일종의 관계성이 열린다. 일단 죽임이 끝나면, 더 크고 훨씬 더 오래 지속되는 침묵이 도래할 것이다. 루나족은 죽이기 때문에—이렇게 해서 이 거대한 자기들의 생태학의 일부가 되기 때문에—숲 그리고 세계에 주술을 거는 일종의 활기animacy와 친밀한 관계를 맺는다. 죽이는 것과 관계를 죽이는 것은 각기 다른 사태이며, 토큰과 타입, 삶과 사후와 같이 각각의 개별적인 두 종류이다. 이 모든 예시들에서 전자는 특수한 어떤 것이며 후자는 일반적인 것이다. 이 모든 것들이 실재한다. 저 미래를 가능하게 만드는 죽음들과의 관계 속에서 살아있는 미래를 사고하는 것, 인간적인 것을 넘어선 인류학이 이것을 습득할 수 있는 길은 이 생각하는 숲에 모여 사는 수많은 부류의 실재하는 타자들—동물들, 죽은 자들, 영들—에 세심하게 관여하는 것이다.

너머

동물들은 그러한 지평선 너머에서 유래하였다. 그들은 거기에 속해 있으며 여기에 속해 있기도 한 것이다. 마찬가지로 그들은 유한한 생명을 지닌 것이기도 하고 영원불멸한 것이기도 하다. 한 마리의 동물이 인간처럼 피를 흘렸지만, 그것의 종은 사라지지 않았으며 각각의 사자는 '사자'로, 각각의 황소는 '황소'로 남아있었다.

존 버거, 『왜 동물들을 보는가?』

지평선 너머에 있는 '사자', 그것은 어떤 특정한 사자 이상의 '사자'다. "사자"라는 말을 입 밖에 내는 것은 저편에 있는 '사자'를 불러들이는 것이며, 그렇게 입 밖에 낸 것 너머에는 이쪽을 돌아보는 또 한 마리의 사자가 있다. 나아가 우리를 바라보는 사자의 시선 너머에는 그것의 종이 있으며, 그 까닭에 "사자"라 불리는 사라지지 않는 존재가 있는 것이다.

왜 인류학은 인간적인 것 너머를 보아야 하는가? 그리고 인간적인 것 너머를 보기 위해 왜 동물들을 보는 것인가? 우리 쪽을 돌아보고 우리와 함께 보고, 또 그들의 삶들이 우리 너머로 뻗어 있을지라도 결국 우리의 일부이기도 한 동물들을 보는 것은 우리에게 무언가를 말해줄 수 있다. 그것은 어떻게 인간적인 것 "너머"에 있는 것이 우리를 지탱해 주기도 하는지, 또한 우리를 지금의 우리인 존재들로 그리고 앞으로 있을 수도 있는 우리인 존재들로 만들어주는지에 관해 우리에게 말해줄 수 있다.

살아있는 사자의 어떤 것이 개체의 죽음을 넘어 각각의 사자가 기여하는 '사자'의 종 속에서 지속될 수 있다. 그리고 이 실재성은 그것을 지탱하고 그와 관계하는 한 마리의 사자를 넘어선다. 즉 우리가 "사자"라는 말을 입 밖에 낼 때 그 말은 살아있는 사자를 불러내는 일반 개념—'사자'—에 기여함과 동시에 의지한다. 그래서 누군가가 입 밖에 내는 "사자"(전문 용어로는 "토큰")라는 말 너머에는 개념("타입")으로서의 '사자'가 존재하고, 그 개념 너머에는 살아있는 한 마리의 사자가 존재한다. 나아가 그 어떤 살아있는 사자를 넘어서는 한 부류(종 혹은 종족)의 '사자'가 존재하며, 그것은 수많은 사자들의 수많은 생명들 속에서 창발하고 또 그것들을 지탱한다.

나는 너머beyond라는 관념과 이 관념이 인간적인 것을 넘어선 인류학에서 어떻게 형상화되는지에 대해 성찰하고자 한다. 나는 이 책을 아마존의 스핑크스인 푸마와 함께 시작했다. 이 푸마 또한 우리를 되돌아보고, 그러하기에 푸마는 인간적인 시야 너머로 뻗어 있는 시선의 실재성을 인류학적으로 어떻게 설명할 것인지에 대해 생각해보라고 우리에게 말한다. 이것은 고대의 스핑크스가 오이디푸스에게 던진 수수께끼를 재고하도록 우리를 이끈다. 아침에는 네 발, 점심에는 두 발, 저녁에는 세 발로 걷는 것은 무엇인가? 나는 나 자신의 질문과 함께 이 수수께끼에 임했다. 인간적인 것을 (조금이라도) 넘어선 곳에서 스핑크스의 질문을 던져본다면 그 질문은 어떻게 달라질까? 『숲은 생각한다』라는 이 책은 스핑크스의 관점에서 사물을 보는 것이 왜 그렇게 중요한지를 민족지적으로 탐구한다.

저 스핑크스는 우리에게 이미지와 함께 생각해보라고 손짓한다.

그리고 이것은 궁극적으로 『숲은 생각한다』가 다루는 문제 그 자체다. 즉 이미지와 함께 생각하는 법을 습득하는 것이다. 스핑크스의 질문은 하나의 이미지이며, 그 해답과의 닮은꼴이며, 따라서 일종의 아이콘이다. 수수께끼는 수학의 방정식 같은 것이다. 2+2+2=6과 같은 간단한 예를 들어 생각해보자. 이 등식의 양변의 항은 서로에 대해 아이콘적이다. "6"을 세 개의 "2들"로 보는 것은 6이라는 숫자에 대하여 새로운 어떤 것을 우리에게 가르쳐준다(Peirce CP 2.274-302).

　　우리는 아이콘으로서 스핑크스의 질문이 오이디푸스의 해답인 "인간"에 대해 새로운 깨달음을 주는 방식을 검토함으로써 무언가를 배울 수 있다. 스핑크스의 질문은 우리가 너무나 인간적이고 상징적인 (고로 도덕적이고 언어적이며 사회문화적인) 방식으로 세계에 존재함(이족보행이라는 인간적인 이미지에 담겨 있는)에도 불구하고 다른 살아있는 존재들과 공유하는 우리의 동물성(네 발이라는 우리의 유산)에 눈을 돌리게 한다. 그리고 그 덕분에 우리는 인간적인 것 너머로 확장하는 생명의 부류("아침에는 네 발")와 너무나 인간적인 생명의 부류("점심에는 두 발")가 모두 공유하는 무언가를 알아챌 수 있다. 즉 "세 발로 걷는" 노인과-그의-지팡이(자기-와-대상을 "유한한 생명을 지닌 것이기도 하고 영원불멸한 것이기도" 한 것으로서 이해할 수 있게 하는)는 우리가 다른 살아있는 존재들과 공유하는 세 가지 핵심 속성을 상기시킨다. 그 세 가지 속성이란 유한성, 기호에 의한 매개(우리 살아있는 존재들 모두가 유한한 삶의 길을 더듬거리며 나아갈 때 사용하는 "지팡이"), 그리고—나는 이제 여기에 하나를 더할 수 있다—생명 본래의 특이한 "삼차성"이다. 이러한 삼차성은 미래에 있음의 일반적인 성질이며, 이 성질은 생명의 연속성의 논리를 담고 있을 뿐만 아니라 각각의 개체의 죽음들이 타자의 삶을 위한 여지를 만들어냄으로써 어떻게 이 연속성을 가능하게 하는지를 포착한다. "지평선 너머"에서 절뚝이며 걸어오는 이미지에는 이 "살아있는 미래" 또한 담겨 있다.

여기서 내가 스핑크스의 수수께끼를 통해, 또 이 책 전체를 통해 행한 것처럼, 모든 종류의 이미지들—몽환적인 것, 청각적인 것, 우화적인 것, 신화적인 것, 사진까지도(사진에는 말없이 "말해지는" 다른 이야기들이 있다)—과 함께 이미지를 생각하는 것, 그리고 이 이미지들이 인간적인 것 너머에 있는 것들을 통해 인간적인 것에 관한 어떤 것을 증폭시키며 또 그것을 분명하게 만드는 방식을 주시하는 법을 배우는 것, 이 두 가지는 지금까지 내가 주장한 바, 숲의 사고가 우리를 어떻게 거쳐 가는지에 대한 아이콘 특유의 논리에 우리 자신을 열어놓는 길이기도 하다. 『숲은 생각한다』의 목적은 숲처럼 생각하는 것이다. 즉 이미지로 생각하는 것이다.

오이디푸스가 아니라 스핑크스로 시선을 돌려 스핑크스를 우리 이야기의 주인공으로 삼기 위해서는 인간적인 것을 넘어서 인류학적으로 보는 것이 필요하다. 이 작업은 간단치 않다. 1장 "열린 전체"에서는 상징적인 것(언어, 문화, 사회를 우리가 알고 있는 식으로 가능케 하는 저 인간 특유의 기호 양식) 너머로 확장하는 어떤 것으로서 기호작용을 인식하는 방법을 찾아냄으로써 이 작업의 밑그림을 그렸다. 상징적인 것을 그것이 내포된 더 넓은 기호적 장에 속한 표상 양식 중 하나에 불과한 것으로 보는 방법을 습득함으로써, 우리는 다음의 사실을 이해할 수 있다. 우리가 살아가는 사회문화적인 세계—"복합적 전체"—는 그것의 총체성에도 불구하고 그 너머에 놓여 있는 것에 "열려 있는" 세계라는 것이다.

그러나 그러한 열려 있음에 대한 인식은 뒤이어 다음의 질문을 제기한다. 우리 너머의 이 세계와 우리가 구축하는 사회문화적인 세계들이란 대체 무엇인가? 그래서 1장의 후반부에서는 우리의 이원론적인 형이상학이 우리에게 제공하는 두 종류의 실재—한 손에는 사회문화적으로 구축된 인간 특유의 현실들이 있고, 다른 한 손에는 우리 너머에 존재하는 객관적인 "질료"가 있다—를 넘어서 확장하는 실재성을 우리가 어떻게 사고해야 하는지에 대한 성찰을 시작했다.

내가 여기서 나의 양손을 사용해서 이원론적인 형이상학이 제공하는 선택지를 묘사한 것은 결코 우연이 아니다. 왜냐하면 이 이원론은 오른손과 왼손을 사용해서 생각하는 우리 인간의 경향처럼 인간적인 것의 의미에 깊이 파고들어 있기 때문이다(Hertz 2007). 그리고 내가 사회와 문화의 영역을 먼저 오른손에 놓고, 그다음에 사물들의 영역을 두 번째 손—("왼쪽"을 표시하는 라틴어에서 보면) 이 왼손은 더 약하고 올바르지 못하며 죄를 짓는다—으로 격하한 것 또한 결코 우연이 아니다. 그것은 우리의 이원론적 사고가 오늘날 우리가 인간적인 것이라고 여기는 것들(우리의 혼, 우리의 정신, 우리의 문화)에 지배받고 있기 때문이다. 이 이원론적 사고는 타자들과 비인간들(활기와 행위주체성, 매혹을 박탈당한 것들)의 영역을 왼손에 할당한다(그럼에도 불구하고 그 손은 체제 전복의 가능성을 쥐고 있다. Hertz 2007; Ochoa 2007).

이 이원론은 그저 특정한 시공간의 사회문화적인 산물이 아니다. 이 이원론은 인간의 존재 방식과 "두 손을 맞잡고" 있다. 우리의 이원론적인 성향(스핑크스의 용어로 말하면 우리의 "두 발")은 인간적인 상징적 사고의 독특한 속성의 산물이자, 또 그러한 사고 본래의 논리가 세계 내 지시대상으로부터 근본적으로 분리될 수 있는 기호 체계를 창출하는 방식의 산물이기 때문이다.

따라서 둘로 나누어서 생각하는 것은 인간적인 것이 의미하는 바에 깊이 스며들어 있다. 그리고 이렇게 양손을 사용하는 것을 넘어서기 위해서는 인간적인 것을 낯설게 보는 진정한 기법이 필요하다. 즉 우리는 우리의 사고를 탈식민화하는 고된 과정을 받아들여야 한다. 또 다른 종류의 사고—인간적인 것을 포용하고 지탱하는 더 넓은 어떤 사고—를 위한 여지를 만들어내기 위해 우리는 언어를 "지방화"할 필요가 있다. 이 다른 종류의 사고란 숲이 하는 사고, 즉 생명 특유의 논리를 증폭시키는 방식으로 숲의 살아있는 존재들과 친밀하게 관여하는 루나족과 같은 사람들의 삶을 관통하는 사고다.

저 살아있는 존재들은 숲에 주술을 걸고 활기를 불어넣는다. 나의 주장처럼 그것은 인간적인 것 너머의 주술과 애니미즘의 실재성이다. 나는 인간적인 것 너머로 우리를 이끄는 인류학적인 접근법을 통해 개념적으로 그 실재성에 살을 붙이고 그것을 동원하고자 했다. 이 시도는 인간적인 것을 "올바른/오른손을 사용한" 길이라고 여기는 우리의 생각에 대항하기 위해 내가 왼손을 사용하여 내놓은 공물이다.

2장 "살아있는 사고"에서는 살아있는 것이, 고로 숲이 생각한다는 주장을 개진하고자 했다. 즉 언어 너머의 표상 형식들—사고 형식들—을 탐색하고, 그 형식들이 존재하는 인간적인 것 너머의 영역에 특히 주목했다. 인간 특유의 사고가 지닌 상징적인 관계 방식—언어적, 문화적, 사회적 관계성과 우리가 그것을 어떻게 생각해야 하는지를 알려주는 것—에만 주목하면 "살아있는 사고"가 지닌 더 넓은 연합 논리를 간과하게 된다. 살아있는 비인간 존재들은 구성적으로 기호적이며, 이로 인해 그것들은 자기가 된다. 이 비인간적인 자기들은 사고하고, 그 사고는 자기들 간의 관계들을 창출하는 연합의 한 형식이다. 관계의 한 종류로서 이처럼 다른 형식의 사고를 주시하는 것, 심지어 때로는 그 사고 형식을 느끼는 것은 그 고유한 개념적 대상을 창발시키고, 우리 자신을 (혼동이나 무-분별에 내재하는 생성의 가능성과 같은) 그 기묘한 특성에 열어놓는다. 이를 통해 그것은 원자론적인 관계 요소로서의 차이를 넘어설 수 있는 인류학을 상상하도록 우리를 다그친다.

이와 같이 "살아있는 사고"의 장에서는 인류학이 인간적인 것을 넘어서 생명 전체를 바라보는 것이 왜 그렇게 중요한 것인가를 분명하게 보여주었다. 3장 "혼맹"에서 나는 새로운 논의에 착수했다. 그것은 생명 너머의 죽음이 어떻게 생명의 중심에 있는지에 관한 질문이다. 여기서 논점은 죽음이 어떻게 생명의 본질적인 문제—"현실의 곤경"—가 되며, 루나족이 이 문제와 맞닥뜨렸을 때 그것을 풀어나가는 방법을 찾기 위해 얼마나 고군분투하는가에 있다.

4장 "종을 횡단하는 피진"을 기점으로 책의 방향은 크게 바뀐다. 내가 주창하는 접근법이 말하자면 다종multispecies의 관계를 불가지론적으로 기록하는 생태학적인 접근이 아니라 인류학적인 접근이라는 것을 명확히 함으로써, 나는 인간적인 것을 넘어서면서도 인간적인 것이 부여하는 시야를 잃지 않도록 이 인류학의 방향을 "너무나 인간적인" 것으로 다시 되돌린다. 인간적인 것을 넘어서는 여정에서 루나족은 자신을 넘어서 확장하는 거대한 자기들의 생태학에 "모여 사는" 동물들 및 영들과 의사소통하려는 고군분투 속에서도 인간으로 존재하기를 멈추려 하지 않는다. 따라서 이 장에서는 인간 특유의 존재 방식을 위한 공간을 확보하려 애쓰면서도 인간적인 의사소통 양식을 뛰어넘기 위해 필요한 전략들의 궤적을 민족지적으로 탐색했다.

인간 특유의 존재 방식의 중심에는 다른 부류의 살아있는 존재들과 달리 우리 인간이 도덕적인 생명체라는 (상징을 통해 사고하는 우리의 성향이 낳은) 사고가 놓여 있다. 이것은 너무나 인간적인 식민지적 역사의 유산이 도처에 새겨진 자기들의 생태학 속을 헤쳐 나가려는 루나족에게 반드시 필요한 어떤 것이다. 단적으로 말해 인간적인 것을 넘어서고자 할 때 우리는 이 너무나 인간적인 영역을 결코 무시해서는 안 된다. 인간적인 것 너머의 생명의 논리가 우리를 관통하여 작동되듯이 인간적인 것(그리고 도덕적인 것) 너머에 존재하는 다양한 부류의 생명들을 주시하는 법을 습득하는 것 자체가 윤리적인 실천임을 그러한 영역이 말해 주기 때문이다.

너무나 인간적인 것을 그 너머에 존재하는 것과 관련지으려는 시도 속에서 "종을 횡단하는 피진"은 하나의 분석론으로서 "너머"라는 개념에 관한 어떤 것을 드러낸다. "너머"는 내가 활용하듯이, 그것이 다루는 사태를 초과함과 동시에 그와 연속한다. 즉 인간적인 것을 넘어선 인류학은 그 너머—인간적인 것을 지탱하는 것이기도 한 "너머"—에 존재하는 것을 응시함에도 불구하고, 그렇지만 바로 그러하기 때문에 여전히 인간적인 것을 다룬다.

이 책의 상당 부분이 인간적인 것을 넘어서 생명의 영역을 다루었다면, 5장 "형식의 노고 없는 효력"에서는 생명의 영역을 넘어서 인간과 비인간의 생명 모두를 지탱하는 형식의 기묘한 작동 방식을 탐색했다.

그리하여 5장은 패턴의 발생 및 확산에 관한 특정한 속성들을 검토하고 이 속에서 인과성과 행위주체성에 관한 우리의 이해가 어떻게 변하는지를 살펴보았다. 이를 통해 알 수 있듯이 형식은 그 자체로 실재하는 것이며 세계 속에서 창발한다. 또한 형식은 인간과 비인간이 형식을 활용하는 그 특유의 방식 덕분에 증폭되기도 한다.

6장 "살아있는 미래(그리고 가늠할 수 없는 죽은 자의 무게)"는 산 자의 영역 너머에 있는 영적인 영역에 속한 사후로 눈을 돌린다. 6장의 주요 과제는 생명을 호흡하는 살아있는 신체를 넘어서 생명 자체가 지속되는 방식에 관하여 이 영역이 어떻게 말해주는지를 이해하는 것이다(영어에서 'spirit'는 어원적으로 호흡과 관련되며, 케추아어에서 사마이samai, 즉 호흡은 활기가 있는 것을 뜻한다). 따라서 마지막 장은 현존하는 것을 넘어서 "일반적인 것"으로 과감히 나아간다. 일반적인 것들은 실재한다. 즉 영들, 스핑크스들도 실재하며, 저편의 '사자들'도 실재한다. 따라서 이 장은 부류와 타입 모두에 해당하는 저편의 '사자'의 실재성을 다룬다고 말할 수 있다. "부류"(혹은 종, 혹은 종족)로서의 '사자'는 더 넓게 구축되는 생명의 산물인 반면, "타입"으로서의 '사자'는 생명에 대한 인간적인 상징 형식의 산물이다. 그리고 이 장의 논점은 이 두 종류의 일반적인 것—인간적인 것 너머의 살아있는 일반적인 것과 인간 특유의 일반적인 것—이 숲의 자기들의 생태학에서 함께 조화를 이루는 특정한 방식 덕분에 생성되는 창발적인 실재라는 것이다.

아빌라 주변 숲에서 생성되는 이 창발적인 실재가 바로 주재자들의 영적인 영역이다. 그것은 개념과 부류의 특수한 배치의 소산이다. 주재자들의 영역은 숲의 생명을 뒤따라가면서도 그와 동시에 주재자들이 머무는 이 숲에서 계속해서 출몰하는 수많은 죽음의 너무나 인간적인 역사와 그러한 생명을 얽어맨다는 점에서 숲 너머에 있는 실재다.

나는 이 책을 통해 연속성에도 불구하고 나타나는 차이와 참신함을 설명하는 방법을 탐색해왔다. **창발**이란 분리를 넘나드는 연결을 추적하기 위해 사용한 기술적인 용어다. **너머**는 더 넓고 더 일반적인 용어다. 인간의 언어 너머에 기호작용이 있다는 것은 언어 너머로 확장하는 살아있는 세계의 기호작용과 언어가 이어져 있음을 상기시킨다. 인간적인 것 너머에 자기들이 있다는 것은 우리 인간의 자아의 속성들 중 일부가 자기들의 속성과 연속한다는 사실에 주의를 환기시킨다. 모든 생명 너머에 죽음이 있다는 것은 우리를 지금의 우리로 만드는 부재하는 모든 죽은 자들에 의해 열려진 공간 덕분에 우리가 계속 삶을 이어갈 수 있는 그 길을 가리킨다. 형식이 생명 너머로 확장한다는 것은 우리의 삶을 관통하는 패턴의 노고 없는 확산에 주의를 환기시킨다. 그리고 마지막으로 영들이 생명 너머로 확장하는 사후의 실재하는 일부라는 것은 생명 그 자체의 고유한 연속성과 일반성에 관한 어떤 것을 우리에게 말해준다.

나는 이 **야생의 숲**, 몇 번이나 우리의 말들이 실패를 겪는 "가혹하며 완강한" 이 거친 숲을 횡단함으로써 숲이 생각한다는 것이 무엇인지를 조금이나마 제시했기를 바란다. 이러한 숲의 사고는 농밀한 자기들의 생태학에 의해, 그리고 이 생태학에 주의를 기울이는 루나족의 역사적으로 우연한 존재 방식들에 의해 증폭된다.

이 숲의 자기들의 생태학을 주시하는 루나족의 방식은 (부분적으로) 국가경제의 너무나 인간적인 주변화의 산물이다. 그렇지 않았더라면 아빌라와 같은 벽지에 있는 공동체들은 에콰도르의 성장에서 나오는 부의 일부를 더 공평하게 나눠가질 수도 있었다. 국가 차원의 더 큰 네트워크로의 통합은 확실히 훨씬 더 많은 생계유지의 형식을 제공해줄 것이다. 그러나 그 형식으로 인해 더 힘들고 더 위험한 숲에서의 식량 조달은 아마도 쓸모없고 불필요한 것이 될 것이다. 그리고 돌아가는 사태는 그러한 방향으로 나아가고 있다. 키토는 수 세기에 걸쳐—국가 규모로 확장하는 도로, 복리후생, 교육, 인프라 정비 등의 진보를 통해—마침내 숲에 당도했다.

사회경제적·정치적 주변화와 아빌라 루나족이 실천하는 숲 중심의 생업 사이의 관계를 지적함으로써 문화를 빈곤의 문제로 축소하는 것은(그렇게 하는 사람도 있겠지만) 내가 바라는 바가 아니다. 나아가 지금 분명히 밝혀두건대 나는 문화에 대해 왈가왈부하려는 것도 아니다. 더군다나 아빌라의 일상생활은 더할 나위 없이 풍요롭고, 그로 인해 아빌라 사람들은 자애롭다. 그리고 이 풍요로움은 그것을 측정하려는 경제와 건강에 관한 평가기준과도 무관하다.

내가 지금까지 묘사한 것과 같이 식민지적으로 특수하게 굴절된 다종의 자기들의 생태학은 민족지적이고 존재론적인 의미에서 실재한다. 그러나 그것은 농밀한 비인간 생태학의 끊임없는 번영과 그러한 생태학을 활용하며 살아가는 인간들에 의존한다. 만약 이 자기들의 생태학을 구성하는 수많은 요소들이 사라진다면, 특정한 삶(과 사후)은 종말을 고할 것이다—영원히. 그리고 우리는 그 부재를 애도하는 방법을 찾아내야 할 것이다.

그러나 그러한 종말이 일어난다 해도 모든 생명이 사라지는 것은 아니다. 인간으로 존재하는 루나족의 또 다른 길이 있을 것이다—아마도 그 길은 비인간과 얽혀 있을지도 모르며, 또 다른 영들을 불러낼지도 모른다. 그리고 우리는 그러한 실재성에 머무는 희망에 귀 기울이는 방법을 찾아내야 한다.

민족지적인 관심을 덧없이 사라지는 어떤 것—특정하게 농밀한 자기들의 생태학의 실재성, 너무나 인간적인 것이자 인간적인 것을 저 멀리 넘어서는 곳에 있는 실재성—에 둔다고 해서 내가 구제인류학salvage anthropology을 하는 것은 아니다. 왜냐하면 내가 기록하고 있는 것은 단순히 사라지지 않기 때문이다. 이 특정한 일련의 관계들을 민족지적으로 주시함으로써 그러한 관계들이 증폭되고 그에 따라 우리는 숲이 어떻게 "우리"를 통해 스스로 생각하는가라는 그 살아있는 논리에 주의를 기울이는 방식들을 이해할 수 있다. 만약 "우리"가 인류세Anthropocene—인간적인 것 너머의 세계가 너무나 인간적인 것에 의해 점차 변해버리는 이 불확실한 우리의 시대—에서 살아남고자 한다면, 우리는 숲과 함께 그리고 숲처럼 생각하는 이 방식들을 적극적으로 갈고 닦아야 할 것이다.

이 점에서 이 책의 제목인 『숲은 생각한다』로 되돌아가보자. 앞서 서술한 것처럼 내가 이 제목을 선택한 것은 애니미즘적 사고에 관한 레비-브륄의 고전인 『원주민은 어떻게 생각하는가』How Natives Think와 공명하기 위해서다. 동시에 그와 구별되는 이 책의 중요한 지점을 밝혀둔다. 그것은 바로 숲이 생각한다는 것이며, "원주민"(혹은 사안에 따라서는 타자들)이 숲의 사고를 생각할 때, 생각하는 숲의 사고에 의해 그들 자신이 변화한다는 것이다. 이 책의 제목인 『숲은 생각한다』는 『야생의 사고』La

Pensée sauvage—야생의 사고에 관한 레비-스트로스의 성찰—와도 공명한다. 레비-스트로스의 성찰은 인간적인 것에 길들여진 것이면서도 그렇지 않은 것이기도 한 어떤 사고의 유형을 드러낸다. 그것은 그의 책 제목이 유희적으로 암시하듯이 장식용의 팬지꽃pansy—"pensée"의 또 다른 의미—과 유사하다. 팬지꽃은 재배되고 "길들여지지만" 그것은 또한 살아있다. 그러므로 우리처럼 그리고 루나족—"길들여진 인디오"—처럼, 팬지꽃은 야생적이기도 하다. 물론 야생sauvage이라는 말은 어원적으로 숲sylvan과 관련된다. 그것 또한 "야생의 숲"에서 태어나 (야생의) 숲에 속해 있다.

나 자신을 경유한 민족지적 성찰은 우리의 사고를 해방시키려는 하나의 시도다. 그것은 인간적인 것을 넘어선 야생의 살아있는 사고—또한 "우리"를 만들어내는 사고—에 우리 자신을 열어놓기 위해 잠시 의심이 들끓는 인간적인 생활공간에서 걸어 나오려는 하나의 시도다. 이를 위해 우리는 우리의 안내자인 루나 푸마—우리의 베르길리우스—를 떠나야 하고 아빌라 주변의 숲, 야생의 숲을 떠나야 한다. 그렇다고 해서 단테의 천국으로 승천할 필요는 없다(이것은 도덕성에 관한 이야기가 아니다. 나는 그러한 목적성에 관해 말하려는 것이 아니다). 우리는 이 숲을 떠나서 잠시 일반성 안으로 스스로 걸어가야 한다. 그 일반성은 덧없으며 아마도 이 특정한 민족지적인 만남의 저 너머에 있을 것이다.

우리의 사고방식을 살아있는 사고에, 자기들과 영혼들에, 숲에 머무는 수많은 영들에, 그리고 개념과 부류로서 저편의 '사자'에게까지 열어두는 길을 탐색함으로써, 나는 일반적인 것에 관하여 구체적인 어떤 것을 말하려고 노력했다. 나는 "여기에서" 우리에게 그 자체로 느껴지는 일반적인 것에 관해 말하는 동시에 "거기에서" 우리 너머로 확장하는 일반적인 것에 관해 말하려고 노력했다. 이렇게 우리의 사고를 열어둠으로써 우리는 더 큰 '우리'—우리의 삶뿐만 아니라 우리 너머에서 살아갈 저들의 삶 속에서 번영하는 '우리'—를 깨달을 수 있다. 그것은 그얼마나 소박하다 해도 살아있는 미래로 보내는 우리의 선물이다.

서론

1 케추아어 표기에 관해서는 스페인어에 기초한 실용적인 맞춤법에 따른 다음
의 책을 참고한다(Orr & Wrisley 1981: 154). 덧붙여 폐쇄음은 아포스트로피[']로,
거센소리는 윗첨자 h[ʰ]로 표기한다. 단어에 악센트 표기가 없는 한, 모든 단
어는 끝에서 두 번째 음절에 강세가 있다. 케추아어에서 복수는 -guna로 표기
된다. 그러나 명확성을 위해 개개의 케추아어 단어를 다룰 때에는 복수 표기
를 대부분 생략한다. 붙임표[-]은 단어의 일부가 생략되었음을 나타낸다. 짧
은 줄표[-]는 장모음을 나타내며 긴 줄표[—]는 좀 더 긴 장모음을 나타낸다.

2 에콰도르의 아마존 강 상류 유역에 거주하며 케추아어를 사용하는 루나족에
관한 민족지로는 다음을 참조했다(Whitten 1976; Macdonald 1979; Uzendoski 2005).
다음의 논문들은 루나족의 생활 양식을 식민지 및 공화정 시대의 역사 속에
위치시키고 한층 더 포괄적인 정치경제적 상황 속에서 설명해낸다(Muratorio
1987; Oberem 1980). 아빌라에 관해서는 졸고를 참조(Kohn 2002b).

3 아야 우아스카는 동명의 덩굴식물(학명: *Banisteriopsis caapi*, 말피기과)에서 조제되는
환각제로서 다른 재료와 섞어 조제되기도 한다.

4 노먼 휘튼Norman Whitten의 고전적인 저작 『사차 루나』(*Sacha Runa*, 1976)는 루나
족의 존재 방식에 내재된 야생과 문명 사이의 긴장을 날카롭게 포착한다.

5 스페인어와 케추아어 번역은 모두 나의 번역이다.

6 앞선 졸고(Kohn 2007)에서는 나의 접근법을 "생명의 인류학"이라고 불렀다. 지금의 접근법은 그러한 접근법과 밀접하게 관련되어 있지만, 여기서 나는 어떤 주제를 인류학적으로 다루는 것(x의 인류학)에 관심을 두기보다는 우리의 주제 ("인간적인 것")를 간과하지 않으면서도 우리를 그 너머로 이끌 수 있는 분석 방법에 더 큰 관심을 가지고 있다. 비록 우리가 인간적인 것에 대해 배울 수 있는 많은 측면들이 인간적인 것을 넘어선 생명의 논리에 대해 생각하는 것과 관련이 있지만, 앞으로 논할 것처럼 인류학을 인간적인 것 너머로 이끌기 위해서는 생명 너머까지도 응시해야 한다.

7 아마존에서 가장 현저하게 나타나는, 세계 속에 존재하고 세계를 이해하는 "다자연주의" 형식은 그와 대조적인 것으로서 우리 학계에 뿌리내리고 있는 "다문화주의" 관습들에 대하여 중요한 비판 지점들을 제기한다는 사실을 나는 부정하지 않는다(Viveiros de Castro 1998). 그럼에도 불구하고 자연의 복수화 multiplication가 문화의 복수화에 의해 유발된 문제들의 해독제는 아니다.

8 카페인이 다량 함유된 음료수로서, 아르헨티나의 마테차를 만들 때 사용하는 식물과 매우 유사한 종류의 식물(학명: Ilex guayusa)로 만들어진다.

9 나는 24개의 난초 표본들 외에 1,100개 이상의 식물 표본들을 수집했다. 이것들은 키토의 국립식물원에 수장되어 있으며, 그 복제품이 미주리 식물원에 있다. 또 400개 이상의 무척추동물 표본들, 90개 이상의 파충류 표본들, 대략 60개의 포유류 표본들도 수집했다(모두 키토의 카톨리카 대학 동물학 박물관에 수장되어 있다). 31개의 어류 표본들은 키토의 국립기술대학 동물학 박물관에 수장되어 있다. 조류의 표본화 작업은 매우 어렵고, 또 피부 보존을 위한 복잡한 준비 작업이 요구된다. 그래서 나는 그 대신 사냥에서 잡힌 표본들의 접사사진을 찍고 일러스트가 그려진 조사용 책자를 사용해 인터뷰를 수행하고 새들의 울음소리를 녹음하여 아마존의 조류에 관한 현지지식을 기록하기로 결정했다.

10 여기서 "관계항"relata은 그와 같은 다른 항들, 대상들, 요소들과의 관계에 의해 구성되는 항들, 대상들, 요소들을 의미하며 이것들은 모두 관계적인 체계 속에 존재한다.

11 퍼스 연구자들의 표준적인 방식을 따라, 이 책에서도 퍼스의 『저작집』(*Collected papers*, 1931)의 권호와 단락을 나타내는 인용 형식을 사용한다.

1장

1 이 책에서 케추아어의 구문 해석은 언어인류학자 재니스 눅콜스가 제시한 언어학적 규약에 따른다(Nuckolls 1996). "live"는 어휘소 causa-의 영어 번역이다. "2"는 이 어휘소가 2인칭 단수로 활용됨을 나타낸다. "INTER"는 -chu가 의문사interrogative 혹은 의문을 표지하는 접미사임을 나타낸다(Cole 1985: 14-16).

2 이 논의가 구성하는 것은 **추푸**를 느낌으로써 자신이 품고 있는 회의론을 잠시나마 괄호에 넣기를 독자인 당신에게 바라는 것이다. 그러나 당신이 "**추푸**를 느끼지" 않는다 해도 이 논의는 여전히 유효하다. 앞으로 내가 논할 것처럼, **추푸**는 (모든 언어에서 유사한 음향 이미지로 공유되는) 형식적 속성들을 보여주며 이것은 현재의 논의를 뒷받침해준다(Sapir 1951 [1929]; Nuckolls 1999; Kilian-Hatz 2001).

3 나는 도나 해러웨이로부터 "세속적으로 되기"becoming worldly (Haraway 2008: 3, 35, 41)라는 말을 빌려 왔다. 이것은 우리 너머에 있는 수많은 부류의 다양한 존재들—인간과 비인간—에 주목하는 실천을 통해 유례없이 창발적인 세계들에서 한층 희망차게 살아갈 가능성을 불러일으킨다. 인간의 언어는 이 기획을 실현하는 데 장애물임과 동시에 매개체이다. 이 장에서는 바로 그러한 사태를 탐구한다.

4 문화 및 상징적 의미와 생물학의 관계에 관한 마셜 살린스의 고전적인 인류학적 언명에 따르면, "상징적인 사건 속에서 문화와 자연 사이에 근본적인 불연속성이 도입된다"(Sahlins 1976: 12). 이것은 "소리"(즉 자연)와 "관념"(즉 문화) 간의 "근본적으로 자의적인" 결합에 관한 소쉬르의 주장을 되풀이한다(Saussure 1959: 113).

5 우거진 수풀 가운데 나타난 이 나무는 완두콩의 콩깍지 같은 열매를 맺으며 아빌라에서 **푸카 파카이**puca pacai로 알려져 있다(학명: *Inga alba*, 콩과-미모사아과).

6 케추아어 텍스트에 관해서는 졸고를 참조(Kohn 2002b: 148-49).

7 이 책의 목적을 위해 나는 기호 과정을 둘러싼 좀 더 복잡한 구분을 무너뜨리고 있다. 퍼스의 기호학에 따르면, 기호 과정은 다음의 세 가지 측면을 포함한다. (1) 기호는 그 자체가 소유한 특성(성질, 현실적 실존, 법칙 등)의 측면에서 이해될 수 있다. (2) 기호는 그것이 표상하는 대상과의 관계의 측면에서 이해될 수 있다. (3) 기호는 그것의 "해석체"(후속 기호)가 기호 및 기호와 대상과의 관계를 표상하는 방식의 측면에서 이해될 수 있다. 기호 매체sign vehicle라는 용어를 사용함으로써 나는 여기서 세 가지 구분 중 첫 번째에 초점을 맞추고 있다. 그러나 본문에서 설명하겠지만 일반적으로 나는 기호를 아이콘, 인덱스, 상징으로서만 다룬다. 이 과정에서 나는 의식적으로 위에서 개략한 삼원적인 구분을 무너뜨리고 있다. 기호가 아이콘인가, 인덱스인가, 상징인가는 엄밀히 따지면 기호 과정을 둘러싼 세 가지 구분 중 두 번째만을 가리킨다(Peirce CP 2.243-52).

8 참고로 퍼스는 "다이어그램적 아이콘"diagrammatic icons(Peirce 1988b: 13)에 관한 논의에서 어떤 특징에 대한 억압이 어떻게 다른 특징에 주의를 끌게 하는가를 논하고 있다.

9 물론 푸오라는 아이콘은 또 다른 해석적 차원에서는 인덱스(본문에서 추후 설명)로도 기능할 수 있다. 푸오는 그것이 모방하는 사건과 마찬가지로 그것을 듣는 누군가를 겁줄 수 있다.

10 다음을 참조(Peirce 1988d: 8).

11 다음을 참조(Peirce CP 1.346, 1.339).

12 다음을 참조(Peirce CP 1.339).

13 이 점에 관해서는 퍼스의 실용주의에서 "수단"means과 "의미"meaning가 어떻게 연관되는지를 살펴볼 것(Peirce CP 1.343).

14 다음을 참조(Peirce CP 1.213).

15 언어적 기호이든 그렇지 않든 모든 기호가 항상 "일을 한다"는 점을 인식한다면, 우리는 더 이상 언어를 행위 없는 지시로만 보는 언어관의 결핍을 보충하기 위해 언어행위 이론에 호소할 필요가 없다(Austin 1962).

16 상징이 아닌 기호들을 인정하는 인류학적 접근법들조차 이 기호들을 여전히

인간만의 것으로서 그리고 상징적 맥락의 틀에 의해 해석되는 것으로서 본다. 서론의 논의를 참조.

17 학명: *Solanum quitoense*.

18 졸고를 참조(Kohn 1992).

19 이 사례는 아이콘 작용과 보호색의 진화에 관한 디콘의 논의(Deacon 1997: 75-76)를 각색했다.

20 아이콘성과 인덱스성의 논리적 관계에 관한 나의 논의는 디콘(Deacon 1997: 77-78)을 따른 것이며 그것을 각색한 것이다.

21 디콘은 수 새비지-럼보의 연구를 기술하면서 이를 기호학적으로 재해석하고 있다(Savage-Rumbaugh 1986).

22 다음을 참조(Peirce CP 2.302; 1998d: 10).

23 "추론에서 비롯되는"inferential이라는 말로 내가 의미하는 것은 유기체의 계통이 환경에 관한 "추측들"guesses로 구성된다는 것이다. 진화 과정의 선택적인 역동성을 거쳐 유기체는 점차 자신의 환경에 "적합해"진다(2장 참조).

24 이 점은 퍼스에 대한 인류학적 논의들에서 간과되는 경향이 있다. 즉 삼차성은 모든 기호작용 및 사실상 세계의 모든 규칙성에 내재하는 속성이 아니라 단지 인간의 상징적인 속성으로만 여겨지는 경향이 있다. 예를 들어 다음을 참조(Keane 2003: 414, 415, 420).

25 "[일차성, 이차성, 삼차성의 범주는] 하나의 사고방식을 제안한다. 즉 과학의 가능성은, 인간의 사고가 필연적으로 전 우주에 두루 걸쳐 있는 특징의 그 어떤 것도 취한다는 사실에, 그리고 그 자연적인 양식이 우주의 행위 양식이 되는 어떤 경향이 있다는 사실에 의존한다는 것이다"(Peirce CP 1.351).

26 그러나 우리는 또한 느낌과 자기의 "일차성"에 관한 데카르트의 통찰을 인정해야 한다. "나는 생각한다. 고로 나는 존재한다"는 복수 혹은 2인칭 혹은 3인칭에 적용될 때 그 감각(과 느낌)을 상실한다. 오직 당신—'나'로서—만이 **추푸**를 느낄 수 있다.

27 케추아어 텍스트에 관해서는 졸고를 참조(Kohn 2002b: 150-51).

28 케추아어 텍스트에 관해서는 졸고를 참조(Kohn 2002b: 45-46).

29 케추아어로 피스쿠 앙가pishcu anga.

30 케추아어 텍스트에 관해서는 졸고를 참조(Kohn 2002b: 76).

31 이처럼 그것은 티쿠ticu와 연관된다. 티쿠는 아빌라에서 어정쩡한 걸음걸이를 묘사하는 데 사용되는 말이다. 졸고를 참조(Kohn 2002b: 76).

32 다음을 참조(Bergson 1911: 97). 그러한 기계론적 논리가 가능한 것은 그것을 디자인하거나 주조하는 기계 외부에 (전체의) 자기가 이미 존재하기 때문이다.

33 "Huañuchi shami machacui."

34 케추아어로 우아이라 마차키 huaira machacui. 학명은 *Chironius* sp.

35 뱀의 몸체에서 머리를 잘라내는 이 행위와 그것의 잠재적인 상징주의에 관해서는 다음을 참조(Whitten 1985).

36 스티브 펠드Steve Feld의 『소리와 감정』(*Sound and Sentiment*, 1990)은 그 하나의 실례이다. 이 저작은 칼룰리족Kaluli(그리고 결국은 그들을 기술하는 인류학자)이 상징적 구조를 통해 하나의 이미지를 느끼게 되는 과정을 성찰한다.

2장

1 스페인어명은 바르바스코barbasco, 학명: *Lonchocarpus nicou*. 아빌라에서는 단순히 암비ambi, 즉 독으로 알려져 있다.

2 케추아어 텍스트에 관해서는 졸고를 참조(Kohn 2002b: 114-15).

3 나는 이 문구를 퍼스(CP 1.221)에게서 차용했으며 더 넓은 범위의 현상들에 적용했다.

4 인간이라는 종은 "애초 의미가 결여된, 다만 물리적인 법칙에 따르는 세계 속에서 의미를 구축하면서" 살아간다는 입장에 관해서는 다음을 참조(Rappaport 1999: 1).

5 목적성telos은 인간적인 것을 넘어선 "주술화된" 살아있는 세계에 내재하는 창발적 속성이다. 이처럼 목적성이 갖는 중심적인 위치를 논하는 나의 주장은 주술화의 재전유에 관한 제인 베넷(Bennett 2001)의 최근 주장과는 상충된다.

6 다음을 참조(Bateson 2000c, 2002; Deacon 1997; Hoffmeyer 2008; Kull et al. 2009).

7 "해석체"가 표상하는 사고에 관한 퍼스의 견해에 따르면, 기호-로서의-유기체는 그 조상progenitor에 의한 세계의 표상과 "동일하지만 (…) 그보다 한층 더 발전된" 것이다(Peirce CP 5.316).

8 루나족에게 가위개미가 날아오르는 계절의 도래를 알려주거나 어떤 경우에는 더 구체적으로 생식개미가 출현하는 정확한 날짜를 알려주는 일부 유기체들의 목록에 관해서는 졸고를 참조(Kohn 2002b: 99-101).

9 날개 달린 생식개미가 출현하는 시기에 가위개미와 함께 발견되는 유기체들 가운데 내가 수집한 표본에 관해서는 졸고를 참조(Kohn 2002b: 97-98).

10 루나족이 곤충을 묘사할 때 사용하는 친족 어휘에 대해서는 졸고를 참조(Kohn 2002b: 267).

11 학명: *Carludovica palmata*, Cyclanthaceae. 졸고를 참조(Kohn 2002b: 457 n.16).

12 아빌라 사람들은 개미와 개미집을 포획한 후에도 그들과 계속해서 의사소통하려 한다. 이에 관해서는 졸고를 참조(Kohn 2002b: 103).

13 실제로는 기호적 자기들 사이에서 일어나는 상호작용의 또 다른 층위가 있으며 이것 또한 토양 조건의 차이를 증폭시킨다. 그렇지만 논지를 분명히 하기 위해 본문에서는 생략했다. 초식동물은 그 자체로 이차 소비자의 먹이이기도 하다. 만약 이 제약이 없다면 초식동물의 개체 수는 억제되지 않고 증가하여 부영양 토양에서 살아가는 식물들에 대해 무제한의 해를 끼치는 결과에 이를 것이다. 그렇게 제약이 주어지지 않는다면, 다양한 토양에 의한 차이는 아무래도 상관없는 일이 될 것이다.

14 아마존의 토양 및 그것이 유지하는 생태적 집합체들과 관련해 환경 결정론에 대하여 설득력 있는 반-환원주의적 비판을 보여주는 것으로는 다음을 참조(Descola 1994).

15 존 로John Law와 안네마리 몰Annemarie Mol은 비인간의 행위주체성을 특별히 인간 언어의 관계성과 연결지으면서 다음과 같이 특징짓는다.

물질적 기호학에서는 지각할 수 있는 차이를 만드는 개체가 행위자로서 간주된다. 활동하는 개체들은 그물망 속에서 서로와 관계적으로 연결되어 있다. 개체들은 서로에 대하여 차이를 만들어낸다. 다시 말해 개체들은 서로를 존재하게 한다. 언어적 기호학은 단어들이 서로가 서로에게 의미를 부여한다는 것을 가르쳐준다. 물질적 기호학은 언어적인 것 너머로 이 통찰을 확장시키고 개체들이 서로에게 존재를 부여한다고 주장한다. 즉 개체들은 서로에게 행위한다. (Law and Mol 2008: 58)

16 같은 절(CP 1.314)에서 퍼스는 우리 자신이 다른 인간이 된다고 상상할 수 있는 능력을 동물에 대해서도 동일한 방식으로 상상할 수 있는 우리의 능력과 연결 짓는다.

17 케추아어명: manduru, 학명: *Bixa orellana*, Bixaceae, 영어명: annatto. 아빌라에서의 쓰임새에 관해서는 졸고를 참조(Kohn 2002b: 272-73).

18 학명: *Procyon cancrivorus*.

19 이 때문에 비베이루스 지 카스트루는 다음과 같이 결론 짓게 된다(Viveiros de Castro 1998: 478). 자연은 다수이며, 각각의 자연은 특정한 부류의 존재가 지닌 신체-특유의 해석적인 세계와 연합한다. 문화는 오직 하나뿐이다. 이 경우에는 루나족의 문화가 바로 그렇다. 그리하여 그는 이러한 사고방식을 "다자연주의"로 지칭하고, 현대 서구의 민속학계를 지배하는 사고의 전형이자 특히 문화상대주의로 나타나는 다문화주의 논리(즉 많은 문화들, 하나의 자연)에 대한 비판으로서 다자연주의 논리를 활용한다(다음과 비교. Latour 1993: 106; 2004: 48).

20 아빌라의 일상생활에서 나타나는 퍼스펙티브주의에 관한 더욱 광범위한 논의와 더 많은 사례에 관해서는 졸고를 참조(Kohn 2002b: 108-41).

21 학명: *Dactylomys dactylinus*.

22 이렇듯 통나무로 이어진 길의 묘사에 관해서는 다음을 참조(Descola 1996: 157).

23 "Saqui su."

24 이 우는 소리의 묘사에 관해서는 다음을 참조(Emmons 1990: 225).

25 이 여성은 이미 할머니가 되었다. 그렇기 때문에 이성에게 추파를 던지는 이와 같은 형식의 농담이 위협적으로 여겨지지 않았다. 최근에 결혼한 젊은 여성에게 그런 농담을 할 수는 없을 것이다.

26 학명: *Renealmia* sp., Zingiberaceae.

27 케추아어명: carachama, 학명: *Chaetostoma dermorynchon*, Loricariidae.

3장

1 "Isma tucus canga, puma ismasa isman."

2 이마 수티ima shuti의 단축형.

3 "Cara caralla ichurin."

4 케추아어로 유야이우안yuyaihuan. 생각하거나 판단하거나 혹은 주위에 반응하는 능력을 수반한다.

5 케추아어로 리파라나riparana. 반성하다, 귀 기울이다, 숙고하다 등을 의미한다.

6 다음을 참조(Peirce CP 2.654).

7 벤투라의 아버지 푸마와 벤투라 사이의 교환에 대한 케추아어 채록에 관해서는 졸고를 참조(Kohn 2002b: 349-54).

8 케추아어 텍스트에 관해서는 졸고를 참조(Kohn 2002b: 358-61).

9 그는 파이pai(인간으로서의 지위나 젠더와 상관없이 활기 있는 존재에 사용되는 3인칭 대명사) 대신에, 치타chita(차이chai '저것' + -타-ta 직접목적격의 표지)—예컨대 발라르카니 치타balarcani chita—라는 말을 상처 입은 동물을 지시하는 데 사용한다.

10 오버링과 패시즈(Overing and Passes 2000)가 "여흥"conviviality이라고 부른, 일종의 친밀한 사교성을 촉진하는 방법으로서의 웃음이다. 다음을 참조(Overing 2000).

11 "Shican tucun."

12 "Runata mana llaquin." 아빌라에서 야키나llaquina라는 동사는 슬픔과 사랑 모두를 의미한다. 안데스 지역의 에콰도르 케추아어에는 사랑을 뜻하는 후야나juyana라는 말이 있지만, 아빌라 케추아어에는 사랑을 뜻하는 특정 단어가 없다. 내가 잘 아는 안데스 방언에서 야키나는 슬픔만을 뜻한다.

13 아야 부다aya buda 혹은 아야 툴라나aya tulana로도 알려져 있다.

14 "Cai mishqui yacuta upingu."

15 "Shinaca yayarucu tiarangui, astalla shamunchi."

16 태반이 묻힌 장소는 푸푸 우아시pupu huasi로 알려져 있으며, "태반의 집"이라는 뜻이다.

17 학명: *Urera baccifera*, 쐐기풀과. 이것은 (개와 어린 아이가 지나는 길을 막음으로써) 살

아있는 존재를 쫓아내기 위해 사용되는 가시 있는 쐐기풀과 매우 가까운 식물이다. 이 가시 없는 변종의 쐐기풀은 아야의 영적인 본성과 잘 어울리기 때문에 아야의 액막이를 위해 사용된다(Kohn 2002b: 275).

18 "Huaglin, singa taparin."

19 나르시사가 들려준 이야기의 케추아어 텍스트에 관해서는 졸고를 참조(Kohn 2002b: 214-15).

20 카벨 또한 이 용어가 비인간적 동물들과 우리의 관계로까지 확장될 수 있는지를 질문한다.

21 케추아어로 "카사리아나 알마"casariana alma.

22 케추아어로 "쿠루나"curuna.

23 "Catina curunashtumandami ta' canisca."

24 다음을 참조(Bateson 2000b: 486-87; Haraway 2003: 50).

25 아마존에서 나타나는 이 딜레마의 민족지적 함의에 대한 광범위한 논의로는 다음을 참조(Fausto 2007).

26 파우스토가 "포식의 방향성"이라 부른 것은 바뀔 수 있다(Fausto 2007).

27 "Mana tacana masharucu puñun."

28 가이나리gainari로도 알려져 있다. 학명: *Paedarinae*, 반날개과.

29 "Yumai pasapi chimbarin alma." 다음을 참조(Uzendoski 2005: 133).

30 이것들의 목록에 대해서는 다음의 졸고를 참조(Kohn 2002b: 469 n. 95).

31 부야 팡가buhya panga로도 알려져 있으며, 아마도 안수리움속의 신종일 것이다. *Anthurium* sect. *Pteromischum* sp. nov. 졸고를 참조(Kohn 1992).

32 이것은 아마도 대단히 높은 수준의 관다발 압력 때문일 것이다.

33 케추아어 텍스트에 관해서는 졸고를 참조(Kohn 2002b: 130-31).

34 케추아어 텍스트에 관해서는 졸고를 참조(Kohn 2002b: 132).

35 학명: *Cedrelinga cateniformis*, 콩과-미모사아과.

36 이 신화의 케추아어 텍스트에 관해서는 졸고를 참조(Kohn 2002b: 136-39).

4장

1 이것은 2장에서 언급한 **아야**—이_aya_—i의 변형이다.

2 '너무나 인간적인'이라는 용어는 니체(Nietzsche and Hollingdale 1986)와 베버 (Weber 1948b: 132, 348)를 에둘러 상기시킨다. 이어지는 본문에서 이 용어의 사용법을 설명할 것이다.

3 가치는 인류학에서 활발히 논의되는 주제 중 하나이다. 대개 그 중심적인 논의는 인간적인 영역에서 가치가 취하는 다양한 형식을 조화시키는 방법에 관한 것이다(특히 Graeber 2001; 인류학 및 경제학의 가치 이론과 퍼스의 가치 이론을 중재하려는 시도에 대해서는 Pederson 2008, Kockelman 2011). 이 연구 분야에 대한 나의 공헌은 인간의 가치 형식이 생명과 함께 창발하는 기초적인 가치 형식과 창발적인 연속성의 관계에 있다는 점을 강조한 것이다.

4 이 측면에서 개과동물의 자기-가축화에 관해서는 다음을 참조(Coppinger and Coppinger 2002).

5 다음도 참조(Ellen 1999: 66; Haraway 2003: 41).

6 주 원료는 하층식생 나무인 치타(학명: _Tabernaemontana sananho_, 협죽도과)의 내피를 긁어낸 것이다. 또 다른 원료로는 담배와 **루무 쿠치 우안두**lumu cuchi huandu(가지과 브루그만시아속)가 있는데, 이 식물은 루나족 샤먼들이 때때로 사용하는 매우 강력한 벨라돈나 계열 마취약의 개과동물용의 특별한 변종이다.

7 개들은 다음과 같은 인간적인 특징을 취한다.

   1. 다른 동물들과 달리 개들은 요리한 음식을 먹을 수 있다고 여겨진다.

   2. 개들은 천국으로 승천할 수 있는 혼을 가지고 있다고 믿는 사람들도 있다.

   3. 개들은 주인의 기질을 습득한다. 비천한 주인의 개는 비천하다.

   4. 숲에서 길을 잃은 강아지들과 아이들은 "야생"(케추아어로 키타quita)이 되며 그에 따라 사람을 무서워하게 된다.

8 다음을 참조(Oberem 1980: 66; Schwartz 1997: 162-63; Ariel de Vidas 2002: 538).

9 실제로 신화상의 식인 재규어는 인간을 야자순으로 표현한다고 한다.

10 다음을 참조(Fausto 2007; Conklin 2001).

11 이들은 아빌라에서는 "숲의 주재자들"(사차 아무구나sacha amuguna) 혹은 "숲의 주인들"(사차 쿠라가구나sacha curagaguna)로 알려져 있다.

12 불신자들(아우카tauca) 및 야만인들(키타quita)과는 대조적으로, 기독교도 및 만소manso(길들여진 자, 케추아어로 만수mansu)와 같이 루나족을 묘사하기 위해 역사적으로 사용되어 온 식민지적 범주는 어느 정도 문제를 포함한다 해도(Uzendoski 2005: 165), 무시할 만한 것은 아니다. 적어도 아빌라에서 그것들은 매우 분명하게 가시화되지는 않는 어떤 종류의 행위주체성을 드러냄으로써 지금까지도 통용되는 관용구를 구성하기 때문이다(6장 참조).

13 내가 수집해온 몇몇 아빌라 구전 역사들이 증언하는 이 사실을 상기시켜준 마누엘라 카르네이루 다 쿠냐Manuela Carneiro da Cunha에게 감사의 뜻을 표하고 싶다. 이 원정의 목격자에 의한 설명과 사진에 관해서는 다음을 참조(Blomberg 1957).

14 루나라는 말은 에콰도르의 스페인어에서는 품종을 식별할 수 없는 소를 묘사할 경우에도 사용된다. 나아가 이 말은 "인디오"의 성질을 가진다고 추정되어 모멸적으로 여겨지는 것들(예컨대 허름하거나 더럽다고 여겨지는 것들)을 묘사할 때에도 사용된다.

15 다음을 참조(Haraway 2003: 41, 45).

16 아추아르족Achuar에 관한 논의에서 데스콜라는 이와 같은 형식의 고립상태를 "자연적 어법의 유아론"이라고 부른다(Descola 1989: 443). 그가 은연 중에 의사소통의 실패를 강조하는 것은 이 장의 주제와 상응한다.

17 빌러슬레프는 시베리아 유카기르족Yukaghir의 사냥에 관한 논의에서 동물과의 관계가 이처럼 인간의 정체성을 위협한다는 점을 상세하게 다룬다(Willerslev 2007). 유카기르족이 찾아내는 해결책은 아빌라와 다르지만, 일반적인 문제—수많은 부류의 자기들이 거주하는 세계 속에서 사회적으로 살아가야 하는 과제—는 동일하다.

18 케추아어로 두이뉴duiñu, 스페인어 두에뇨dueño에서 유래한 말이다.

19 이 개과 어휘의 실례에 대해서는 졸고를 참조(Kohn 2007: 21 n. 30).

20 1장에서도 다루었다시피 여기서도 눅콜스(Nuckolls 1996)가 정리한 케추아어

구문 해석을 위한 언어학적 규약을 따른다. 다음의 표기 방식이 포함되어 있다. ACC=목적격Accusative case, COR=동일지시어Coreference, FUT=미래, NEG IMP=부정 명령법Negative Imperative, SUB=가정법Subjunctive, 2=2인칭, 3=3인칭.

21 우쿠차Ucucha라는 말은 생쥐, 들쥐, 고슴도치, 주머니쥐 등을 포함하는 일군의 작은 설치류를 가리킨다. 이 말은 **시쿠**sicu를 완곡하게 가리키는 표현이기도 하다. **시쿠**란 아구티, 파카, 아구치를 포함하는 일군의 대형 설치류이며 이것들은 식용 가능하다.

22 다음은 이 장의 본문에서 언급되지는 않았지만, 치타를 투여할 때 개과동물 명령법을 사용해서 개들에게 조언하는 아빌라의 또 다른 사례이다.

> 2.1 *tiutiu-nga ni-sa*
> 쫓다-3FUT 말하다-COR
> 생각하는/의욕하는 그것은 쫓을 거야

> 2.2 *ama runa-ta capari-nga ni-sa*
> NEG IMP 사람-ACC 짖다-3FUT 말하다-COR
> 생각하는/의욕하는 그것은 사람들에게 짖지 않을 거야

23 이 용어를 제안해준 빌 행크스Bill Hanks에게 감사한다.

24 1.2행의 3인칭 미래 표지와 결합되는 부정 명령법의 변칙적인 사용(다음과 비교. 본문의 1.5행과 5.3행, 주 22의 2.2행)과 대조적으로, 다음의 사례들은 아빌라의 일상적인 케추아어에서 문법적으로 올바르다고 여겨질 **법**한 관련 구문들이다.

> 2인칭으로 개에게 말을 거는 경우:
> 3 *atalpa-ta ama cani-y-chu*
> 닭-ACC NEG IMP 물다-2-IMP-NEG
> 닭을 물면 안 돼

> 다른 사람에게 개에 대해 말하는 경우:
> 4a *atalpa-ta mana cani-nga-chu*
> 닭-ACC NEG 물다-3FUT-NEG
> 그 개는 닭을 물지 않을 거야

> 혹은

> 4b *atalpa-ta ama cani-chun*
> 닭-ACC NEG 물다-SUB
> 그 개는 닭을 물지 않아

25 동물의 신체를 부인함으로써 동물 안의 인간적인 주체성을 이끌어내는 것이 어떻게 가능한지에 대해서는 다음의 전설과 비교해볼 수 있다. 루나족 남자들은 숲에서 마주친 재규어와 싸우기 전에 옷을 벗는다고 한다. 그렇게 함으로써 루나족 남자들은 재규어들 또한 의복처럼 자신들의 고양이과의 신체적인 습성을 "벗을" 수 있는 인간임을 상기시킨다(6장 참조).

26 재니스 눅콜스에 따르면, 에콰도르 아마존의 파스타사 지방 출신의 케추아어 원어민은 3인칭 미래형의 구문을 사용한 노래를 통해서 이러한 영들을 가리키거나 불러낸다. 이것은 아빌라에서 영적인 연인을 불러낼 때 "부인"이라는 경칭을 사용하는 것이 "개과동물 명령법"의 사용과 관련이 있을 것으로 추정되는 또 다른 이유이다.

27 중복형 어휘는 아빌라에서는 새의 울음소리를 모방하는 단어들과 의성어적인 새의 이름들에서 자주 보인다. 다음을 참조(Berlin and O'Neill 1981; Berlin 1992).

28 다음을 참조(Taylor 1996; Viveiros de Castro 1998).

29 분산된 자기성에 관해서는 다음을 참조(Peirce CP 3.613; 5.421; 7.572; Strathern 1988: 162). 조금 다른 견해로서는 다음을 참조(Gell 1998).

30 지구권 밖의 문법에 대한 기호학적 제약조건에 관해서는 다음을 참조(Deacon 2003).

5장

1 우아오라니족이 어떻게 페커리를 사회적 타자로 다루는가에 대해서는 다음을 참조(Rival 1993).

2 외부인이 야생/길들여짐의 평행관계를 저절로 인식하게 된 또 다른 사례는 다음과 같다.

1) 그를 안내했던 이키토스 지방의 사파로족Záparo이 유럽의 말을 맥tapir과 비교하는 방식에 대한 심슨의 숙고(Simson 1878: 509). 말의 먼 친척이며 신세계에서 유일하게 현존하는 토착 기제류奇蹄類인 맥은 아빌라에서는 숲의 영적인

주재자들의 말로 간주된다.

2) 17세기의 예수회 사제인 피게로아Figueroa가 기록한 백인의 가축화와 인디오의 숲의 포식생활 간의 대응관계. 그는 아마존 사람들에게 "자연이 과수원처럼 제공하는" 나무 열매와 과일에 경탄했다. 또 그는 "야생돼지 무리"와 숲의 여타 동물들을 "돌볼 필요가 없는" "가축"crías이라고 언급했다(Figueroa 1986 [1661]: 263).

3) 19세기의 예수회 사제인 포치Pozzi는 로레토에서의 설교 중에 루나족의 사냥을 문명화된 축산업과 비교했다(in Jouanen 1977: 90).

3 다음을 참조(Janzen 1970; Wills et al. 1997).

4 고무경제가 형식적으로 제약된 방식에 관한 나의 논의는 스티븐 벙커Steven Bunker의 논의와 어긋나지만, 궁극적으로는 모순되지 않는다. 벙커는 균의 기생이 아마존에서 고무채집을 불가능하게 할 정도는 아니었다고 논한다(Bunker 1985: 68-69). 아마존에서는 접목법과 밀집 재배 기술이 발전했지만, 이것들은 노동집약적이었고, 이 지역에 부족한 것은 노동력이었다. 벙커에 따르면, 플랜테이션 농법을 저해한 것은 노동력 부족이었고 균의 기생이 아니었다. 분명 고무 붐이 드러낸 형식의 확산 경향은 강하지 않았고, 또 충분한 노동력이 있었다면 아마도 균의 기생은 더 둔화되거나 무관계했을 수도 있다. 그러나 이 시기의 노동력 부족으로 인해 균의 기생이라는 특정한 형식적인 속성이 증폭되었고 다양한 범위에 걸쳐 확산되었으며 그리하여 고무경제에서 중요한 변수로 기능하게 된 것이다.

5 학명: *Salminus hilarii*.

6 학명: *Virola duckei*, Myristicaceae.

7 고무나무를 깎아내고 수액을 채취하는 초기 과정, 그리고 라텍스를 강으로 흘려 보내기 위해 필요한 기술과 노력에 대해서는 다음을 참조(Cordova 1995).

8 산호세의 루나족이 숲에서 사냥감을 찾기보다 과일나무 옆에서 몸을 숨기는 사냥법을 선택하는 것에 대해서는 다음을 참조(Irvine 1987). 이것은 아빌라에서도 선호되는 기술이다. 열매 맺은 나무 옆에서 기다림으로써 사냥꾼은 식물종의 분포 형식을 효과적으로 활용한다.

9 다음을 참조(Oberem 1980: 117; Muratorio 1987: 107). 고무 붐 시기에 페루의 나포
   강 연안으로 강제이주를 당한 아빌라 루나족 출신의 후손들의 공동체에 관해
   서는 다음을 참조(Mercier 1979).

10 아마존 하천 네트워크의 샤머니즘적 활용의 또 다른 사례에 대해서는 다음을
   참조(Descola 1996: 323). 예수회 선교사가 아마존 하천 네트워크를 선교와 개종
   의 통로로 상상하는 방식의 사례에 대해서는 졸고를 참조(Kohn 2002a: 571–73).

11 다음을 참조(Martín 1989 [1563]: 119; Ordóñez de Cevallos 1989 [1614]: 429; Oberem
   1980: 225).

12 다음을 참조(Oberem 1980: 117; Muratorio 1987; Gianotti 1997).

13 광물이나 석유 같은 수탈적인 생산물과는 달리, 아마존의 야생 고무처럼 생명
   있는 형식이 상품이 되는 과정에는 무언가 독특한 것이 있다(야생 송이버섯에 대
   해서는 Tsing 2012). 가장 무자비한 자본주의 체제하에서도 이를 수탈하기 위해
   서는 살아있는 부를 지탱하는 관계적인 논리에 진입해야 하고 또 어느 정도는
   그 논리에 굴복해야 한다. 여기서 나를 흥미롭게 하는 그러한 논리의 측면은
   그것의 패턴화된 성질이다.

14 위계의 논리적 속성들에 대해서는 다음을 참조(Bateson 2000e).

15 새의 이름과 울음소리가 갖는 이러한 종류의 관계성은 아빌라에서 흔히 볼 수
   있다. 또 다른 사례에 대해서는 졸고를 참조(Kohn 2002b: 146).

16 "-mashuta micusa sacsa rinu-."

17 "-napi imata cara."

18 데스콜라의 용어로 말하자면(Descola 2005), 실버만의 프로젝트는 "자연주의
   적" 사고에 지배된 서구 사상 속에 숨겨진 "유비주의적" 사고 양식들을 추적
   하는 것이다.

19 여기서 "역사"라는 말은 현재에 작용하는 과거 사건들의 효과에 대한 우리의
   경험을 의미한다. 퍼스는 이것을 이차성의 경험이라고 말하는데, 이는 변화,
   차이, 저항, 타자성, 시간에 관한 우리의 경험을 포괄한다(Peirce CP 1.336; 1.419; 1
   장 참조). 이것은 과거를 표상하는 독특하고 지극히 다양하며 사회역사적으로
   위치지어진 양식들(Turner 1988) 또는 인과성에 관한 관념들(Keane 2003)이 있음

을 부정하지 않는다. 나는 한층 더 폭넓고 일반적인 일련의 주장을 하려 한다. (1) 이차성의 경험이 반드시 문화에 의해 한계가 정해지는 것은 아니다. (2) 우리가 역사로 여기는 현재에 대한 과거의 이원적 효과들이 인과적 양식으로서의 유효성을 얼마간 상실하게 되는 순간들이 있다.

20 여기서 "시간"이라는 말은 과거에서 현재로 개연적인 미래로 뻗어가는 방향성의 과정을 의미한다. 그러나 나는 시간의 존재론적인 위상에 관한 완벽한 주장을 하지 않겠다. 그렇다고 시간이 완전히 문화적인 혹은 인간적인 구조물이라고 말하려는 것도 결코 아니다(다음과 비교. Peirce CP 8.318). 나의 주장은 베이트슨이 "살아있는 것"creatura(Bateson 2000a: 462)이라고 부른 것의 수준에 머문다. 즉 생명의 영역에서는 과거, 현재, 그리고 개연적인 것이 제각기 특유의 속성들을 가지게 되며, 이 속성들은 기호적인 자기들이 자신을 둘러싼 세계를 표상하는 방식들과 밀접한 관계를 맺는다. 이처럼 기호작용을 경유하는 생명의 영역에 있기 때문에 미래는 표상의 매개를 통해 현재에 영향을 미치게 된다(Peirce CP 1.325). 6장 참조.

21 두 단어는 (스페인어 '고통'tormento에서 유래한) 케추아어 **투르민투**turmintu의 뜻을 풀이한 것이다.

22 영적인 주재자의 영역에서 죽은 자들은 '심판의 날'juiciu punja을 면한다.

23 다음을 참조(Peirce CP 6.101).

24 조너선 힐(Hill 1988)과 그가 엮은 논문집의 몇몇 기고자들은 레비-스트로스의 '뜨거운/차가운'이라는 구분을 비판한다. 힐은 이 구분이 아마존 사람들이 여러 방식으로 역사의 산물이자 역사의 생산자이며 또한 역사를 의식하고 있음을 지워버린다고 주장한다. 피터 고우(Gow 2001)는 그러한 비판이 레비-스트로스의 논점을 간과하는 것이라고 주장한다. 즉 고우가 보여주듯이, 신화는 "시간의 제거를 위한 도구"(27)이며 이를 통해 신화는 역사에 응수한다. 신화가 이 특징을 가지고 있음은 분명하다. 고우의 논의에서 불명료한 것은 그 이유이다. 내가 주장하는 것은 그러한 무시간성이 형식의 고유한 속성들의 효과라는 것이다.

25 다음과 비교. "심리적 과정 내지는 역사적 과정에서 남겨지는 편린들이 (…)

그러한 성질을 나타내는 것은 그것들을 만들어낸 역사의 눈으로 볼 때뿐이며, 그것들을 활용하는 논리의 관점에서 보면 그렇지 않다"(Lévi-Strauss 1966: 35).

26 아마존의 경관과 자연사가 항상 어떤 식으로든 사회적이라는 입장에 대해서는 다음을 참조(Raffles 2002). "오염되지 않은 자연이라는 신화"와 인간 활동에 의해 변형된 숲에 대해서는 다음을 참조(Denevan 1992; Cleary 2001). "자연사"를 역사화하는 것의 중요성을 부정하는 것은 아니지만, 내가 취하는 입장은 그것과는 다르다. 모든 자연이 이미 항상 역사적이라는 생각은 우리 분야가 직면하는 재현의 문제와 연관된다―즉 우리는 인간적인 것을 문제시하지 않고서 상징적 지시라는 인간 특유의 관습적인 논리 바깥에 있는 것에 대하여 어떻게 이야기해야 하는지를 모른다(1장 참조).

27 아마존 강 상류 유역의 선주민과 유럽인 사이의 관계를 대칭적인 관계로 이끌고자 하는 희망에 대해서는 다음을 참조(Taylor 1999: 218).

28 더욱 상세한 설명에 대해서는 다음의 졸고를 참조(Kohn 2002b: 363-64).

29 오늘날 아빌라 사람들은 (때때로 잉카 황제로 언급되는) 어떤 왕이 왜 아빌라 옆에 키토를 건설하려다 포기하고 결국 안데스 산맥에 키토를 건설했는가를 설명해주는 신화에 대해 이야기한다. 심지어 어떤 사람들은 아빌라의 정글 속에서 이 실패한 키토의 흔적을 발견하기도 한다. 이처럼 키토를 문자 그대로 버려진 지역과 관련시키는 생각은 아빌라 근처의 루나족 공동체인 오야카치 Oyacachi에서도 나타난다. 다음의 졸고를 참조(Kohn 2000b: 249-50; Kohn 2002a).

30 형식을 확산시키는 너무나 인간적인 맥락들도 존재한다. 후기 소비에트 사회주의가 이 사례에 속한다(Yurchak 2006, 2008; 후자에 관한 나의 코멘트는 Kohn 2008). 여기서는 모든 인덱스적 구체화로부터 절단된 공식적인 담론 형식―그럼에도 불구하고 소비에트 국가 전체에 의해 유지된 형식―이 소비에트 연방 전역에서 동시다발적으로 출현한 어떤 종류의 비가시적인 자기-조직적 정치를 가능케 했다. 유르착은 이것을 매우 적절하게도 "비식별의 정치"politics of indistinction로 부르며, 이는 공식적인 담론 형식을 묵인하거나 그것에 저항하는 것이 아니라 (일련의 불확정한 목적을 위해) 그것을 활용하고 증식시키는 방식을 암시한다.

31 다음을 참조(Peirce 1998d: 4). 다음과 비교(Bateson 2000d: 135).

32 다음에서 재인용한 것이다(Colapietro 1989: 38). 내가 처음 이 구절에 주목하게 된 것은 프랭크 살로몬Frank Salomon 덕분이다.

6장

1 케추아어로 사이누 추스피sahinu chuspi, '페커리 파리'를 뜻한다. 학명: Diptera.

2 "한때 잘 알았고 또 오랫동안 친숙했던 것으로 거슬러 올라가는 두려움"(Freud 2003: 124)이라는, 섬뜩한 것the uncanny에 관한 프로이트의 이해를 끌어오면서 나는 인디오의 지방을 먹는 안데스 산맥의 하얀 귀신, 피스타코pishtaco에 관한 메리 와이즈맨틀(Weismantel 2001)의 논의를 참조했음을 명확히 밝히겠다. 오스왈도의 경찰관처럼, 피스타코는 안데스 사람들에게 섬뜩한—두렵기도 하면서 그와 동시에 친밀하고 친숙한—존재로 그들의 삶 속에 녹아 있다.

3 그러나 그와 같이 일반화된 권력은 그 현현의 특수한 예시들 없이는 실존할 수 없다. 지배의 구조는 궁극적으로 퍼스가 "이차성"(1장 참조)이라고 부른 것을 통해 그 "잔인한" 효력이 발휘된다(Peirce CP 1.213). 즉 퍼스가 보여준 한 사례에 따르면 당신의 어깨에 올려진 "보안관의 손"(CP 1.24)을 통해, 혹은 오스왈도의 경우에는 친구 집 현관에서 갑자기 모습을 드러낸 경찰관을 통해 권력은 나타난다. 그러나 버틀러가 강조하듯이 권력은 그렇게 쉽게 외재화하는 잔인성 이상의 어떤 것이다.

4 우리는 죽은 자들과의, 영들과의, 그리고 미래의 자기들과의 일종의 선물경제 속에서 살고 있다. 그들은 우리를 존재하게 하며 그들이 없다면 우리는 아무것도 아니다. 우리를 우리로 존재하게 하는 부채에 관한 마르셀 모스의 개념은 이 모든 타자들과 맺는 우리의 관계에도 적용된다. "선물을 주면서 그는 자기 자신을 준다. 그리고 그가 자기 자신을 준다면, 그것은 타자에게 자기 자신—자신의 인격과 재산—을 '빚지고' 있기 때문이다"(Mauss 1990 [1950]: 46).

5 장거리 소통을 위해 사용되었던 나무를 깎아 만든 슬릿 드럼은 스페인인들이

아마존 강 상류 유역에서 가장 먼저 금지한 것 중 하나였다(Oberem 1980).

6 이것은 그들이 자신들을 옷 입지 않는 사람들로 생각한다고 말하는 것이 아니다. 음경 주머니와 얼굴 분장은 여러 중요한 방식으로 옷으로 기능한다.

7 "hacerlos de brutos, hombres, y de hombres, cristianos."

8 이처럼 역사의 누적 효과로 이해될 법한 어떤 것에 깃들어 있는 '언제나 이미' always already의 형식은 오야카치Oyacachi 마을에서 분명하게 나타난다. 아빌라 서쪽의 운무림에 위치한 오야카치는 식민지 시대 초기에 아빌라와 동일한 키호스Quijos 추장제의 일부를 구성했던 마을이다. 그곳에 사는 사람들이 이해하듯이 그들이 기독교 신자가 아닌 시대는 결코 존재하지 않는다. 실제로 어떤 신화에 따르면(Kohn 2002a), 개종이 필요했던 이교도란 유럽의 백인 사제였고 선주민들은 그럴 필요가 없었다.

9 물론 때로는 정치적 가시성을 획득하기 위해 자기-대상화가 중요한 전략이 되기도 한다.

10 충전용 금속제 산탄총 카트리지의 바닥에는 뇌관에 끼우기 위한 작은 구멍이 있다. 오스왈도의 꿈 이미지가 샤머니즘적인 함의를 담고 있다는 것을 지적해두겠다. 산탄총 카트리지를 입으로 부는 것은 바람총blowgun을 불어서 화살을 날리는 것과 같다. 이는 주술사가 희생자를 공격할 때 손을 오무려 입에 갖다 대고 희생자를 향해 보이지 않는 바람총 화살sagra tullu을 날리는 행위를 연상케 한다.

11 여기서 "화제"topic라는 말은 문장의 주제, 즉 문법적 주어와는 달리 문장이 주는 정보를 의미한다. 문법적 주어는 화제일 수도 있고 아닐 수도 있다. 케추아어 화자는 (문장의 주어, 목적어, 부사, 동사 중 어떤 것도 될 수 있는) 화제를 여러 이유에서 구별되게 표시한다. 그 이유 중 하나는 여기서 다뤄진 사례처럼 주어진 맥락 속에서 간과될 수 있는 주제에 대한 강조이다. 화제에 관한 논의 및 에콰도르 케추아어에서 화제-표지 접미사의 활용에 관한 추가 설명에 대해서는 다음을 참조(Chuquín and Salomon 1992: 70-73; Cole 1985: 95-96). 나의 설명은 여기에 기초하고 있다.

12 케추아어 텍스트에 관해서는 졸고를 참조(Kohn 2002b: 292).

13 그것과는 다른 동일 계열의 신화에서 이 사도들은 아마존 강 상류 유역의 다른 루나족 공동체들에서 잘 알려진 문화 영웅인 키유르Cuillur와 두시루Duciru 형제를 대신한다(Orr and Hudelson 1971).

14 어번은 이에 대해 "문화"의 연속성이라는 용어로 기술했고, 자기라는 용어를 사용하지 않았다.

15 "마음 속 시간의 흐름에서는 과거가 미래에 직접적으로 영향력을 행사하는 것처럼 보이며 그러한 영향력은 기억이라 불린다. 반면 미래는 삼차 요소의 매개를 경유할 때에만 과거에 영향력을 행사한다"(Peirce CP 1.325).

16 이것은 투피어를 쓰는 오마과족Omagua과 관련된 것이다.

17 다음을 참조(Gianotti 1997: 128; Oberem 1980: 290; Wavrin 1927: 335).

18 다음을 참조(Wavrin 1927: 335; Gianotti 1997: 128; Avendaño 1985 [1861]: 152; Orton 1876: 193; Colini 1883: 296). 다음과 비교(Maroni 1988 [1738]: 172, 378; Kohn 2002b: 238).

19 벤투라는 로사의 손녀들에 관해서는 "유방이 있다"Chuchuyu고 표현했고 이어서 주재자의 영역에 있는 로사에 관해서는 이렇게 설명했다. "결코 두 번 다시 죽지 않을 것이며 다시는 고통을 겪지 않을 것이며 아이처럼 영원히 살 것이다"("Huiñai huiñai causangapa, mana mas huañungapa, mana tormento, huahuacuintallata").

20 이것은 아마도 줄무늬개미때까치일 것이다.

21 케추아어명은 루나 팜바runa pamba이며 "사람들을 매장하는 자"를 의미한다. 영어로는 tarantula hawk, 학명: *Pepsis* sp., 대모벌과.

22 이에 관한 더 많은 사례에 대해서는 졸고를 참조(Kohn 2002b: 242-43, 462 n. 54).

23 긴즈버그의 "카디시"는 죽음을 언급한다.

24 샤먼과 샤머니즘을 나타내는 이름들에 관한 논의는 졸고를 참조(Kohn 2002b: 336-38).

25 테나의 루나족에게서 반바지가 긴바지로 대체된 것에 관해서는 다음을 참조(Gianotti 1997: 253).

26 이와 마찬가지로 와브린은 재규어를 만난 남자가 재규어를 두려워하지 않고 마치 재규어가 인간 남자인 것처럼 "대등하게 일대일로" 싸울 수 있었다고 보고한다. 왜냐하면 그들은 이 재규어가 예전에 인간이었음을 알기 때문이다

(Wavrin 1927: 335; Kohn 2002b: 270).

27 **쿠스마**Cushma는 코판족Cofán 및 서부 투카노어를 쓰는 시오나족Siona과 세코야족Secoya의 남자들이 몸에 걸치는 전통적인 가운을 가리킨다.

28 식민지 시대 초기 아빌라 지역에서 힘을 부여받는 방법으로서 의복을 활용한 사례에 관해서는 졸고를 참조(Kohn 2002b: 271-72).

29 "Pucuhuai, camba yachaita japingapa."

30 백인의 의복을 장비로 전유하는 18세기 아마존에서의 전략에 관해서는 졸고를 참조(Kohn 2002b: 281).

31 생존에 관한 나의 생각은 리사 스티븐슨의 연구에서 많은 영향을 받았다.

Agamben, Giorgio
  2004   The Open: Man and Animal. Stanford, CA: Stanford University Press.
Ariel de Vidas, Anath
  2002   A Dog's Life among the Teenek Indians (Mexico): Animals' Participation in the
          Classification of Self and Other. Journal of the Royal Anthropological Institute,
          n.s., 8: 531–50.
Austin, J. L.
  1962   How to Do Things with Words. Oxford: Clarendon Press.
Avendaño, Joaquín de
  1985 [1861]   Imagen del Ecuador: Economía y sociedad vistas por un viajero del siglo
                 XIX. Quito, Ecuador: Corporación Editora Nacional.
Bateson, Gregory
  2000a   Form, Substance, and Difference. In Steps to an Ecology of Mind. Pp. 454–71.
           Chicago: University of Chicago Press.
  2000b   Pathologies of Epistemology. In Steps to an Ecology of Mind. G. Bateson, ed.
           Pp. 486–95. Chicago: University of Chicago Press.
  2000c   Steps to an Ecology of Mind. Chicago: University of Chicago Press.
  2000d   Style, Grace, and Information in Primitive Art. In Steps to an Ecology of Mind.
           G. Bateson, ed. Pp. 128–52. Chicago: University of Chicago Press.
  2000e   A Theory of Play and Fantasy. In Steps to an Ecology of Mind. G. Bateson, ed.
           Pp. 177–93. Chicago: University of Chicago Press.
  2002   Mind and Nature: A Necessary Unity. Creskill, NJ: Hampton Press.
Bennett, Jane
  2001   The Enchantment of Modern Life: Attachments, Crossings, and Ethics.
          Princeton, NJ: Princeton University Press.
  2010   Vibrant Matter: A Political Ecology of Things. Durham, NC: Duke University
          Press.
Benveniste, Émile
  1984   The Nature of Pronouns. In Problems in General Linguistics. E. Benveniste, ed.

Pp. 217–22. Coral Gables, FL: University of Miami Press.

Berger, John
2009   Why Look at Animals? London: Penguin.

Bergson, Henri
1911   Creative Evolution. New York: H. Holt and Co.

Berlin, Brent
1992   Ethnobiological Classification: Principles of Categorization of Plants and
        Animals in Traditional Societies. Princeton, NJ: Princeton University Press.

Berlin, Brent, and John P. O'Neill
1981   The Pervasiveness of Onomatopoeia in Aguaruna and Huambisa Bird Names.
        Journal of Ethnobiology 1 (2): 238–61.

Blomberg, Rolf
1957   The Naked Aucas: An Account of the Indians of Ecuador. F. H. Lyon, trans.
        Fair Lawn, NJ: Essential Books.

Borges, Luis
1998   Funes, the Memorious. *In* Fictions. A. Kerrigan, ed. Pp. 97–105. London:
        Calder Publications.

Brockway, Lucile
1979   Science and Colonial Expansion: The Role of the British Royal Botanic
        Gardens. New York: Academic Press.

Buber, Martin
2000   I and Thou. New York: Scribner.

Bunker, Stephen G.
1985   Underdeveloping the Amazon: Extraction, Unequal Exchange, and the Failure
        of the Modern State. Urbana: University of Illinois Press.

Butler, Judith
1997   The Psychic Life of Power: Theories in Subjection. Stanford, CA: Stanford
        University Press.

Camazine, Scott
2001   Self-Organization in Biological Systems. Princeton, NJ: Princeton University
        Press.

Campbell, Alan Tormaid
1989   To Square with Genesis: Causal Statements and Shamanic Ideas in Wayãpí.
        Iowa City: University of Iowa Press.

Candea, Matei
2010   Debate: Ontology Is Just Another Word for Culture. Critique of Anthropology
        30 (2): 172–79.

Capps, Lisa, and Elinor Ochs
1995   Constructing Panic: The Discourse of Agoraphobia. Cambridge, MA: Harvard
        University Press.

Carrithers, Michael

2010 Debate: Ontology Is Just Another Word for Culture. Critique of Anthropology 30 (2): 156–68.

Cavell, Stanley

2005 Philosophy the Day after Tomorrow. Cambridge, MA: Belknap Press.

2008 Philosophy and Animal Life. New York: Columbia University Press.

Chakrabarty, Dipesh

1997 The Time of History and the Times of Gods. In The Politics of Culture in the Shadow of Capital. L. Lowe and D. Lloyd, eds. Pp. 35–60. Durham, NC: Duke University Press.

2000 Provincializing Europe: Postcolonial Thought and Historical Difference. Princeton, NJ: Princeton University Press.

Choy, Timothy K., et al.

2009 A New Form of Collaboration in Cultural Anthropology: Matsutake Worlds. American Ethnologist 36 (2): 380–403.

Chuquín, Carmen, and Frank Salomon

1992 Runa Shimi: A Pedagogical Grammar of Imbabura Quichua. Madison: Latin American and Iberian Studies Program, University of Wisconsin–Madison.

Cleary, David

2001 Toward an Environmental History of the Amazon: From Prehistory to the Nineteenth Century. Latin American Research Review 36 (2): 64–96.

Colapietro, Vincent M.

1989 Peirce's Approach to the Self: A Semiotic Perspective on Human Subjectivity. Albany: State University of New York Press.

Cole, Peter

1985 Imbabura Quechua. London: Croom Helm.

Colini, G. A.

1883 Collezione Etnologica degli Indigeni dell' Alto Amazzoni Acquistata dal Museo Preistorico-Etnografi co di Roma. Bollettino della Società Geografi ca Italiana, anno XVII, vol. XX, ser. II; vol. VIII: 287–310, 353–83.

Conklin, Beth A.

2001 Consuming Grief: Compassionate Cannibalism in an Amazonian Society. Austin: University of Texas Press.

Conklin, Beth A., and Laura R. Graham

1995 The Shifting Middle Ground: Amazonian Indians and Eco-Politics. American Anthropologist 97 (4): 695–710.

Coppinger, Raymond, and Lorna Coppinger

2002 Dogs: A New Understanding of Canine Origin, Behavior, and Evolution. Chicago: University of Chicago Press.

Cordova, Manuel
1995   Amazonian Indians and the Rubber Boom. In The Peru Reader: History, Culture, Politics. O. Starn, C. I. Degregori, and R. Kirk, eds. Pp. 203–14. Durham, NC: Duke University Press.
Csordas, Thomas J.
1999   The Body's Career in Anthropology. In Anthropological Theory Today. H. L. Moore, ed. Pp. 172–205. Cambridge: Polity Press.
Cunha, Manuela Carneiro da
1998   Pontos de vista sobre a fl oresta amazônica: Xamanismo e tradução. Mana 4 (1): 7–22.
Daniel, E. Valentine
1996   Charred Lullabies: Chapters in an Anthropology of Violence. Princeton, NJ: Princeton University Press.
de la Cadena, Marisol
2010   Indigenous Cosmopolitics in the Andes: Conceptual Refl ections beyond "Politics." Cultural Anthropology 25 (2): 334–70.
de Ortiguera, Toribio
1989 [1581–85]   Jornada del río Marañon, con todo lo acaecido en ella y otras cosas notables dignas de ser sabidas, acaecidas en las Indias occidentales… In La Gobernación de los Quijos (1559–1621). C. Landázuri, ed. Pp. 357–80. Iquitos, Peru: IIAP-CETA.
Deacon, Terrence W.
1997   The Symbolic Species: The Co-evolution of Language and the Brain. New York: Norton.
2003   The Hierarchic Logic of Emergence: Untangling the Interdependence of Evolution and Self-Organization. In Evolution and Learning: The Baldwin Effect Reconsidered. B. Weber and D. Depew, eds. Pp. 273–308. Cambridge, MA: MIT Press.
2006   Emergence: The Hole at the Wheel's Hub. In The Re-Emergence of Emergence: The Emergentist Hypothesis from Science to Religion. P. Clayton and P. Davies, eds. Pp. 111–50. Oxford: Oxford University Press.
2012   Incomplete Nature: How Mind Emerged from Matter. New York: Norton.
Dean, Warren
1987   Brazil and the Struggle for Rubber: A Study in Environmental History. Cambridge: Cambridge University Press.
Deleuze, Gilles, and Félix Guattari
1987   A Thousand Plateaus: Capitalism and Schizophrenia. Minneapolis: University of Minnesota Press.
Denevan, William M.
1992   The Pristine Myth: The Landscape of the Americas in 1492. Annals of the

Association of American Geographers 82 (3): 369–85.

Dennett, Daniel Clement

1996   Kinds of Minds: Toward an Understanding of Consciousness. New York: Basic Books.

Derrida, Jacques

2008   The Animal That Therefore I Am. New York: Fordham University Press.

Descola, Philippe

1989   Head-Shrinkers versus Shrinks: Jivaroan Dream Analysis. Man, n.s., 24: 439–50.

1994   In the Society of Nature: A Native Ecology in Amazonia. Cambridge: Cambridge University Press.

1996   The Spears of Twilight: Life and Death in the Amazon Jungle. New York: New Press.

2005   Par-delà nature et culture. Paris: Gallimard.

Diamond, Cora

2008   The Difficulty of Reality and the Difficulty of Philosophy. In Philosophy and Animal Life. Stanley Cavell et al., eds. Pp. 43–89. New York: Columbia University Press.

Duranti, Alessandro, and Charles Goodwin

1992   Rethinking Context: Language as an Interactive Phenomenon. Cambridge: Cambridge University Press.

Durkheim, Émile

1972   Selected Writings. Cambridge: Cambridge University Press.

Ellen, Roy

1999   Categories of Animality and Canine Abuse: Exploring Contradictions in Nuaulu Social Relationships with Dogs. Anthropos 94: 57–68.

Emerson, Ralph Waldo

1847   The Sphinx. In Poems. Boston: James Munroe and Co.

Emmons, Louise H.

1990   Neotropical Rainforest Mammals: A Field Guide. Chicago: University of Chicago Press.

Evans-Pritchard, E. E.

1969   The Nuer: A Description of the Modes of Livelihood and Political Institutions of a Nilotic People. Oxford: Oxford University Press.

Fausto, Carlos

2007   Feasting on People: Eating Animals and Humans in Amazonia. Current Anthropology 48 (4): 497–530.

Feld, Steven

1990   Sound and Sentiment: Birds, Weeping, Poetics, and Song in Kaluli Expression. Philadelphia: University of Pennsylvania Press.

Figueroa, Francisco de
1986 [1661]   Informes de Jesuitas en el Amazonas. Iquitos, Peru: IIAPCETA.
Fine, Paul
2004   Herbivory and Evolution of Habitat Specialization by Trees in Amazonian Forests. PhD dissertation, University of Utah.
Fine, Paul, Italo Mesones, and Phyllis D. Coley
2004   Herbivores Promote Habitat Specialization in Trees in Amazonian Forests. Science 305: 663–65.
Foucault, Michel
1970   The Order of Things: An Archaeology of the Human Sciences. London: Tavistock.
Freud, Sigmund
1965   The Psychopathology of Everyday Life. J. Strachey, trans. New York: Norton.
1999   The Interpretation of Dreams. Oxford: Oxford University Press.
2003   The Uncanny. H. Haughton, trans. London: Penguin.
Gell, Alfred
1998   Art and Agency: An Anthropological Theory. Oxford: Clarendon Press.
Gianotti, Emilio
1997   Viajes por el Napo: Cartas de un misionero (1924–1930). M. Victoria de Vela, trans. Quito, Ecuador: Ediciones Abya-Yala.
Ginsberg, Allen
1961   Kaddish, and Other Poems, 1958–1960. San Francisco: City Lights Books.
Gow, Peter
1996   River People: Shamanism and History in Western Amazonia. In Shamanism, History, and the State. C. Humphrey and N. Th omas, eds. Pp. 90–113. Ann Arbor: University of Michigan Press.
2001   An Amazonian Myth and Its History. Oxford: Oxford University Press.
Graeber, David
2001   Toward an Anthropological Theory of Value: Th e False Coin of Our Own Dreams. New York: Palgrave.
Hage, Ghassan
2012   Critical Anthropological Thought and the Radical Political Imaginary Today. Critique of Anthropology 32 (3): 285–308.
Haraway, Donna
1999   Situated Knowledges: The Science Question in Feminism and the Privilege of Partial Perspective. In The Science Studies Reader. M. Biagioli, ed. Pp. 172–201. New York: Routledge.
2003   The Companion Species Manifesto: Dogs, People, and Significant Otherness. Chicago: Prickly Paradigm Press.
2008   When Species Meet. Minneapolis: University of Minnesota Press.

Hare, Brian, et al.

2002　The Domestication of Social Cognition in Dogs. Science 298: 1634–36.

Hemming, John

1987　Amazon Frontier: The Defeat of the Brazilian Indians. London: Macmillan.

Hertz, Robert

2007　The Pre-eminence of the Right Hand: A Study in Religious Polarity. In Beyond the Body Proper. M. Lock and J. Farquhar, eds. Pp. 30–40. Durham, NC: Duke University Press.

Heymann, Eckhard W., and Hannah M. Buchanan-Smith

2000　The Behavioural Ecology of Mixed Species of Callitrichine Primates. Biological Review 75: 169–90.

Hill, Jonathan D.

1988　Introduction: Myth and History. In Rethinking History and Myth: Indigenous South American Perspectives on the Past. J. D. Hill, ed. Pp. 1–18. Urbana: University of Illinois Press.

Hilty, Steven L., and William L. Brown

1986　A Guide to the Birds of Colombia. Princeton, NJ: Princeton University Press.

Hoffmeyer, Jesper

1996　Signs of Meaning in the Universe. Bloomington: Indiana University Press.

2008　Biosemiotics: An Examination into the Signs of Life and the Life of Signs. Scranton, PA: University of Scranton Press.

Hogue, Charles L.

1993　Latin American Insects and Entomology. Berkeley: University of California Press.

Holbraad, Martin

2010　Debate: Ontology Is Just Another Word for Culture. Critique of Anthropology 30 (2): 179–85.

Hudelson, John Edwin

1987　La cultura quichua de transición: Su expansión y desarrollo en el Alto Amazonas. Quito: Museo Antropológico del Banco Central del Ecuador (Guayaquil), Ediciones Abya-Yala.

Ingold, Tim

2000　The Perception of the Environment: Essays in Livelihood, Dwelling and Skill. London: Routledge.

Irvine, Dominique

1987　Resource Management by the Runa Indians of the Ecuadorian Amazon. Ph.D. dissertation, Stanford University.

Janzen, Daniel H.

1970　Herbivores and the Number of Tree Species in Tropical Forests. American Naturalist 104 (904): 501–28.

1974   Tropical Blackwater Rivers, Animals, and Mast Fruiting by the Dipterocarpaceae. Biotropica 6 (2): 69–103.

Jiménez de la Espada, D. Marcos

1928   Diario de la expedición al Pacífi co. Boletín de la Real Sociedad Geográfi ca 68 (1–4): 72–103, 142–93.

Jouanen, José

1977   Los Jesuítas y el Oriente ecuatoriano (Monografía Histórica), 1868–1898. Guayaquil, Ecuador: Editorial Arquidiocesana.

Keane, Webb

2003   Semiotics and the Social Analysis of Material Things. Language and Communication 23: 409–25.

Kilian-Hatz, Christa

2001   Universality and Diversity: Ideophones from Baka and Kxoe. In Ideophones. F. K. E. Voeltz and C. Kilian-Hatz, eds. Pp. 155–63. Amsterdam: John Benjamin.

Kirksey, S. Eben, and Stefan Helmreich

2010   The Emergence of Multispecies Ethnography. Cultural Anthropology 25 (4): 545–75.

Kockelman, Paul

2011   Biosemiosis, Technocognition, and Sociogenesis: Selection and Significance in a Multiverse of Sieving and Serendipity. Current Anthropology 52 (5): 711–39.

Kohn, Eduardo

1992   La cultura médica de los Runas de la región amazónica ecuatoriana. Quito: Ediciones Abya-Yala.

2002a   Infidels, Virgins, and the Black-Robed Priest: A Backwoods History of Ecuador's Montaña Region. Ethnohistory 49 (3): 545–82.

2002b   Natural Engagements and Ecological Aesthetics among the Ávila Runa of Amazonian Ecuador. Ph.D. dissertation, University of Wisconsin.

2005   Runa Realism: Upper Amazonian Attitudes to Nature Knowing. Ethnos 70 (2): 179–96.

2007   How Dogs Dream: Amazonian Natures and the Politics of Transspecies Engagement. American Ethnologist 34 (1): 3–24.

2008   Comment on Alexei Yurchak's "Necro-Utopia." Current Anthropology 49 (2): 216–17.

Kull, Kalevi, et al.

2009   Theses on Biosemiotics: Prolegomena to a Theoretical Biology. Biological Theory 4 (2): 167–73.

Latour, Bruno

1987   Science in Action. Cambridge, MA: Harvard University Press.

1993   We Have Never Been Modern. New York: Harvester Wheatsheaf.

2004   Politics of Nature: How to Bring the Sciences into Democracy. Cambridge,

MA: Harvard University Press.

2005   Reassembling the Social: An Introduction to Actor-Network-Th eory. Oxford: Oxford University Press.

Law, John, and Annemarie Mol

2008   The Actor-Enacted: Cumbrian Sheep in 2001. In Material Agency. C. Knappett and M. Lambros, eds. Pp. 57–77. Berlin: Springer.

Lévi-Strauss, Claude

1966   The Savage Mind. Chicago: University of Chicago Press.

1969   The Raw and the Cooked: Introduction to a Science of Mythology. Vol. 1. Chicago: University of Chicago Press.

Lévy-Bruhl, Lucien

1926   How Natives Think. London: Allen & Unwin.

Macdonald, Th eodore, Jr.

1979   Processes of Change in Amazonian Ecuador: Quijos Quichua Become Cattlemen. Ph.D. dissertation, University of Illinois, Urbana.

Magnin, Juan

1988 [1740]   Breve descripción de la provincia de Quito, en la América meridional, y de sus misiones... In Noticias auténticas del famoso río Marañon. J. P. Chaumeil, ed. Pp. 463–92. Iquitos, Peru: IIAP-CETA.

Mandelbaum, Allen

1982   The Divine Comedy of Dante Alighieri: Inferno. New York: Bantam Books.

Mannheim, Bruce

1991   The Language of the Inka since the European Invasion. Austin: University of Texas Press.

Margulis, Lynn, and Dorion Sagan

2002   Acquiring Genomes: A Theory of the Origins of Species. New York: Basic Books.

Maroni, Pablo

1988 [1738]   Noticias auténticas del famoso río Marañon. J. P. Chaumeil, ed. Iquitos, Peru: IIAP-CETA.

Marquis, Robert J.

2004   Herbivores Rule. Science 305: 619–21.

Martín, Bartolomé

1989 [1563]   Provanza del Capitan Bartolomé Martín. In La Gobernación de los Quijos. C. Landázuri, ed. Pp. 105–38. Iquitos, Peru: IIAP-CETA.

Mauss, Marcel

1990 [1950]   The Gift: The Form and Reason for Exchange in Archaic Societies. W. D. Halls, trans. New York: Norton.

McFall-Ngai, Margaret, and et al.

2013   Animals in a Bacterial World: A New Imperative for the Life Sciences.

Proceedings of the National Academy of Science 110 (9): 3229-36.

McGuire, Tamara L., and Kirk O. Winemiller

1998   Occurrence Patterns, Habitat Associations, and Potential Prey of the River Dolphin, Inia geoff rensis, in the Cinaruco River, Venezuela. Biotropica 30 (4): 625–38.

Mercier, Juan Marcos

1979   Nosotros los Napu-Runas: Napu Runapa Rimay, mitos e historia. Iquitos, Peru: Publicaciones Ceta.

Moran, Emilio F.

1993   Through Amazonian Eyes: The Human Ecology of Amazonian Populations. Iowa City: University of Iowa Press.

Mullin, Molly, and Rebecca Cassidy

2007   Where the Wild Things Are Now: Domestication Reconsidered. Oxford: Berg.

Muratorio, Blanca

1987   Rucuyaya Alonso y la historia social y económica del Alto Napo, 1850–1950. Quito: Ediciones Abya-Yala.

Nadasdy, Paul

2007   The Gift in the Animal: The Ontology of Hunting and Human–Animal Sociality. American Ethnologist 34 (1): 25–43.

Nagel, Thomas

1974   What Is It Like to Be a Bat? Philosophical Review 83 (4): 435–50.

Nietzsche, Friedrich Wilhelm, and R. J. Hollingdale

1986   Human, All Too Human: A Book for Free Spirits. Cambridge: Cambridge University Press.

Nuckolls, Janis B.

1996   Sounds Like Life: Sound-Symbolic Grammar, Performance, and Cognition in Pastaza Quechua. New York: Oxford University Press.

1999   The Case for Sound Symbolism. Annual Review of Anthropology 28: 225–52.

Oakdale, Suzanne

2002   Creating a Continuity between Self and Other: First-Person Narration in an Amazonian Ritual Context. Ethos 30 (1–2): 158–75.

Oberem, Udo

1980   Los Quijos: Historia de la transculturación de un grupo indígena en el Oriente ecuatoriano. Otavalo: Instituto Otavaleño de Antropología.

Ochoa, Todd Ramón

2007   Versions of the Dead: Kalunga, Cuban-Kongo Materiality, and Ethnography. Cultural Anthropology 22 (4): 473–500.

Ordóñez de Cevallos, Pedro

1989 [1614]   Historia y viaje del mundo. In La Gobernación de los Quijos (1559–1621). Iquitos, Peru: IIAP-CETA.

Orr, Carolyn, and John E. Hudelson

1971   Cuillurguna: Cuentos de los Quichuas del Oriente ecuatoriano. Quito: Houser.

Orr, Carolyn, and Betsy Wrisley

1981   Vocabulario quichua del Oriente. Quito: Instituto Lingüístico de Verano.

Orton, James

1876   The Andes and the Amazon; Or, Across the Continent of South America. New York: Harper and Brothers.

Osculati, Gaetano

1990   Esplorazione delle regioni equatoriali lungo il Napo ed il Fiume delle Amazzoni: Frammento di un viaggio fatto nell due Americhe negli anni 1846–47–48. Turin, Italy: Il Segnalibro.

Overing, Joanna

2000   The Efficacy of Laughter: The Ludic Side of Magic within Amazonian Sociality. In The Anthropology of Love and Anger: The Aesthetics of Conviviality in Native Amazonia. J. Overing and A. Passes, eds. Pp. 64–81. London: Routledge.

Overing, Joanna, and Alan Passes, eds.

2000   The Anthropology of Love and Anger: The Aesthetics of Conviviality in Native Amazonia.

Parmentier, Richard J.

1994   Signs in Society: Studies in Semiotic Anthropology. Bloomington: Indiana University Press.

Pedersen, David

2008   Brief Event: The Value of Getting to Value in the Era of "Globalization." Anthropological Theory 8 (1): 57–77.

Peirce, Charles S.

1931   Collected Papers of Charles Sanders Peirce. Cambridge, MA: Harvard University Press.

1992a   The Essential Peirce: Selected Philosophical Writings. Vol. 1. Bloomington: Indiana University Press.

1992b   A Guess at the Riddle. In The Essential Peirce: Selected Philosophical Writings. Vol. 1 (1867–1893). N. Houser and C. Kloesel, eds. Pp. 245–79. Bloomington: Indiana University Press.

1992c   The Law of Mind. In The Essential Peirce: Selected Philosophical Writings. Vol. 1 (1867–1893). N. Houser and C. Kloesel, eds. Pp. 312–33. Bloomington: Indiana University Press.

1992d   Questions Concerning Certain Faculties Claimed for Man. In The Essential Peirce: Selected Philosophical Writings. Vol. 1 (1967–1893). N. Houser and C. Kloesel, eds. Pp. 11–27. Bloomington: Indiana University Press.

1998a   The Essential Peirce: Selected Philosophical Writings. Vol. 2 (1893–1913).

Peirce Edition Project, ed. Bloomington: Indiana University Press.

1998b   Of Reasoning in General. In The Essential Peirce: Selected Philosophical Writings. Vol. 2 (1893–1913). Peirce Edition Project, ed. Pp. 11–26. Bloomington: Indiana University Press.

1998c   A Sketch of Logical Critics. In The Essential Peirce: Selected Philosophical Writings. Vol. 2 (1893–1913). Peirce Edition Project, ed. Pp. 451–62. Bloomington: Indiana University Press.

1998d   What Is a Sign? In The Essential Peirce: Selected Philosophical Writings. Vol. 2 (1893–1913). Peirce Edition Project, ed. Pp. 4–10. Bloomington: Indiana University Press.

Pickering, Andrew

1999   The Mangle of Practice: Agency and Emergence in the Sociology of Science. In The Science Studies Reader. M. Biagioli, ed. Pp. 372–93. New York: Routledge.

Porras, Pedro I.

1955   Recuerdos y anécdotas del Obispo Josefi no Mons. Jorge Rossi segundo vicario apostólico del Napo. Quito: Editorial Santo Domingo.

1979   The Discovery in Rome of an Anonymous Document on the Quijo Indians of the Upper Napo, Eastern Ecuador. In Peasants, Primitives, and Proletariats: The Struggle for Identity in South America. D. L. Browman and R. A. Schwartz, eds. Pp. 13–47. The Hague: Mouton.

Raffles, Hugh

2002   In Amazonia: A Natural History. Princeton, NJ: Princeton University Press.

2010   Insectopedia. New York: Pantheon Books.

Ramírez Dávalos, Gil

1989 [1559]   Información hecha a pedimiento del procurador de la ciudad de Baeça... In La Gobernación de los Quijos. C. Landázuri, ed. Pp. 33–78. Iquitos, Peru: IIAP-CETA.

Rappaport, Roy A.

1999   Ritual and Religion in the Making of Humanity. Cambridge: Cambridge University Press.

Reeve, Mary-Elizabeth

1988   Cauchu Uras: Lowland Quichua Histories of the Amazon Rubber Boom. In Rethinking History and Myth: Indigenous South American Perspectives on the Past. J. D. Hill, ed. Pp. 20–34. Urbana: University of Illinois Press.

Requena, Francisco

1903 [1779]   Mapa que comprende todo el distrito de la Audiencia de Quito. Quito: Emilia Ribadeneira.

Riles, Annelise

2000   The Network Inside Out. Ann Arbor: University of Michigan Press.

Rival, Laura

    1993   The Growth of Family Trees: Understanding Huaorani Perceptions of the Forest. Man, n.s., 28: 635–52.

Rofel, Lisa

    1999   Other Modernities: Gendered Yearnings in China after Socialism. Berkeley: University of California Press.

Rogers, Mark

    1995   Images of Power and the Power of Images. Ph.D. dissertation, University of Chicago.

Sahlins, Marshall

    1976   The Use and Abuse of Biology: An Anthropological Critique of Sociobiology. Ann Arbor: University of Michigan Press.

    1995   How "Natives" Think: About Captain Cook, for Example. Chicago: University of Chicago Press.

Salomon, Frank

    2004   The Cord Keepers: Khipus and Cultural Life in a Peruvian Village. Durham, NC: Duke University Press.

Sapir, Edward

    1951 [1929]   A Study in Phonetic Symbolism. In Selected Writings of Edward Sapir in Language, Culture, and Personality. D. G. Mandelbaum, ed. Pp. 61–72. Berkeley: University of California Press.

Saussure, Ferdinand de

    1959   Course in General Linguistics. New York: Philosophical Library.

Savage-Rumbaugh, E. Sue

    1986   Ape Language: From Conditioned Response to Symbol. New York: Columbia University Press.

Savolainen, Peter, et al.

    2002   Genetic Evidence for an East Asian Origin of Domestic Dogs. Science 298: 1610–13.

Schaik, Carel P. van, John W. Terborgh, and S. Joseph Wright

    1993   The Phenology of Tropical Forests: Adaptive Significance and Consequences for Primary Consumers. Annual Review of Ecology and Systematics 24: 353–77.

Schwartz, Marion

    1997   A History of Dogs in the Early Americas. New Haven, CT: Yale University Press.

Silverman, Kaja

    2009   Flesh of My Flesh. Stanford, CA: Stanford University Press.

Silverstein, Michael

    1995   Shifters, Linguistic Categories, and Cultural Description. In Language,

Culture, and Society. B. G. Blount, ed. Pp. 187–221. Prospect Heights, IL: Waveland Press.

Simson, Alfred

1878 Notes on the Záparos. Journal of the Anthropological Institute of Great Britain and Ireland 7: 502–10.

1880 Notes on the Jívaros and Canelos Indians. Journal of the Anthropological Institute of Great Britain and Ireland 9: 385–94.

Singh, Bhrigupati

2012 The Headless Horseman of Central India: Sovereignty at Varying Thresholds of Life. Cultural Anthropology 27 (2): 383–407.

Slater, Candace

2002 Entangled Edens: Visions of the Amazon. Berkeley: University of California Press.

Smuts, Barbara

2001 Encounters with Animal Minds. Journal of Consciousness Studies 8 (5–7): 293–309.

Stevenson, Lisa

2012 The Psychic Life of Biopolitics: Survival, Cooperation, and Inuit Community. American Ethnologist 39 (3): 592–613.

Stoller, Paul

1997 Sensuous Scholarship. Philadelphia: University of Pennsylvania Press.

Strathern, Marilyn

1980 No Nature: No Culture: Th e Hagen Case. In Nature, Culture, and Gender. C. MacCormack and M. Strathern, eds. Pp. 174–222. Cambridge: University of Cambridge Press.

1988 The Gender of the Gift: Problems with Women and Problems with Society in Melanesia. Berkeley: University of California Press.

1995 The Relation: Issues in Complexity and Scale. Vol. 6. Cambridge: Prickly Pear Press.

2004 [1991] Partial Connections. Walnut Creek, CA: AltaMira Press.

Suzuki, Shunryu

2001 Zen Mind, Beginner's Mind. New York: Weatherhill.

Taussig, Michael

1987 Shamanism, Colonialism, and the Wild Man: A Study in Terror and Healing. Chicago: University of Chicago Press.

Taylor, Anne Christine

1993 Remembering to Forget: Identity, Mourning and Memory among the Jivaro. Man, n.s., 28: 653–78.

1996 The Soul's Body and Its States: An Amazonian Perspective on the Nature of Being Human. Journal of the Royal Anthropological Institute, n.s., 2: 201–15.

1999   The Western Margins of Amazonia From the Early Sixteenth to the Early Nineteenth Century. In The Cambridge History of the Native Peoples of the Americas. F. Salomon and S. B. Schwartz, eds. Pp. 188–256. Cambridge: Cambridge University Press.

Tedlock, Barbara

1992   Dreaming and Dream Research. In Dreaming: Anthropological and Psychological Interpretations. B. Tedlock, ed. Pp. 1–30. Santa Fe, NM: School of American Research Press.

Terborgh, John

1990   Mixed Flocks and Polyspecific Associations: Costs and Benefits of Mixed Groups to Birds and Monkeys. American Journal of Primatology 21 (2): 87–100.

Tsing, Anna Lowenhaupt

2012   On Nonscalability: The Living World Is Not Amenable to Precision-Nested Scales. Common Knowledge 18 (3): 505–24.

Turner, Terence

1988   Ethno-Ethnohistory: Myth and History in Native South American Representations of Contact with Western Society. In Rethinking History and Myth: Indigenous South American Perspectives on the Past. J. D. Hill, ed. Pp. 235–81. Urbana: University of Illinois Press.

2007   The Social Skin. In Beyond the Body Proper. M. Lock and J. Farquhar, eds. Pp. 83–103. Durham, NC: Duke University Press.

Tylor, Edward B.

1871   Primitive Culture: Researches into the Development of Mythology, Philosophy, Religion, Art, and Custom. London: J. Murray.

Urban, Greg

1991   A Discourse-Centered Approach to Culture: Native South American Myths and Rituals. Austin: University of Texas Press.

Uzendoski, Michael

2005   The Napo Runa of Amazonian Ecuador. Urbana: University of Illinois Press.

Venkatesan, Soumhya, et al.

2010   Debate: Ontology Is Just Another Word for Culture. Critique of Anthropology 30 (2): 152–200.

Vilaça, Aparecida

2007   Cultural Change as Body Metamorphosis. In Time and Memory in Indigenous Amazonia: Anthropological Perspectives. C. Fausto and M. Heckenberger, eds. Pp. 169–93. Gainesville: University Press of Florida.

2010   Strange Enemies: Indigenous Agency and Scenes of Encounters in Amazonia. Durham, NC: Duke University Press.

Viveiros de Castro, Eduardo

    1998   Cosmological Deixis and Amerindian Perspectivism. Journal of the Royal Anthropological Institute, n.s., 4: 469–88.

    2009   Métaphysiques cannibales: Lignes d'anthropologie post-structurale. Paris: Presses universitaires de France.

von Uexküll, Jakob

    1982   The Theory of Meaning. Semiotica 42 (1): 25–82.

Wavrin, Marquis Robert de

    1927   Investigaciones etnográfi cas: Leyendas tradicionales de los Indios del Oriente ecuatoriano. Boletín de la Biblioteca Nacional, n.s., 12: 325–37.

Weber, Max

    1948a   Religious Rejections of the World and Their Directions. In From Max Weber: Essays in Sociology. H. H. Gerth and C. W. Mills, eds. Pp. 323–59. Oxon: Routledge.

    1948b   Science as a Vocation. In From Max Weber: Essays in Sociology. H. H. Gerth and C. W. Mills, eds. Pp. 129–56. Oxon: Routledge.

Weismantel, Mary J.

    2001   Cholas and Pishtacos: Stories of Race and Sex in the Andes. Chicago: University of Chicago Press.

White, Richard

    1991   The Middle Ground: Indians, Empires, and Republics in the Great Lakes Region, 1650–1815. Cambridge: Cambridge University Press.

Whitten, Norman E.

    1976   Sacha Runa: Ethnicity and Adaptation of Ecuadorian Jungle Quichua. Urbana: University of Illinois Press.

    1985   Sicuanga Runa: The Other Side of Development in Amazonian Ecuador. Urbana: University of Illinois Press.

Willerslev, Rane

    2007   Soul Hunters: Hunting, Animism, and Personhood among the Siberian Yukaghirs. Berkeley: University of California Press.

Wills, Christopher, et al.

    1997   Strong Density and Diversity-Related Effects Help to Maintain Tree Species Diversity in a Neotropical Forest. Proceedings of the National Academy of Science, no. 94: 1252–57.

Yurchak, Alexei

    2006   Everything Was Forever, Until It Was No More: The Last Soviet Generation. Princeton, NJ: Princeton University Press.

    2008   Necro-Utopia. Current Anthropology 49 (2): 199–224.

감사의 말

『숲은 생각한다』는 오랜 시간에 걸쳐 서서히 형성되어온 책이다. 이 책이 탄생할 수 있도록 도와주신 많은 분들에게 감사의 뜻을 전하고 싶다. 무엇보다도 아빌라 사람들에게 큰 은혜를 입었다. 아빌라에서 보낸 시간은 내가 아는 한에서 가장 행복하고 가장 활기차고 가장 평온한 날들이었다. 그곳에서 배운 숲의 사고가 이 책을 통해 계속 성장해가기를 바란다. 고맙습니다. **파가라추.**

내가 아빌라에 가기 훨씬 전부터 조부모님인 故 알베르토 디 카푸아와 코스탄차 디 카푸아 부부가 이미 이 길을 예비해주었다. 키토에 정착해서 살았던 이탈리아계 유대인 망명자인 이 두 사람은 일상의 사소한 하나하나에 호기심을 품고 그 모든 일들을 궁금해 했다. 약학자였던 할아버지는 1940년대부터 1950년대까지 의약용 식물의 탐사를 위해 아마존 숲에서 몇 번이나 과학적인 탐사를 행했다. 태어난 고향인 로마에서 예술사와 문학을 배운 할머니는 그녀가 내던져진 곳이자 나중에는 고향이라 부른 키토의 세계를 더 잘 이해하기 위해 키토에 도착한 이

429

후 고고학과 인류학을 공부하기 시작했다. 그러나 내가 아빌라의 여행에서 돌아오는 날이면 그녀는 저녁식사의 스프를 준비하면서 내게 단테의 『신곡』을 읽어달라고 부탁하고는 했다. 그녀의 삶에서 그리고 나의 삶에서도 문학과 인류학은 없어서는 안 될 학문이었다.

할머니의 공부를 통해 프랭크 살로몬을 접한 것은 내가 열두 살 때의 일이다. 비할 데 없이 훌륭한 학자인 살로몬은 후에 위스콘신 대학 박사과정에서 나를 지도해주었으며, 시를 다른 수단에 의한 민족지로 보는 법을 가르쳐주었다. 그리하여 나는 생각하는 숲들과 꿈꾸는 개들처럼 기묘한 방식으로 실재하는 것들에 대해 쓰기 위한 기본자세를 그에게서 배울 수 있었다. 위스콘신 대학 매디슨 캠퍼스는 문화적, 역사적, 생태적인 면에서 아마존 강 상류 유역에 대해 사고하기에 멋진 환경에 놓여 있었다. 그곳에서 나는 카먼 추킨, 빌 데네반, 휴 일티스, 조 매캔, 스티브 스턴, 칼 지머러에게 많은 신세를 졌다.

나는 웨더헤드 레지던트 연구 장학금 덕분에 샌타페이에 있는 고등연구학교에서 박사논문—이 책에서 하려고 노력한 일에 대한 첫 시도—을 집필하는 행운을 얻었다. 그곳에서 제임스 브룩스, 낸시 오언 루이스, 더그 슈워츠의 도움을 받았다. 또 그곳에 있었던 동년배 연구자들인 브라이언 클로포텍, 데이비드 뉴전트, 스티브 플록, 바버라 테드록과 데니스 테드록에게 감사한다. 특히 케이티 스튜어트와 샌타페이 언덕을 하이킹하면서 여러 아이디어에 대해 이야기를 나눌 수 있었던 것에 감사한다.

인간적인 것을 넘어서 인류학적으로 사고하기 위한 개념적인 틀을 발전시키려고 마음먹은 것은 버클리에 있는 타운젠드인문학센터에서 우드로 윌슨 박사후 연구원으로 근무할 때였다. 이 기회를 준 캔더스 슬레이터, 톰 래커, 루이즈 포트먼에게 특별히 감사함을 전한다. 버클리에서 내게 인류학을 가르쳐준 모든 분들에게도 진심으로 감사한다. 빌 행크스는 나를 인류학 커뮤니티의 일원으로 인정하고 매우 사려 깊게 이끌어주었으며, 로렌스 코언은 나조차 나 자신을 믿지 못할 때에도 나를 믿어주었다. 그리고 테리 디콘이 조성한 환경—특히 그의 "해적판" 세미나(타이 캐시먼, 제임스 하그, 줄리 후이, 제이 오길비, 제러미 셔먼이 참가했다)—은 내가 몸담을 수 있었던 환경 가운데 지적으로 가장 자극적이었고 결정적으로 나의 사고방식을 변화시켰다. 이러한 버클리의 나날들 속에서 네 명의 친구이자 동료인 이들의 이름을 꼭 말해두고 싶다. 인류학에 대해 정말 많은 것을 가르쳐준 리즈 로버츠(다른 세 사람을 소개시켜준 것도 그녀이다), 크리스티아나 조르다노, 피트 스캐피시, 알렉세이 유르착. 그리고 인류학과 구성원들 모두는 내게 아주 자상했고 힘이 되어주었다. 특히 스탠리 브랜디스, 멕 컨키, 마리아네 페르메, 로즈메리 조이스, 넬슨 그래번, 크리스틴 해스토프, 코리 헤이든, 찰스 허슈킨드, 돈 무어, 스테파니아 판돌포, 폴 래비노, 낸시 셰퍼-휴스에게 감사한다.

미시간 소사이어티 오브 펠로스에 재적했을 때 함께했던 전임 국장인 짐 화이트와 연구원들, 그중에서도 2년간의 즐겁고 멋진 시간을 함께 보낸 폴 파인, 스텔라 네어, 닐 새피어, 대니얼 스톨젠버그에게 감사한다. 미시간 대학의 인류학과에서는 루스 베하, 故 페르난도 코로닐, 웨브 킨, 스튜어트 커시, 콘래드 코탁, 알레나 레몬, 브루스 만하임, 제니퍼 로버트슨, 게일 루빈, 줄리 스커스키, 캐서린 버더리, 나아가 나의 논문 집필을 위한 연구회에 참여한 레베카 하딘, 네이딘 내버, 줄리아 페

일리, 대머니 파트리지, 미리엄 틱틴에게 신세를 졌다.

이전 직장인 코넬 대학의 동료들에게도 감사의 인사를 전하고 싶다. 특히 스테이시 랭윅, 마이클 랠프, 네리사 러셀, 테리 터너, 마리나 웰커, 앤드루 윌포드, 그리고 (팀 초이, 토니 크룩, 애덤 리드, 오드라 심프슨이 참여한) 나의 초고 워크숍을 기꺼이 열어준 미야자키 히로와 애널리스 라일즈에게 감사한다.

몬트리올은 생각하고 가르치고 살아가기에 최적의 장소였다. 맥길 대학의 동료들은 이루 말할 수 없을 만큼 나를 지지해주었다. 그중에서도 초고의 일부를 읽고 (혹은) 프로젝트의 일부에 대해 논의해준 다음의 분들에게 감사한다. 콜린 채프먼, 올리버 쿰즈, 니콜 쿠튀르, 존 갤러티, 닉 킹, 캐서린 레몬스, 마거릿 록, 론 니젠, 유진 레이켈, 토비아스 리스, 알베르토 산체스, 콜린 스콧, 조지 웬젤, 앨런 영. 그리고 멋진 대학원생들에게, 그중에서도 "인류학과 동물", "인간적인 것을 넘어선 인류학" 강좌를 수강해준 대학원생들에게 특히 감사한다. 이 책의 초고를 읽어주고 비판적으로 관여해준 대학원생들인 에이미 반스, 모니카 구엘라, 다르치에 데 안젤로, 아웬 플레밍, 마고 크리스잔슨, 소피 르웰린, 브로디 노가, 시린 라자비, 대니얼 루이스 세나에게도 진심으로 감사한다. 마지막으로 매우 유능한 연구보조원으로서 내게 많은 도움을 준 시핸 무어에게 나는 빚을 졌다.

몇 년 동안 나의 작업을 지지해주고 영감을 준 많은 사람들이 몬트리올과 그 외의 곳에 있다. 누구보다도 먼저 감사의 마음을 표하고 싶은 이는 도나 해러웨이다. 그녀가 나의 자족적인 사고를 용인하지 않은 것은 내게는 참된 우정의 증표로 남아 있다. 다음의 분들에게도 이름을 떠올리며 감사의 마음을 전한다. 페페 알메이다, 앙헬 알바라도, 펠리시티 올리노, 그레첸 바케, 바네사 바레이로, 호아호 비엘, 마이클 브라운, 캐런 브룬스, 마테이 칸데아, 마누엘라 카르네이루 다 쿠냐, 마이클 세펙, 크리스 첸, 존 클라크, 비엘라 콜먼, 안드레 코스토포울로스, 마이크 코완, 비나 다스, 나이스 데이브, 마리솔 데 라 카데나, 메리조 델베키오 굿, 밥 데자를레, 닉 듀, 알리시아 디아스, 아르카디오 디아스 키노네스, 디디에 파생, 카를로스 파우스토, 스티브 펠드, 앨런 펠드먼, 블렌다 페메니아스, 엔리케 페르난데스, 제니퍼 피시먼, 아구스틴 푸엔테스, 두아나 풀윌리, 크리스 가르세스, 페르난도 가르시아, 故 클리퍼드 기어츠, 일라나 거숀, 에릭 글래스골드, 마우리시오 그네레, 이언 골드, 바이런 굿, 마크 구데일, 피터 고세, 미셸 그리뇽, 헤오콘다 게라, 롭 햄릭, 클라라 한, 수전 하딩, 스테펀 헴리히, 마이클 허츠펠드, 크레그 헤더링턴, 프랭크 허친스, 샌드라 하이드, 팀 잉골드, 프레더릭 켁, 크리스 켈티, 에벤 커크시, 톰 라마레, 해나 랜데커, 브뤼노 라투르, 진 레이브, 테드 맥도널드, 세트랙 매너키언, 카르멘 마르티네스, 켄 밀스, 조시 모지스, 블랑카 무라토리오, 폴 나다스디, 크리스틴 노게트, 재니스 눅콜스, 마이크 올다니, 벤 오러브, 아난드 판디언, 엑토르 파리온, 모르텐 페데르손, 마리오 페린, 마이클 푸엣, 디에고 키로가, 휴 래플스, 루신다 램버그, 찰리 리브스, 리사 로펠, 마크 로저스, 마셜 살린스, 페르난도 산토스-그라네로, 파트리시 스슈시, 나타샤 스컬, 짐 스콧, 그렌 세퍼드, 킴브라 스미스, 바브 스머츠, 메릴린 스트래선, 토드 스완슨, 앤-크리스틴 테일러, 루시엔 테일러, 마이크 우젠도스키, 이스마엘 바카로, 요마르 베르데소토, 에두아르두 비베이루스 지 카스트루, 놈 휘튼, 에일린 윌링햄, 이브 윈터, 글

라디스 얌베를라.

　오랜 기간에 걸쳐 많은 열대 생물학자들이 자신의 분야에 관한 것들을 내게 가르쳐주었으며, 또 내가 그 분야에서 얻은 아이디어를 인정해주었다. 데이비드 벤징과 스티브 허벨은 나의 초창기 멘토였다. 셀레네 바에스, 로빈 버넘, 폴 파인, 나이절 피트먼에게도 감사한다. 코스타리카의 열대학연구원(OTS)이 주관하는 열대생태학 필드 코스를 통해 이 연구 영역에 몰두할 기회를 얻을 수 있었음에 진심으로 감사드린다. 키토에는 생물학자들의 활기가 넘치는 커뮤니티가 있다. 관대한 마음으로 나를 그곳으로 이끌어준 카톨리카 대학의 故 페르난도 오르티스 크레스포, 조반니 오노레, 루초 콜로마에게, 또한 에콰도르 국립식물원의 왈테르 팔라시오스, 오메로 바르가스, 특히 데이비드 닐에게 감사한다. 이 프로젝트는 꽤 큰 민족생물학적 구성요소를 포함하고 있으며, 내가 표본들을 확인하는 데 도움을 준 모든 전문가들에게 감사한다. 나의 수집품을 더블 체크해준 데이비드 닐에게 다시 한 번 감사의 마음을 표한다. 또 이 수집품에 정성을 쏟은 에프라인 프레이레에게 고마움을 전한다. 식물학적 판정을 도와준 다음의 사람들에게도 감사한다(괄호 안은 표본을 확인했을 때 그들이 소속되어 있던 식물표본실이다). M. 아산사(QCNE), S. 바에스(QCA), J. 클라크(US), C. 도드슨(MO), E. 프레이레(QCNE), J. P. 헤딘(MO), W. 니(NY), D. 닐(MO), W. 팔라시오스(QCNE), T. D. 페닝턴(K). 나는 또한 카톨리카 대학 동물학 박물관(QCAZ)에서 함께 보낸 모든 시간에 대해 G. 오노레, M. 아얄라, E. 바우스, C. 카르피오에게 감사를 표하고자 한다. 나아가 무척추동물 수집품을 판정할 때 애써준 D. 루빅(STRI)에게도 감사를 표하고 싶다. 카톨리카 대학 동물학 박물관에서 파충류 수집품을 판정하는 데 도움을 준 L. 콜로마, J. 과야사민, S. 론에게도 감사한다. 포유류 수집품을 판정하는 데 애써준 P. 하린(QCAZ)에게도 감사한다. 마지막으로 어류 수집품의 판정에 대해서는 에콰도르 국립기술대학의 라미로 바리가가 애써주었다.

이 책은 많은 기관들의 관대한 지원이 없었다면 끝을 보지 못했을 것이다. 대학원 연구 및 해외 조사를 위한 풀브라이트 장학금, 국립과학재단 대학원 펠로십, 풀브라이트-헤이스 해외 박사 연구 기금, 위스콘신 대학 매디슨 캠퍼스의 라틴아메리카 및 이베리아 현장조사 기금, 인류학의 박사 전 연구를 위한 벤네르-그렌 재단 기금, 사회문화 조사를 위한 퀘벡 기금(FQRSC)에 대해 감사의 뜻을 표한다.

아주 운 좋게도 객원교수로 오벌린 대학(잭 그레이저에게 감사한다)과 프랑스 사회과학고등연구원(EHESS)에 재직했을 때 이 책의 모든 논의를 발표할 수 있는 기회를 얻었다. 필리프 데스콜라의 관대한 초대 덕분이다. 또 칼턴 대학, 시카고 대학, 라틴아메리카 사회과학원 에콰도르 본부(FLACSO), 존스홉킨스 대학, 캘리포니아 대학의 LA 캠퍼스와 산타크루즈 캠퍼스, 토론토 대학, 예일 대학에서도 부분적으로 이 논의의 발표를 행했다. 4장의 초기 버전은 『아메리칸 에스놀로지스트』지에 게재되었다.

많은 사람들이 책 전체에 관여했다. 올가 곤살레스, 조시 레노, 캔더스 슬레이터, 애너 칭, 메리 와이즈맨틀의 자극적이며 사려 깊고 건설적인 논평에 어떤 말로도 고마움을 표할 길 없다. 이 프로젝트에 지속적인 관심을 보내준 데이비드 브렌트, 프리야 넬슨, 제이슨 위드먼에게 감사한다. 바쁜 일상 속에서 시간을 내어 이 책의 대부분을 세세하게 읽어주었고 스카이프를 통해 장시간에 걸쳐 나와 논의해준 피트 스캐피시와 알렉세이 유르착에게 특별히 감사의 말을 전하고 싶다. 또 초고 전체를 비판적으로 읽고 정성들여 편집해준 리사 스티븐슨에게 특히 많은 빚을 졌다. 마지막으로 이 위험해 보이는 프로젝트를 아낌없이 후원해준 담당 편집자, 캘리포니아 대학 출판부의 리드 맬컴에게 감사의 뜻을 전한다. 또 스테이시 에이젠스탁, 인내심 강한 교열 편집자 실라 버그, 그리고 프로젝트 매니저 케이트 호프먼에게도 감사한다.

내게 모든 것을 준 나의 가족에게 나는 정말 많은 빚을 지고 있다. 알레한드로 디 카푸아 삼촌보다 관대한 사람을 나는 알지 못한다. 나는 언제나 그의 키토의 집에서 환영을 받았다. 마르코 디 카푸아 삼촌은 라틴아메리카의 역사와 과학에 대한 사랑을 내게 나누어주었으며, 그의 가족들과 더불어 언제나 나의 작업에 대해 큰 관심을 가져주었다. 이 점에 대해 정말로 감사드린다. 나는 또한 리카르도 디 카푸아와 에콰도르에 사는 콘Kohn 성姓을 가진 모든 친지들에게 감사함을 표하고 싶다. 그 중에서도 어떻게 전체적으로 생각할 수 있는지를 내게 상기시켜준 故 베라 콘에게 감사한다.

나의 부모님인 아나 로사와 호에, 그리고 나의 누이들인 에마와 알리시아는 내게 애정과 지원을 아낌없이 주었다. 나는 정말 행복했다. 숲속에서 사물을 알아채는 법에 대해 처음으로 내게 가르쳐준 것은 어머니였다. 아버지는 내게 자기 자신에 대해 사고하는 법을, 누이들은 타자에 대해 사고하는 법을 가르쳐주었다.

나는 장모인 프랜시스 스티븐슨에게 감사한다. 내가 집필하는 동안 그녀는 여러 해의 여름휴가를 퀘벡, 온타리오, 애디론댁의 호수에서 아이들을 돌봐주는 데 바쳤다. 나는 또한 장인인 로메인 스티븐슨과 그의 아내인 크리스틴에게 감사한다. 나는 언제나 이 부부의 농장에 별종의 "일"을 들고 갔지만 그들은 내가 더 시급한 농장 일을 하지 않고 원고를 끝낼 수 있도록 배려해주었다.

　　마지막으로 벤자민과 밀로에게 고맙다는 말을 해야겠다. 이 아이들은 저들 말로 "대학"의 시시한 일들을 잘 참아주었다. 아이들은 나의 대학의 일을 어떻게 놀이로 볼 수 있는지를 매일 가르쳐주었다. 그라시아스. 그리고 리사, 다 고맙습니다. 그녀는 내게 영감을 불어넣어주고, 나의 한계를 드러내고 그것을 이해하도록 도와주었고, 우리들의 삶 속에서 참으로 멋진 동반자가 되어주었다.

옮긴이 후기

1.

이 책은 Eduardo Kohn, *HOW FORESTS THINK: Toward an Anthropology beyond the Human* (University of California Press, 2013)의 번역서이다. 이 책의 저자인 에두아르도 콘은 에콰도르 동부의 아마존 강 상류 유역에 위치한 아빌라 마을에서 1996년부터 2000년까지 약 4년간의 인류학적 조사를 바탕으로 이 민족지ethnography를 저술했다. 에두아르도 콘은 한국의 지식사회는 물론이고 인류학계에 전혀 알려져 있지 않다. 그러나 이 책은 2014년 미국 인류학계의 저명한 학술상인 그레고리 베이트슨 저술상을 수상했을 뿐만 아니라 최근 '조용한 혁명'이라고 불리는 인류학의 새로운 이론적 흐름인 '존재론적 전회'ontological turn를 이끄는 대표적인 저서이다. 한국어로 처음 출간되는 '존재론적 전회'의 책으로서, 이 책을 한국의 독자들에게 소개할 수 있어 번역자로서 그리고 인류학자로서 무척 영광이다. 이 책을 계기로 '존재론적 전회'라는 이 생소한 용어가 한국의 지식사회에 널리 알려지기를 바란다.

그것은 다만 '서구중심의 지식'을 무조건 수용하자는 것도 아니고 새로운 지식의 유행을 좇자는 것도 아니며 지식을 한낱 장식품으로 달고 호기를 부리자는 것도 아니다. 오히려 '존재론적 전회'는 그러한 지식의 사용법을 지양하고 지식의 본연의 역할로 돌아가기를 촉구한다. '존재론적 전회'에서 사고한다는 것, 알아간다는 것, 그리고 살아간다는 것은 결코 분리되지 않으며 각각의 실천은 서로를 자극하고 서로를 보완한다. 즉 '존재론적 전회'는 삶과 앎을 분리하는 기존의 근대적인 사고방식에 대한 전면적인 재고를 요청한다.

이러한 '존재론적 전회'가 인류학계를 중심으로 일어난 이유는 레비-스트로스 이래로 인류학이 서구중심의 근대적 사고에 끊임없이 저항해왔다는 데에서 찾을 수 있다. 서구 출신의 학자가 비서구의 세계를 서구의 시선으로 그려내는 자신의 태생적 한계로 인해 인류학은 그 어느 학문분과보다도 서구중심주의에 민감하게 반응해왔다. 1980년대를 전후하여 인류학에 일었던 포스트모더니즘(예를 들어 조지 마커스의 '문화비평으로서의 인류학')과 포스트콜로니얼리즘(에드워드 사이드의 『오리엔탈리즘』을 가장 적극적으로 받아들였던 것도 인류학이었다)의 유행은 이러한 맥락에서 이해해볼 수 있다. 그리고 마침내 비서구의 '타자'를 통해 서구의 '자아'를 그렸던 인류학의 '자기성찰'은 21세기 들어 새로운 국면을 맞이한다. 적어도 인류학계에서는 서구와 비서구가 전복된 것이다. 이것은 한편으로 서구중심의 근대적인 사고방식이 그 수명을 다했음을 보여주는 시대적인 징후이며, 다른 한편으로는 세계의 모든 지역을 두루 섭렵한 인류학의 학문적 역량이 탈-비서구의 새로운 지식의 장을 열어준 것에 다름 아니다. '존재론적 전회'를 주도하는 비베이루스 지 카스트루Viveiros de Castro의 말을 빌리면 이러한 탈-비서구는 '안티 나르시스'와 '정신의 탈식민화'로 표현된다. 비베이루스 지 카스트루가 브라질의 '토종' 인류학자이고 에두아르도 콘이 에콰도르의 이탈리아계 유대인 이민 3세인 것은 결코 우연이 아니다. 이는 그들의 연구지역이 타문화가 아닌 자문화임을 말하는 것이 아니라 이제 인류학에서 적어도 이론적으로 서구와 비서구의 경계가 점차 의미를 잃어가고 있음을 말해준다. 레비-스트로스가 『야생의 사고』(1962)를 출간한 지 반세기가 지난 오늘날 야생의 사고는 숲의 사고로, 나아가 지구의 사고로 확장되고 있다.

2.

　제목에서 알 수 있듯이, 이 책은 숲의 사고에 관한 책이다. 그러나 이 책은 숲의 사고를 우리 인간이 어떻게 인식하는가를 묻는 것이 아니라 제목 그대로 숲이 어떻게 사고하는가를 질문한다. 우리 인간을 둘러싼 비인간의 세계와 그 세계와 소통하는 인간의 세계를 어떻게 탐구할 것인가에 대해 이 책은 '인간적인 것을 넘어선 인류학'으로서 그 방법을 모색한다. 다시 말해 숲이 어떻게 사고하는가를 알기 위해서는 인간뿐만 아니라 비인간, 산 자뿐만 아니라 죽은 자, 그리고 영靈들에 이르기까지 숲 속의 모든 것들이 어떻게 존재하는가를 물어야 한다. 그리고 그 속에서 근대적인 사고방식은 근대 이후의 '미래의 철학'으로 대체된다. 참으로 도전적이고 도발적인 지적 여행의 안내자로서, 이 책은 아마존의 숲 속 깊은 곳에 사는 '루나족'이라 불리는 사람들을 소개한다.

아마도 아마존의 '원초적인' 삶에 대해서는 다양한 매체를 통해 이미 한국의 독자들도 접했을 것이며 그러한 삶이 전혀 낯설지는 않을 것이다. 그리고 그곳을 인류의 어느 태곳적 삶이 그대로 이어지는 '오래된 미래'로서 경이와 경멸의 양 극단의 시선의 어디쯤에서 바라보고 있을는지 모른다. 그러나 이 책은 그러한 시선과는 전혀 동떨어져 있다. 그들의 삶은 16세기 이래 스페인의 정복과 식민 지배의 상흔을 간직한 채 열대우림의 먹이사슬의 분투 속에 자리한다. 그와 동시에 그들의 삶은 비인간과 죽은 자와 영들을 포함한 모든 부류의 존재들과 얽혀 있다. 이 책에서 아마존 숲의 모든 부류의 존재들 간의 관계들은 '자기들의 생태학'ecology of selves으로 직조된다.

이 생태학에서 살아남기 위해서 루나족은 자신이 바라보는 세계만큼 다른 부류의 존재들이 바라보는 세계를 볼 수 있어야 한다. 예를 들어 루나족이 아마존의 숲 속에서 재규어와 마주쳤을 때 재규어에게 먹히지 않고 살아남기 위해서는 재규어에게 재규어 자신과 동등한 포식자로 보여야 한다. 그래서 루나족은 재규어에게 루나족 자신이 포식자로 보이도록 재규어의 시선을 마주 응시한다. 이때 재규어는 보는 것, 표상하는 것, 아는 것, 사고하는 것에서 루나족과 다르지 않다. 즉 사고는 인간의 전유물이 아니다. 왜냐하면 사고는 '기호 과정'으로서 '생명'에 기반하기 때문이다. 이 속에서 인간의 언어 표상은 세계의 모든 생명체들이 공유하는 기호의 일부이다. 심지어 박테리아도 그것이 생명인 한에서 인간과 마찬가지로 기호 과정을 공유한다. 이처럼 이 책의 저자인 콘은 인간의 언어를 더 넓은 기호의 일부로 포괄하고 그 특권적 지위를 상징 표상에 한정한다. 콘은 퍼스의 기호학에 입각하여 생명의 표상 양식을 아이콘, 인덱스, 상징으로 세분하고, 이것들을 상호 연관 짓는다. 즉 아이콘에서 인덱스가 창발하고 인덱스에서 상징이 창발하며, 상징은 인덱스에 의존하고 인덱스는 아이콘에 의존한다. 이에 따라 상징 표상인 인간의 언어는 비인간의 기호 양식이기도 한 아이콘 및 인덱스와 완전히 단절되지 않는다. 나아가 이 모든 기호 양식들은 과거의 생명을 기호에 부착한다는 점에서, 그리고 미래를 잠재적인 실재로 불러들인다는 점에서, 시간의 흐름을 넘어선다.

이제 사고는 인간만의 영역에 있지 않고, '신체'에 둘러싸인 것도 아니고, 산 자의 특권도 아니다. 사고는 인간과 비인간을 횡단하고, '나'와 '너'를 넘나들며 '우리'를 창발하고, 죽은 자 및 영들과도 소통하는 것이다. 콘은 숲의 사고를 통해 사고의 새로운 길을 열어두었다. 그 길을 통해 우리는 열린 '우리'의 가능성을 가늠할 수 있을 것이다.

3.

이 책은 결코 쉽지 않다. 그것은 용어의 난해함이나 문장구조의 복잡함 때문이 아니다. 오히려 이 책은 아마존의 숲과 그곳에 거하는 루나족과 그 외의 모든 존재들을 아름답고 섬세하게 묘사한다. 그래서 이 책을 통해 마치 문학적인 환상의 세계에 이끌리듯이 아마존의 상상의 숲을 거닐 수 있다. 그렇게 이 책은 민족지라는 장르를 전혀 새로운 차원으로 옮겨놓았다. 다만 우리의 사고가 인간적인 것을 넘어설 수 있도록 우리의 '인간적인' 사고를 열어놓는다면, 이 책은 우리의 사고를 숲의 사고로 풀어놓을 것이다.

번역의 과정도 그러했다. 처음에는 인간적인 것을 넘어서는 것이 낯설었고 그다음에는 넘어서기가 어려웠다. 그러나 넘어섰을 때 그 너머의 세계는 풍요로웠다. 이 지적 여정을 함께해준 박동수 편집자와 서강대 사회학과 대학원의 한나현 씨에게 감사한다. 이들과의 번역본 강독회를 통해 오역을 바로잡을 수 있었고 용어와 문장의 뜻을 더 잘 알 수 있었다. 번역원고를 읽어주고 독려해준 박경주 씨와 배인수 씨에게도 감사한다. 마지막으로 이 책의 번역 출간을 결정한 '사월의책'의 혜안이 빛을 발하기를 바란다.

어느 새벽의 무더운 공기를 가르며
차은정

278

키루유 우아파 *quiruyu huapa* 나무 (*Virola duckei*) 278

키토 Quito, city of 15(그림), 82, 83, 265–266, 270, 275, 289–291, 315, 357, 371, 387, 408n29

키호스 강 계곡 Quijos River valley 83

타란툴라 호크 tarantula hawk. '무덤 파는 말벌' 항목 참조

타우식, 마이클 Taussig, Michael 281–282

타일러 Tylor, E. B. 35, 57

타입 type 271, 295–298, 304–306, 318, 373, 378, 385. 또한 '토큰' 항목 참조

타피아 *tapia* (불길한 전조) 359

탈주술화 disenchantment 40, 158–159

테나 Tena, town of 13, 83–85, 89, 90, 106, 336, 349, 411n25

토양 soils 145–147, 176, 397n13

토큰 token 271, 295–298, 305–306, 373, 378. 또한 '타입' 항목 참조

파스, 알레한드로 Paz, Alejandro 22

파우스토, 카를로스 Fausto, Carlos 208

파인, 폴 Fine, Paul 145

파카 pacas 17

파카이 *pacai* 나무 (*Inga* spp.) 219, 393n5

파파약타 마을 Papallacta, town of 83, 87

퍼스, 찰스 Peirce, Charles 22, 32, 68, 104, 153, 185; "과학적 지성"에 관해 138; "다이어그램적 아이콘"에 관해 394n8; "반응의 연속성"에 관해 194; "살아있는 미래"에 관해 331; 기호에 대한 퍼스의 정의 58, 133; 느낌에 대한 퍼스의 정의 55;

명사와 대명사에 관해 340; 미래에 있음에 관해 49, 351–352; 비인간적 우주 속의 표상과 퍼스 22; 생명의 삼차성과 이차성에 관해 359; 서로 다른 장소에서 존재하는 혼에 관해 188; 습관에 관해 115, 136; 아이콘에 관해 62, 122; 인덱스 기호에 관해 63; 인식할 수 없는 것에 관해 153, 156, 232; 자기와 신체에 관해 185; 지식과 기호에 관해 154; 퍼스의 실재론 107–110; 해석체 기호에 관해 66–67, 306, 397n7

퍼스펙티브주의 perspectivism 167–170, 172, 398n20

페바족 Peba 355, 357

페커리/멧돼지 peccaries 55, 187, 215, 217; 길들여진 돼지로서 페커리 243–244, 404–405n2; 영적인 주재자들과 페커리 307, 320; 페커리에 관한 꿈 263–264, 266

펠드, 스티븐 Feld, Steven 396n36

포스트구조주의 poststructuralism 23

포스트휴머니즘 posthumanities 21

포식 predation 207–217, 234, 342–343

FOIN (provincial indigenous federation) 14, 334–338

퓨마 mountain lions 128, 129, 131, 149, 176, 182

프로이트, 지그문트 Freud, Sigmund 302–303, 409n2

피게로아, 프란시스코 데 Figueroa, Francisco de 336, 405n2

하게, 가산 Hage, Ghassan 33–34

해러웨이, 도나 Haraway, Donna 21, 49.